梵像志

基于《成就法鬘》等仪轨文献的佛教图像志

The Indian Buddhist Iconography

Mainly Based on The Sādhanamālā and Cognate Tāntric Texts of Rituals

贝诺伊托什·巴达恰利亚
Benoytosh Bhattacharyya ／著　　王传播 ／译

上海古籍出版社

本成果受到

中国人民大学2022年度“中央高校建设世界一流大学（学科）

和特色发展引导专项资金”

支持

译者序 | TRANSLATOR PREFACE

一、密教图像的基本概念

公元6世纪左右，怛特罗（Tantra）始与佛教修行结合，形成秘密而松散的宗教组织，重视师徒秘授，传承观想与仪式法门，在通达秘术的上师的指引下，以感官体验真实，开启了另一种证取觉悟的路径。由此开始，印度佛教逐步进入金刚乘阶段，一直持续至13世纪，成就了佛教在印度最后的辉煌。

基于此，后世对佛教的发展形成了普遍的怛特罗佛教（Tantric Buddhism）与非怛特罗佛教（Non-tantric Buddhism）的二分认识，即所谓密显之分。在佛典文本的属性分类中，怛特罗被对译为"续"（Tantra，rgyud sde），与"经"（Sūtra，mdo sde）相应，逐步成为对显、密两种不同次第的经典的指代。

与早期佛教修行者对来世、涅槃、净土等未知之境的关注不同，密教行者更强调对此世、此生、此身的成就。密教行者不必断除贪嗔痴等烦恼后方可达到佛果，而是转一切烦恼为道用，安于贪嗔痴下，体认"乐空无二"，即可成佛。相较佛教早期公开布道之传播方式来说，关注导引自然欲望的密法修行，因其修习内容的激进革新而强调师徒秘授，不为外人所见。

密教修行的根本要途为幻法实修，由此逐步形成丰富的成就法仪轨和体系化的密教神系。上师教授弟子本尊成就法，并指导其观想修习，帮助行者在较短时间内观己增成特定本尊，进而获取殊胜成就。故密法修行的方便核心，即围绕着对本尊的精神化现，使自身与尊神合一。在此过程中，曼荼罗、手印、陀罗尼等诸多元素相继被应用到观想实践，并出现众多具有创造性的尊神形象，这些尊形在行者的观想活动中扮演着极为重要的角色。

正因密教仪轨文本的实践属性，其中出现了诸多有关尊神形象的图像志描述，详细记录了本尊的身色、持物、身姿、饰物、手印、坐具等视觉信息，以具体指导行者的冥想。在此类密法仪轨的程序依托下，各类尊神的现实形象便有了完整的冥想语境，尊神图示背后的辅助观修的法器属性也就渐次凸现。

二、巴达恰利亚、《梵像志》与密教图像志研究

自20世纪上半叶起，国外学者开始聚焦于印藏佛教图像的研究。在此过程中涌现出了众多

影响深远的学术成果，奠定了早期佛教艺术的研究基础。然而，从仪轨文本层面探索后世密教尊神形象的起源、发展，系统构建印度密教神系的学术探索，并非此期佛教艺术探索的主流。此期所见成果，多聚焦于印度早期佛教艺术母题的辨析，对后期印度本土发展出的密教尊神的关注，颇为不足。

在这种情况之下，印度学者巴达恰利亚（Benoytosh Bhattacharyya，1897—1964），自20世纪20年代起，便投身到了为密教诸尊建立"身相档案"这项其一生中最重要的学术研究中来。

1897年1月6日，巴达恰利亚出生在印度西孟加拉的一个学术世家，其家族是孟加拉地区具有深远历史渊源的婆罗门家族。他的父亲摩诃玛约帕德雅亚·哈拉·普拉萨德·夏斯特里（Mahamahopadhyaya Hara Prasad Shastri，1853—1931）是印度著名的梵文学者、历史学家，精专研究孟加拉文献，并对古代文物有极大兴趣，曾任位于西孟加拉的梵文学院（Sanskrit College）的院长，后前往孟加拉的达卡大学（Dhaka University）担任梵语和孟加拉语系系主任。巴达恰利亚自幼在父亲的指导下，形成良好的先期梵学基础。后来，先后求学于加尔各答大学和达卡大学，取得硕、博士学位。

求学期间，他跟随法国著名梵学家、佛教艺术史学者阿尔弗雷德·福歇（Alfred Foucher，1865—1952）学习印度艺术及考古，其密教图像志的研究兴趣即缘起自福歇。福歇是最早在佛教艺术研究中利用梵文密教仪轨文献的学者。他曾在研究早期《般若经》插图时发现其中诸尊的形象皆以《成就法鬘》为基石绘制，后在出版于1905年的二卷大作《印度佛教图像研究：基于尚未刊布的文献材料》[①]中较系统地介绍并翻译了一部年代约在19世纪的写本《成就法鬘》中关于尊神图像部分的描述，引起学界的广泛关注。

《成就法鬘》是一部指导观想修习的印度密教仪轨文献集成，此经典目前可见的最早写本断代在1165年，现藏剑桥大学图书馆。书中共收录了312篇尊神成就法，但仅有55篇录有作者姓名，共42人，年代最早者为活跃于公元4世纪的无著，而最晚者是活跃于12世纪的超戒寺班智达无畏生护（Abhayākara Gupta），故有观点认为《成就法鬘》是由无畏生护汇编而成。该集成不仅是一部指导行者观修本尊的仪轨文本，更是一部细致描绘尊神形象的图像志典籍，生动记录了12世纪之前印度佛教信众在密法实践领域中的辉煌成就。巴达恰利亚在福歇的建议与指导下，开始着手系统整理诸多不同版本的《成就法鬘》。

1924年，27岁的巴达恰利亚被巴罗达王公萨亚吉茺·盖克瓦德三世（Maharaja Sayaji Rao Gaekwad III，1863—1939）任命为"盖克瓦德的东方系列"（*Gaekwad's Oriental Series*）的主编，并在同年于牛津大学出版社出版了基于《成就法鬘》的《梵像志》（*The Indian Buddhist Iconography*）。该书摘出《成就法鬘》等仪轨文本中所涉及的神灵形象的梵文原文，并配以众多尊像案例，为后世密教美术研究奠定了良好基础[②]。许多印度高校也都将这部著作作为教授古印度历史文化的学科教材。

巴达恰利亚在1924年出版《梵像志》后，便投身到《成就法鬘》的整理出版中，在此期间，

---

① Alfred Foucher, *Étude sur l'iconographie bouddhique de l'Inde: d'après des textes inédits*, Volume 2, Ernst Leroux, 1905.

② Benoytosh Bhattacharyya, *The Indian Buddhist Iconography: Mainly Based on the Sādhanamālā and Cognate Tantric Texts of Rituals*, Oxford University Press, 1924.

他着手汇编校订了8种梵文写本《成就法鬘》[1]，最终出版于《盖克瓦德的东方系列》的第26卷（1925年）和第41卷（1928年）。今天世界范围内可见的梵文写本《成就法鬘》已经有38部，但内容基本未出巴达恰利亚所采用的8本，故其仍被视为成就法鬘的标准版本沿用至今[2]。

1949年，另一部重要的密教仪轨文献《究竟瑜伽鬘》（*Niṣpannayogāvalī*）也在巴达恰利亚的努力下得到系统校订，在《盖克瓦德的东方系列》的第109卷出版了《大班智达无畏生护的〈究竟瑜伽鬘〉》[3]。对单个尊神的成就法观想，也同样被运用到对佛教尊神世界的组织构架——曼荼罗的构建与完形之上。在某种程度上看，密教曼荼罗即是随着佛教尊神数量的剧增而出现的一种秩序化构建佛教神系组织的尝试。活跃于11世纪末至12世纪上半叶的超戒寺班智达无畏生护所造曼荼罗仪轨集成《究竟瑜伽鬘》，提供了较《成就法鬘》更加丰富、翔实的图像志信息。

《究竟瑜伽鬘》本是无畏生护之大作《曼荼罗仪轨·金刚鬘》（*Vajrāvali-nāma-mandalasādhana*）一书中专论曼荼罗制作的部分，与专论护摩仪轨的《光穗》（*Jyotirmañjarī*），一起构成《金刚鬘》的曼荼罗修法体系，乃是印度密宗仪轨文献的巅峰之作[4]。《究竟瑜伽鬘》共二十六章，详述曼荼罗的建立程序与诸尊的身形细则，各章讲述一个或数个曼荼罗，共42种曼荼罗[5]。《成就法鬘》《究竟瑜伽鬘》中丰富的尊神图像志信息，也构成了巴达恰利亚在1958年再版《梵像志》的材料基石。

除了与图像相关的仪轨类文献外，巴达恰利亚的主要精力仍置于众多密续经典的编校、整理与出版之中。1927年，巴达恰利亚协助其父，在《盖克瓦德的东方系列》的第40卷出版了活跃于11至12世纪的重要印度祖师不二金刚的文集《不二金刚集》（*Advayavajrasaṁgraha*）[6]，其中收录了诸如《真性宝鬘》（*Tattva-ratnāvalī*）等重要密续文献；1929年，在《盖克瓦德的东方系列》的第44卷，出版了《两部金刚乘著作》一书，收录了因陀罗菩提（Indrabhūti）的《智慧成就》（*Jñānasiddhi*）和无著金刚（Anaṅgavajra）的《般若离诀成就》（*Prajñopāyaviniścayasiddhi*）[7]；1931年巴达恰利亚在《盖克瓦德的东方系列》的第57卷编辑出版了重要密续经典《秘密集会怛特罗》（*Guhyasamāja Tantra*）[8]。20世纪上半叶，由巴达恰利亚推出的众多梵文密教经典，在国际学界形成了极为深远的影响。就巴达恰利亚本人来说，通过体系化的密续典籍的整理工作，他对印度金刚乘佛教神系的形成、发展及其秩序的认识，也较早年有了彻底更新。

---

① 此8部梵文成就法的具体信息见Benoytosh Bhattacharyya (ed.), *Sādhanamālā*, Vol.I. Baroda: Central Library, 1925, pp.11–12.

② 相关版本问题的梳理见Ruriko Sakuma, “Sanskrit Manuscripts of The *Sādhanamālā*”, *Nagoya Studies in Indian Culture and Buddhism: Saṃbhāṣā*, vol.21, 2001, pp.27–44.

③ Benoytosh Bhattacharyya (ed.), *Niṣpannayogāvalī of Mahāpaṇḍita Abhayākaragupta*, *Gaekwad's Oriental Series*, No.109, Gaekwad's Oriental Institute, 1949.

④ 1997年印度学者钱德拉（Lokesh Chandra）基于《金刚鬘》的诸多早期梵文写本，给予了系统校订并完成出版。Lokesh Chandra, *Vajravali: A Sanskrit Manuscript from Nepal Containing the Ritual and Delineation of Mandalas, Reproduced by Lokesh Chandra From the Collection of Prof. Raghuvira, Sata-Pitaka Series, Indo-Asian Literatures*, Volume 239, Mrs.Sharda Rani, Hauzkhas Ennclaves, 1977.

⑤ 此42种曼荼罗的详细梳理及相关美术遗存的介绍见钟子寅《重探青海瞿昙寺之瞿昙殿（二）》：藏传佛教《金刚鬘》（Vajrāvali; rDo rje phreng ba）教法在明初安多地区传播的新发现》，见《故宫学术季刊》第三十二卷第四期，页174—176。

⑥ Mahamahopadhyaya Haraprasad Sharstri (ed.), *Advayavajrasaṁgraha*, *Gaekwad's Oriental Series*, No.40, Baroda, 1927.

⑦ Benoytosh Bhattacharyya (ed.), *Two Vajrāyana Works with an Introduction and Index*, *Gaekwad's Oriental Series*, No.44, Baroda, 1929.

⑧ Benoytosh Bhattacharyya (ed.), *Guhyasamāja Tantra*, *Gaekwad's Oriental Series*, No.53, Baroda, 1931.

1952年，巴达恰利亚卸任巴罗达东方研究所（Oriental Institute, Baroda）主任及《盖克瓦德的东方系列》丛书主编后，便开始着手修订《梵像志》。最终在1958年，《梵像志》的修订版问世。再版的《梵像志》在两个方面做出了较大调整。

首先，巴达恰利亚吸收了《究竟瑜伽鬘》《秘密集会怛特罗》《不二金刚集》等重要新见材料中的义理思想和神系结构，以更加清晰的组织构架，廓清了繁杂的密教诸神。他以五禅那佛的种姓及化身理论为依据，基于尊神的肤色、持物、手印、坐骑、坐姿及其髻冠上的佛像尊格等元素，来判定其所属的种姓及禅那佛，进而将庞杂的金刚乘众神加以系统组织与分类。书中可见三大部分：一、世间佛与大菩萨；二、禅那佛的男女化身尊；三、独立于五佛之外的佛教尊神及泛印度教尊神。这种清晰的神灵划分为后世研究提供了很好的理论框架。

其次，该书不仅提供梵文原典对尊神形象的精确描述，更配套更新了对应文本描述的丰富图例，源出印、藏、汉、尼泊尔等地的尊像材料，与仪轨文献互为发明，生动展现了印度密教尊神在藏汉等广大地区的传播发展及其内在关联。

巴达恰利亚在修订版中极为重视哈佛大学瓦特·尤金·克拉克（Walter Eugene Clark, 1881—1960）教授的专著二卷《两部藏传佛教众神谱》（*Two Lamaistic Pantheons*, 1937）中收录的慈宁宫宝相楼所藏的佛菩萨造像①。这批材料最初由俄国学者钢和泰（Stael Holstein, 1877—1937）在1926年7月获许进入故宫考察时发现，其中供奉的金铜佛像共787尊，皆具汉字铭文题记。后来克拉克基于佛像上的汉文名号，追溯出诸尊的原初梵名。巴达恰利亚在《梵像志》中转录了《究竟瑜伽鬘》的文殊金刚曼荼罗、法界语自在曼荼罗等重要仪轨文本中描述的大量尊神，其中绝大部分尊格在印度、尼泊尔、藏地皆已不存，但通过细致比对后，巴达恰利亚发现，清宫宝相楼造像乃依循印度梵文仪轨文本而造。由此，他坚定地认为清宫施造的这批珍贵的密尊造像的图像志来源，即缘起自印度梵文密教仪轨文本②。

事实上，巴达恰利亚的观点并非凭空而来。17世纪《金刚鬘》在四世班禅·罗桑却吉坚赞（Blo bzang chos kyi rgyal mtshan, 1567—1662）的推动下于格鲁派内广传开来，后二世章嘉活佛阿旺洛桑确丹（Ngag dbang blo bzang chos ldan, 1642—1714）为便于修行，重新编整《金刚鬘》，奠定了清宫曼荼罗仪轨的实践基础③。清嘉庆十五年（1810）由喀尔喀蒙古诸部请愿刊刻的《宝生、纳塘百法、金刚鬘所述之尊像：见即获益》（*rin 'byung snar thang brgya rtsa rdo 'phreng bcas nas gsungs pa'i bris sku mthong ba don ldan bzhugs so*）④便深受二世章嘉本《金刚鬘》的影响，该书完整汇聚了《宝生百法》《纳塘百法》等藏译成就法典籍和《金刚鬘》中的众多尊神形象，此图像

① Walter Eugene Clark, *Two Lamaistic Pantheons: Ed. with Introduction and Indexes. From Materials Collected by the Late Bn A. v. Stael-Holstein*, 2 Volumes, Harvard-Yenching Institute monograph series, vol. III–IV, Harvard University Press, 1937.

② Benoytosh Bhattacharyya, *The Indian Buddhist Iconography: Mainly Based on the Sādhanamālā and Cognate Tantric Texts of Rituals*, K.L.Mukhopadhyay, 1958, p.3.

③ 四世班禅先后为四世达赖、五世达赖等格鲁派高僧灌顶《金刚鬘》，并著有《〈金刚鬘〉四十二大曼荼罗修法·大宝灌顶王鬘》（*rDo rje phreng ba'i dkyil 'khor chen po bzhi bcu rtsa gnyis kyi sgrub thams rin chen dbang gi rgyal po'i phreng ba zhes bya ba bzhugs*），见中国民族图书馆藏文古籍整理室编写《藏文典籍目录》中册，北京：民族出版社，1989年，第489页。

④ 该书后经苏黎世大学民族学博物馆、故宫博物院、中国藏学中心等多家单位通力合作终在国内出版，见《五百佛像集：见即获益（瑞士苏黎世大学民族学博物馆版本提供）》，北京：中国藏学出版社，2011年。

集成也成为指导宫廷佛像制作的重要文本来源[①]。故而缘起印度的神灵体系与仪则系统,便在清宫得到深入传播与实践。

三、密教仪轨文本的跨文化传播与实践

认识到此种情况的巴达恰利亚,也意识到印度佛教尊神的图像志的意义,绝不仅限于印度本土,而是以印度的梵文原典为宗,逐步展开对源于印度半岛的佛教众神在世界范围内的发展与演变的探索。这批清宫造像虽制作于汉地,却皆遵循印度仪轨传统造型,尽管巴达恰利亚并未展开讨论佛教跨地传播交流之议题,但通过对印度密教图像在不同地区的发展与继承的直观体察,跨越族属与跨越文化的历史场景,自可逐渐鲜活起来。

事实上,《究竟瑜伽鬘》《成就法鬘》等仪轨文献,不仅为我们呈现了密法修行及相关仪则的完整程序,而且也为佛教美术研究提供了珍贵的第一手图像志材料,让研究者能更加清晰地把握浩如烟海的密教尊神的尊格身份、宗教功能与文化族属,对于我们探索11世纪以后的中印艺术交流之议题也有极为重要的价值。

11世纪以降,穆斯林势力在东印度的不断扩张,迫使大量佛教僧侣流入喜马拉雅地区,加速推动印度密教经典向周边地区的传译。13世纪以后印度佛教灭迹,佛教文化中心逐步转至西藏,成为新的思想文化及意识形态的输出地。此时雪域高原不仅名刹教派林立,更汇聚诸多印藏祖师大德,逐步在此期完成藏译佛经的系统汇编,藏传佛教思想体系继而成形。在此过程中,《成就法鬘》《究竟瑜伽鬘》《金刚鬘》等印度密教仪轨经典的传入,不仅极大丰富了中国佛教的仪式体系和尊神系统,还推动了内容更加丰富、题材更加多元的佛教艺术的创作。

《成就法鬘》在不晚于11世纪时传入我国西藏,《丹珠尔》大藏经中有四部与之相关的成就法藏译本[②]。在梵文成就法经典的基础上,藏族僧侣基于自身教派传承与修法实践,不断丰富着对印度传来的成就法著作的认识,并涌现出诸多意义深远的图像志著作。觉囊祖师多罗那他(Tāranātha,1575—1634)所作《本尊宝源成就法海》(*yi dam rgya mtsho'i sgrub thabs rin chen 'byung gnas*)即此中代表者,他不仅收集整理了旧译成就法,更增添新译《成就百法》,对后世藏传佛教图像志的研究意义重大。此外,《成就法鬘》亦在12世纪传入汉地。1914年法国汉学家马伯乐(H.Maspero,1883—1945)在浙江鄞县普安寺内发现了一份贝叶写本《成就法鬘》,据传是由僧人宝藏于宋·嘉祐二年(1057)从印度请回。该本共收三部成就法,分别对应巴氏汇编的《成就法鬘》中的217号(金刚亥母)、252—253号(胜乐金刚)成就法[③]。与此同时,源自印度的成就法仪轨文献也深刻地影响了汉藏地区的佛教艺术创作,包括榆林窟第三窟在内的诸多西夏佛

① 罗文华:《导论》,见《五百佛像集:见即获益(瑞士苏黎世大学民族学博物馆版本提供)》,页2—5。
② 四部藏译本的详细情况见郝一川:《〈成就法鬘〉之梵藏版本概述》,《法音》2012年第9期,页42—47。
③ Louis Finot, "Manuscrits sanskrits de sadhana's retrouves en Chine", *Journal Asiatique*, 1934, Tome.225, pp.1–85.

教艺术遗迹，多源自巴日译师所译《成就百法》中的相关尊神的观修仪轨[①]。

作为最重要的曼荼罗仪轨，《金刚鬘》三部曲皆被藏译，并被藏传佛教诸派广泛实践。13世纪初，无畏生护教法传承的关键人物、克什米尔高僧喀且班钦释迦室利（Sākyaśrībhadra, Kha che pan chen Shākya shri, 1127—1225）在中部藏区前后三次传布《金刚鬘》灌顶，肇始该经典在我国藏区的系统传播[②]。后经恰·却杰贝（chag chos rje dpal, 1197—1264）、雅砻·扎巴坚赞（yar lung grags pa rgyal mtshan, 1242—1346）、布顿·仁钦珠（bu ston rin chen grub, 1290—1264）等高僧大德推广，形成极为深远的影响。其中尤以布顿贡献最大，布顿曾受活跃于13世纪的班旦僧格（dpal ldan seng ge）灌顶《金刚鬘》中的诸多曼荼罗法，并著《曼荼罗仪轨·金刚鬘之灌顶法》（*dKyil chog rdo rje'i 'phreng ba 'di'i dbang gi lag len*）[③]，此外他还向元朝胆巴国师索南坚赞（bsod nams rgyal mtshan, 1312—1375）、帝师索南洛追坚赞贝桑波（Ti shri chen po bsod nams blo gros rgyal mtshan dpal bzang po, 1332—1363）等活跃于汉地中原的萨迦派高僧传授《金刚鬘》灌顶[④]。

15世纪以后，萨迦俄派祖庭俄寺（ngor）成为传承《金刚鬘》的重要法座。15世纪30年代寺院落成后，寺主俄钦·贡嘎桑布（ngor chen kun dga' bzang po, 1382—1456）为纪念尊师萨桑帕巴·旬奴洛追（Sa bzang 'phags pa gzhon nu blo gros, 1358—1414/1424），委托六位尼泊尔艺术家绘制了一套14幅唐卡，依据藏密四续次第展开，成为后世大量俄派金刚鬘唐卡之祖本[⑤]。

《金刚鬘》教法及其美术遗存亦广见安多地区，由明太祖朱元璋敕建的青海乐都瞿昙寺，即此中代表。该寺瞿昙殿内东西壁之顶排，近乎完整聚合了《金刚鬘》四十二种曼荼罗的主尊，诸尊列序严格依照《究竟瑜伽鬘》的文本章节次序，由内而外、先东后西加以表现，相同案例亦被绘于甘肃永登妙因寺万岁殿。金刚鬘在明初安多地区广传的背后，与藏传佛教噶玛噶举的势力分布以及五世噶玛巴得银协巴（De bzhin gshegs pa, 1384—1415）个人影响有着密切相关[⑥]。

基于上文的简要梳理，我们可以看到这些专注于尊神形象的梵文仪轨文本，如同一种“视觉正统”，为颇具革新意识的密教思想在不同地区的传播提供了理想的图像媒介，并为修行者规定出一套正确的思维意象。与此同时，也为研究遍及亚洲的密教美术遗存提供了一种祖本依托，使我们能够建立起密教图像在多元文化与不同地区中的传续过程及演变脉络。

故而综合来看，此部汇聚了大量仪轨文本信息和丰富艺术图例的《梵像志》，不论从哪方面来说，都是一部对佛教艺术、文化、历史之研究价值深远的著作，也成为佛教文化研究者的案头必备之作。

---

① 贾维维：《西夏石窟造像体系与巴哩〈成就百法〉关系研究》，《故宫博物院院刊》2019年第10期，页14—24。

② 管·旬奴贝著，王启龙、还克加译：《青史》，北京：中国社会科学出版社，2012年，页830—832。

③ 中国民族图书馆藏文古籍整理室编写：《藏文典籍目录》下册，北京：民族出版社，1997年，页52。

④ David S.Ruegg, *The Life of Bu Ston Rin Po Che, With the Tibetan Text of the Bu Ston rNam Thar*, Istituto italiano per il Medio ed Estremo Oriente, 1966, p.86 & 150.

⑤ 此套唐卡完整表现了《金刚鬘》所讲的42种曼荼罗和《阿阇梨所作集成》（Ācāryakriyāsamuccaya）所讲的三种曼荼罗，详细介绍可见David Jackson, *The Nepalese Legacy in Tibetan Painting*, Rubin Museum of Art, 2010, pp.186-187.

⑥ 台北故宫博物院助理研究员钟子寅博士曾在2018年哈佛大学举办的“藏传佛教艺术史研究新趋向”会议中发表了专题报告《明初安多地区〈金刚鬘〉图像及其与五世噶玛巴之关联》，详述五世噶玛巴对《金刚鬘》在安多地区传播的推动作用。《金刚鬘》在噶玛噶举传承有序，相关梳理可见前揭钟子寅文《重探青海瞿昙寺之瞿昙殿（二）》。

THE INDIAN BUDDHIST ICONOGRAPHY

Mainly Based on
THE SĀDHANAMĀLĀ
and Cognate Tāntric Texts of Rituals

BENOYTOSH BHATTACHARYYA, M.A., Ph. D.
Formerly Director of Oriental Institute and General Editor,
Gaekwad's Oriental Series, Baroda

FIRMA K. L. MUKHOPADHYAY
CALCUTTA 1958

原书内封

Published by K. L. MUKHOPADHYAY, 6/1A, Banchharam Akrur Lane,
Calcutta-12, India.

SECOND EDITION
Revised and Enlarged with 357 Illustrations

JUNE 1958

Printed by A. C. Ghosh, GHOSH PRINTING HOUSE PRIVATE LIMITED,
17A, British Indian Street, Calcutta-1
Bound by NEW INDIA BINDERS, 5B, Patwar Bagan Lane,
Calcutta-9

原书版权页

Inscribed to the Memory of
My Father

原书扉页一

संग्रहन्तु प्रियत्वेन विस्तरद्वेषिणा मया ।
भूरिरनुत्तमे तस्मिन् क्षन्तव्यं विस्तरप्रियैः ॥

अद्वयवज्र

原书扉页二

再版序言 | PREFACE

佛教众神愿以《梵像志》的书页再现于世，此意旨殊胜，在克服种种困难、延滞与障碍后，再版《梵像志》时隔三十四年后终于问世。很庆幸，在有生之年能够再版我最钟爱的著作，借此向我的两位杰出导师阿尔弗莱德·福歇教授（Alfred Foucher）与先父哈拉普拉萨德·夏斯特里（Mm.Haraprasad Shastri）致以由衷谢忱，虽斯人已逝，但我坚信其在天之灵必护助此刻圆满，不由心生慰藉。

本书首版于1924年，那时我的研究曾受困于资料的匮乏，但自从这部信息丰富的著作出版后，便不再存在此问题。我从未奢望能用一种与此严肃主题相宜的方法来处理此巨量的材料，因此就再版而言，我比我的批评者会意识到更多瑕疵。

1924年后出版的《成就法鬘》和《究竟瑜伽鬘》是有关佛教尊神的信息宝库。这期间又出版了《不二金刚集》《秘密集会怛特罗》的校订本，这两部重要文献中的信息不仅使我的工作难度陡增，更改变了我对佛教尊神的分类整理的基本认识。以上梵文文献皆出版在《盖克瓦德的东方系列》（*Gaekwad's Oriental Series*），那时我受前雇主、已故的巴罗达王公萨亚吉荛·盖克瓦德三世（Maharaja Sayaji Rao III，1863—1939）及其卓越大臣、现任印度共和国规划委员会代理主席的V.T.奎施那玛·查里雅先生（V.T.Krishnama Chariar）的委托，任该丛书总编。

后来库玛拉斯瓦米（A.K.Coomaraswamy）的《佛教图像的要素》（*Elements of Buddhist Iconography*），爱丽斯·盖蒂（Alice Getty）的再版《北传佛教神灵》（*Gods of Northern Buddhism*），戈登女士（A.K.Gordon）的《藏传佛教图像志》（*Iconography of Tibetan Lamaism*），还有我的好友、同事达卡博物馆馆长巴塔萨利（N.K.Bhattasali）博士的《达卡博物馆藏佛教与婆罗门教造像的图像志》（*Iconography of Buddhist and Brahmanical Sculpture in the Dacca Museum*）等著作的问世，使本书的修订难度剧增。尤以哈佛大学沃尔特·尤金·克拉克教授（Walter Eugene Clark）的两卷本巨著《两部藏传佛教众神谱》（*Two Lamaistic Pantheons*）为甚，该书首次公布了北京清宫佛寺内的大量佛像图片，若这批造像皆为汉式，则无碍于我，因我主力研究印度佛教图像志，但检视其中图片后我发现这些北京藏品皆生于印度传统，完全遵守印度文献并依《成就法鬘》《究竟瑜伽鬘》等梵文典籍的造像规范。这批汉地造像因其印度特征而被我大量收入本书。以上的这些研究不仅使本书的修订更有难度，且更加复杂，它们迫使我将这些汉地案例纳入这部聚焦印度的佛教图像的著作中。感谢博学的克拉克教授，为我新添了这项应尽的研究任务。

印度的佛教图像是最有趣、最具启发性的研究主题之一。佛教图像具有世界性的价值，因为佛教未受印度教或耆那教等印度本土之限，反而传播地愈加广远，一面穿越喜马拉雅来到中国西藏、汉地、蒙古等地和日、韩等国家；另一面则进入中南半岛，广传于暹罗、印度尼西亚、缅甸、锡兰。在阿契美尼德大帝大流士的时代，佛教便为日后占世界三分之一人口的宗教奠定基石。佛教图像的灵感源出印度古梵文文献，其中的义理与教导传播到世界各国，如在藏地与汉地，便深受当地人群的艺术及文化特征的影响。今日，我们已不再可能将印度的佛教图像与其在汉藏地区的发展割裂开来，因汉藏地区皆深受印度佛教密续的影响。此学科的当务之急是出版遍布世界的图书馆档案中的大量未公布的原始写本。只有公开这些资料，佛教图像志的研究才堪称完整。

此次再版经过系统修订与扩充，不仅增添新章，亦重整旧章。为尽可能与时俱进，亦大量增删图片。1924年首版发行时，我只看到材料层面的不足，但随着新材料的不断公布，心识上的问题也凸显而出。这些转变鲜明呈现在几乎重写的前言和大改的诸章之中，尤以禅那佛章为甚，特此说明以免读者惊异。还需指出，此类著作实难避免重复论述，盖因尊神会依目的及语境的差异而在不同场所重复出现。首版的批评者注意到了由此产生的混乱，故再版给予了有序调整。

再版的筹备承蒙多方人士惠助，方能完成修订，并以此面貌示人。首先感谢已故的前印度考古理事长N.P.查克拉瓦提（N.P.Chakravarti）博士，先生慷慨允许我复制其单位的所有图片资料，皆收在首版。这些图片或直购，或从其单位出版物中翻拍，都已附在致谢名录中。必须要说，若无考古部门提供给我的无私且令人愉悦的协助，在印度开展图像研究将举步维艰。

在巴罗达的萨亚吉莠王公大学副校长施利马蒂·汉莎·本·迈达（Shrimati Hansa Ben Mehta）先生的惠允下，我才能借出其校藏的九幅整页图片用以复制。现今巴罗达博物馆已隶属该校，也要感谢他让我在书中使用该馆藏品。

对我的同行及挚友哈佛大学威尔士梵文教授沃尔特·尤金·克拉克先生的感激，更溢于言表。先生惠允我无条件地从其大作《两部藏传佛教众神谱》中任意复制图片，我深深折服于先生的友善和慷慨。

感谢我的同行、好友，前巴罗达博物馆馆长海曼·古特兹（Hermann Goetz）博士。多年前，我获许拍摄巴罗达博物馆藏的众多珍贵佛教造像，书中最终呈现的这些图片皆出自我拍的底片，所有巴罗达博物馆藏造像都在其图脚标注了各自出处。感谢巴罗达博物馆的领导以及杰出的艺术理论家古特兹博士。

我的每一步都得到我的朋友、哲人、导师，尼泊尔班智达金刚阿阇黎成就喜（Siddhiharsha Vajrācāryya）的帮助。他为我提供所需罕见的写经的复制件以及罕见的尊神的尼泊尔线图原作。二十五菩萨的线图即由他从尼泊尔艺术家处获取，其中的十六尊是从尼泊尔帕坦的一座著名佛塔上的石刻复制而来。除感谢他外，也要向他的儿子妙法喜（Dharmaharsha）和孙子金刚阿阇黎圆满喜（Purnaharsha Vajrācāryya）致谢，他们都给予我以聪慧、及时、积极且高效的协助。感激尼泊尔老艺人梵曼·秋查迦（Virman Chitrakar），首版中的所有尼泊尔线稿插图皆源出其手。

感谢N.A.格尔（N.A.Gore）教授为本书提供的三张精美图片：一件四臂伽内沙和两件罕见的狮面女，这是其岳父来自孟买哈尔的H.G.蒙格博士（H.G.Moghe）的私藏。再版亦收录这三张图片，向二位致以谢忱。

借此机会再次由衷感谢W.Y.埃文斯-温特兹（W.Y.Evans-Wentz）博士，多年前他曾让我复制了一些其私藏的插画。

感谢热哈娜·泰亚布基(Raihana Tyabji)女士,其父为已故的印度杰出领导人什利·阿巴斯·泰亚布基(Shri Abbas Tyabji)。为了细致修订,她仔细查阅本书的首版超过十五年之久。

感谢牛津大学出版社孟买分社的K.L目霍帕德亚(K.L.Mukhopadhyay)经理,他欣然同意由K.L.目霍帕德亚公司再版本书。早在1949年,他就劝说我修订再版,但与我意志相悖。对其感谢不再一一说明。

向本书选用的铜、石、画像之来源的各博物馆、画廊、收藏机构的馆长、负责人和主管致谢。感谢以下机构的负责人:加尔各答印度博物馆,巴罗达博物馆及巴罗达画廊,勒克瑙省级博物馆,萨尔纳特、那烂陀、达卡的博物馆,加尔各答的梵基亚文献学会(Vaṅgīya Sāhitya Pariṣat)博物馆,北京故宫皇家佛寺。谨致谢忱。

感谢将首版《梵像志》定为古印度历史与文化硕士考试教科书的印度诸家高校。希望领导能继续支持《梵像志》的修订版。感谢加尔各答的Messrs.Ghosh私人有限印刷厂,尤其感谢什利.P.C.巴萨克(Shri P.C.Basak),他为本书准确印刷、精美装帧倾注巨大心力。什利.N.L.杜特(Shri. N.L.Dutt)也出力颇多,一并致谢。

最后感谢我的弟弟什利育特·帕日托什·巴达恰利亚(Shriyut Paritosh Bhattacharyya)长久以来的鼓励与关爱。

感谢目霍帕德亚公司的什利.K.L.目霍帕德亚(Shri K.L. Mukhopadhyay),正是他的付出本书才得以此面貌再版。由衷祝福感谢!

谨以此书纪念先父,摩诃玛约帕德雅亚·哈拉普拉萨德·夏斯特里,先父在天有灵,方有幸再版《梵像志》。

B. 巴达恰利亚
1958年乘车节于夏斯特里别墅(西孟加拉邦,奈哈迪)

致谢 | ACKNOWLEDGMENTS

感谢以下机构及部分私人收藏的恩惠和版权。感谢相关机构的领导、馆长、负责人、主管以及相应的私人藏家，获许翻印他们的图像、铜像、石像、浅浮雕、小塑像、插图和雕版，所有版权皆作保留。

1. 印度考古研究所(新德里)及其在那烂陀、萨尔纳特、勒克瑙、加尔各答的考古博物馆，对应图号如下：1，2，3，4，5，17，26，27，45，46，77，81，83，84，85，94，95，96，98，99，101，104，105，107，116，130，138，140，142，148，152，153，154，156，166，167，169，180，189，190，233。

2. 隶属巴罗达的摩诃拉迦·萨亚吉苋大学的博物馆和画廊，对应图号如下：13，16，42，74，75，87，92，97，107，127，131，160，168，188。

3. 北京故宫内的皇家寺院及两卷《两部藏传佛教众神殿》的作者沃尔特·尤金·克拉克教授，对应图号如下：30，50，71，80，111，114，115，122，123，129，133，183，193，194，195，202，203，204，205，206，207，208，209，210，211，212，213，214，217，219，220，221，222，223，224，225，231，236，237，238，239，240，241，242，243，244，245，246，247，248。

4. 埃文斯-温特兹教授的私藏，对应图号为：19，22，28，33，37，150，157，165，196，197，198，199，200，229。

5. 位于东巴基斯坦的达卡博物馆，对应图号为：89，125，185，249。

6. 位于加尔各答的梵基亚文献学会，对应图号为：93，149。

7. 来自孟买哈尔的蒙格博士的私藏，对应图号为：215，216，227。

8. 位于德国柏林的柏林博物馆，对应图号为90。

9. 位于荷兰莱顿的莱顿博物馆，对应图号为141。

10. 来自纽约的已故的W.B.惠特尼先生的私藏，对应图号为161。

11. 菩提伽耶的印度教寺庙，对应图号为164。

12. 位于东巴基斯坦的达卡的达卡文献学会，对应图号为184。

13. 巴罗达的道瓦格·玛哈拉尼·奇玛那拜·盖克瓦德王后殿下的私藏，对应图号为228。

14. 巴罗达的摩诃拉迦·萨亚吉苋大学的东方研究所，借用了其9张整页图片，对应图号为：89，99，103，105，156，166，169，173，177。

15. 位于加尔各答的印度博物馆，对应图号为：1，3，4，5，26，45，46，81，84，85，95，104，138，140，142，148，152，153，156，167，169，180，190。

16. 位于比哈尔那烂陀的那烂陀博物馆，对应图号为：17，27，189，233。

17. 位于勒克瑙的省级博物馆，对应图号为：99，105，154，166。

18. 位于萨尔纳特（贝拿勒斯）的萨尔纳特博物馆，对应图号为：77，94，107，116，130。

19. 从尼泊尔加德满都的班智达成就喜、妙法喜和金刚阿阇黎圆满喜处复制的尼泊尔画像，对应图号为：9，10，11，14，15，29，43，44，82，86，91，102，108，146，151，176，187，201，226。

部分参考文献 | SELECT BIBLIOGRAPHY

1. 无畏生护(Abhayākara Gupta):《究竟瑜伽鬘》(*Niṣpannayogāvalī*),贝诺伊托什·巴达恰利亚(B.Bhattacharyya)编,《盖克瓦德的东方系列》,卷109,巴罗达,1949年。
2. 不二金刚(Advayavajra):收录十九件精短文献的《不二金刚集》(*Advayavajrasaṅgraha, ADV*),夏斯特里(Haraprasad Shastri)编,《盖克瓦德的东方系列》,卷40,巴罗达,1927年。
3. 塞缪尔·比尔(Beal, S.):《西域记:佛教纪行中的西域世界——对汉僧玄奘(公元629)的翻译》(*Si-yu-ki: The Buddhist Records of the Western World translated from the Chinese of Hiuen Thasang*),二卷,伦敦,1906年。
4. 塞西尔·班德尔(Bendall, C.):(1)收录于《佛教书目系列》的《寂天〈学处集要〉》(*Śikṣā-Samuccaya of Śāntideva in the Biliotheca Buddhica Series*),圣彼得堡,1897年。
   (2)《剑桥大学图书馆藏佛教梵文写本目录》(*Catalogue of Buddhist Sanskrit Manuscripts in the University Library*),1883年。
   (3)《尼泊尔杜巴图书馆的H.夏斯特里目录的历史导论》(*A Historical Introduction to H.Shastri's Nepal Catalogue*),卷一,加尔各答,1905年。
5. B·巴达恰利亚(Bhattacharyya, B.):(1)编《成就法鬘》(*Sādhanamālā*)二卷,《盖克瓦德的东方系列》,卷26、卷41,东方研究所,巴罗达,1925—1928年。
   (2)编《两部金刚乘著作:因陀罗菩提的〈智慧成就〉和无著金刚的〈般若离诀成就〉》(*Two Vajrāyana Works consisting of the Jñānasiddhi of Indrabhūti and the Prajñopāyaviniścayasiddhi of Anaṅgavajra*),《盖克瓦德的东方系列》,卷44,巴罗达,1929年。
   (3)编《秘密集会怛特罗》(*Guhyasamāja Tantra*),《盖克瓦德的东方系列》,卷53,巴罗达,1931年。
   (4)编《大班智达无畏生护的〈究竟瑜伽鬘〉》(*Niṣpannayogāvalī of Abhayākara Gupta*),《盖克瓦德的东方系列》,卷109,巴罗达,1949年。
   (5)著《嘿噜迦的图像学》(*Iconography of Heruka*),印度文化出版社,第一卷。
   (6)著《佛教奥秘导读》(*An Introduction to Buddhist Esoterism*),牛津大学出版社,1932年。
6. 巴塔萨利(Bhattasali, N.K.):《达卡博物馆藏佛教与婆罗门教造像的图像志》(*Iconography of Buddhist and Brahmanical Sculptures in the Dacca Museum, IBBS*),达卡,1929年。
7. 博吉斯(Burgess. J)&弗格森(Fergusson.J):《印度石窟寺》(*The Cave Temples of India*),伦敦,1880年。
8. 克拉克(Clark, Walter Eugene):《两部藏传佛教众神谱》(*Two Lamaistic Pantheons*, TLP)二

卷，哈佛燕京学社丛书，麻省剑桥镇。

9. 库玛拉斯瓦米（Coomaraswamy, Dr. A. K.）：《锡兰和爪哇的大乘佛教图像》〔*Mahāyāna Buddhist Images from Ceylon and Java*（*with three plates*）〕，《皇家亚洲学会会刊》，1909年4月。

10. 考德尔（Cordier, P.）：《国家图书馆藏藏文文献目录》（*Catalogue du Fonds Tibetain de la Bibiotheca nationale*），第二部分，《丹珠尔目录索引》（*Index du Bstan-Hgyur*, 1909），第三部分（1915），巴黎。

11. 乔玛（Csoma, Alex., De Koros）：（1）《时轮与本初佛系统的起源考》（*Note on the Origin of the Kālacakra and Ādi-Buddha Systems*），《皇家亚洲学会会刊》（*JASB*），卷二，1833年，57ff。
（2）《藏文典籍中所见的不同佛教系统》（*Notices on the Different Systems of Buddhism Extracted from Tibetan Authorities*），《皇家亚洲学会会刊》，卷七，1838年，第一部分，142ff。

12. 昆宁汉姆（Cunningham, A）：《中印度的佛教遗迹》（*The Bhilsa Topes* or *Buddhist Monuments of Central India*），伦敦，1854年。

13. 戴维斯（Davids, W. Rhys）：《早期佛教》（*Early Buddhism*），伦敦，1908年。

14. 狄克史特（Dikshit, K.N.）：《玛霍巴的六尊造像》（*Six Sculptures from Mahoba*），《印度考古研究所研究报告》（*Memoirs of the ASI No.8*），第8期。

15. 福歇（Founcher, A.）：（1）《印度佛教图像研究》（*Étude sur l'iconographie Bouddhique de l'Inde*），卷一，巴黎，1900年；卷二，1905年。
（2）L. A. 托马斯、F. W. 托马斯（译）：《〈佛教艺术的起源〉及其他印度中亚考古论文》（*The Beginnings of Buddhist Art* and other Essays in Indian and Central Asian Archaeology），牛津，1917年。

16. 盖蒂（Getty, A.）：《北传佛教神灵》（*The Gods of Northern Buddhism, GNB*）（首版），牛津，1914年；再版，牛津，1928年。

17. 戈登（Gordon, Antoinette K.）：《藏传佛教图像志》（*The Iconography of Tibetan Lamaism, ITL*），哥伦比亚大学出版社，纽约，1939年。

18. 格伦威德尔（Grunwedel, A.）：《印度佛教艺术》（*Buddhist Art in India*），艾格尼丝·吉布森（Agnes Gibson）英译，博吉斯（J.Burgess）校对扩充，伦敦，1901年。

19. 科恩（Kern, H.）：《印度佛教指南》（*Manual of Indian Buddhism*），斯特拉斯堡，1896年。

20. 莱格（Legge, J.）：《佛国纪行：汉僧法显的印度行旅记（399—414）》〔*A Record of Buddhistic Kingdoms, being an account of the Chinese monk Fa-Hien of his Travels in India*（*A.D.399–414*）〕，牛津，1886年。

21. 马克思·穆勒（Max Muller, F.）、卡萨瓦拉（Kasavara, K.）& 温格（Wengel, H.）：《龙树〈法集名数经〉》（*The Dharmasaṅgraha attributed to Nāgārjuna*），牛津，1885年。

22. 密特拉（Mitra, R.）：《尼泊尔的梵文佛教文献》（*The Sanskrit Buddhist Literature of Nepal*），加尔各答，1882年。

23. 莫尼尔-威廉姆斯爵士（Monier Williams, Sir M.）：《佛教与婆罗门教、印度教的联系及与基督教的差异》（*Buddhism in its Connextion with Brahmanism and Hinduism and in its contrast with*

Christianity)，伦敦，1889年。

24. 欧德菲尔德(Oldfield, H.A.)，《尼泊尔概论》(*Sketches from Nepal*)，卷二，伦敦，1880年。
25. 饶(Rao, T.A.Gopinatha)：《印度教图像的要素》(*Elements of Hindu Iconography*)，卷一、卷二，清奈，1916年。
26. 萨赫尼(Sahni, D.R.)：《萨尔纳特考古博物馆目录》(*Catalogue of the Museum of Archaeology at Sarnath*)，加尔各答，1914年。
27. 萨玛斯拉米(Sāmāśramī, S.)编：《大乘庄严宝王经》(*Kāraṇḍa-Vyūha*)，加尔各答。
28. 夏斯特里(Śastrī, H.)：(1) 发表于加尔各答的月刊《那罗延》(*Nārāyaṇa*)上的讨论"佛法"(Bauddhadharma)的18篇孟加拉文文章。

    (2) 对瓦苏(N.N.Vasu)的《奥里萨的现代佛教及其信众》(*The Modern Buddhism and its Followers in Orissa*)的导论，加尔各答，1911年。

    (3)《尼泊尔杜巴图书馆藏贝叶经及部分写本之目录》(*A Catalogue of Palm-leaf and Selected paper Manuscripts belonging to the Durbar Library, Nepal*)，卷一，1905年；卷二，1915年，加尔各答。

    (4) 孟加拉亚洲学会保管的《"政府收藏"的梵文写经的目录》(*A Descriptive Catalogue of Sanskrit MSS in the Government Collection* under the care of the Asiatic Society of Bengal)，卷一，Buddhist MSS，加尔各答，1917年。

    (5)《孟加拉的佛教》("Buddhist in Bengal")，《达卡评论》(*Dacca Review*)，卷二，第7号，第91—104页，达卡，1922年。

    (6)《对孟加拉现存佛教的发现》(*Discovery of Living Buddhism in Bengal*)，加尔各答。

    (7)《佛教诗歌》(*Bauddha Gān O Dohā*)(孟加拉文)，《文献学会经典丛书》(*Sahitya Parisat Granthavali*)第55号，加尔各答，B.S. 1323。

    (8)《孟加拉的古代文字》(*Bāṅgalar Purāṇa Akṣara*)(孟加拉文)，《梵基亚文献学会会刊》，B.S.1327。

    (9)《新发现的一部圣天的梵文著作》(*The Discovery of a work by Āryadeva in Sanskrit*)，《皇家亚洲学会会刊》，1898，p.175ff.
29. 夏斯特里(Sāstrī, H.Krishna.)：《南印度的男女尊像》(*South Indian Images of Gods and Goddesses*)，清奈，1916年。
30. 塞纳特(Senart, E.)：《大事》(*Le Mahāvastu*)，卷三，第一部分，巴黎，1882年。
31. 史密斯(Smith, V.A.)：《印度与锡兰的美术史》(*A History of Fine Arts in India and Ceylon*)，牛津，1911年。
32. 铃木大拙(Sujuki, D.T.)：《大乘佛教纲要》(*The Outlines of Mahāyāna Buddhism*)，伦敦，1907年。
33. 宇井伯寿(Ui, H.)：《胜论哲学》(*The Vaiśeṣika Philosophy*)，托马斯(F.W.Thomas)编，东方翻译基金，新系列，卷二十四，伦敦，1917年。
34. 瓦苏(Vasu N.N.)：(1)《奥里萨的现代佛教及其信众》(*The Modern Buddhism and its Followers*

in Orissa),加尔各答,1911年。
(2)《马尤尔本杰县的考古调查》(*The Archaeological Survey of Mayūrbhanj*),加尔各答,1912年。
35. 沃格(Vogel, J.Ph.):(1)《秣菟罗考古博物馆目录》(*Catalogue of the Archaeological Museum at Mathura*),阿拉哈巴德,1910年。
(2)对萨赫尼(D.R.Sahni)的萨尔纳特目录的导引。
(3)《秣菟罗风格造像》("The Mathura School of Sculpture"),《印度考古研究所年报(ASI)》,1906年07期,第137—160页。
36. 沃德尔(Waddell, L.A.):(1)《印度佛教的观音信仰及其伴侣度母,摩揭陀遗存中的救世女神》("The Indian Buddhist Cult of Avalokita and his Consort Tārā, the 'Saviouress' illustrated from the remains of Magadha"),《皇家亚洲学会会刊》,1898年。
(2)《西藏的佛教》(*The Buddhism of Tibet or Lamaism*),伦敦,1895年。
37. 怀特(Wright, D.):《尼泊尔史》(*History of Nepal*),剑桥,1877年。

目录 | CONTENTS

图版目录 | LIST OF ILLUSTRATIONS

图101　狮吼观音（摩揭陀）……97
图102　狮吼观音（尼泊尔）……97
图103　卡萨帕纳观音（达卡的毗诃罗普尔）……99
图104　卡萨帕纳观音（印度博物馆）……99
图105　世尊观音（勒克瑙博物馆）……102
图106　世尊观音（巴罗达博物馆）……102
图107　世尊观音（萨尔纳特博物馆）……102
图108　世尊观音（尼泊尔）……102
图109　诃拉诃拉观音（尼泊尔）……104
图110　莲花舞自在观音（尼泊尔）……105
图111　莲花舞自在观音（北京）……105
图112　莲花舞自在观音（尼泊尔线描）……106
图113　诃梨诃梨诃梨骑犼观音（尼泊尔线描）……108
图114　权衡三界观世音（北京）……110
图115　红四臂观世音（北京）……110
图116　青颈观世音（萨尔纳特博物馆）……113
图117　见善趣观音（尼泊尔线描）……113
图118　俱悦恶鬼观音（尼泊尔线描）……115
图119　净土观音（尼泊尔）……115
图120　金刚法观音（尼泊尔线描）……116
图121　作明佛母（尼泊尔线描）……121
图122　作明佛母（北京）……121
图123　颦眉佛母（北京）……123
图124　暴恶忿怒明王（尼泊尔线描）……127
图125　嘿噜迦（达卡博物馆）……127
图126　佛颅（尼泊尔线描）……131
图127　佛颅（巴罗达博物馆）……131
图128　马头明王（尼泊尔线描）……135
图129　马头明王（北京）……135
图130　除秽忿怒旃巴拉（萨尔纳特博物馆）……141
图131　降障碍明王（巴罗达博物馆）……141
图132　最胜马（尼泊尔线描）……147
图133　瑜伽虚空（北京）……147
图134　时轮金刚（尼泊尔线描）……148
图135　大震旦救度母（尼泊尔线描）……151
图136　大震旦救度母（尼泊尔线描）……151

图137 消伏毒害母（尼泊尔线描）…… 152
图138 独髻母（印度博物馆）…… 154
图139 独髻母（尼泊尔线描）…… 154
图140 叶衣佛母（印度博物馆）…… 156
图141 黄般若佛母（荷兰莱顿）…… 158
图142 金般若佛母（印度博物馆）…… 158
图143 金刚涂母（尼泊尔线描）…… 161
图144 大廻佛母（尼泊尔线描）…… 161
图145 大廻佛母（尼泊尔线描）…… 161
图146 大廻佛母（尼泊尔）…… 161
图147 幢定臂严佛母（尼泊尔线描）…… 163
图148 无我母（印度博物馆）…… 165
图149 无我母（梵基亚文学会）…… 165
图150 摧破金刚母（尼泊尔写经插图）…… 166
图151 真实名（尼泊尔）…… 168
图152 八臂黄摩利支天（印度博物馆）…… 172
图153 八臂黄摩利支天（印度博物馆）…… 172
图154 八臂黄摩利支天（勒克瑙博物馆）…… 172
图155 十臂白摩利支天（尼泊尔线描）…… 173
图156 顶髻尊胜佛母（印度博物馆）…… 175
图157 顶髻尊胜佛母像（尼泊尔写经插图）…… 175
图158 无能胜白伞盖佛母（尼泊尔线描）…… 176
图159 最胜金刚亥母（尼泊尔线描）…… 179
图160 最胜金刚亥母（巴罗达博物馆）…… 179
图161 准提佛母（已逝W.B.怀特尼先生藏品）…… 181
图162 准提佛母（尼泊尔写经插图）…… 183
图163 准提佛母（巴罗达博物馆）…… 183
图164 十六臂准提佛母（菩提伽耶）…… 183
图165 圣耀母（尼泊尔写经插图）…… 184
图166 除恶救难度母（勒克瑙博物馆）…… 187
图167 除恶救难度母（印度博物馆）…… 187
图168 除恶救难度母（巴罗达博物馆）…… 187
图169 大吉祥度母（印度博物馆）…… 187
图170 敬爱母（尼泊尔线描）…… 190
图171 六臂白度母（尼泊尔线描）…… 190
图172 施财度母（尼泊尔线描）…… 191

图173 叶衣佛母(达卡博物馆)…… 194
图174 叶衣佛母(达卡博物馆)…… 194
图175 金刚链母(尼泊尔线描)…… 196
图176 旃巴拉(尼泊尔)…… 199
图177 旃巴拉(达卡博物馆)…… 199
图178 旃巴拉(达卡博物馆)…… 199
图179 双身旃巴拉(尼泊尔线描)…… 199
图180 金刚度母(印度博物馆)…… 204
图181 金刚度母(奥里萨)…… 204
图182 金刚度母(尼泊尔)…… 204
图183 花女(北京)…… 204
图184 大随求佛母(达卡文学社)…… 206
图185 大随求佛母(达卡博物馆)…… 206
图186 财续佛母(尼泊尔线描)…… 207
图187 财续佛母(尼泊尔)…… 207
图188 财续佛母(巴罗达博物馆)…… 207
图189 无能胜母(那烂陀博物馆)…… 208
图190 无能胜母(印度博物馆)…… 208
图191 金刚瑜伽母寺(萨库寺院)…… 210
图192 无垢母(尼泊尔线描)…… 212
图193 金刚索(北京)…… 221
图194 金刚锁(北京)…… 221
图195 金刚顶(北京)…… 223
图196 大随求佛母(尼泊尔写经插图)…… 229
图197 大千摧碎佛母(尼泊尔写经插图)…… 229
图198 大密咒随持佛母(尼泊尔写经插图)…… 231
图199 大寒林佛母(尼泊尔写经插图)…… 231
图200 大孔雀佛母(尼泊尔写经插图)…… 232
图201 摩诃塔哩母(尼泊尔)…… 232
图202 金刚毕达拉(北京)…… 237
图203 嘎斯麻哩母(北京)…… 237
图204 补嘎西母(北京)…… 240
图205 专必尼母(北京)…… 240
图206 嬉女(北京)…… 241
图207 歌女(北京)…… 243
图208 舞女(北京)…… 243

图209 琵琶女（北京）…… 245
图210 圆鼓女（北京）…… 245
图211 锁女（北京）…… 248
图212 门女（北京）…… 248
图213 灯女（北京）…… 251
图214 宝炬女（北京）…… 251
图215 狮面女（蒙格博士私藏）…… 254
图216 狮面女（蒙格博士私藏）…… 254
图217 空行母（北京）…… 255
图218 拉玛空行母（尼泊尔彩绘）…… 255
图219 禅定波罗蜜（北京）…… 261
图220 愿波罗蜜（北京）…… 261
图221 生自在（北京）…… 266
图222 神通自在（北京）…… 266
图223 法云地（北京）…… 275
图224 词无碍解（北京）…… 285
图225 辩无碍解（北京）…… 285
图226 大黑天（尼泊尔）…… 287
图227 四臂毗那夜迦（蒙格博士私藏）…… 290
图228 十二臂毗那夜迦（摩诃菈妮・奇玛那拜）…… 290
图229 毗那夜迦（尼泊尔写经插图）…… 291
图230 大辩才天女（尼泊尔线描）…… 292
图231 金刚琵琶辩才天女（北京）…… 292
图232 金刚沙罗达（尼泊尔线描）…… 293
图233 金刚沙罗达（那烂陀博物馆）…… 293
图234 圣辩才天女（尼泊尔线描）…… 294
图235 金刚辩才天女（尼泊尔线描）…… 294
图236 帝释天（北京）…… 295
图237 火天（北京）…… 299
图238 风天（北京）…… 299
图239 大梵天（北京）…… 301
图240 摩醯首罗天（北京）…… 301
图241 毗那夜迦（北京）…… 304
图242 罗睺（北京）…… 310
图243 计都（北京）…… 310
图244 纳瓦母（北京）…… 317

图245 达沙母（北京）…… 317
图246 天秤宫（北京）…… 318
图247 宝瓶宫（北京）…… 318
图248 双鱼宫（北京）…… 318
图249 除恶救难度母（达卡博物馆）…… 321

附图1 马头观音 …… 333
附图2 Mojaghāñjabala观音 …… 333
附图3 诃拉诃拉观音 …… 333
附图4 诃梨诃梨诃梨骑犼自在观音 …… 333
附图5 幻网次第观音 …… 334
附图6 六字观音 …… 334
附图7 庆喜观音 …… 334
附图8 最胜调服观音 …… 334
附图9 船足观音 …… 335
附图10 净瓶观音 …… 335
附图11 最胜赐主观音 …… 335
附图12 宝髻观音 …… 335
附图13 净土观音 …… 336
附图14 净恶鬼观音 …… 336
附图15 幻网次第忿怒尊观音 …… 336
附图16 见善趣观音 …… 336
附图17 青颈观音 …… 337
附图18 世尊圣红观音 …… 337
附图19 见三界寂静观音 …… 337
附图20 狮主观音 …… 337
附图21 卡萨帕纳观音 …… 338
附图22 宝莲观音 …… 338
附图23 金刚法观音 …… 338
附图24 布帕罗观音 …… 338
附图25 优罗那底观音 …… 339
附图26 大力遍照观音 …… 339
附图27 梵杖观音 …… 339
附图28 阿旃吒观音 …… 339
附图29 大金刚萨埵观音 …… 340
附图30 一切骑犼自在观音 …… 340

附图31 释迦佛观音 …… 340
附图32 寂静观音 …… 340
附图33 阎摩杖观音 …… 341
附图34 金刚顶观音 …… 341
附图35 金刚吽敌迦观音 …… 341
附图36 智性观音 …… 341
附图37 庄严宝观音 …… 342
附图38 除盖障观音 …… 342
附图39 除一切忧冥观音 …… 342
附图40 辩才观音 …… 342
附图41 甘露光观音 …… 343
附图42 日光观音 …… 343
附图43 月光观音 …… 343
附图44 观见观音 …… 343
附图45 金刚藏观音 …… 344
附图46 海慧观音 …… 344
附图47 宝手观音 …… 344
附图48 虚空库观音 …… 344
附图49 虚空藏观音 …… 345
附图50 地藏观音 …… 345
附图51 无尽意观音 …… 345
附图52 创爱观音 …… 345
附图53 普贤观音 …… 346
附图54 大千手观音 …… 346
附图55 大宝称观音 …… 346
附图56 大螺主观音 …… 346
附图57 大千曜日观音 …… 347
附图58 大宝族观音 …… 347
附图59 大地观音 …… 347
附图60 大妙赐观音 …… 347
附图61 大月轮观音 …… 348
附图62 大日轮观音 …… 348
附图63 大施无畏观音 …… 348
附图64 大作无畏观音 …… 348
附图65 大妙真实观音 …… 349
附图66 大一切清净观音 …… 349

附图67 大金刚界观音 …… 349
附图68 大金刚威持观音 …… 349
附图69 大金刚手观音 …… 350
附图70 大金刚怙主观音 …… 350
附图71 不空羂索观音 …… 350
附图72 天神观音 …… 350
附图73 钵盂观音 …… 351
附图74 百乘观音 …… 351
附图75 宝叶观音 …… 351
附图76 遍手观音 …… 351
附图77 莲月观音 …… 352
附图78 摧破金刚观音 …… 352
附图79 不动幢观音 …… 352
附图80 希利奢罗观音 …… 352
附图81 法轮观音 …… 353
附图82 诃梨骑犼自在观音 …… 353
附图83 莲生观音 …… 353
附图84 诃梨诃罗观音 …… 353
附图85 狮吼观音 …… 354
附图86 一切金刚观音 …… 354
附图87 无量光观音 …… 354
附图88 金刚萨埵界观音 …… 354
附图89 一切具实观音 …… 355
附图90 法界观音 …… 355
附图91 金刚界观音 …… 355
附图92 释迦佛观音 …… 355
附图93 心界观音 …… 356
附图94 如意宝观音 …… 356
附图95 寂慧观音 …… 356
附图96 妙主观音 …… 356
附图97 遍轮观音 …… 357
附图98 合掌观音 …… 357
附图99 遍爱观音 …… 357
附图100 金刚造观音 …… 357
附图101 螺主观音 …… 358
附图102 明主观音 …… 358

附图103　永怙观音 …… 358
附图104　莲花手观音 …… 358
附图105　金刚手观音 …… 359
附图106　大力成就观音 …… 359
附图107　金刚怙主观音 …… 359
附图108　吉祥圣尊观音 …… 359

导言 | INTRODUCTION

一、佛教图像志研究的材料

印度三大宗教系统：印度教、佛教、耆那教皆发展出了完备的神系，若要判别某图像在此三大系统中的归属实非易事，故以准确辨识图像为首要任务的图像志研究之重要性，便自不待言。

三大宗教系统中有频繁且任意的尊神交互传统，增添了研究者的困难。如印度教尊神帕尔瓦蒂（Pārvatī）、因陀罗（Indra）、吉祥天女（Lakṣmī）、辩才天女（Sarasvatī）亦见耆那教。印度教也吸收了佛教的大震旦度母（Mahācīnātārā）、消伏毒害母（Jāngulī）、金刚瑜伽母（Vajrayoginī），各冠名多罗（Tārā）、摩那娑（Manasā）、无首母（Chinnamastā）[①]等称谓。因此，杂密时期（Promiscuous Tāntric age），佛教与耆那教间已有如是随意的尊神交换。早期佛教、耆那教信众亦借用印度教尊，但在怛特罗时期，被广泛借用的对象实为佛教尊神。

杰出学者们不断努力以克服确辨尊像之困难。著名者如沃德尔（Waddell）、格伦威德尔（Grünwedel）、福歇、博格斯（Burgess）、盖蒂（Getty）、库玛拉斯瓦米（Coomaraswamy）、巴塔沙利（Bhattasali）、拉卡尔达斯（Rakhaldas）、巴纳吉（Banerji）等各国学者都著有实用著作，汇集大量佛教图像信息。然而不尽如人意的是，到目前为止，印度金刚乘信众创建的众神殿却被或多或少地忽视了。尽管盖蒂和丹尼克的《北传佛教神灵》（*Gods of Northern Buddhism*）不失为一部杰作，但其仅述藏、汉、日的佛教尊神，未太关注纯粹的印度尊格。福歇教授在1900、1905年相继出版的二卷大作《印度佛像研究》（*Etudes sur l'Iconographie Bouddhique de L'Inde'*）中首次将学者们的关注点引入此领域。他的兴趣源自对《般若经》等佛教写经插图的研究，为辨识尊像，他做了系统工作，其间从写本《成就法鬘》（*Sādhanamālā*）中搜集大量成就法，并惊喜地发现尊像与此部尚未公布的怛特罗写经中的描绘高度一致。这些图像、造像也提供了很多成就法中未见的有趣细节，由此，成就法与图像便可互为发明。福歇教授大作的第二卷是对《成就法鬘》的理论探究，尽管并不全面，却首次强调成就法对辨识佛教尊像的必要性。笔者曾在加尔各答的印度博物馆随福歇教授学习，他曾建议我在辨识佛教尊神之前，应首先汇编、研究不同版本的《成就法鬘》。

《成就法鬘》对佛教图像志的研究意义深远，它不仅记录了金刚乘佛教信众在心性探索方面的最高成就，也是因穆斯林入侵致使佛教灭迹孟加拉之时期内的产物。这部有关佛像图像

---

① 该尊亦见《宝生百法》中的金刚亥母，对应藏名为：dbu bcad ma，汉译“断首母”。译者注。

志的重要著作，以及对此文本和其中各类问题的翔实介绍，已出版在《盖克瓦德的东方系列》（*Gaekwad's Oriental Series*）的第26卷和第41卷。

这版《成就法鬘》共收录312篇成就法，包含对众多佛教尊神的描述。在名为《成就法集》（*Sādhanasamuccay*）的集子中新发现的成就法，已精心适宜地编入此中，故这版《成就法鬘》可谓是佛教成就法文献的精华集成。《成就法鬘》不仅提供了重要的尊神细节，对其本身的研究也会揭示出丰富的历史文化信息，如怛特罗历史、怛特罗哲学及其精神实修，或佛教徒间流行之事如祖师、成就者、真言、曼荼罗、幻术等。金刚乘是怛特罗时期形成的特殊佛教的形式，7至13世纪曾流行于印度，《成就法鬘》照亮了这段佛教的隐秘发展之路。

《成就法鬘》并未穷尽印度佛教图像志研究的全部材料。断代在纽瓦尔（Newari Era）285年即公元1165年的写本《成就法鬘》，势必无法记录1165年以后的发展。许多后来的成果收录在《法藏集》（*Dharmakoṣasaṅgraha*）中，作者是尼泊尔班智达庆喜甘露（Amṛtānanda），与其同时的霍奇桑（B.Hodgson）[①] 那时也居住在尼泊尔。尼泊尔杜巴图书馆藏有一部写本《法藏集》，另有一部原作影印本藏于孟加拉皇家亚洲学会的政府收藏。庆喜甘露的著作至今尚未公布。

除庆喜甘露的著作外，仍有年代更古、图像资料更多的经典。如活跃于波罗国王罗摩波罗（Rāmapāla）时期（1084—1130）的超戒寺（Vikramaśīla）大班智达无畏生护（Abhayākara Gupta）所作《究竟瑜伽鬘》（*Niṣpannayogāvalī*）。这部重要经典以及对其内容的详细介绍与总结，已出版于《盖克瓦德的东方系列》第109卷。

《究竟瑜伽鬘》是一部曼荼罗经典，资料丰富，行文扼要，共有长短不一的二十六章，包含26种曼荼罗[②]，描绘了怛特罗礼拜中的诸多尊神，大多描述为初创，信息翔实、意义重大。该书首次

---

① 布莱恩·霍格顿·霍奇桑（Brian Houghton Hodgson，1801—1894）英国著名人种学家，亦对藏传佛教有研究兴趣。1818年霍奇桑供职于东印度公司赴印度、尼泊尔，1833年驻加德满都。驻尼期间，和尼泊尔班智达庆喜甘露友善，掌握了尼泊尔语和纽瓦尔语，搜集大量梵文、巴利文的佛教典籍，并与庆喜甘露合作研究。译者注。

② 此二十六章非仅述及26种曼荼罗，而是共讲42种曼荼罗，各章讲述一个或数个曼荼罗。与《金刚鬘》之仪则程序密切呼应，诸曼荼罗依照《金刚鬘》中的第十二项"起稿仪轨"（thig gdab pa'i chog ga）、第十三项"设色仪轨"（tshon dgye ba'i cho ga）之次序展开，实为《金刚鬘》的图像学注释。列序此二十六章的42种曼荼罗分布如下：

第一章：密集文殊十九尊曼荼罗（1）
第二章：密集不动三十二尊曼荼罗（2）
第三章：胜乐金刚萨埵三十七尊曼荼罗（3）
第四章：智慧空行母十三尊曼荼罗（4）
第五章：身喜金刚十七尊曼荼罗（5）、语喜金刚十七尊曼荼罗（6）、意喜金刚十七尊曼荼罗（7）、心髓喜金刚十七尊曼荼罗（8）
第六章：无我母二十三尊曼荼罗（9）、无我母十五尊曼荼罗（10）、作明佛母十五尊曼荼罗（11）
第七章：金刚甘露二十一尊曼荼罗（12）、金刚吽迦罗二十九尊曼荼罗（13）、金刚嘿如噶二十一尊曼荼罗（14）、甘露军荼利十三尊曼荼罗（15）
第八章：心髓喜金刚九尊曼荼罗（16）、身喜金刚九尊曼荼罗（17）、语喜金刚九尊曼荼罗（18）、意喜金刚九尊曼荼罗（19）
第九章：大幻五尊曼荼罗（20）
第十章：佛颅九尊曼荼罗（21）
第十一章：金刚吽迦罗十一尊曼荼罗（22）
第十二章：胜乐（四面十二臂）六十二尊曼荼罗（23）、蓝胜乐（一面二臂）六十二尊曼荼罗（24）、黄胜乐（一面二臂）六十二尊曼荼罗（25）、红金刚亥母三十七尊曼荼罗（26）、蓝金刚亥母三十七尊曼荼罗（27）、黄金刚亥母三十七尊曼荼罗（28）
第十三章：佛颅二十五尊曼荼罗（29）

（转下页）

公布了许多失传的尊名身相。《究竟瑜伽鬘》中细致描述的诸多尊神，未见于任何印刷出版物，提供了独特、原创、实用的珍贵信息，实乃研究佛教尊神及图像的最可靠材料。《究竟瑜伽鬘》展现出比《成就法鬘》更多样、更广泛、更丰富的材料。

北京故宫的数百尊造像呈现了《究竟瑜伽鬘》之于佛教的重要意义。1926年7月，俄国考古学者钢和泰（Stael-Holstein）获许探访北京的多座似乎被忽视已久的藏传佛教佛寺。他在一座佛殿的楼上发现了一批金铜造像，这是一个最初由787尊尊神构成的藏传佛教众神殿①。哈佛大学著名梵学教授克拉克（W.E.Clark）深入研究了这批造像及三篇汉文写经的照片，发表在二卷《两部藏传佛教众神谱》，1937年出版于《哈佛燕京学社专著系列》（*Harvard Yenching Institute Monograph Series*）的卷三和卷四。该书第一卷包含前言、参考文献、尊神梵藏汉三体尊名索引。第二卷收录大量尊神图片。

这些图片对研究汉地、印度、尼泊尔以及中国藏地的佛教神系意义重大。原像皆附汉文或藏文等语种题记，博学的编著者耗费巨大精力还原出诸尊的原初梵名。这些出自汉地的诸尊名号在《究竟瑜伽鬘》中都能找到其完整的图像志描述。故《究竟瑜伽鬘》为汉地艺匠的造像提供了基础性的描述文本。《究竟瑜伽鬘》对其中大多数尊神都有完整的图像志描述，故有理由推测该经典至少是艺术家获取正确尊形认知的源头之一，否则很难想象，诸如十六大菩萨、十二波罗蜜、十二自在、十二地、四无碍解等艰涩尊神究竟应现何相，该经中的文殊金刚曼荼罗对以上诸尊皆有极精确的图像描述。若没有无畏生护的描绘辅助，诸尊像便无从谈起。无畏生护的《究竟瑜伽鬘》的信息量之大，需有专著研究。

除《究竟瑜伽鬘》外，很多密续经典中都有本书所关注的怛特罗时期的佛教图像的研究材料，如《嘿噜迦续》（*Heruka Tantra*）、《喜金刚续》（*Hevajra Tantra*）、《不动明王续》（*Caṇoamaharaṣaṇa Tantra*）、《金刚鬘》（*Vajrāvalī*）、《所作集》（*Kriyāsamuccaya*）、《金刚鬘・曼荼罗仪轨》（*Vajrāvalīnāma Maṇḍalopāyikā*）、《瑜伽母续》（*Yoginijala Tantra*）、《述名续》（*Abhidhānottra*

（接上页）第十四章：瑜伽虚空五十八尊曼荼罗（30）
第十五章：黑阎摩敌十三尊曼荼罗（31）
第十六章：金刚度母十一尊曼荼罗（32）
第十七章：摩利支天二十五尊曼荼罗（33）
第十八章：五护陀罗尼十三尊曼荼罗（34）
第十九章：金刚界五十三尊曼荼罗（35）
第二十章：文殊金刚四十三尊曼荼罗（36）
第二十一章：法界语自在二百二十一尊曼荼罗（37）
第二十二章：恶趣清净三十七尊曼荼罗（38）
第二十三章：伏魔金刚手三十三尊曼荼罗（39）
第二十四章：空行五部五十三尊曼荼罗（40）
第二十五章：六转轮王七十二尊曼荼罗（41）
第二十六章：时轮六百三十四尊曼荼罗（42）
参见钟子寅《重探青海瞿昙寺之瞿昙殿（二）：藏传佛教〈金刚鬘〉（Vajrāvali; rDo rje phreng ba）教法在明初安多地区传播的新发现》，《故宫学术季刊》，第三十二卷第四期，页174—176。译者注。

① 此即慈宁宫宝相楼。宝相楼位于紫禁城外西路慈宁宫南花园内，是乾隆时期清宫所建八座六品佛楼之一。所谓六品即是按格鲁派显密修行次第之思想，分别为般若品、功行品、德行品、瑜伽品、无上瑜伽品父续、无上瑜伽品母续六个部分为主题，依据各品重要的曼荼罗尊神，范铜为像，上刻汉文名号和各间品号，供奉于楼上壁龛，每间各122尊小铜像，桌上各9尊大像，六品共计786尊。详见罗文华《清宫六品佛楼模式的形成》，《故宫博物院院刊》2000年第四期，页64—79。译者注。

Tantra）等密续原典内皆见重要信息。有益于佛教尊神研究的密续原典远不止此。以上文献都尚未公开，其写本藏在譬如尼泊尔杜巴图书馆、孟加拉亚洲学会图书馆、剑桥大学图书馆、巴黎集美亚洲博物馆和列宁格勒的俄罗斯科学院等众多写本图书馆中，大量此类写本亦见于尼泊尔加德满都、帕坦（Panta）、巴德岗（Bhatgaon）的数以百计的佛寺中。故而佛教图像研究及其原始资料仍是一个探索尚浅的领域。但遗憾的是，在尼泊尔这些珍贵的佛教原典仍未公开，越早关注该领域的研究工作，越益于我们的传统文化历史。颇为惋惜的是，时至今日，印度私藏的数以十万计的写本文献，鲜有必要的搜集或保护措施，印度正纵容着珍贵文史典籍的消亡。作为印欧语系最重要的组成部分，梵文是世界性的财富，每位学者都有责任保护这些珍贵遗产免于因不负责任的行为而永久消亡。

另一类写经中有佛教男女尊神的插图画像。如不同版本的《般若波罗蜜多经》（*Prajñāpāramitā*）、《五护陀罗尼经》（*Pañcarakśā*）中皆有尊像插图，附图的写本《大乘庄严宝王经》（*Kāraṇḍavyūha*）和《入菩萨行》（*Bodhicaryāvatāra*）亦广为人知。尼泊尔的每个佛教家庭中都可见写本《五护陀罗尼经》，其中可见不同配置的插图，此经被认为可满足诸多生活期愿。殊胜典籍中加入插图，可使人升起敬畏之心并增加封存其中神性。

目前，石雕、铜像、金属像和插图是佛教图像研究的主要材料。早期佛教对男女尊神的表现不多，佛传、本生题材更流行。此类场景、故事在桑奇、巴尔胡特、阿玛拉瓦蒂的犍陀罗风格石刻中都有出现。福歇教授认为佛像最早见于犍陀罗艺术[①]，亦有不少菩萨、印度教尊神造像。阿玛拉瓦蒂的遗存造像与犍陀罗艺术同时，而后便是秣菟罗艺术，继而是萨尔纳特、摩揭陀、奥里萨、孟加拉、爪哇、尼泊尔等地的怛特罗时期造像。始于公元1世纪的阿旃陀绘画、埃洛拉等地的造像以及南北印度的佛教石窟寺，皆展现出早期怛特罗之影响。学者们广泛关注早期雕塑，却忽视了深受怛特罗经典影响的怛特罗及后怛特罗时期的图像。萨尔纳特、那烂陀、科其哈（Kurkihar）等地发掘出大量怛特罗风格的佛教尊像，故有理由期待诸如欧丹多富梨寺（Odantapuri）、超戒寺、那烂陀寺、萨尔纳特、迦噶达拉寺（Jagaddala）等古老的怛特罗修习中心也将有类似的丰富发现。萨尔纳特、巴特那（Patna）、加尔各答、达卡、拉杰沙希（Rajshahi）、马约巴哈尼（Mayurbhanj）、卡钦（Khiching）等东印度的博物馆中也藏有大量属怛特罗信仰的金属像与石雕。孟加拉在穆斯林时代之前信奉佛教，如当地仍流行礼拜法（Dharma）和妙音（Mañjughoṣa），孟加拉全境也不断发现大量佛教造像。无疑，孟加拉、比哈尔、阿萨姆（Assam）等地的佛教图像大都是怛特罗佛教的产物。

尼泊尔的石雕及铜像遗存未得到应有的关注。尼泊尔存有丰富的佛教图像的研究材料且佛教至今仍在此地活跃，这种情况在其他地区绝无仅有。帕坦的一些佛寺的尊像藏量之盛，足抵小博物馆之规模。博德纳（Bodhnath）塔包含至少一百零八尊造型简洁的造像，间或有数身现藏式工艺及服饰特色的莲师像。此名刹中有四十七尊双身像，其余皆单体。约十尊单体像是如米拉日巴、玛尔巴、莲花生、那若巴等藏地成就者。尽管呈现藏风，但寺内仍有金刚乘神系中的纯粹印度尊神，如六字观音、语文殊、嘿噜迦、阎摩敌等。藏地旧有艺术传统认为，孟加拉最优，尼泊尔次

---

① 福歇：《佛教艺术的起源等论丛》（Foucher, *Beginning of Buddhist Art and Other Essays*），页127。

之，藏汉最末。

尼泊尔辛布（Simbhu）可看到一座宏伟的佛教博物馆，塔身及周围存有最为精美的佛像造像。马禅达殿（Macchandar Vahal），即怙主瑜伽师玛斯延陀罗（Matsyendranātha）之神殿，有一百零八种身相各异的观音像，彩绘于活动面板上[①]。尼泊尔佛寺中有大量印度未见的尊像及尊形。尼泊尔有一中心佛塔，以佛堂为阶，从底向顶累聚，其中可见顶级佛教尊神造像。由渊博有礼的怛特罗僧众操持的寺院中，存有大量图像、石像、铜像、绘画和插图写经，所以尼泊尔仍保留着巨大的文化财富，仅加德满都一地就有五百多座佛寺。

在尼泊尔，不经意间便可得到研究佛教图像的有趣材料。有一类人称为画师（Citrakāra），其技艺娴熟，几分钟便可画就任意尊神的线图，对尊像的面数、臂数、身姿、象征物、武器及法祖佛等图像细节皆熟稔于心。他们即使在家也不离满是佛教尊神的黑白和彩色绘作，故能在没有书籍和绘作的辅助下，现场为顾客创作画像。本书大多数线图皆出于名为梵曼（Virmen）的天才画师之手。除二十四菩萨外，书中所有单色线描都是梵曼的创作。

以上是对各类佛教图像志研究材料的简述。需知，男女尊神的图像、雕塑、铜像、线图、插画及阐释的文献材料皆属怛特罗的思维及文化模式。它们都属金刚乘，即无坚不摧之乘。由此，便引出对金刚乘佛教的思考。

二、金刚乘的奥秘

印度教徒和佛教徒都曾如高产的作家，创作出丰富且存量庞大的怛特罗经典。怛特罗（Tantra）所含主题及分支太多，以至无法定义该词，其中包含印度最优、最胜、最美之事，怛特罗文献对天文、占星、医学、点金术、手相、星象、占卜、预诊、瑜伽和哈他瑜伽等领域意义重大。怛特罗实乃宗教、哲学、科学、神学、义学、观修和神秘论的综合物。在这精彩的文献经典中封存着印度的文化史，彻底研究必将深刻揭示印度过往的历史与文化，尤其是7世纪到穆斯林征服前的历史时段。尽管怛特罗中亦有谬误，但无碍其作为印度对世界文化的独有贡献。此类文献在其他国家的文明与历史中绝无仅有。

若要探知金刚乘的发展，则需回溯佛陀的原初教授。佛创声闻、缘觉二乘，声闻指亲闻佛陀者，需待下世佛陀现世助其解脱。声闻者可讲法，但不可自证涅槃，亦不可授人涅槃。缘觉则属出众之人，无佛陀导助也可自证涅槃，但亦无法授他人涅槃。

佛教在此状态中行至大乘的出现，其更宜称为菩萨乘。大乘摈弃先前诸乘，并蔑其为小乘，大乘者宣称依其自足的精进修行，便可证取涅槃甚至佛果，也可助人证悟。圣人无著造《大乘庄严经论》（*Mahāyānasūtrālaṅkāra*）最早论述了大小乘之别。

公元300年，约无著时代，佛教已有三乘。针对三乘，有四门义学部派：说一切有部

① 这一百零八种观音的尊号及身形见本书最后的附录。

(Sarvāstivāda/Sautrāntika)、经量部(Vāhyārthabhaṅga/Vaibhāṣika)、唯识部(Vijñānavāda/Yogācāra)、中观部(Madhayamaka/Sūnyavāda),此四门哲学体系在三乘中的分属是重要的佛教议题。活跃于12世纪的不二金刚在《真性宝鬘》(*Tattvaratnāvalī*)中有令人称道的回应:"三乘即声闻、缘觉、大乘。四部即说一切有、经量、唯识、中观。说一切有部之义理开释声闻、缘觉;大乘二分真言理趣(*Mantranaya*)和般若理趣(*Pāramitānaya*),说一切有、唯识、中观之义开释般若理趣,唯识、中观开释真言理趣。"①

真言理趣始自中观、唯识之甚深教法。不二金刚曾言:"真言理趣,其义甚深,关切以甚深法求解脱者;其义广大,解悟此义如了悟四象,故吾不足开示。"②为立权威,不二金刚摘引如此之说:真言论(Mantraśāstra)胜于一切经论(Śāstras),诸经论虽目的相同,但此处无惧痴愚。其法门众多,根性最利者,在此证取究竟并非难事。不二金刚在《灌决》(*Sekaṇirnaya*)中吸收大乐理论(Mahāsukha),详述大乐的不同次第,认为若无明妃(Śakti)即慈悲之化现,便无可成就③。

沧海桑田,佛陀所创之教已生发出诸多异现,即使佛陀现世也必想不到金刚乘或佛教密续竟出于己手。尽管佛反对任何形式的牺牲、妖术、招魂、幻术,但一些后世权威仍认定佛曾开示过手印、曼荼罗、瑜伽及怛特罗,以至世间的辉煌仅靠那些重此世而轻其所授涅槃的平庸徒众便可实现④。在佛陀时代的印度,拒绝任何幻法实践的宗教很难流行开来,如佛般智慧的领袖并非忽视了其对推广教义的重要作用。其实,怛特罗和真言在佛陀时代就已出现,但遗憾的是,除公元初期的汉地陀罗尼外,目前没有任何其他相关记录。陀罗尼,仅是些无实意的字串,大量复诵,功德可现。伴随《般若经》中佛陀崇拜的出现,对其诸种随身器物的礼拜也见于密续。继而出现各本《般若经》,背诵经、心经及陀罗尼、真言,便可获得诵读整部《般若经》的功德。此经年代久远,约2世纪汉译。同期出现的《文殊师利根本仪轨经》(*Mañjuśrīmyūlakalpa*)中满是尊神、手印、曼荼罗和怛特罗修行,这些内容后在公元300年的《秘密集会怛特罗》(*Guhyasamāja Tantra*)中被体系化组织。

尽管早期佛教信众间或有巫法实践,但佛教密续无疑属大乘范畴⑤。怛特罗是对缘起中观"空性论"(Śūnyavāda)的唯识部的发展,其较唯识思想更进一步。

金刚乘者认为大乘与其所认知的恒常之法相通,法的神圣地位在佛教后期更胜于佛。所有金刚乘经典皆涉及空,但这并非中观的实、虚、二融一或不二之语意下的空。对中观来说,主客自性皆空,内外世界非真。显然,金刚乘的见识与其相左,极为肯定空的积极性。瑜伽行或唯识部略有发展,认为解脱后非现空性,而是转入恒识。另一面,金刚乘将之论为圆满正觉路,梵称无上正等正觉。金刚乘字意为金刚路、金刚乘器,实意为"空乘"(Śūnya Vehicle),空即金刚。如"空

---

① 参《不二金刚集》(*Advayavajrasangraha*),页14。
②《不二金刚集》,页21。
③《不二金刚集》,页28。
④ 护寂《摄真实论》(*Tattvasangraha of Śantaraksita*),"Taduktamantrayaogādiniyamād Vidhivat Kṛtāt. Prajñārogyavibhut-vadidṛṣṭadharmopi jāyote", Śloka 3487.
⑤ 巴达恰利亚:《佛教的奥秘》,页24。(Bhattacharyya, *Buddhist Esoterism.*)

性化金刚,其性坚牢,不变、不破、不染、不焚、不灭”①。

与专注度己的小乘不同,大乘倾心度他。大乘者因悲悯众生之苦,而弃离安适、利益乃至解脱。《大乘庄严宝王经》(*Kāraṇḍavyūha*)中的观世音菩萨被大乘者奉为典范,观音拒驻涅槃,直至世间有情皆证菩提智、解脱世间诸苦②。后来,此被视为诸菩萨之愿,依空性论或唯识论之教义即可至达。中观设定了一种超越状态,而瑜伽行则增识于空。菩提心乃一条恒变的识链,此刻之识生出下刻之识,彼此记忆、形制、自性相同,此进程以识获取解脱为止。

此即唯识部为信众所导授的解脱。此涅槃中有空、识二分要素。金刚乘是瑜伽行的再发展,引大乐(Mahāsukha)入此解脱。佛教在金刚乘中渐竟成圆满。

金刚乘创扬诸多颠覆革新。如化现五蕴的五禅那佛理论,落实为五种姓制,而后尊神化生便有所依。此外还首次引入般若/明妃礼拜,以及大量男女尊格和为化现诸尊的成就法、真言、怛特罗、幻轮③、手印、曼荼罗与最玄幻的神秘实显与灵修。

若追溯金刚乘的起源,定离不开藏地大德和早期怛特罗祖师。多罗那他(Tāranāth)曾称,密教历史悠久,从无著之时秘传至法称(Dharmakīrti)时代④。无著是世亲(Vasubandhu,280—360)的兄长,活跃在公元300年左右。法称之名,汉地行旅僧玄奘虽未提及,但僧一行却曾恭敬述及,故其或活跃在625—675年间。可见,在信徒数量足以支撑公开讲授秘法之前,密教便以上师秘授弟子的传承近三百年。故有理由相信,大成就者如萨罗诃(Saraha)、龙树、鲁依巴(Lūhipā)、莲花金刚(Padmavajra)、无著金刚(Anaṅgavajra)、因陀罗菩提(Indrabhūti)等,不仅是怛特罗祖师、咒师,也应是密教主理人,勇于公开布道,劝导民众追随其教义、学说与实践。经不懈努力,加之自身成就,定会使许多人转信金刚乘。

很难明指多罗那他的妙识的信息来源为何,但研读莲花金刚的《秘密成就》(*Guhyasiddhi*)和因陀罗菩提的《智慧成就》(*Jñānasiddhi*)等怛特罗经典后,或可推测其当源于最古老、最权威的怛特罗经典《秘密集会怛特罗》。拥护怛特罗佛教的莲花金刚,在其尚未公布的论著中简要介绍这部他称为《吉祥集会》(*Śrī-Śamāja*)的经典。因陀罗菩提在《智慧成就》中称《秘密集会怛特罗》是最胜经典,并总结部分章节及该经所涉主旨。《秘密集会怛特罗》应是将金刚乘义理引入佛教的原始结集,由名为“一切如来身语意”之佛宣讲于信众集会。《秘密集会怛特罗》以结集形式撰写,至今仍在金刚乘信众之间无上尊崇,且是尼泊尔九法之一⑤。此乃首部金刚乘经典,无著或与之有关,通常认为无著在兜率天中受未来佛弥勒灌顶怛特罗奥义后始传

① 《不二金刚集》(*Advayavajrasangraha*),页23。
② 萨玛斯拉米(编):《大乘庄严宝王经》(Samasrami, *Kāraṇḍavyūha*),页21—22。
③ 对译藏文 'khrul'khor,汉译为“幻轮”,为观想时心中所升起的具象图形。译者注。
④ 科恩:《印度佛教指南》(Kern, *Manual of Buddhism*),页133。
⑤ 尼泊尔佛教传统将九部殊胜大乘梵典尊称为“九法宝”(Nine Dharma Jewels)分别是:《八千颂般若波罗蜜多经》(Aṣṭasāhasrikāprajñāpāramitā);《华严经·入法界品经》(Gaṇḍavyūha);《十地经》(Daśabhūmika-Sūtra);《三摩地王经》(Samādhirāja);《楞严经》(Laṅkāvatāra-Sūtra);《妙法莲华经》(Saddharmapundarika-Sūtra);《普曜经》(Lalitavistara);《如来秘密经》(Tathāgataguhya Sūtra);《金光明经》(Suvarṇaprabhāsa)。参见Hirakawa Akira, Translated and Edited by Paul Groner, *A History of Indian Buddhism: From Śākyamuni to Early Mahāyāna*, University of Hawaii Press, 1990, p.294. 译者注。

密续[①]。

在佛教初传之时，乃至后起的大乘阶段，信徒皆需持戒，僧众更要严守戒律，如禁女色、禁禁食，如酒、肉、鱼、小吃等享用之物。佛陀时代，如此清规确有吸引力，然而即便佛陀驻世，希望僧团皆守此严苛戒律亦不切实际，更何况佛涅槃数百年后呢。终究，摆脱轮回仅是可能，最胜成就更为存疑。僧团成员定会随时反抗违天性的诸多律法。二次结集时，部派斗争已十分激烈，上座部因拒绝在戒律十事[②]上做任何妥协，以致大众部出离正统殿堂。定有部分僧人对戒律的反抗更深广，涉及关键条规，保守派无疑会坚定反对并谴责其为异教徒，而前者还无法形成独立部派对抗抨击。认为"救度"在于引导自然生命的僧众，开始根据自己的想法设置信仰改造方案，很可能是通过撰写所谓密续原典秘传可信弟子，以无碍修此秘密仪轨。这些密续皆现结集形式，自称记录佛陀集会之讲授。结集，实为引入创新的强大媒介，因佛教承认的真理仅限佛陀在公开集会中的亲说，故所有新思皆以结集形式进入佛教。

保守信徒唯信佛陀，此即结集经典流行之根源。佛教的密续原典虽以结集形式撰写，但其中教义却有悖佛的原初教授。这类经典展现的是获取世间欢悦的方便法门，证解脱的捷径，以及复诵真言、陀罗尼、颂词以及礼拜尊神而累积的善业功德。部分祖师反对持守有违天性的戒律的态度是显而易见的。严苛的戒律制度逐步松弛，当金刚乘得势时，其秘法便不再藏匿于世，并针对保守派的抨击公开布道修行。

为推广金刚乘，教众尽可能吸纳教义、义理、仪轨及实践，以得更多信众。真言乘的主要教义连并真言、曼荼罗、手印、男女尊神皆纳入金刚乘。据说真言乘的最早经典是《持明藏》(*Vidyādharapitaka*)，玄奘将其归列为大众部经典，但该经非梵文，故内容未可知。而《文殊师利根本仪轨经》的情况就不同了，"特里凡梵文系列"(*Trivandrum Sanskrit Series*)以三卷篇幅出版此大经。《文殊师利根本仪轨经》是大乘佛典《华严经》(*Vaipūlyasutra*)的一部分，是目前所知最早的真言乘经典。该经以结集风格的偈诗和类似伽陀体的文风写成，通篇使用"混合梵文"，印度佛教绝迹后此经亦应十分流行，因为大约四百年前，根本声寺(Mūlaghoṣa Vihāra)的主持拉维禅陀罗(Ravicandra)在南印度某寺中复抄此经[③]。《文殊师利根本仪轨经》所涉义理和修习可兴物质、升华精神，年代约在公元早期，但一定晚于《阿弥陀经》，亦称《无量寿经》(*Sukhāvati vyūha*)，此经首将阿弥陀佛与观音菩萨等概念引入大乘佛教。《无量寿经》早在148—170年便译入中国，故成书年代应在约100年[④]。《文殊师利根本仪轨经》或仅晚于《无量寿经》一百年左右。若《秘密集会怛特罗》是金刚乘的首部经典，其年代必晚于《文殊师利根

---

① 关于密集金刚的介绍的更多内容已出版于《盖克瓦德的东方系列》。

② 十事，亦可称之为十净、十谬法、十非事。因对"律"所持意见有着巨大差异，直接导致佛教僧团分裂为上座部和大众部的主因。即佛教上座部律藏记载中，释迦牟尼佛圆寂后一百一十年时，毗舍离僧团所行的违背戒律规定的十件事情，后由上座部制为犯戒的十种行为。分别为：一、角盐净(singilona kappa)；二、二指净(dvangula kappa)；三、聚落间净(gamantara kappa)；四、住处净(avasa kappa)；五、随喜净(anumati kappa)；六、习先所习净(acinna kappa)；七、不搅乳净(amathita kappa)；八、得饮阇楼罗酒(kappati jalogi patum)；九、无缘坐具净(kappati adasakam nisidanm)；十、金银净(kappati jataruparajatam)。是为十事非法。上座部律藏提供的文献，对十事的名号译法各不相同，详见湛如：《净法与佛塔：印度早期佛教史研究》，中华书局，2006年，页30。译者注。

③ 见由G.夏斯特里(Ganapati Shastri)编辑整理的《文殊师利根本仪轨续》的前言介绍。

④《无量寿经》(*Sukhāvati Vyūha*)，页1、28、32。

本仪轨经》,应迟至约300年①。

《文殊师利根本仪轨经》的结集开篇非常传统,与后来怛特罗风格中所描述的世尊由女众相伴不同,早期结集的世尊置身于虔诚信众与菩萨的集会中。该经未见五禅那佛的相关义理,甚至其名号、手印、真言、种姓、明妃、身色和方位等信息皆无。此外,《秘密集会怛特罗》中系统化的真言与手印被发现无序地散落在《文殊师利根本仪轨经》中。尽管与后来《秘密集会怛特罗》中的含义及形式不同,但此经中确见某些禅那佛的咒语。该经进一步阐释了真言乘,但未涉及《秘密集会怛特罗》中首次提到的金刚乘。如此来看,《文殊师利根本仪轨经》或可作为最早的大乘佛经之一,为金刚乘系统奠定了外部基础。认真阅读该经,便会可感识到其背后所沉淀的数个世纪的历史发展。若能一探真言乘之根源,我们定会认可寂护(Śāntarakṣita)与莲花戒(Kamalaśīla)的观点,即佛陀为了那些关切物质之盛而非精神解脱的信众,而引入了怛特罗、手印及曼荼罗。

金刚乘将各种颇具吸引力的教义、概念、义理、学说、仪轨、实践纳入自身,并吸收佛教、印度教之精华,基于此,其渐得盛名而广为流传。众生在此皆得惠泽,不论文鄙、信罪、贵贱,平等均宜地满足众生诸愿。金刚乘的广泛流行渐趋稳固。

现已难辨密教缘起之地的准确位置。《成就法鬘》提到金刚乘信徒的四圣座(Piṭhas):迦摩佉耶(Kāmākhyā)、室利哈达(Sirihaṭṭa)、普纳基利(Pūrṇagiri)、乌仗那(Uḍḍiyanā)。藏地祖师认为密乘佛教源于乌仗那,故其位置对佛教怛特罗文献的历史意义重大。

《成就法鬘》常提及乌仗那。断代为纽瓦尔285年即公元1165年的最早写本《成就法鬘》中,乌仗那与作明佛母、权衡三界(Trailokyavaśaṁkara)、摩利支天及金刚瑜伽母等尊的成就法有关。在此部《成就法鬘》中,该地亦与萨罗诃等密教祖师关系密切。因陀罗菩提在《智慧成就》的尾记处写道:"始于乌仗那。"

四圣座中,因金刚瑜伽母而备受尊崇的乌仗那,至少在阿萨姆的迦摩佉耶(kāmākhyā)和室利哈达(Sirihaṭṭa)附近,通常认为四圣座因供奉金刚瑜伽母的几座寺院而获其神性。故乌仗那必在东部及阿萨姆地区②。

在怛特罗兴盛的中世纪,万加(Vaṅga)和三摩坦咤(Samataṭa)曾是孟加拉的两个重要文化中心。万加包括今日达卡、福里德布尔(Faridpur)和贝克加尼(Backerganj)地区,三摩坦咤则涵

---

① 《秘密集会怛特罗》的成书年代有争议。巴氏的公元4世纪说主要考虑到早期密教秘而不宣的传播形式,掩盖了该经典的真实成书时代,而无著所造成就法与该经教义极为相近,故推测其年代与无著的活动年代相近。目前学界普遍认定其成书年代应在公元8世纪左右。图齐认为该经形成时间应在公元7世纪末至8世纪初,日本学者松长有庆和羽田野伯猷则认为在公元8世纪左右。该经的年代问题探讨见索南才让《西藏密教史》,中国社会科学出版社,1998,页37。该经共十八章,梵文写本存量颇多,梵文写本大抵分为前后二部。如日本东大图书馆共藏六种梵文写本中,只有前部的有二种(No. 435,No.436),只有后部的有二种(No.120,No.438),前后两部齐全的有二种(No.437,No.439)。藏译本于11世纪初期,由仁钦桑布(rin chen bzang po)和修若达卡拉瓦马(Suraddhaka-ravarma)翻译,亦十八分,前十七分为"根本怛特罗",最后一分为"续怛特罗";汉译名为《一切如来金刚三业最上秘密大教王经》,宋施护译于1002年,汉译本没有将第十八分特别区分开来。《秘密集会怛特罗》在印度及西藏颇为流行,但在汉地几乎不受注意,未有注释书出现。相关问题见松长有庆《密教经典成立史论》,京都:东北印度学宗教学会,1981年,页12。译者注。

② 巴达恰利亚对乌仗那位置的"东印度说"并未得到太多支持。学界主流对乌仗那的位置已有共识,即位于北印度犍陀罗国北,相当于兴都库什山以南的丘陵地带,东隔印度河,与迦湿弥罗国相对。译者注。

盖今天的锡尔赫特（Sylhet）、吉大港（Chittagong）、蒂贝拉（Tipperah）、迈门辛（Mymensingh）等地。这两大昔日的文化中心，孕育出大量怛特罗类型的佛教及婆罗门教图像。这些地区发现的大量早期题记、建筑遗址、钱币、陶器等证明了万加—三摩坦咤地区向东印度的其他地带辐射着不同文化潮流。

达卡的毗诃罗普尔县（Paraganā Vikrampur）是其中最重要的地区之一。对于熟悉孟加拉早期题记的人来说，毗诃罗普尔的重要性不言自明，此地时被称为皇家宪令的发布之地。坎德拉（Candra）和塞纳斯王朝（Senas）统治时期，此地曾有一座大寺，西藏历史上的著名学者、密教祖师阿底峡·燃灯智（Atiśa Dīpaṅkara）据说即毗诃罗普尔的皇室成员。时至今日，该地仍是东孟加拉的文化重镇。

毗诃罗普尔有一大村，奇名“金刚瑜伽母”（Vajrayoginī）。该村附近发现了大量金刚乘尊像，如旃巴拉、叶衣佛母、金刚萨埵、度母等。Vajrayoginī一词中，“金刚”（Vajra）是常见佛教词汇，意即“空”（Śūnya）。金刚瑜伽母为佛教尊神，印度教无首母（Chhinnamaṣṭā）即借鉴此尊形象。故此村名具有鲜明的佛教属性，其必因早期的金刚瑜伽母寺而获其名。

如前文所指，供奉金刚瑜伽母的寺院只可能在四圣座，即迦摩佉耶、室利哈达、普纳基利、乌仗那。其中迦摩佉耶、室利哈达仍保留初名。普纳基利指某座山丘，尚未确证。第四处的地点应与金刚瑜伽母有关。今日的金刚瑜伽母村，很明显最初即乌仗那，因后世广传金刚瑜伽母而使原始地名逐步让位于尊名。故乌仗那—金刚瑜伽母村（Uddiyana-vajrayogini）即怛特罗佛教的起源地，由此传到印度其他地区。

神灵是金刚乘的一大主题，是金刚乘中最具幻妙色彩的心性修习的产物，行者在强烈的观想中将其化现出来。此类精神实修即成就法，成就法的集成《成就法鬘》前文已述。因此，对佛教图像研究来说，参考化现尊神的成就法程序是必要的。此过程下节专述。

三、成就法中的精神历程

古印度的怛特罗信徒是令人敬畏的乐观主义者。他们自觉认为世界虽由精神与物质构成，但精神主导物质，较后者有更胜之力。古印度许多思想流派都自觉秉持精神第一性，认为有序理顺精神便可获取力量。在这些派别中，瑜伽和怛特罗的影响最大、最为流行。其追随者，特别是怛特罗派的信众，希望以精神或心灵之力通达物质。今日速运方面，有火车、飞机、蒸汽机，而怛特罗者认为通过精神力量，可急降体重，便能以最短时间穿越任何空间距离；今天异地亲友以信件、电信、电报传递信息，而怛特罗者认为仅以凝神观想便可显见世间异地正发生之事，或通过精神性的心灵投射，数秒便可驰骋至远方。电话与光缆设备可供与远方友人交谈，而怛特罗者声称依心性实修便能听到远方的一切，甚至能探听众神及苍穹中的无形存在之声；现实世界应对病患，有医生、药剂、注射剂等，而怛特罗者认为大可不必，随内心资粮的提升，一瞥、一触或咏诵真言便可痊愈病患。这些发自心灵的超自然力量即称成就（Siddhis）。

可见，怛特罗者早意识到精神文化乃生命的第一性，通过修炼，可在精神领域实现物质世界中的一切。这种意识仍主导着当下印度人的生活，陷于苦难时，人们常将现代科学家置于一旁，转而追随苦行僧和仙人。此外，还有故事描述苦行者或拥有征服自然力量的神力，或能治愈医药科学束手无策的疑难杂症。即便今日印度仍有许多出没在丛林、城市、洞窟和群山之中，拥有如此殊胜力量的瑜伽士。

醉心于精神力量的怛特罗者，通过不懈灵修而取得超自然力量即为成就；取得如此成就之人，即成就者，而证得成就的过程即为成就法。《瑜伽经》(*Yogasūtra*)被认为是最早的关于灵修的梵文著作，其中列举了八种不同成就。后来的经典提到了更多成就，《梵转往世书》(*Brahmavaivarta Purāna*)举出三十四种，其中即涵盖《瑜伽经》的八种。

成就者或证取超自然力量之人，分最胜、中等、普通三阶。最胜者，仅靠思维便可实现所有愿望，即心有想，事即成。次阶者，则可征服死亡、与神灵密通，可隐遁入尸体、潜入他人屋舍、悬空行走、聆听神语、证悟世间真理、具足乘器与庄严装饰；可惑诱他人、展现神通、一瞥一触即可祛病、濯祛荼毒、知书博识、摒弃俗欢，精修各种瑜伽、示众生以慈悲、甚至证得遍智。末阶，即普通成就者，盛誉、长寿、具足乘器与庄严装饰，与帝王为友，受皇室、权贵拥戴，具拥财富、子孙兴盛。

前二类成就者被称为大成就者，印度共有八十四位。大多数活跃于8—12世纪的波罗王朝时期，以不可思议之修为闻名于世。

规定取得各种成就的成就法，构成了印度教、佛教的怛特罗经典的主体。以梵文诗文形式创作的成就法有数千篇，藏译者亦有数千，皆收在藏文《丹珠尔》大藏经中。此外包括公私收藏的大量写经在内的每一部怛特罗写经都述及证取成就的成就法。这是一种特殊的佛教文献，通常由著名的密教祖师、大成就者以梵文写就，梵文原典几乎不存，但幸运的是一些成就法集成仍然传世，名为《成就法鬘》和《成就法集》，此二部集成中的所有成就法已汇编出版在《盖克瓦德的东方系列》的卷26和卷41。这些文献揭示了大量至今未知的重要信息，成就法表明，就怛特罗经典所专注的精神文化而言，佛教徒不落后于印度其他任何宗教。其中还有大量对佛教尊神的形象的描述，这样我们就可以从印度教和耆那教的神灵中剥离出佛教尊神，并确定创造这些尊神的意图何在以及各自的意涵。

成就法是佛教图像研究的基石，有必要对成就法的内容，即获取精神殊胜、证得悉地的具体过程给出总体认识。为此，我将概要译注《成就法鬘》中的一篇周详的成就法。译前需知，这是纯粹精神性的尊神化现过程，行者需观己等成尊神。任何情况下，成就法都是依据一套既定程序化现尊神的规定。

现以印刷版《成就法鬘》的第98篇化现度母的成就法为例，描述成就法的内容。由活跃于1165年之前的著名怛特罗祖师最胜护尊者(Sthavira Anupama Rakṣita)造，他的五篇成就法皆被藏译收入《丹珠尔》。成就法内容如下：

清晨行者净面浴足，以香涂身，撒花，安于闲静处。行者心想首字“阿”生月轮，其上现青莲。莲丝上现黄字Tāṃ生明月，耀十方世界以驱痴暗，一切佛菩萨现于虚空。

复以花、香、鬘、脂、粉、僧衣、伞、幢、铃、盖等顶礼慈悲诸佛菩萨，行者忏罪并诵语如下：

"忏悔此轮回世中所造罪业、所铸罪因、所助罪行。"

复次，行者作抑恶之想并诵咒顶礼诸善业并诵咒："顶礼诸善逝缘觉声闻胜者法子菩萨及梵天所统诸天之善。"

复次，行者皈依三宝并诵咒："菩提根永续，皈依佛宝；菩提根永续，皈依法宝；菩提根永续，皈依僧宝。"信随如来道并诵咒："敬守如来空性所指之道。"复次默诵："如来诸天示我脱度世间困障之胜法。"

复次，行者需想善业所累功德并诵："行七支供所累功德，皆尽为究竟正觉。"七支供竟，请散诸尊，诵："Om Aḥ Muḥ"，或如是句："驻离谨遵胜意，以清净（Śīla）檀香涂身，着禅衣，散菩提花。"

复次，行者想四梵[①]：慈、喜、悲、舍。慈乃众生皆有之爱，似珍视独子之爱，如福善之果。悲者何？即救众生于苦及苦因之愿，度三恶道、轮回之灼苦众生，抑或救有情于三恶道与轮回苦海之愿。喜为随性，世间有情皆有证佛果之心；众生皆受世间善德所引，喜其所生念力。舍何？即为善恶众生造福德，助克恶念业碍；为众生施无偿善行之愿。舍即人之八事，得失、荣辱、褒贬、乐苦。观四梵竟。

复次，观色界之清净。诸相性清净，故行者性清净。诵咒Om Svābhavaśuddhāh Sarvadharmāh Svabhavasuddho'ham—，诸相清净现。诸相若清净，存轮回何故？混弥于自他幻识，净想善途乃尽荡净除之法门。如是显见诸相清净根。

如是观色相清净。复次，需观诸相之空性，空性即空。内心净去自他幻识，想宇宙大观并其动静造物为一。诵咒Om Śūnyatājñānavajrasvabhāvātmyako'ham，空性自现。

复次，如前想胸中圣度母生于月轮中黄字Tām，坐鹿背。观圣度母绿身、一面二臂、庄严具足、处子相；着天衣，冠顶置法祖不空成就佛。复次，想度母施半跏趺、右施与愿印，左持盛莲。

如是观想圣尊。青莲鬘所绕斑月轮见黄色种字Tām，射耀三界，渐生正圆满薄伽梵。如是见佛母身置虚空，奉香、花、宝瓶顶礼佛母圣足。以花、香、灯、贡食、香水、鬘、脂、粉、僧衣、伞、幢、铃、盖等内外供养复礼佛母。后结其手印，掌合，中指若针立，两拇指微弯相触，二无名指藏于掌内，小指直伸，谓青莲印或夜莲印。

结印定想此智慧女和合时间女，复次想二者溶一。斑月所生黄色种字Tām放十方圣光照耀行者；诸宝沐浴，净除众生困苦；开示空性，如甘露润养有情。发心善行，行者应观度母形貌与宇宙同分。需多次观想，直至倦惫黄色种字，以化世尊。未成现，则诵殊胜咒王Om Tāre Tuttāre Ture Svāhā，受一切如来礼敬。

度母相形观想竟，复想此世间与度母同，继想己身与之同。如法观修佛母，可轻取八胜力。居岩穴独观并亲见证佛母者，可与佛母同命，顿取最上佛果。

---

① 四梵，梵文"Brahmavihāra"，佛教名词，即保持着慈、悲、喜、舍四种心境；修行与实践这四种心态，称为四梵行。该名称源自古印度教，后为佛教所接纳。佛教究竟修行者需将这四种心境扩展至无边无际，因此又称为四无量心、四无量观。修行四梵住时，以慈心观为入门，也可以慈心观来统摄四梵住。译者注。

以上即度母成就法的摘要。如此的尊神成就法数以百计。须知此联系的重点是：尊神非独立的真实存在，不可脱离行者内心及其礼拜行为。尊神不具有实际的外化形貌，成就法纯粹是对成就师的精神构想的表现，他们依成就法进行精神修炼，以提升其精神或心性力量。此节讨论可使我们对密教神格的认知更加有序，方能以本真角度对待书中诸尊。

四、佛教中的神性

在对佛教或印度教尊神之本质的认知上，我们有很大误区。通常认为神灵不过是一类偶像，不值得过多关注。如怛特罗信众所知，尊神与成就法、成就相关，神性概念的本质乃是一种精神或心灵的东西。

成就法涉及特定尊神的礼拜程序，前章已详述，在静谧之所观想并修习瑜伽，直至进入一种类似深度睡眠式的状态。此中苦修者将与无限精神即无穷的能量域融为一体，这被视为世间最具创造性的理论。依此融合，苦修者便可从此能量域中获取强大自身的力量。所谓成就法即无限精神的化现过程，而尊神仅是此精神历程的一部分。

事实上，怛特罗是一门有关心灵的科学，为多种精神实践提供指导，因此这类知识仅面向聪睿非凡的上师和弟子。与其他科学一致，怛特罗绝非大众化的，而仅对那些受灌顶入此神秘领域且发心恒行其法轨的修行者展开。具备资质进行怛特罗修行的弟子称为“阿底伽林”(Adhikārins)。许多怛特罗经典会大篇幅论述上师及弟子的资质，以及施加灌顶与接受灌顶所需的能力。

受上师灌顶前，阿底伽林需有一定素质。怛特罗修行艰苦，弟子资质比研习古印度其他学科的要求都高。首先，初者需耐心、坚韧、热情、真诚并尽力供养上师，其中核心资质为精通瑜伽和哈他瑜伽，此乃成就法与密教修行的必要基础。化现尊神需高强度习训，下文展示。

密教圣典《秘密集会怛特罗》详述了此复杂的精神历程。熟读此书可知，当菩提心与空性融一时，心境苍穹遍现无数圣像圣景。初如火光，化现种字后，凝想为尊形，初模糊，渐转圆满、光辉、鲜活之相，即无限空性的化身。尊神身形、饰物、衣着皆具现辉煌、宏大、殊胜之美。威猛尊化现骇人形貌，毛发杂乱、血目怒睁、龇牙，饰颅骨、人骨、狞厉人头，并现威猛兵器与衣着。这些或善或怒之尊，一旦化现便永驻行者之身，赋予其愈发殊胜之力。

怛特罗文献描述的神灵生起过程清晰呈现出尊神的起源及种子字的演进历程。《不二金刚集》载：“尊相实为空性之激聚，其性空。激聚生，其性必空。”[①]该书另述“空之正识进生种子字；种子字进现图形，图形进化尊像。此进程皆独立生发”[②]。

以上为礼拜并化现尊神所需资质、神灵演变之属性的论述。下面介绍《秘密集会怛特罗》

---

①《不二金刚集》(*Advayavajra-sangraha*)，页50，行7，8。
②《不二金刚集》，页51，行6、7。

中的尊神化现原理，以及成就师在化现神灵前的诸种准备经验。《秘密集会怛特罗》[①]称此过程为方便（Upāya），即方法，共四类：侍奉（Sevā）、受成就（Upasādhana）、成就（Sādhana）、大成就（Mahāsādhana）。侍奉，分普通（Sāmānya）与最胜（Uttama）二种。普通侍奉（Sāmānya Sevā），由四金刚组成：一、观空；二、转空为种子字；三、化现尊形；四、外现之相。

最胜侍奉（Uttama Sevā）需运六支瑜伽：收摄（Pratyāhāra）、禅定（Dhyāna）、行风（Prāṇayāma）、持气（Dhāraṇā）、随念（Anusmṛti）、入定（Samādhi）。

收摄（控制）即对十种感官的控制过程。

禅定（观想）释为通过五禅那佛（大日如来、宝生佛、阿弥陀佛、不空成就佛、阿閦佛）观想五欲。禅定又分五支：寻思（Vitarka）、伺察（Vicāra）、欢喜（Prīti）、乐（Sukha）、心专一（Ekāgratā）。

行风[②]，即呼吸控制，此气息之自性为五大（Bhūtas）与五智，如辉煌宝珠，生引于内，并以明点置于鼻尖上，观想之。

持气，即在心中观己之真言，抑制感官之宝后，将其置于心中。事毕相现。五相继出，先光幻，复次烟雾，复飞火，继辉煌，终晴空恒明[③]。

随念，即灵修前的持续观想，以此生起化现。智慧方便和合后，需观想客观外界，收摄为明点，并置于环像中。依此仪则，行者便可顿觉殊胜智，即入定。

为化现尊神故，需施此仪六个月，至此事毕。据《秘密集会怛特罗》称，其间对所有渴望的对象皆心喜欢愉。若六月内尊相未自现，则需依规所述及时复作三遍。若尊仍未化现，则以哈他瑜伽强化修习。依此瑜伽，苦修者必可证得尊神智慧。

上文偶及王者瑜伽、哈他瑜伽在化现尊神中扮演的角色。可知，瑜伽之后方行怛特罗。因此，尊神礼拜者需在进阶怛特罗之前（显然这不是对普通人而言）先谙熟瑜伽。从哲学角度来看，佛教密续或印度教怛特罗中的神性的概念是最深刻的。

个体精神可称为菩提萨埵（Bodhisattva）、菩提心（Bodhicitta）、命我（Jīvātman）；无限精神则可称为空（Śūnya）、梵（Brahma）、梵我（Paramātman）。二者在最胜观想中结合时，便可见深度睡眠式的状态，尊神便以电火映现于心境天空。命我之自性为有限，不能证取无限，即命我的神秘体验之果仍是有限。行者所观对象及情形各有不同，故所化尊神亦殊异。行者胜修（Bhāvanā）的本质是作用于无限能量上的心灵之力，据反馈属性不同，可见不同显相。此反馈之属性乃无量限，故对应尊神亦有无量身相，这应是印度教及佛教神系中有身相各异的尊神的主因。业已化现尊神的行者多会制定轨范，记录观现此尊的仪则，以利益徒众有效便宜地化现诸尊。

---

① 《秘密集会怛特罗》(*Guhyasamāja*)，章18，页162、163。

② 行风瑜伽，也叫运气，是无上瑜伽部通用的修定方法，《密集根本续》和《胜乐根本续》等经典对其做了详细说明。《时轮续》在其基础上做了新的解释。《密集根本续》认为大圆镜智、平等性智、妙观察智、成所作智、法界体性智等五智自性为火风地水空，即五大的本体。从人体的小宇宙来讲，命气下行，形成如白芥般大小的明点，集中在金刚顶端（鼻端），用于收摄和禅定两种方法加强观修，称之为“明点和合法”，《密集后续》称其为“行风”。见索南才让：《西藏密教史》，中国社会科学出版社，页516。译者注。

③ 持气瑜伽，亦称“风息瑜伽”，持命气入脐、心、喉、额、海底轮（大根）、水、火、风曼荼罗，明点住命气而不外放。修炼持气瑜伽可现五空相，一空为心相，心无方隅偏私，空朗朗，现白光相，除此之外无其他任何心外境相；二极空，即相扩大，慢慢摄心相，空朗朗，出现红光，或红黄色光相；三大空，即摄相，无任何心外境相，空现黑光；四大乐空，意念空，气融入中脉感受乐；五一切空，是指无中边的光明三摩地。详见索南才让：《西藏密教史》，页517。译者注。

所谓无限力量，即金刚乘的空。空被不同欲求等级和不同精神境界的行者所祈祷。当受到一千零一个心愿祷告时，空便以一千零一种方式化现出一千零一种形态，如此以来，佛教神系便激增至庞大规模。成就法中的不同尊神所对应的心性修习各异。行者心力约分为上中下三等，依此成就法之难易有差。等次有别的行者依各自心性阶地或严或松地规持自身生活。

尊神化现的过程中，有行者、尊神及二者的认同之三要素，但特罗经典中称之为菩提心、真言身与我慢。行者为菩提萨埵，其心即菩提心；尊神是真言中的字组的具化，通过持续的凝神复诵将之激活。诸圣字开启强烈感应，终将自身凝为尊形，此即真言身。但在化现真言身前，菩提心和真言身需完全合一，这是一个有关尊神研究的有趣且重要的问题，值得深入探讨。

金刚乘的菩提心概念与瑜伽行派的主张一致，见寂护《摄真实论》(*Tattvasaṅgraha*)。菩提心如一条恒变的连续不断的意识流，前刻的意识促生后刻的意识。此瞬时的意识链条无始无终，伴随诸种行为力和谐行进，行为力的善恶导向其衰落或解脱。菩提心自受欲望、记忆、实、虚、主、客等虚幻污浊的遮蔽，菩提萨埵的要旨即纯净此意识链，只要杂质未净，此意识链便屈从于一系列轮回，不论神界、人界，走兽、飞禽、鬼魂、邪魔，皆是如此。

逐一消除不净，菩提心便开始在不同阶地中向上运行，此即地，资质不足便居留其中以期攀升更高阶地。一般来说有十地，有专论经典《十地经》(*Daśabhūmika Sūtra*)。菩提心获取解脱或越升十地后，即可证得遍知。地专为大乘菩萨而设，未及小乘，菩萨皆悲悯众生疾苦，牺牲自我以利他。金刚乘的原理与之类似，菩提心被定义为空与慈悲的合一。在金刚乘者眼中，外在世界亦有相同重要的意义，这与瑜伽行一致。但特罗将外在世界的特征归于可变和不可变的物质，如水瓶、图片、车、房、石屋、山川等，皆降格为“显象”，同样幻法、梦境亦为显象。因此，金刚乘认为外物不比幻术、妄想、阴影、梦境更真，其真实性无法被理性证实。

浩如烟海的真言构成了金刚乘信仰的基石。真言多是无实义的文字，但有时也展现了某些未知语言的影响。金刚乘者认为真言具胜力，称“若如法行咒必无所不能！”复诵真言所生伟力可震撼世间。真言之力甚至可直达佛果。复诵大黑天咒可有无尽功德，以至聚诸佛不分昼夜历数也无可尽数。愚痴者诵持观音陀罗尼亦可熟记三百篇诗文。独髻母咒亦有胜力，念诵间便可转危为安，好运永随，并使恶敌自灭。诵咒需严谨慎微，匀速适宜。诵咒时需聚神于真言圣字、心净恶念，心田疲虚时，不可行咒。

故金刚乘者笃信真言具有胜力，此胜力存于音节的排布之中，并护卫着其中的清净。真言需由得道上师依合规仪则给予之，只有经清净上师加持，真言方具神力，反复诵持，即可化现真言身即尊神。夜以继日诵持真言圣字，方可将之激活，以至化现尊神。真言渐具力量之时，菩提心便与无限空性相交而释放感应，相继呈现尊神圣相于行者心境天空。不同情况下的召请信号亦有差别，故尊神各异，神系自然极大扩增。尊神仅是由字力或字震所创生的相形，持续修行，世人皆可化现尊神。真言之概念，不仅逻辑严密，且哲思深邃。

召请者与所召尊神是一种等身关系，此即我慢，或菩提心与尊神(绝对真实“空”的化现)的同一。建立认同需用此真言：“我即胜尊，尊驻于我。”行者需自信己与成就法所述尊形一致，如身色、形貌、肢体等，以顶礼自我替代外在礼拜。菩提心和尊神显然是对立的，但证悟可消弭此对立。菩提心的本质为空，而尊神为空之显相，故二者同源，但二者皆需究竟智。持续观修、苦行可使行者摆脱对立分别之痴。菩提心亦称慈悲，空为绝对真实，二者合一即为不二或一元。铜与点金术结合，即可去浊成金，当身体与不二相连，便可净离憎恶等附浊。不二是一种认知形式，菩提心与空在此合一。为象征此理，金刚乘以主尊紧拥明妃的双身（Yab-yum）尊相表现。若单尊，即意味明妃已融入主尊，如化盐于水。男尊象征空性，明妃为菩提心；或男尊为绝对真实，明妃为慈悲。菩提心经慈悲之道而成绝对真实。慈悲象征成观音之相，该尊为利益信众而弃离涅槃。

综上可鲜明看到金刚乘者释出的道理，即造物背后有一股强悍意志，增成文字形式，并逐步凝聚为尊形，明妃则是进一步的聚增过程。这过程是创造性的、聚增的、进化的，终以慈悲之道为终结，即融于空性之前，慈悲渐升引菩提心入圆满净雅之境。在金刚乘中，只有菩提心负载慈悲时，进化过程方才开始。

五、众神殿

众神殿（Pantheon）由众（Pan）与神（theos）两部构成，故其本义为某宗教团体的诸神体系。小乘或原始佛教时，信众未创建为之礼拜的众神殿，大乘阶段开始吸收大量尊神，在后来更加进阶的金刚乘中，神殿达到惊人规模，且皆具描述。神格化曾极为盛行，不仅限于哲学义理、仪轨经典、抽象概念、人类特质，甚至睡觉、打哈欠、打喷嚏等人欲都被神格化现。

北传佛教丰富、多样而宏大的众神殿，缘起自金刚乘或怛特罗佛教的渊源。可知的是，在怛特罗阶段之前，佛教神系并未完整建立。早期佛教认为印度教的三十三尊驻于色界天之一的忉利天。佛并不认可尊神或崇拜，马鸣的《孙陀罗难陀》（*Saundarananda Kāvya*）中述及佛劝阻同父异母兄弟难陀抚其足以示顶礼的行为。佛告难陀，不会因其拂去足尘而心生一丝愉悦，皈依正法方可受佛陀庇护。大乘时期，佛被神化了，被尊为出世间者①。桑奇和巴尔胡特等早期艺术中未见佛像，法国著名考古学家福歇教授认为最早的佛像是犍陀罗古希腊佛教徒的石雕②。巴尔胡特和桑奇所见多为佛传，如摩耶夫人感梦（图1），佛的象征物如菩提树、头饰、足印等曾被任意表现（图2、3、4），但是佛的实际样貌因其无上尊胜而禁止表现。但库玛拉斯瓦米博士坚信最早的佛像来自古老的秣菟罗造像。二位都是学界权威，在此不再深入检视各自理论，因本书并不关切佛像源出犍陀罗或秣菟罗，知晓二派中有众多佛像即可。

除佛陀一生之象征物及说法圣像外，佛教徒还有诸多其他礼拜对象。最重要之一即窣堵波，被视为对佛教所幻想的诸天宇宙的化身。佛在世时即有窣堵波崇拜，并在佛陀涅槃后持续数个世纪。窣堵波常见于佛教国家，本书列举了一些尼泊尔的著名窣堵波（图6、7、8），分别是斯瓦扬布纳特（Svayambhūnātha）、伯纳特（Bodhnāth）、加德辛布（Kaṭhe Śimbhu）的窣堵波。除窣堵波外，佛法僧三宝也被构想为尊神相，以或象征或人形之态为信众顶礼。图版所示尼泊尔三宝像

① 科恩：《佛教指南》，页3。
② 福歇：《佛教艺术起源》，页127。

图1　摩耶夫人感梦（巴尔胡特）

图2　菩提树（桑奇）

图3　佛陀的头饰（巴尔胡特）

图4　佛陀足印（巴尔胡特）

图5　法轮（巴尔胡特）

图6　窣堵波（尼泊尔）

图7　窣堵波（尼泊尔）

图8　窣堵波（尼泊尔）

（图9、10、11）中，法宝为女尊。

《文殊师利根本仪轨经》描绘了大量佛教尊神，该书较公元300年左右的《秘密集会怛特罗》更早[①]。虽然《般若波罗蜜多经》中精心配以各式器物礼佛，但即便如此也不能肯定佛教此时必然具有一个完善定义、层次清晰的众神殿。直到《秘密集会怛特罗》才系统有序地呈现出层次明晰的众神殿意识，该经首见对五禅那佛及其真言、曼荼罗和明妃的描述。五禅那佛象征构成世界的五蕴，该经称其为五部尊神种姓的法祖，诸种姓皆依于部尊。《秘密集会怛特罗》描述道[②]：

> 五种姓为嗔部、痴部、慢部、贪部、疑部，依此可获诸愿，证得解脱。

诸禅那佛的化身或法子构成各自种姓。佛教徒依此理想构筑了层次分明、尊数繁多的众神殿，艺术表现时，需通过头顶法祖小像明示种姓渊源。尊神大多有数种身形，二、四、六、八、十、十二、十六臂甚至更多，有一、三、四、六、八等多面。据不同怛特罗仪轨和不同神格功能（从治病到杀敌），尊神身色、表情及眷属各异。艺术家对尊像营造影响深远，会带入自身传统、习俗及创新。礼拜者希望其神灵拥有强大形貌，因而增添尊神手、面、足数以迎合自己的奇思怪想，故尊数惊人增长。

成书于无著活跃的公元300年左右的《秘密集会怛特罗》或为首部宣讲金刚乘大乐义理（Mahāsukha）的经典。其时大众心理未能接受怛特罗倡导的革命性的开拓内容，故无法广泛推行。怛特罗自此进入秘传之路，以上师弟子的稳固链条传承300余年。7世纪中叶，佛教的金刚阿阇黎或成就者以宣讲和神秘颂歌推动着怛特罗的公开流传。也正因秘传之故，佛教文献未如预期般频繁提及众神殿，前往印度考察佛教的中国行旅僧纪行中也未见对众神殿的认识。尽管如此，其文论中还是出现了部分佛教尊神的名号，虽然不属于前文所述的层序井然的众神殿。148—170年间汉译传入中国的《无量寿经》中，首次出现阿弥陀佛名号，其作为西方净土或色究竟天的主尊，创生了观音菩萨[③]。色究竟天在金刚乘经典中亦是众神居所。384—417年间传入中国的《小无量寿经》[④]中多出二尊，即不动佛与文殊。法显（394—414）曾提文殊、观音和未来佛弥勒之名，玄奘（629—645）则述及观音、鬼子母、地藏、弥勒、文殊、莲花手、毗沙门天、释迦牟尼佛、迦叶佛和阎摩等尊名，以及龙树、无著、马鸣、善慧等神化高僧。一行（671—695）提及观音、无量寿佛、鬼子母、四大天王（Catur-Mahārājikas）、弥勒、文殊、阎摩等。寂天（Śāntideva，695—730）在《学处集要》（*Śikṣāsamuccya*）中提到不动如来、虚空藏菩萨、狮戏如来、准提、三世王、摩利支天、狮吼观音、妙音文殊等[⑤]。寂天之后，怛特罗得到公开传播，此后的怛特罗经典皆涉及众神殿，描绘众多尊神，特别是作为怛特罗佛教产物的禅那佛。最早的成就法或由活跃于公元300年的无

---

① 见《秘密集会怛特罗》中关于这个问题的讨论，intro，页XXXVI–XXXVII。
② 《秘密集会怛特罗》，页6。
③ 《无量寿经》，页1、28、32。
④ 即《阿弥陀经》，又称《小经》《小无量寿经》，因体量篇幅较《无量寿经》小而有此称谓，此二者与《观无量寿经》共同构成净土三经。译者注。
⑤ 班德尔：《学处集要》引言，页5。

图9 法（尼泊尔）

图10 佛（尼泊尔）

图11 僧（尼泊尔）

著所造，但萨罗诃、龙树、夏瓦日巴、无著金刚、因陀罗菩提等大成就者皆推动了描绘尊相、制定礼拜仪则的成就法文献的发展。无著造成就法中提及了五方佛及其化身。

当涉及不同艺术流派的大量尊像时，可明显看到，在7世纪中期怛特罗公开流行前，佛教神殿并未成熟。犍陀罗艺术中，除佛像外，还有旃巴拉、俱毗罗、帝释天、弥勒、鬼子母及诸多未识的菩萨尊像。与犍陀罗同时抑或稍晚的秣菟罗艺术中亦见诸佛菩萨以及俱毗罗、药叉、龙王等尊像。秣菟罗艺术一直持续到笈多早期[①]，此中未见后期怛特罗风格的佛教图像，甚至未见观音、文殊之尊像。然而在后来的摩揭陀艺术中，情况则完全相反。摩揭陀艺术涵盖了萨尔纳特、那烂陀、欧丹多富梨、库基哈尔（Kurkihar）、迦耶（Gaya）等位于比哈尔的古代遗址中的造像，其鼎盛期与孟加拉波罗王朝同时，持续至13世纪初穆斯林征服比哈尔和孟加拉之前。摩揭陀艺术中已出现金刚乘佛教所建构的层次清晰的众神殿，多数主像头光中见五方佛，或尊像头冠上配五佛小像指征种姓渊源。与秣菟罗、犍陀罗流派不同，后期艺术流派中佛像少见，就算有也是表现为由观音弥勒胁侍、现金刚座式形态的半神之相。摩揭陀艺术中，已不见佛陀最初的重要性，而渐与禅那佛阿閦佛雷同，大量施触地印的金刚座佛成就法已说明这点；菩萨像也与秣菟罗、犍陀罗的典型样貌不同。任何去过萨尔纳特、那烂陀、巴特那或加尔各答的博物馆并沿着比哈尔邦巴克提亚普尔县（Bakhtiyarpur）铁路环绕着的欧丹多富梨寺的广阔遗址走过的人，都会对摩揭陀艺术中种类繁多的男女尊像印象深刻。相同的情况，亦见迦耶、库基哈尔、沙赫玛赫（Sahet-Mahet）和卡西亚（Kasia）等地遗址留存。萨尔纳特的博物馆内藏有大量颇具象征性的有趣尊像，如六字观音、除秽忿怒旃巴拉、文殊、度母、财续佛母、摩利支天、五方佛、金刚萨埵（第六尊禅那佛）以及隶属金刚乘神系的其他诸尊。萨尔纳特发现的相同尊神案例，丰富了那烂陀的图像系统。

与摩揭陀流派同期的孟加拉流派发展出了高品质的艺术，以其精美营造为特点。孟加拉流派活跃于10世纪直至孟加拉被穆斯林征服。该派艺术精品多藏于加尔各答、达卡、拉杰沙希（Rajshahi）等地博物馆和梵基亚（Vaṅgīya）文献学会，此外仍有大量艺术作品散布于毗诃罗普尔县、迪纳杰布尔（Dinajpur）、拉杰沙希、比尔普姆（Birbhum）和库米拉（Gomilla）等地。其中可见许多特殊有趣的密教尊像。这些尊像和成就法中的禅定高度相符，艺匠必熟知成就法文献对尊形的描述。可见嘿噜迦、财续佛母、财宝天王、五字文殊、卡萨帕纳观音、叶衣佛母、狮吼观音、最胜文殊、无能胜母、大随求佛母、无我母、六字观音、大吉祥母、除诸恶难救度母等众多尊神，受限篇幅不一一列举。欲知详情，见巴塔萨利博士大作《达卡博物馆藏佛教与婆罗门教造像的图像志》，该书收录了东孟加拉所见的众多尊像。另一大作是由印度政府考古所出版的巴纳吉的《中世纪东印度流派的造像》。

阿旃陀、埃洛拉以及印度西部石窟寺中的佛教尊像已出现早期怛特罗的迹象，或不晚于7世纪，其中部分绘塑的年代更为久远。怛特罗在西印度佛教徒中似乎并不十分流行，西印度或未深受东印度怛特罗教法的影响。但西部石窟寺中还是出现了一些怛特罗尊神，如文殊、度母、卡萨帕纳观音、旃巴拉、般若佛母等。爪哇艺术深受孟加拉艺术的影响，婆罗浮屠寺的男女尊像与金刚乘神系中的诸尊十分相似。金刚乘主要源起孟加拉，所以很可能是殖民者通过海路将其艺术

① 沃格：《秣菟罗风格造像》，印度考古调查局年报，1906年07期，页145。

和宗教带入爪哇和印度尼西亚，或是以塔玛拉里菩提（Tāmaralipti）的海港，或吉大港、奥里萨邦等地的海港为起点。爪哇艺术中的般若佛母像被誉为古今东方艺术的最上精品。

印度佛教绝迹后，幸存于穆斯林屠杀的孟加拉、摩揭陀的名刹僧众逃向由喜马拉雅群山坚护的尼泊尔，在此避难，在此传布佛教星火。信众带来的孟加拉流派艺术，经本地艺术家之手后很快调整为典型的尼泊尔艺术，并逐步类型化，18世纪以后，渐趋粗劣。尽管尼泊尔早期艺术的优秀作品并不少，但亲见尼泊尔众多佛寺所藏的各式造像后，不得不说尼泊尔没能保留下优美梦幻、殊胜端庄的孟加拉艺术。来到尼泊尔的金刚乘信徒为了生存，使大量纽瓦尔人转信佛教，并在岩石、金属、木头上营造大量男女尊像，其丰富性和多样性使图像学者震惊。令人惊奇的是，加德满都、巴德岗、拉丽塔帕坦（Lalitapattan）的几乎所有寺院皆始建于13世纪，无疑显示了这些寺院皆是由躲避穆斯林入侵的东印度难民们即刻建造的。

基于艺术、历史与文献的证据可知，7世纪以前，北传佛教众神殿以及构成神系的哲学基础尚未人知，尽管其起源无疑更早，并有着良好的先期发展。这缘于最早介绍五佛及其种姓教义的《秘密集会怛特罗》成书隐秘，秘传三百余年，极大局限了《秘密集会怛特罗》、五禅那佛和金刚乘神系的影响。《成就法鬘》收录的无著大师所造成就法中才明确提及五禅那佛及其种姓，故无著或与引介《秘密集会怛特罗》有关，后来的作者们仅瞥见这个虽隐秘却极为流行的神秘组织的过滤之物。7世纪后渐去秘传，金刚乘义理完备成立，通过成就者和大成就者的教授、诵歌而广传。僧人和艺术家制作的精美尊像使其教义更具吸引力。伟人们不断进取，拥护金刚乘之事业。许多著名学术中心诸如那烂陀寺、欧丹多富梨寺、超戒寺、迦噶达拉寺（Jagaddala）都设有研习怛特罗的职务。寂护等杰出学者都曾在闻名遐迩的那烂陀大学中教授怛特罗。

第一章　禅那佛与世间佛

北传佛教神系贯彻了五禅那佛理论。佛教徒认为世界由色（Rūpa）、受（Vedanā）、想（Sarnjñā）、行（Saṁskarā）、识（Vijñāna）之五蕴（五种基本元素）构成，此为永恒的宇宙力量，无始无终。金刚乘将五蕴神格化为五禅那佛。五佛被尊为创始众生的初祖，故金刚乘为多神论，这或难以适用于视“空”为整一、不可分之绝对真实的理论体系。只要空性未有拟人化的尊相，五佛体系就必是多神性的。印度六大哲学系统[①]向甚深的一元哲学发展时，金刚乘祖师与信众也意识到自身不足，并尝试以种姓与人神部尊（Kuleśas）之理论修正，由此将所有事物纳入五大体系。每部都有一特定禅那佛为种姓部尊，即法祖，其余诸尊皆化身于此。金刚乘佛教的另一个伟大理念是最高神金刚总持，亦称本初佛（Ādibuddha），作为根本的一元尊，乃是空的化现，禅那佛亦源出于此。该理论约始于10世纪的那烂陀寺[②]。此后，不同艺术流派必然制作了大量该尊造像。而专属本初佛的《时轮续》是首部吸收本初佛义理的密续，故《时轮续》应造于10世纪左右。金刚总持在尼泊尔和西藏十分流行，大量出现该尊形象。亚历山大·乔玛·德·克勒希（Alexander Csoma de Koros，1784—1842）认为源于10世纪初那烂陀寺的本初佛思想于10世纪后半叶传入中亚，对本初佛信仰的涉及，未见早于此期者。顶礼本初佛其现火焰之态，礼拜者认定此火乃永恒、自生、自在。《自生往世书》（*Svayamabhū Purāna*）中记载，本初佛最初以火焰之形化现于尼泊尔，文殊菩萨曾建寺护卫圣火，这便是著名的斯瓦扬布塔（Svayambhū Caitya）。

金刚总持的概念以本初佛为先决，因此其出现应晚于10世纪上半叶，而金刚萨埵则稍早，是阿閦佛化身的金刚手菩萨的常规发展，金刚总持和金刚萨埵在概念上总互为交织。在金刚乘中，本初佛是佛教众神殿的最高神，五禅那佛亦源出于此，当现人形时其名金刚总持，有单体与双身两种身相。单体时，珠光宝气、身着华服，施观想坐姿金刚跏趺坐，二脚交扣、脚底向上；右手持金刚杵，左手持铃，双手于胸前交叉结金刚吽印（图12）。在此，金刚杵象征绝对真实的空性，铃代表般若即智慧，圣音深远。有时识具会载于两侧莲花上，杵右铃左（图13）。双身中，除紧拥明妃外，其与单体身相一致，盖蒂称明妃法名为“般若波罗蜜多”（Prajñāpāramita）。明妃体态较小，饰装华美，右持钺刀，左持颅钵（图14、15）。尊像中钺刀象征破除痴愚，颅钵象征究竟融一，双身

---

① 印度传统地把这个时期中承认吠陀权威的数论派、瑜伽派、胜论派、正理派、吠檀多派、弥曼差派等六派哲学称为正统派。译者注。

② 本初佛思想源自公元10世纪初期的那烂陀寺，参见《孟加拉亚洲学会会刊》（*Journal of the Asiatic Society of Bengal* — JASB），卷2（1833），页57 ff，亦见《金刚总持与金刚萨埵》，收入《比哈尔与奥利萨社会学研究》（*Journal of the Bihar and Orissa Research Society* — JBORS），卷4，页114 ff。

图12 金刚总持(尼泊尔)

图13 金刚总持(巴罗达博物馆藏)

图14 双身金刚总持(尼泊尔)

图15 双身金刚总持(侧面)

则意味二元与一元并无对立，融二为一，犹如溶盐于水。金刚总持是绝对真实空的化现，而般若波罗蜜多象征慈悲，二者合一，慈悲融于空性，消弭对立。金刚总持广见于西藏①。

佛教密续皆述及金刚总持，所见身相各异。《究竟瑜伽鬘》所描述的金刚总持现三面六臂，如下。

1. 金刚总持

身色：红白　　面数：三面

臂数：六臂　　身姿：坦达瓦舞

《究竟瑜伽鬘》中，金刚总持是金刚萨埵曼荼罗的主尊。其尊形如下：

> Kūṭāgāragarbhe Vajradharaḥ...īṣadraktānu-viddhasitavarṇaḥ...trimukho nīlaraktasavyetaravaktraḥ...ṣaḍbhujo vajraghaṇṭāvirājitabhujābhyām āliṅgitasvābhaprajñā... savyakarābhyām kṛpāṇāṅkuśavarauvāmābhyām kapālapāśabhṛt...ardhaparyankena navanāṭyarasaistāṇḍavī.
>
> ——NSP, p.8

> 金刚总持住曼荼罗心室。身色红白，三面，左面红色，右面蓝色。六臂，二主手持金刚杵和宝铃，并拥明妃。右二手持胜剑、钩。左二手持颅钵、羂索。舞立姿，跳坦达瓦舞（Tāṇḍava），现九种炽烈之情。
>
> ——《究竟瑜伽鬘》，页8

图16为巴罗达博物馆藏的金刚总持像，三面六臂，无明妃。

但金刚总持并不总被视为本初佛或初始造物神。本初佛理论完全建立后，佛教徒们似乎分化为诸多派别，对本初佛应有的具体形象持不同观点。有人认为应将五方佛中的一员作为本初佛，而另一些则将金刚萨埵视为本初佛，还有将普贤和金刚手菩萨视为本初佛。本初佛信仰广存于怛特罗佛教的不同部派中。

金刚总持，或本初佛，被尊为五种姓尊神的法祖——五禅那佛的来源。除金刚总持外，禅那佛（如来）在佛教图像中也十分重要，故需详尽说明。《秘密集会怛特罗》首次在结集中展示了五禅那佛，将此新思想引入佛教。

《秘密集会怛特罗》描述了诸禅那佛的真言、身色、明妃、方位和门护尊，因其在佛教图像志中的极端重要性，故有必要在此详述其渊源。《秘密集会怛特罗》开篇以宏阔文风描述了一个由

① 盖蒂：《北传佛教神灵》，页5。

图16 六臂金刚总持(巴罗达博物馆)

尊神、如来、菩萨、明妃等构成的恢弘集会。集会中的众如来祈请世尊菩提心金刚(Bodhicittavajra)开示五禅那如来曼荼罗(Tāthagatamaṇḍala),为应此请,世尊入"智慧明灯"(Jñanapradīpa)之三摩地,其相形始现于嗔部真言VAJRADHRK之圣音鸣响中。少刻,显现圣字,圣音进而转其为施触地印的阿閦佛之相。

复次,世尊入另一观想,后随痴部(Moha)主咒JINAJIK之圣音而动,并将凝己为施转法轮印的大日如来之相,身置其面对的东方。

而后,世尊进入第三种三摩地,随如意宝部(Cintāmaṇi)主咒RATNDHRK而动,很快凝聚为施与愿印的宝生佛(Ratnaketu)之人形相态,置身世尊南面。

接着,世尊进入第四种三摩地,随金刚爱部(Vajrarāga)之主咒ĀROLIK的圣音而动,进而累聚为结禅定印的阿弥陀佛的人形相,置身世尊后方的西侧。

世尊进入另一三摩地,随"三昧耶部"(Samaya)之主咒PRAJNADHRK的圣音而动,后渐累聚为施无畏印的不空成就佛之相,由世尊置于北方。

复次,世尊相继入五种殊胜三摩地,随五种真言而动,复以相同方式渐凝聚为前述五佛的五明妃之相,各身安于相应位置。

是故,世尊在第一种三摩地中随DVEṢARATI之音而动,转其为己之明妃,并安于己之宝座上。

复次,随MOHARATI之音而动,从中化现女尊形,安于东方,为大日如来之妃。

而后,世尊随IRṢYĀRATI之音而动,从中化现女尊形,置南方,为宝生佛明妃。

接下来在另一三摩地中,世尊随RĀGARATI之音而动,并速现女尊形,安于西方,为阿弥陀佛之妃。

在接下来的观想中,世尊随VAJRARATI之音而动,并成女尊形,置于北方,为不空成就佛之妃。

诸如来与己之妃结合后,世尊菩提心金刚进入另外四种观想,并由此生起守护四方的护门尊。

首先,安入大日如来金刚三摩地(Mahāvairocanavajra Samādhi),并随YAMĀNTAKRT之音而动,即成威猛尊形,护卫众如来,安于东门。

后随PRAJNĀNTAKRT之音而动,化为威猛尊形,护卫金刚行,安于南门。

第三种禅定中,世尊随PADMĀNTAKRT之音而动,化为威猛尊形,象征众如来之语,置于西门。

最后,世尊安入如来身语意金刚(Kāyavākcittavajra of the Tathāgatas)之禅定,随VIGHNANTAKRT之音而动,化成威猛尊形,象征如来身语意,置于北门。

以上描述见于《秘密集会怛特罗》,这乃是五禅那佛及其明妃、真言和门护尊的理论开端。五禅那佛是佛教图像的基石,由此形成了完整的佛教众神殿。五禅那佛是五种姓尊神的初祖,对其礼拜的群体为族属(Kaulas),此礼拜过程为族行(Kulācāra)。然后,诸禅那佛分化自身而成菩萨及其女性主尊之形态。尊神形象仅是不同咒音的剧增形态，由此建立起真言与尊神的连结。

作为五蕴化现的五禅那佛，是组成整个佛教众神殿的五种姓诸尊的初祖。作为定式，由诸禅那佛幻化出的尊神，头顶常置法祖佛小像，与其法祖具有相同的身色、方位。无畏生护的名作《究竟瑜伽鬘》中的几乎所有曼荼罗皆严格遵循此定式。《成就法鬘》以如下诗句简要描述五禅那佛之名号、身色及识具：

> Jino Vairocano khyāto Ratnasambhava eva ca
> Amitābhāmoghasiddhiraksobhirakṣobhyaśca prakīrtitaḥ
> Varṇā amīṣām sitaḥ pīto rakto haritamecakau
> Bodhyaṅgī Varado Dhyānam Mudrā Abhaya-Bhūspṛśau.
>
> ——Sādhanamālā, pp.568–569

> 胜者大日如来、宝生佛、阿弥陀佛、不空成就佛、阿閦佛，其身色各为白、黄、红、绿、蓝，手印为大圆满印、与愿印、禅定印、护法印、触地印。
>
> ——《成就法鬘》，页568—569

禅那佛之特殊性在于其不需历经菩萨阶地，其绝非佛尊，禅那佛恒驻安寂禅定，致力创始之业，以其幻化的圣菩萨造物。如前所述，禅那佛共五尊，有时金刚萨埵会增为第六尊。公元300年左右成书的密续经典《秘密集会怛特罗》明确提及五禅那佛及其明妃、门护尊等。五禅那佛，或源出于圣天《心障清净论》(*Cittavisuddhiprakaṛana*)中提到的五恒念(The eternity of the five senses)之理论[①]，抑或源自释迦牟尼佛在殊胜时刻所施的五种手印，这些手印在不同艺术流派的佛像中反复出现(图17、18)。活跃于11世纪的不二金刚，在一部短作中提出五方佛源于五蕴之说，即代表造物的五种根本力量。作为第六尊禅那佛，金刚萨埵常被视为禅那五佛的祭祀，现金刚杵、宝铃等礼器，为五蕴的集合化现，后被引入北传佛教神系。

图17　不同手印的佛陀
(那烂陀博物馆)

① 《孟加拉亚洲学会会刊》(JASB)，1898年，页178。

图18 不同手印的佛陀（爪哇）

禅那佛多表现为以禅定姿安坐盛莲之上，双腿交叠，右脚穿左并置左脚前，二脚掌向上。双手置大腿上，或不持物，多见持钵。头无饰物，浓密卷发放光如火。双目半启，象征心识安入圆满观想。由胸至膝，覆着单衣，以肩布勒固，宽松着衣为僧侣式样，袒右。

禅那佛常见于象征佛教宇宙的窣堵波的四面，面朝四方。大日如来居塔内而不常外显，但例外者也绝非少数，有时会置于南方宝生佛和东方阿閦佛之间。诸佛有独立专龛。

禅那五佛有各自识具、身色，这些象征物对佛教图像志研究极为重要，盖因诸佛之明妃、化身会稳定展现象征识具以明示渊源。阿弥陀佛以莲花为象征，故明妃白衣（Pāṇḍarā）、菩萨莲花手（Padmpāṇi）也需现识具莲花，以示其化身关系。同样，诸禅那佛都有各自识具，种姓名号常与识具相合；如阿弥陀佛是莲花部部尊，阿閦佛是金刚部部尊，宝生佛是宝部部尊等。《不二金刚集》给诸佛配以特定代称以明其种姓，但这些代称未见其他材料，阿弥陀佛号莲花部者（Padmakulī），阿閦佛号金刚部者（Vajrakulī），大日佛号如来部者（Tathāgatakulī），宝生佛号宝部者（Ratnakulī），不空成就佛号业部者（Karmakulī）。金刚萨埵既无己种姓，亦不象征特定元素，故未见此尊。

除识具外，诸佛身色也很重要，此特定身色会落实在其化身尊上。归类佛教尊神时，有时身色乃是确定其法祖的唯一识具。故在缺失法祖禅那佛时，以身色为归纳依据，在本书中有频繁运用。

下面详述禅那佛及其明妃、化身菩萨，并介绍其身形、造像及绘画等信息。怛特罗经典中的有关描述，尽可能明示其出处。

2. 阿弥陀佛

身色：红色	手印：禅定印
识具：莲花	乘骑：孔雀

禅那佛中最古者为阿弥陀佛，该尊驻极乐净土，掌现在贤劫。此尊作为禅那佛并不造物，而

由莲花手(Padmapāṇi)代行,亦称观音。《不二金刚集》的《五相》(*Pañcākāra*)章对阿弥陀佛身相有如下描述:

Paścimadale Ravimaṇḍalopari rakta-Hrīḥkārasambhūto raktavarṇo Amitābhaḥ padmacihnaḥ samādhimudrādharaḥ samjñāskandasvabhāvorāgaśarīraḥ śukrātmakaḥ padmakulī pratyavekṣaṇājñānalakṣaṇo griṣmarturūpaḥā mlarasaśarīraḥ ṭavargātmā pradoṣavān.

——ADV, p.41

红色阿弥陀佛生于红色圣字Hrīḥ,居日轮西侧莲瓣上,以莲花为象征,双手结三摩地印。自性"想"蕴(Samjñā),爱欲之化身,属莲花部。代表生命甘露,具妙观察智,象征夏季、酸味,掌管缘起Ṭa(反舌音)之字部,统黄昏。

——《不二金刚集》,页41

图19 阿弥陀佛(尼泊尔写经插图)

阿弥陀佛在窣堵波上面西,尼泊尔佛教徒视其为禅那佛第四。双手舒掌置大腿,二手叠压结禅定印。身红,坐具孔雀,识具为莲花。

现此描述的图像、雕塑、绘画、线图在印度、藏地与汉地等佛教国家皆有发现。图19为阿弥陀佛插图。除二臂外,禅那五佛亦有其他身相。本书所见五幅插图皆复制于埃文斯温特兹博士的私藏。

阿弥陀佛的形象在藏地①和汉地②极为常见。

白 衣

身色:红色　　识具:莲花

白衣(Pāṇḍara)亦作白衣母(Pāṇḍaravāsinī)。据《不二金刚集》中的禅定描述,白衣属阿弥陀佛莲花部,是阿弥陀佛的精神伴侣。尊形及自性描述如下:

Vāyavyāṁ candramaṇḍalopari Pāmkārabījasambhūtā pāṇḍaravāsinī raktā raktavarṇā padmacihnā tejodhātusvarupā padmakulā rāgaraktā.

——ADV, p.43

① 戈登:《藏传佛教图像志》,页27;盖蒂:《北传佛教神灵》,页38、39。
② 克拉克:《两部藏传佛教众神谱》,卷二,页32、57、142。

白衣母生于红色种字Pām，位居月轮西北（Vāyu），身赤红，识具莲花，火之化身，属莲花部，现爱欲。

——《不二金刚集》，页43

该尊图像绘画少见，尼泊尔绘画中可见，中国亦有发现此尊像。图20为尼泊尔的白衣母线描。白衣在藏地[①]、汉地[②]皆有出现。本书中的白衣佛母等五佛明妃线描引自怀特《尼泊尔史》的图六，皆出自尼泊尔画师之手。

莲花手

身色：红色 识具：莲花

莲花手（Padmapāṇi）与阿弥陀佛的莲花部相关，其精神伴侣是白衣亦即白衣母。此种姓识具为莲花，属色红，故莲花手以红色和盛莲为象征。莲花手流行于北传佛教国家，如中国的西藏与汉地[③]，像见图21[④]。

图20 白衣佛母（尼泊尔线描）

图21 莲花手菩萨（尼泊尔）

① 盖蒂：《北传佛教神灵》，页139。
② 克拉克：《两部藏传佛教众神谱》，卷二，白衣观音名字之下，页61、106、152、164。
③ 盖蒂：《北传佛教神灵》，页61、62。
④ 包括此例和其他五禅那佛菩萨像都是全尺寸的铜像。这些造像都来自尼泊尔的寺院（U Vahal）。

3. 阿閦佛

（1）一面二臂

身色：蓝色　　手印：触地印
乘骑：象　　识具：金刚杵

禅那佛阿閦佛（Akṣobhya）年代久远、地位尊崇，384年至417年间被汉译传入中国的《小无量寿经》（*Amitāyus Sūtra*）中提及作为如来的阿閦佛。尼泊尔佛教徒视阿閦佛为禅那佛第二。怛特罗经典关于该尊的描述随处可见，最优为《不二金刚集》中《五相》章的描述：

Sūryamaṇḍalastha-nīla-Hūṁkāraniṣpanno dvibhuja ekamukho Bhūṣparśamudrādharo vajraparyaṅkī...vijñānaskandhasvabhāvaḥ...vajrakulī... śiśiramadhyqhnakaṭuśruti-ākāśaśabda-cavargo Akṣobhyaviśuddhaḥ.

——ADV, p.40-41

阿閦佛生于日轮上的蓝色圣字Hūm，一面二臂，触地印，施金刚跏趺坐。象征“识”蕴（Vijñāna），为金刚部，象征冬季、正午、辛辣味、听力、虚空和音声，及Ca（上颚音）字部。

——《不二金刚集》，页40—41

依此描述的阿閦佛图像、雕塑、铜像、绘画在北传佛教国家中尤为普遍。阿閦佛在窣堵波上常面东。左手置大腿上；右手置右膝，手掌朝内，指尖触地。乘骑双象，金刚杵为识具。但特罗经典中有多种阿閦佛身形，如四臂、六臂、或坐或立、或单体或双身。图22、23为二臂阿閦佛。该尊流行于藏地[①]、汉地[②]。

图22　阿閦佛（尼泊尔写经插图）

图23　阿閦佛（尼泊尔）

① 戈登：《藏传佛教图像志》，页104；盖蒂：《北传佛教神灵》，页36、37。
② 克拉克：《两部藏传佛教众神谱》，卷二，页126、129、138、244。

（2）三面八臂

身色：蓝色　　　　　　　　　　　　臂数：八臂

据《究竟瑜伽鬘》的《要集次第》(Piṇḍīkrama)[①]描述，此尊亦是阿閦佛曼荼罗的主尊。其身相如下：

Akṣobhyaḥ kṛṣṇo raudraḥ sitaraktasavyetaramukhaḥ savyaknaiḥ kulacakrapadmāni vāmair-ghaṇṭā-Cintāmaṇi-khaḍgān vibhrāṇaḥ svābha Śparśavajrāliṅgitaḥ.

——NSP, p.5

阿閦佛，蓝身忿怒相，右面白，左面红。右三手持金刚杵（种姓具）、轮、莲。左三手持铃、如意宝、剑。二主手拥明妃触金刚女（Prajñā Sparśavajrā）。

——《究竟瑜伽鬘》，页5

摩摩枳

身色：蓝色　　　　　　　　　　　　识具：金刚杵

据《不二金刚集》中的禅定可知，摩摩枳（Māmakī）属金刚部，是阿閦佛的精神伴侣，为金刚部化身。描述如下：

Nairṛtyāṁ candramaṇḍalopari kṛṣṇ-Māṁ-kārabījasambūtā Mā-makī kṛṣṇavarṇā kṛṣṇavajracihnā abdhātusvabhāvā Vajrakulā dveṣaraktā.

——ADV, p.43

生于蓝色种子字Māṁ的摩摩枳居月轮西南角（Nairṛta），身蓝，以蓝金刚杵为标识，自性为水，隶属金刚部，现嗔忿。

——《不二金刚集》，页43

摩摩枳十分罕见，尼泊尔可见此尊线描，如图24。该尊见于藏地及汉地。

图24　摩摩枳佛母（尼泊尔线描）

① 此为《究竟瑜伽鬘》中的第二章秘密集会三十二尊曼荼罗，题目为"《要集次第》所说阿閦佛曼荼罗"（Piṇḍīkramoktākṣobhyamaṇḍala），记录了《秘密集会怛特罗》的"圣者派"（Nāgārjuna）注疏传承所说的秘集曼荼罗。译者注。

金刚手

身色：蓝色　　　　识具：金刚杵

以金刚杵为象征的金刚手菩萨（Vajrapāṇi）是金刚部部尊阿閦佛的法子。摩摩枳是其法母。该尊可现坐立二态，手持莲花，其上置种姓识具金刚杵。有时亦当胸持金刚杵。其尊像见图25、26、27。金刚手在藏地[①]与汉地[②]广泛流行。

图25　金刚手（尼泊尔）

图26　金刚手（印度博物馆）

图27　金刚手（那烂陀博物馆）

4. 大日如来

（1）一面二臂

身色：白色　　　　手印：转法轮印

乘骑：龙　　　　识具：法轮

成书于公元300年左右的《秘密集会怛特罗》中出现大日如来及其他禅那佛。尼泊尔佛教徒将其视为最古最胜之禅那佛，常表现在窣堵波内龛，是整个神庙及尊神之主，不外现于窣堵波，

① 盖蒂：《北传佛教神灵》，页51。
② 克拉克：《两部藏传佛教众神谱》，卷二，页8、11、56、197、201。

但尼泊尔的一些重要窣堵波中也不乏例外者，或会被安放在东方阿閦佛和南方宝生佛之间。但特罗经典对其形象的描述很多，但《不二金刚集》中《五相》章之描述最完整。如下：

Pūrvadale candramaṇḍalopari Oṁkārajaḥ Śuklavarṇa-Vairocanaḥ śuklacakracihnaḥ Bodhyaṅgī-mudrādharaḥ rūpaskandhasvabhāvaḥ mohasvarūpo viṭaviśuddhaḥ tathāgatakulī ādarśatvena pratiṣṭhitaḥ Hemantaṛtuviśuddhaḥ madhurarasaśarīraḥ Kavargavyāpī prabhātasandhy ātmakāyasvabhāvaḥ.

——ADV, p.41

大日如来生于白色圣字Om，居东方莲瓣的月轮之上，身白，识具白法轮，结大圆满印，象征“色”蕴（Rūpa），自性痴（Moha），无恶怒眷属，为如来部化身，具法界体性智（Adarśa）。代表冬季、甘味、Ka（喉音）字部、拂晓和夜晚。

——《不二金刚集》，页41

大日如来身白，二手当胸，两手拇指与食指的指尖相接。乘骑龙，识具法轮。大日如来并非仅二臂形，也有多臂身形，《究竟瑜伽鬘》中有相关论述。图28、29为二臂大日如来。中国的西藏[①]和汉地[②]皆有该尊像。

图28 大日如来（尼泊尔写经插图）

图29 大日如来（尼泊尔）

① 戈登：《藏传佛教图像志》，页51；盖蒂：《北传佛教神灵》，页34。
② 克拉克：《两部藏传佛教众神谱》，卷二，页12、57。

（2）四面八臂

身色：白色　　面数：四面

臂数：八臂

四面八臂形被称为金刚界大日如来,《究竟瑜伽鬘》的金刚界曼荼罗对此形大日如来描述如下：

Vairocano vajraparyaṅkena niṣannaḥ śubhrah sita-pita-rakta-harita-caturvaktro aṣṭabhujaḥ savyavāmābhyāṁ dhṛtasavajrabodhyaṅgīmudro' parābhyām dhṛtadhyānamudro dakṣiṇābhyām akṣamālāśaradharo vāmābhyāṁ cakracāpabhṛt.

——NSP, p.44

大日如来施金刚跏趺坐，白身，四面现白、黄、红、绿，八臂，二主手持金刚杵，并结转法轮印或大圆满印。二次手结禅定印，另右二手持念珠和箭，左二手持法轮和弓。

——《究竟瑜伽鬘》，页44

汉地藏品见金刚界佛[①]。图30为与以上描述对应的汉地大日如来像。

佛　眼

身色：白色　　臂数：二臂

识具：法轮

禅那佛与其明妃及部属菩萨的联系密切，其被分为五组，若加上金刚萨埵，便是六组。佛眼（Locanā）是大日如来的明妃，属如来部。《不二金刚集》中的一段简短禅定对其形象描述如下：

Agneyakoṇadale candramaṇḍalopari śukla-Loṁ-kārajā śuklavarṇā Locanā cakra-cihnā pṛthvīdhātusvarūpā Tathāgatakulodbhavā moharaktā.

——ADV, p.42

佛眼生于白色种字Loṁ，居月轮东南（Agni）莲瓣上的月轮，身白，识具法轮。自性为土，属如来部，现痴。

——《不二金刚集》，页42

此女尊绘画、造像少见。图31为尼泊尔的佛眼佛母线描，该尊亦见于藏地[②]。

---

① 克拉克：《两部藏传佛教众神谱》，卷二，页115。
② 盖蒂：《北传佛教神灵》，页139。

普 贤

身色：白色　　　　识具：法轮

禅那五佛是各种姓的部尊，有各自明妃、法子。诸法子被称为菩萨，不论站或坐，与部尊的身色、识具一致。普贤（Samantabhadra）以法轮为标志，故属以法轮为种姓象征的大日如来，归如来部。普贤可现立像，亦可坐盛莲上，坐姿有禅定坐、游戏坐（Lalita）或贤者坐（Bhadra）等。通常持莲茎，上载种姓识具法轮。普贤闻名于藏地[①]、汉地[②]，广见于北传佛教国家。图32为普贤菩萨像。

图30　金刚界大日如来（北京）

图31　佛眼佛母（尼泊尔线描）

图32　普贤菩萨（尼泊尔）

5. 不空成就佛

身色：绿色　　　　手印：无畏印

乘骑：金翅鸟　　　　识具：羯磨金刚杵

尼泊尔佛教徒视不空成就佛（Amoghasiddhi）为第五。左手舒掌置大腿上，右手结无畏印。许多怛特罗经典述及其形，最优者属《不二金刚集》中的描述。如下：

① 盖蒂：《北传佛教神灵》，页47。

② 克拉克：《两部藏传佛教众神谱》，卷二，页8、9、52、133。

Uttaradale sūryamaṇḍalopari śyāma-Khaṁ-kārajaḥ śyāmavarṇo'moghasiddhiḥ viśva-vajracihnābhayamudrādharaḥ Samskāraskandhasvabhāvo Varṣāṛturūpaḥ [Karmakulī] piśitāp(ś?) aḥtiktarasātmakaḥ pavargaviśuddhaḥ ardharātrasvabhāvaḥ.

——ADV, p.41-42

不空成就佛生于绿色圣字Khaṁ，居北侧莲瓣上的日轮，身绿，识具羯磨杵或交杵，结无畏印，象征“行”蕴（Samskāra），为雨季化身，自性魔；属业部，代表苦味、Pa（唇音）字部、子夜。

——《不二金刚集》，页41—42

不空成就佛身绿，常面北，乘骑金翅鸟，识具羯磨杵或交杵，有时由七头蛇构成其背光及伞盖，因此在其佛龛前常见一小方凹坑，即指征此蛇。所有佛教国家皆可见不空成就佛的造像、画像，以北传佛教国家尤甚。如图33、34。不空成就佛在藏地[1]和汉地[2]极为流行。

图33　不空成就佛（尼泊尔写经插图）

图34　不空成就佛（尼泊尔）

度　母

身色：绿色　　　　识具：青莲

度母（Tāra）亦称“救度母”（Tāriṇī），《不二金刚集》之《五相》章的一段禅定称其属不空成就佛的业部，必与不空成就佛密切相连。因其身绿，故被认为是不空成就佛的明妃。其身形和自性描述如下：

---

① 戈登：《藏传佛教图像志》，页27；盖蒂：《北传佛教神灵》，页42。
② 克拉克：《两部藏传佛教众神谱》，卷二，页32、56、115、126、138、144。

Aiśānyāṁ candramaṇḍalopari kanakaśyāma-Tāṁ kārapariṇatā Tāriṇīśyāmavarṇā syāmanīlotpalacihnā vāyudhātusvarūpā Karmakulāīrṣyāraktā.

——ADV, p.43

度母生于金绿色种字Tāṁ，居月轮东北角（Iśāna），识具青色夜莲，气之化身，属业部，现嫉妒态。

——《不二金刚集》，页43

如此形象的度母图像和绘画在印度少见。图35所示为一例度母像。度母在藏[①]汉[②]地区广为人知。

羯磨手

身色：绿色　　识具：羯磨杵

如名所示，羯磨手（Viśvapāṇi）手持交叉着的交杵，这是以度母为明妃的不空成就佛的象征物。皆隶属绿色的业部，因此羯磨手菩萨身色为绿，并持载羯磨杵之莲花。可现立姿或各式坐姿。尊像较常见，见图36。羯磨手亦见于西藏[③]。

图35　度母（尼泊尔线描）

图36　羯磨手菩萨（尼泊尔）

① 克拉克：《两部藏传佛教众神谱》，卷二，页127。
② 克拉克：《两部藏传佛教众神谱》，卷二，页60、107、171。
③ 盖蒂：《北传佛教神灵》，页101。

6. 宝生佛

身色：黄色　　　　　手印：与愿印
乘骑：狮子　　　　　识具：宝

尼泊尔佛教将宝生佛（Ratnasambhava）视为第三尊佛，其名最早见于公元300年左右的《秘密集会怛特罗》。宝生佛为宝部部尊，佛教怛特罗经典对他有着极为广泛地描述。在所有关于宝生佛的描述里，尤以《不二金刚集》的《五相》章中描述最详尽。内容如下：

> Dakṣiṇadale Sūryamaṇḍalopari Trāṁ-karajaḥ pītavaṇo Ratnasam-bhavo ratnacihnavaradamudrādharo vedanāsvabhāva-piśunaśarīraḥ raktātmako ratnakulī samatājñānavān vasantaṛturūpo lavaṇaśarīraḥ Tavargavyāpī tṛtīyacaturtha-praharātmakaḥ.
>
> ——ADV, p.41

> 生于黄色圣字Trāṁ的宝生佛，位居南侧莲瓣上的日轮。宝生佛黄身，以宝为识具，结与愿印。为"受"蕴（Vedana），化现恶语（piśuna）。掌人体血液，属宝部。具平等性智（Samatā），掌春季、咸味、齿音（"Ta"）字部、日夜之第三、四分。
>
> ——《不二金刚集》，页41

宝生佛黄身，常面南。左手舒掌置大腿，右手结与愿印。乘骑对狮，识具宝珠（Ratnacchaṭā）。亦可现多臂，《究竟瑜伽鬘》中有述，并见艺术表现。图37、38为二臂宝生佛。该尊亦广见于藏[①]汉[②]地区。

图37　宝生佛（尼泊尔写经插图）

图38　宝生佛（尼泊尔）

① 盖蒂：《北传佛教神灵》，页37。
② 克拉克：《两部藏传佛教众神谱》，卷二，页32、57、119、126。

金刚界自在母

身色：黄色　　　　识具：宝

《不二金刚集》称金刚界自在母（Vajradhātviśvari）居四佛明妃——佛眼、度母、摩摩枳、白衣——的中央，是大乘佛教最高真实之化身，另名真如（Tathatā）、空性（Sūnyatā）、般若（Prajñāpāramitā）等[①]。金刚界自在母身黄，故将其视为以宝为识具的黄身宝生佛之明妃。

该尊形象及绘画作品较其他明妃而言相对较少。图39为尼泊尔风格的金刚界自在母。该尊亦见于西藏[②]。

持　宝

身色：黄色　　　　识具：宝珠

如名所示，持宝（Ratnapāṇi）属宝生佛（以金刚界自在母为明妃）所掌宝部。持宝与其法祖身相一致，可现立姿或多种坐姿。手持莲茎，上托种姓识具珠宝。该尊在北传佛教国家罕见，图40为尼泊尔的持宝菩萨像。该尊见于西藏[③]。

图39　金刚界自在母（尼泊尔线描）

图40　持宝（尼泊尔）

① 《不二金刚集》，页43。
② 盖蒂：《北传佛教神灵》，页139。
③ 盖蒂：《北传佛教神灵》，页53、54。

7. 金刚萨埵

身色：白色　　识具：金刚杵、铃

尼泊尔佛教徒将第六尊佛金刚萨埵视为五禅那佛的祭司，其尊像未如其他禅那佛般见于窣堵波上，而是有礼拜金刚萨埵的独龛。该尊礼拜秘不示人，仅面向受金刚乘仪轨灌顶者。金刚萨埵常见现单体、双身两形。此禅那佛最大特点是未如其他佛尊着朴素三衣（tricivara），而是饰宝、着华服、顶戴宝冠。故金刚萨埵尊形更近菩萨而非佛。

与禅那佛一致，金刚萨埵施双盘禅定坐，未有特定手印。右手于胸前托金刚杵，左手持宝铃垂大腿前。但特罗经典对其形象的描述众多，尤以《不二金刚集》之描述最典型，摘录如下：

Vajrasattvastu Hūṁkārajanmā śuklo dvibhuja ekavaktro vajravajraghaṇṭādharo Kāṣāyarasaśariraḥ śaradṛtuviśuddho Yaralavādyatmakaḥ ardharātrataḥ prabhātakālaparyanto Dharmadhātuparanāmā.

——ADV, p.41

金刚萨埵生于Hūṁ字，白身，一面二臂，持金刚杵和金刚铃。代表涩味、秋季和ya、ra、la、va（半元音）字部，午夜至破晓之时段，另号法界（Dharmadhātu）。

——《不二金刚集》，页41

该尊单体形可公开示人，双身为秘密态。双身形中，其与明妃金刚萨埵女（Vajrasattvātmikā）[①]密合，亦同单体般持金刚杵和铃，明妃右持钺刀，左持颅钵（图41、42）。

该尊广行于北传佛教国家。金刚萨埵之单体及双身像见图43、44。白身象征其法祖是同为白身的大日如来。该尊在禅那佛中地位殊胜，并广见于藏汉。

金刚萨埵女

身色：白色　　识具：钺刀和颅钵

臂数：二臂

禅那佛各有明妃，第六尊金刚萨埵亦然，金刚萨埵女（Vajrasattvātmikā）是其精神伴侣。但特罗经典中的此尊禅定少见，但可从金刚萨埵双身像中窥其形，右持钺刀，左持颅钵。

---

① "Vajrasattvātmikā" 又名为金刚亲近女（Vajragarvi, rdo rje nye ma），亦可称 "Vajradhatuiśvari"（或译作金刚界灌顶母，藏文为：rdo rje dbyings dbang chug ma）。译者注。

图41　金刚萨埵（尼泊尔）

图42　金刚萨埵（巴罗达博物馆）

图43　双身金刚萨埵（尼泊尔）

图44　双身金刚萨埵侧面（尼泊尔）

持 铃

身色：白色　　　　　　　　　　识具：铃

金刚萨埵及明妃以持铃（Ghaṇṭpāṇi）为其菩萨，此尊识具是铃，身白与法祖一致。持铃菩萨少见，其形鲜见于佛教国家。

8. 世间佛

龙树造《法集名数经》（*Dharmasamgraha*）列出佛的外相特征，三十二相和八十种好，为大小乘之共识。佛另有三种精神特质，十力（Balas）①、十八不共法（Aveṇikas Dharmas）②和四无畏（Vaiśaradyas）③。

早期小乘佛教已意识到二十四尊过去佛，诸佛各有特定菩提树。大乘亦有诸多名列，尽管不系统，但已有三十二种称号。著名的过去七如来：毗婆尸佛、尸弃佛、毗舍婆佛、俱那含佛、拘留孙佛、迦叶佛、释迦牟尼佛，是由大乘佛教徒构想的世间佛（Mānuṣi Buddhas）。除释迦牟尼佛外，诸佛史实尚不明晰，但有依据可推测俱那含佛和拘留孙佛在历史上确有其人。

后五尊世间佛与五禅那佛及其菩萨之间，试图建立起创造性的关联，即圣菩萨将其造物职能派给世间五佛代理。此理论或在藏地通行，这种巧妙构建的新联系或得到学者们的热烈支持，却与印度怛特罗传统相违。

过去七佛的形象相同：身色身形一致，双盘而坐，右手降魔触地印，此为阿閦佛手印，若造像无身色识物之别，二者实难分辨。世间佛在绘画中常现黄身或金身。仅当现七尊组配之式样，方能明辨。七佛或立于菩提树下，结不同手印，印度博物馆藏B.G.83号（图45）即此类。但要注意，未来佛弥勒被增列其中。

图45　弥勒与世间七佛（印度博物馆）

---

① 如来十力，指佛陀拥有的十种智慧神力。译者注。

② 十八不共法，即佛菩萨区别于声闻独觉二乘者的独有的十八种殊胜功德。译者注。

③ 四无畏，指佛的四种智慧，《俱舍论》卷二十七曰："佛四无畏，如经广说，一正等觉无畏，二漏尽无畏，三障法无畏，四尽苦道无畏。"译者注。

9. 金刚坐

世间七佛之末尊乔达摩广见于造像绘画之中，其像可追至公元前，印度雕塑者对佛像的狂热似乎从未减弱。在印度发现了不可数计的千姿百态的佛像，其他受佛教影响的国家亦是如此。故佛像本即是一项独立的研究主题。

《成就法鬘》提供了对金刚跏趺坐、右手触地印的金刚坐佛（Buddha Vajrāsana）的诸多描述。摘其成就法中的禅定如下：

Savyakareṇa Bhūsparśamudraṁ utsaṇgasthitāvasavyahastam kāṣāyavastrāva-guṇṭhanaṁ nīlagauraraktaśyāmacatur Māropari viśva-padmavajrāvasthitam śāntam lakṣaṇavyañjanenānvitagātraṁ. Tasya Bhagavato dakṣiṇe Maitreya-Bhodhisattvaṁ gauraṁ dvibhujaṁ jaṭāmukuṭinaṁ savyakareṇa cāmararatnadhāriṇaṁ avasavyena nāgakeśarapuṣpacchaṭādhāriṇam. Tathā vāmato Lokeśvaraṁ śuklam dakṣiṇakareṇa cāmaradharaṁ vāmakareṇa kamaladharaṁ Bhagavanmukhāvalokanaparau ca tau bhāvayet.

Iti vajrāsanasādhanaṁ samāptam.

——Sādhanamālā, p.24

行者应观己为右结触地印，左手置大腿（的金刚坐）。身着红衣，坐严饰金刚杵的双莲上，座下为蓝白红绿之四魔。面色平和，相好具足。

尊右为弥勒，白身，二臂，顶结髻冠，右持宝拂，左持龙花。尊左为白身观音，右持拂子，左持莲花。应想二菩萨看向主尊面……

金刚坐成就法竟。

——《成就法鬘》，页24

此尊圣像广见于印度几乎所有佛教中心。图46为印度博物馆藏的此类乔达摩像。释迦狮子（Śakyasiṁha）为另一身相，即灭恶趣（Durgatipariśodhana），无畏生护在《究竟瑜伽鬘》中述及其身相。

图46　金刚坐（印度博物馆）

10. 灭恶趣

身色：黄色　　　　面数：一面

臂数：二臂　　　　手印：转法轮印

大日如来化身释迦狮子是《究竟瑜伽鬘》中灭恶趣曼荼罗（Durgatipariśodhana）的主尊，对其有如下简述：

Cakrasya vedyām viśvasarojasthasimhopari śrī-Śākyasiṁho Bhagavān Mahāvairocanaḥ suvarṇavarno dhṛtadharmacakramudraḥ.

——NSP, p.66

双莲座上的狮身之上具法轮，轮中的吉祥释迦狮子是金黄色的法身大日如来的化身，双手结转法轮印。

——《究竟瑜伽鬘》，页 66

尼泊尔绘画中可见其形，塑像尚未发现。

11. 世间佛母

与禅那佛一样，世间佛也有各自佛母，通过佛母获七尊世间菩萨。佛母分别为：毗婆尸焉蒂（Vipaśyantī）、湿寂摩离尼（Śikhimālinī）、毗湿沃陀罗（Viśvadharā）、喀库瓦蒂（Kakudvatī）、罕塔摩利尼（Kaṇṭhamālinī）、摩希陀罗（Mahīdharā）、耶输陀罗（Yasodharā）。印度尚未发现表现佛母题材的作品。汉地仅见一例持称佛母像①。

12. 世间菩萨

诸世间菩萨生自对应的世间佛及其明妃：1. 大慧（Mahāmati）；2. 持宝（Ratnadhara）；3. 虚

① 克拉克：《两部藏传佛教众神谱》，卷二，页 171。以上这些佛母之名号见欧德菲尔德（Oldfield）：《尼泊尔概论》（*Sketches from Nipal*），卷二，页 163、185。

空藏(Ākāśagañja); 4.除秽(Śakamaṅgala); 5.金王(Kanakarāja); 6.持法(Dharmadhara); 7.阿难(Ānanda)。

此中耶输陀罗和阿难为人所知,前者是释迦牟尼的妻子,后者是释迦牟尼最得意的弟子。以下表呈现世间佛与其佛母、菩萨间的关系:

世间佛		世间佛母		世间菩萨	
毗婆尸佛	Vipaśyi	毗婆尸焉蒂	Vipaśyantī	大慧	Mahāmati
尸弃佛	Śikhin	湿寂摩离尼	Śikhimālinī	宝持	Ratnadhara
毗舍婆佛	Viśvabhū	毗湿沃陀罗	Viśvadharā	虚空藏	Ākāśagañja
拘留孙佛	Krakucchanda	喀库瓦蒂	Kakudvatī	除秽	Śakamaṅgala
拘那含牟尼佛	Kanakamuni	罕塔摩利尼	Kaṇṭhamālịṇī	金王	Kanakarāja
迦叶佛	Kāśyapa	摩希陀罗	Mahīdhara	持法	Dharmadhara
释迦狮	Śākyasimha	耶输陀罗	Yaśodharā	阿难	Ānanda

13. 未来佛弥勒

尽管弥勒尚未成佛,但其具有世间佛属性,故在此论及。弥勒于兜率天中究竟菩萨身后便以人形降世,据说将在佛陀乔达摩灭寂四千年后降生,救度有情众生。传说无著曾在兜率天拜见弥勒,受灌顶入怛特罗奥义。弥勒是唯一由大小乘共尊的菩萨,其像从犍陀罗延绵至今。玄奘曾述及乌仗纳的弥勒,据说一工匠在修造弥勒尊像前,为求其正容,曾数度升往兜率天亲见弥勒菩萨妙相。

弥勒可现立姿,严饰繁缛,右持莲茎。其与莲花手的主要区别在于头冠中的小支提。盖蒂称印度弥勒像常结转法轮印;左侧现圆形、椭圆形或尖形净瓶;或花茎托起二种识具:净瓶和法轮。弥勒亦现交脚而坐之佛相。身黄,背光时现五方佛。弥勒头冠上的支提自有所指,菩提迦叶附近的鸡足山(Kukkuṭapāda)上有窣堵波,此地正是迦叶佛圆寂处,弥勒降生将直达此地,彼时(窣堵波)殊胜开启,并从迦叶佛接承佛陀衣钵。

作为主尊的弥勒在《成就法鬘》中仅一处,作为眷属的描述却有很多。与他尊一并作为眷属时,弥勒通常右持拂尘,左持龙花。描述其礼拜程序的成就法有如下禅定:

...Pita "Miaṁ" kārapariṇataṁ viśvakamalasthitaṁ trimukhaṁ caturbhujaṁ kṛṣṇaśukladakṣiṇavāmamukhaṁ suvarṇagauraṁ sattvaparyaṅkinaṁ vyākhyānamudrā-dharakaradvyaṁ aparadakṣiṇavāmabhujābhyāṁ varadapuṣpitanāgakeśaramañjarī-dharaṁ nānālaṅkā radharaṁ ātmānaṁ Maitreyarūpaṁ āiambya...

Maitreyasādhanam.

——Sādhanamālā, p.560

行者需观己为生于黄色种字Maiṁ的弥勒，三面三目四臂，右左二面蓝白，身金黄，跏趺坐于兽背。二手结说法印，右左次二手各现与愿印、持盛开龙花之茎。庄严具足。如是观想……

弥勒成就法竟。

——《成就法鬘》，页560

图47的尼泊尔线描即为此形弥勒，除坐具外，皆忠实遵循成就法的描述。弥勒菩萨流行于藏地[①]，汉地亦广见其像[②]。

图47 弥勒菩萨（尼泊尔线描）

① 戈登：《藏传佛教图像志》，页104、107；盖蒂：《北传佛教神灵》，页22、23。
② 克拉克：《两部藏传佛教众神谱》，卷二，页7、9、59、143、195。

第二章　菩　萨

菩萨（Bodhisattva）一词由证悟（Bodhi）与有情（Sattva）组成，是象征五大的禅那五佛之化身。菩萨即佛教神系中的男尊，其女伴统称明妃，但与五佛明妃之佛母不同。菩萨或与明妃一并呈现，明妃常在其身侧、坐腿上、或相拥。佛教中的所有男尊皆可谓菩萨，但作为独立群体，图像志研究需区别对待。《究竟瑜伽鬘》中有三组十六大菩萨配置，需探究此巨著所涉十六大菩萨及其图像志。观音、文殊为诸菩萨之上首，不仅在印度，二菩萨在藏汉及日本等佛教国家地区中都极为流行。以上地区有大量身形各异的观音、文殊像，后章会对二尊菩萨作专题研究。

大班智达无畏生护的《究竟瑜伽鬘》中共有三种十六大菩萨配置[①]。一些菩萨或仅见一次，或重复出现，共记二十五尊。一种配置以普贤为首，另二种以未来佛弥勒为首。印度虽有诸多菩萨像，但远不及中国，瓦伦特・尤金・克拉克的《两部藏传佛教众神谱》可见一斑。为便于比较，下面列出无畏生护所说的三组，诸菩萨在禅定辅助下展开描述。

配置一： 普贤（Samantabhadra）；无尽意（Akṣayamati）；地藏（Kṣitigarbha）；虚空藏（Akāśagarbha）；虚空库（Gaganagañja）[②]；持宝（Ratnapānī）；慧海（Sāgaramati）；金刚藏（Vajragarbha）；观世音（Avalokiteśvara）；大势至（Mahāsthāmaprāpta）；月光（Chandraprabha）；日光（Jālinīprabha）；无量光（Amitaprabha）；辩积（Pratibhānkūṭa）；除一切忧冥（Sarvaśokatamonirghātamati）；除盖障（Sarvanvaraṇaviṣkambhin）。

配置二： 弥勒（Maitreya）；文殊（Mañjuśrī）；香象（Gandhahasti）；智幢（Jñānaketu）；贤护（Bhadrapāla）；慧海；无尽意；辩积；大势至（Mahāsthamaprāpta）；除一切恶难（Sarvāpāyañjaha）；除一切忧冥；日光；月光；无量光（Amitaprabha）；虚空库；除盖障。

配置三： 弥勒；无愚（Amoghadarśin）；虚空藏；除一切忧冥；香象；勇猛（Suraṅgama）；虚空库；智幢；无量光；月光；贤护；日光；金刚藏；无尽意；辩积；普贤。

---

① 《究竟瑜伽鬘》，页46、50、67。

② 共有两位虚空藏菩萨，其中“Gaganaganja”者在昙无谶所译《大集经》卷八《虚空藏品》，意指“库藏”，为东方菩萨。“Akasagarbha”者则出自《楞严经》，所指“胎藏”，为西方菩萨。译者注。

1. 普贤菩萨[①]

身色：黄色、蓝色　　　　　　　　　　识具：宝珠

作为十六菩萨之首，普贤菩萨地位尊崇，并不逊于另二种配置的首尊未来佛弥勒。《究竟瑜伽鬘》中多次论及普贤，足见其流行。普贤亦广见于藏地与汉地中原，尊像广布。《究竟瑜伽鬘》对普贤的数次论述中，多称其与法祖的身形相同，也另有描述他的独立尊形，对图像志研究很重要。摘录法界语自在曼荼罗（Dharmadhātuvāgīśvara）中的描述如下：

Samantabhadraḥ pītaḥ savyena varado vāmena utpalakhaḍgadharaḥ.

——NSP, p.58

普贤，黄身，右结与愿印，左持托载宝剑的莲花。

——《究竟瑜伽鬘》，页 58

恶趣清净曼荼罗（Durgatipariśodhana）的描述如下：

Samantabhadraḥ suvarṇavarṇo ratnamañjarībhṛddakṣiṇapāṇiḥ kaṭisthavāma-muṣṭiḥ.

——NSP, p.67

普贤，身色金黄，右持宝串，左手置于大腿上。

——《究竟瑜伽鬘》，页 67

时轮曼荼罗（Kālacakra）中的描述如下：

Samantabhadraḥ nīlaḥ savyairvajrakartriparaśūn vāmair-ghaṇṭā-kapāla-Brahmaśirāṁsi dadhānaḥ Brahmaśiraḥsthāne utpalam vā. Dharmavajrāsamā-panno’yaṁ.

——NSP, p.85

普贤蓝身，三右手持金刚杵、钺刀、斧，三左手持铃、颅钵、梵天头。梵天头或以青莲代之。受明妃法金刚（Dharmavajrā）紧拥。

——《究竟瑜伽鬘》，页 85

---

① 详见盖蒂：《北传佛教神灵》，页 47f。

印度的普贤尊像并不罕见，但主要见于汉地。北京至少有五例普贤尊像[①]。图48为尼泊尔的普贤菩萨像。普贤也广见于《成就法鬘》，但有效的描述仅一处。世尊（Lokanātha）成就法中的描述如下：

Samantabhadraḥ pitābho ratnotpalavarapradaḥ

——Sādhanamālā, p.49

普贤身黄，安坐莲花上，一手持莲花上的宝珠，一手结与愿印。

——《成就法鬘》，页49

图48 普贤菩萨（尼泊尔线描）

2. 无尽意菩萨

身色：黄色　　识具：剑或瓶

第二尊是无尽意菩萨（Akṣayamati），该尊名号在佛教仪轨经典中常见。《究竟瑜伽鬘》中对无尽意共有三次描述：

Akṣayamatiḥ suvarṇavarṇo vāmamuṣṭim Lṛdyavasthāpya savyena varadamudraḥ.

——NSP, p.50

① 克拉克：《两部藏传佛教众神谱》，卷二，页8、9、52、133、274。

无尽意身黄金，左手当胸展掌，右手结与愿印。

——《究竟瑜伽鬘》，页50

法界语自在曼荼罗中对无尽意的描述有所不同：

Akṣayamatiḥ pītaḥ savyena khaḍgam vāmenaabhayakamalaṁ bibharti.

——NSP, p.58

无尽意，黄身，右手挥剑，左手结无畏印并持莲(Kamala)。

——《究竟瑜伽鬘》，页58

第三次描述见于恶趣清净曼荼罗：

Akṣayamatiḥ sito hastābhyāṁ jñānāmṛtakalaśadhāri.

——NSP, p.67

无尽意，身白，双手托满盛智慧甘露之碗。

——《究竟瑜伽鬘》，页67

汉式无尽意菩萨像与不空成就佛类似，右手当胸施无畏印，左手安放大腿。图49为尼泊尔的无尽意菩萨像。图50为汉式无尽意尊像。

图49 无尽意菩萨(尼泊尔线描)

图50 无尽意菩萨(北京)

3. 地藏菩萨[①]

身色：黄或绿　　　　　　　　　　识具：净瓶上的如意树[②]

第三尊菩萨地藏罕见。《究竟瑜伽鬘》有两处描述，一处称地藏形象与其法祖具法轮的大日如来相同，另一处描述如下：

Kṣitigarbhaḥ pīto dakṣiṇena kṛtabhūṣparśo vāmenābjastha-kalpa-drumadharaḥ.

——NSP, p.58

地藏黄身，右手触地印，左手持莲并如意树（kalpavṛkṣa）。

——《究竟瑜伽鬘》，页58

北京藏品见地藏菩萨的四种不同身相[③]。藏地亦见该尊[④]。图51为尼泊尔的地藏菩萨像。《成就法鬘》中的世尊成就法以诗文描绘地藏菩萨：

Kṣitigarbhaḥ śyāmavarṇaḥ kalaśam cābhayaṁ tathā.

——Sādhanamālā, p.49

地藏绿身，一手持净瓶，一手结无畏印。

——《成就法鬘》，页49

4. 虚空藏菩萨[⑤]

身色：绿色　　　　　　　　　　识具：宝珠

虚空藏（Akāśagarbha）亦名Khagarbha，Kha和Akāśa皆指天空，虚空藏，即居天空之源的菩萨。《究竟瑜伽鬘》中的法界语自在曼荼罗对其尊相有如下描述：

---

① 详见盖蒂：《北传佛教神灵》，页90，et.seq。
② 如意树，梵名“kalpavṛkṣa”，又称劫树，音译为劫波树，是生长于帝释天所居住的喜林园中的名树。劫波，为时间之意。译者注。
③ 克拉克：《两部藏传佛教众神谱》，卷二，页8、9、56、274。
④ 戈登：《藏传佛教图像志》，页60。
⑤ 详见盖蒂：《北传佛教神灵》，页101。

Akāśagarbhaḥ śyāmaḥ savyena sarvaratnavarṣī vāmena cintāmaṇibhṛt.

——NSP, p.58

虚空藏绿身，右手施赐诸宝，左手持如意宝。

——《究竟瑜伽鬘》，页58

《两部藏传佛教众神谱》中共四例虚空藏菩萨，该尊在汉地见三种身形[①]。二例右持莲，左结与愿印；第三例现三面六臂，第四例现右持宝、左结与愿印。图52为尼泊尔的虚空藏菩萨像。虚空藏在《成就法鬘》中名为Khagarbha。世尊成就法对其形象有如下描述：

Khagarbhao nabhaḥśyamābho cintāmaṇivarapradaḥ.

——Sādhanamālā, p.49

虚空藏青如苍穹，一手持如意宝，一手结与愿印。

——《成就法鬘》，页49

图51 地藏菩萨（尼泊尔线描）

图52 虚空藏菩萨（尼泊尔线描）

5. 虚空库菩萨

身色：黄或红　　识具：如意树

《究竟瑜伽鬘》对虚空库（Gaganagañj）的描述有四处，皆为黄身，表明其为结与愿印、持宝的

① 克拉克：《两部藏传佛教众神谱》，卷二，页8、9、56、273。亦见《究竟瑜伽鬘》，页25。

黄身宝生佛之眷属。文殊金刚曼荼罗(Mañjuvajra Maṇḍala)对其有如下描述:

Gaganagañjaḥ suvarṇavarṇo vāme vajramuṣṭm garvena kaṭyāṁ nyasya dakṣiṇaṁ gagane bhrāmayan.

——NSP, p.50

虚空库,身金黄。左手握金刚杵置于大腿,右手舒掌朝天。

——《究竟瑜伽鬘》,页50

法界语自在曼荼罗对其有以下描述:

Gaganagañjaḥ pītaḥ savyena Cintāmaṇibhṛd-vāmena bhadraghaṭāvalambitakal pavṛkṣaṁ dadhānaḥ.

——NSP, p.58

虚空库黄身,右手持如意宝,左手持悬挂在如意树上的吉祥碗(Bhadraghaṭā应对译为"吉祥瓶",译者注)。

——《究竟瑜伽鬘》,页58

对虚空库的第三处描述出现在恶趣清净曼荼罗中,如下:

Gaganagañjaḥ sitapītaḥ savyena padmasthadharmagañjadharaḥ kaṭisthavāma hastaḥ.

——NSP, p.67

虚空库,身黄白。右持莲,上托法藏(Dharmagañja),左手舒掌置于大腿。

——《究竟瑜伽鬘》,页67

虚空库亦可与其法祖黄身宝生佛具相同身相,此在《两部藏传佛教众神谱》中仅见一次[①]。图53为尼泊尔的虚空库像。《成就法鬘》之《世尊成就法》中亦见对该尊的简述,如下:

Gaganagañjo raktavarṇo nīlotpalavarapradaḥ.

——Sādhanamālā, p.49

① 克拉克:《两部藏传佛教众神谱》,卷二,页136。

红身虚空库二手持青莲、结与愿印。

——《成就法鬘》，页49

6. 持宝菩萨

身色：绿色　　　　识具：宝或月

对持宝菩萨（Ratanapāṇi）的描述仅见《究竟瑜伽鬘》的法界语自在曼荼罗：

Ratanapāṇih śyāmo dakṣiṇapāṇinā ratnam vāmenābjastha-candra-maṇḍalam bibhrāṇaḥ.

——NSP, p.58

持宝，身绿，右持宝，左持载月莲花。

——《究竟瑜伽鬘》，页58

持宝为禅那佛宝生的眷属菩萨，偶见于尼泊尔和藏地，汉地藏品中未见。图54为尼泊尔的持宝菩萨像。

图53　虚空库菩萨（尼泊尔线描）

图54　持宝菩萨（尼泊尔线描）

7. 慧海菩萨

身色：白色　　　　识具：海浪或螺

《究竟瑜伽鬘》对慧海菩萨（Sāgaramati）的描述有两处。文殊金刚曼荼罗描述如下：

Sāgaramatiḥ sito hastadvayaprasāritaḥ sarvāṅgulibhistaraṅgābhinayī.

——NSP, p.50

慧海，身白，双手舒掌，手指现海浪势。

——《究竟瑜伽鬘》，页 50

法界语自在曼荼罗亦述及：

Sāgaramatiḥ sitaḥ savyena śaṁkhamvāmena vajrakhaḍgaṁ dadhānaḥ.

——NSP, p.58

慧海，身白，右持海螺，左持饰金刚剑。

——《究竟瑜伽鬘》，页 58

图 55 为尼泊尔的慧海菩萨像。

8. 金刚藏菩萨

身色：蓝或蓝白　　　　识具：十地经

《究竟瑜伽鬘》中对金刚藏（Vajragarbha）的描述有两处。一见法界语自在曼荼罗，如下：

Vajragarbho nīlotpaladalavarṇo dakṣiṇena vajram vāmena daśabhūmikapus takadharaḥ.

——NSP, p.58

金刚藏身色如青莲花瓣，右持金刚杵，左持《十地经》（*Daśabhūmikapustaka*）。

——《究竟瑜伽鬘》，页 58

恶趣清净曼荼罗中对金刚藏菩萨形象的描述如下：

Vajragarbho nīlasitaḥ savyena nīlotpaladharaḥ kaṭinyastavāmamuṣṭiḥ.

——NSP, p.67

金刚藏，身蓝白，右持青莲，左手舒掌置于大腿。

——《究竟瑜伽鬘》，页67

其形象稀有，汉地藏品中未见。图56为尼泊尔的金刚藏菩萨画像。

图55 慧海菩萨（尼泊尔线描）

图56 金刚藏菩萨（尼泊尔线描）

9. 观音菩萨

身色：白色　　　　识具：莲花

观音菩萨亦称莲花手（Padmapāṇi），为禅那佛阿弥陀佛的法子，是佛教神系中流传最广的菩萨之一，有多达108种不同身形。本书另设一章专论观音，此处仅述其在《究竟瑜伽鬘》之十六大菩萨的特定身相。法界语自在曼荼罗对观音有如下描述：

Avalokiteśvaraḥ śubhraḥ savyena varado vāmena sarojadharaḥ.

——NSP, p.58

观音，身白，右手与愿印，左持莲花。

——《究竟瑜伽鬘》，页 58

《两部藏传佛教众神谱》中共见四例观音像[①]。图 57 为尼泊尔的观音菩萨像。

10. 大势至菩萨

身色：白或黄　　　　识具：六莲或剑

《究竟瑜伽鬘》中对大势至菩萨（Mahāsthāmaprāpta）的描述有两处。一见文殊金刚曼荼罗：

Mahāsthāmaprāptaḥ sito vānema ṣaṭ-vikasitapadmadhārī savyenavaradaḥ.

——NSP, p.50

大势至，身白，左手持一株六朵盛莲，右结与愿印。

——《究竟瑜伽鬘》，页 50

另一处见在法界语自在曼荼罗：

Mahāsthāmaprāptaḥ pītaḥ savyena khaḍgam vāmena padmam dadhānaḥ.

——NSP, p.58

大势至，身黄，右手持剑，左手持莲花。

——《究竟瑜伽鬘》，页 58

汉地藏品中仅一件大势至菩萨像[②]。图 58 为尼泊尔的大势至菩萨画像。

① 克拉克：《两部藏传佛教众神谱》，卷二，页 7、11、161、195。关于汉藏日等地的观音菩萨的更多信息及其形象资料见盖蒂：《北传佛教神灵》，页 55f。

② 克拉克：《两部藏传佛教众神谱》，卷二，页 160。该神灵的信息详见盖蒂：《北传佛教神灵》，页 115。

图57 观世音菩萨（尼泊尔线描）

图58 大势至菩萨（尼泊尔线描）

11. 月光菩萨

身色：白色　　识具：载月莲

《究竟瑜伽鬘》中对月光菩萨（Candraprabha）的描述有三处。文殊金刚曼荼罗有如下描述：

Candraprabhaḥ candravarṅo vāmenotpalastha candramaṇḍaladhārī dakṣiṇena varadaḥ.

——NSP, p.50

月光，皓洁如月。左手持载月莲，右手结与愿印。

——《究竟瑜伽鬘》，页50

法界语自在曼荼罗对月光菩萨有如下描述：

Candraprabhaḥ śubhraḥ savyena vajracakraṁ vāmena padmasthacandramaṇḍa-laṁ dhatte.

——NSP, p.58

月光，身白，右持金刚法轮，左持载月莲花。

——《究竟瑜伽鬘》，页58

恶趣清净曼荼罗对其描述与前二者稍异：

Candraprabhaḥ śubhraḥ savyena padmasthacandrabimbaṁ bibhrāṇaḥ kaṭisthavamamuṣṭiḥ.

——NSP, p.67

月光，身白。右持载月莲花，左手舒掌置大腿上。

——《究竟瑜伽鬘》，页67

故月光菩萨的识具为载月莲花。汉地藏品中仅见一例月光菩萨像[①]。图59为尼泊尔的月光菩萨像。

12. 日光菩萨

身色：红色　　　　识具：日轮

日光菩萨（Jālinīprabha）亦名Sūryaprabha，《究竟瑜伽鬘》中对其描述共有三处。文殊金刚曼荼罗之描述如下：

Jālinīprabho rakto vāmenotpalastha-sūryamāṇḍaladhāri savyena varadaḥ.

——NSP, p.50

日光，身红，左持载日轮莲花，右结与愿印。

——《究竟瑜伽鬘》，页50

法界语自在曼荼罗对日光菩萨的描述如下：

Jālinīprabhaḥ sitaraktaḥ savyenāsiṁ vāmenābjasthasūryaṁ.

——NSP, p.58

日光，身色红白。右手持剑，左手持载日轮莲花。

——《究竟瑜伽鬘》，页58

恶趣清净曼荼罗对日光菩萨的描述：

① 克拉克：《两部藏传佛教众神谱》，卷二，页147。

Jālinīprabhao raktaḥ savyena vajrapañjaraṁ bibhrāṇaḥ kaṭisthavamamuṣṭiḥ.

——NSP, p.67

日光，身红，右手持金刚帐（Vajrapañjara），左手舒掌置大腿上。

——《究竟瑜伽鬘》，页67

日光菩萨的识具为日轮，红身表明他是阿弥陀佛的法子。汉地藏品中其现阿弥陀佛之形[1]。图60为尼泊尔的日光菩萨像。

图59 月光菩萨（尼泊尔线描）

图60 日光菩萨（尼泊尔线描）

13. 无量光菩萨

身色：白或红　　　　识具：净瓶

无量光（Amitaprabha）亦称甘露光（Amṛtaprabha），《究竟瑜伽鬘》中的描述共三处，其中两处为白身，一处为红身。故身白者可归于大日如来种姓，身红者则是阿弥陀佛的法子。恶趣清净曼荼罗对无量光有如下描述：

① 克拉克：《两部藏传佛教众神谱》，卷二，页132。

Amṛtaprabhaḥ śubhraḥ mukutoparyamṛtakalaśabhṛtsavyakaraḥ kaṭisthavāma-muṣṭiḥ.

——NSP, p.67

甘露光，身白，右持其头冠上的甘露瓶，左手舒掌置大腿上。

——《究竟瑜伽鬘》，页 67

文殊金刚曼荼罗中对其描述如下：

Amṛtaprabhaḥ raktah hastadvayena abhiṣekakalaśadhārī.

——NSP, p.50

甘露光，身红，双手持灌顶净瓶。

——《究竟瑜伽鬘》，页 50

法界语自在曼荼罗中对这位神灵作了进一步地描述：

Amṛtaprabhaḥ sitaḥ savyena viśvapadmaṁ vāmenābjasthakalaśam bibhrāṇaḥ.

——NSP, p.59

无量光，身白，右持双莲，左持载瓶莲花。

——《究竟瑜伽鬘》，页 59

灌顶净瓶是无量光菩萨的识具。图 61 为尼泊尔的无量光菩萨像。

14. 辩积菩萨

身色：绿、黄或红　　　　识具：鞭子

《究竟瑜伽鬘》中对辩积菩萨（Praribhānakūṭa）的描述共三处。一处绿身，一黄身，一红身。故各可归于不空成就佛、宝生佛和阿弥陀佛之种姓下。文殊金刚曼荼罗中对其描述如下：

Praribhānakuṭaḥ śyāma utsaṅgavāmamuṣṭir-dakṣiṇena choṭikāpradaḥ.

——NSP, p.50

辩积，身绿，左手舒掌置大腿上，右手挥鞭。

——《究竟瑜伽鬘》，页 50

法界语自在曼荼罗中对其描述如下：

Praribhānakūṭaḥ pīto dakṣiṇena choṭikām vāmena padmasthakṛpānam dhatte.

——NSP, p.59

辩积，身黄，右手持鞭，左手持载剑莲花。

——《究竟瑜伽鬘》，页 59

恶趣清净曼荼罗中对其身形描述如下：

Praribhānakūṭo raktaḥ savyenābjasthamukutadhāri kaṭisthavāmamuṣṭiḥ.

——NSP, p.67

辩积，身红，右持载宝冠莲花，左手舒掌置于大腿。

——《究竟瑜伽鬘》，页 67

汉地与印度皆未见其像。图 62 为尼泊尔的辩积菩萨像。

图 61 无量光菩萨（尼泊尔线描）

图 62 辩积菩萨（尼泊尔线描）

15. 除一切忧冥菩萨

身色：白黄、黄或红　　　　　　识具：杖

此菩萨（Sarvaśokatamonirghātamati）可除一切忧暗、惰性，《究竟瑜伽鬘》中对其描述共三处。两处身色黄、金或黄白；另一处身红。故此菩萨应属禅那佛宝生之种姓，红身亦可指阿弥陀佛。恶趣清净曼荼罗对其有如下描绘：

Sarvaśokatamonirghātamatiḥ sitapītamiśravarṇaḥ daṇḍabhṛtsavyakaraḥ kaṭisthavāmamusṭiḥ.

——NSP, p.66

除一切忧冥，身黄白。右手持杖，左手舒掌置大腿上。

——《究竟瑜伽鬘》，页 66

文殊金刚曼荼罗对其描述如下：

Sarvaśokatamonirghātamatiḥ kanakakantiḥ hastadvayasampuṭena prahārābhinayī.

——NSP, p.50

除一切忧冥，身金黄。双手合掌，现打击之势。

——《究竟瑜伽鬘》，页 50

法界语自在曼荼罗对其形象描述如下：

Sarvaśokatamonirghātamatiḥ kuṁkumavarṇaḥ savyena pancasūcikakuliśaṁ vāmena śaktim dadhānah.

——NSP, p.59

除一切忧冥，身朱红（Kuṁkuma），右手持五股金刚杵，左拥明妃。

——《究竟瑜伽鬘》，页 59

该尊在汉地藏品中有两件，名实破闇慧菩萨（Tamodghātamati）、消忧智菩萨（Śokanirghātamati）[①]。

① 克拉克：《两部藏传佛教众神谱》，卷二，页 135、192。

图63为尼泊尔的除一切忧冥菩萨像。

16. 除盖障菩萨

身色：白或蓝　　　　　　　　　　识具：剑、经

除盖障菩萨（Sarvanivaraṇaviṣkambhī）可驱除一切罪业。《究竟瑜伽鬘》中有该尊蓝白两种身形，故既可归于阿閦佛法子，也是大日如来法子。文殊金刚曼荼罗对其描述如下：

Sarvanivaraṇaviṣkambhī nīlaḥ śukli va vamena bhūṣparsī dakṣiṇemuṣṭi-tarjanyanguṣṭhau saṁmīlya praśamabhinayī.

——NSP, p.50

除盖障，身蓝或白。左手触地印，右手舒展，拇指与食指相触，现祥和之姿。

——《究竟瑜伽鬘》，页50

法界语自在曼荼罗对其则有以下描述：

Sarvanivaraṇaviṣkambhī nīlaḥ kṛpaṇabhṛtsavyapaṇiḥ vāmena visvavajrāṅka-patākādharaḥ.

——NSP, p.59

除盖障，身蓝，右手持剑，左手持交杵幡。

——《究竟瑜伽鬘》，页59

该尊另有短名“障盖”（Viṣkamabhīn），汉地藏品中至少四见该尊造像[①]。其亦流行于藏地[②]。图64为尼泊尔的除盖障菩萨画像。该菩萨以“障盖”（Viṣkambhīn）之名见于《成就法鬘》。世尊成就法对其有如下描述：

Viṣkambhī tu kṣaravarṇo ratnottamavarpradaḥ.

——Sādhanamāla, p.50

障盖，身灰，二手持珠、结与愿印。

——《成就法鬘》，页50

---

① 克拉克：《两部藏传佛教众神谱》，卷二，页7、11、52、274。
② 盖蒂：《北传佛教神灵》，页104；戈登：《藏传佛教图像志》，页107。

图63 除一切忧冥菩萨（尼泊尔线描）

图64 除盖障菩萨（尼泊尔线描）

17. 弥勒菩萨

身色：金黄　　　　识具：龙花

弥勒菩萨（Maitreya）被认为是驻兜率天待以降生世间的未来佛，《究竟瑜伽鬘》多处述及该尊。文殊金刚曼荼罗中的十六大菩萨以弥勒为首。弥勒两种迥异身形，摄自法祖大日如来和阿閦佛。文殊金刚曼荼罗对其描述如下：

Maitreyaḥ suvarṇavarṇo dvābhyāṁ kṛtadharmadeśanāmudro varadasavakaro vāmena sapuśpanāgakeśarapallavadharaḥ.

——NSP, p.50

弥勒，身金黄。二主手结转法轮印。余二手，右与愿印，左持龙花枝条。

——《究竟瑜伽鬘》，页50

恶趣清净曼荼罗中对其有如下描述：

Maitreyaḥ pītaḥ savyakaeṇa nāgakeśarakusumaṁ vāmena kuṇḍiṁ dadhānaḥ.

——NSP, p.66

弥勒,身黄。右手持龙花,左手托钵。

——《究竟瑜伽鬘》,页66

汉地藏品中至少有六尊身形各异的弥勒像[①]。弥勒在中国和印度皆以龙花为识具,其亦见于藏地[②]。图65为尼泊尔弥勒菩萨画像。《成就法鬘》略述如下:

Maitreyaḥ pītavarṇaś ca nāgapuṣpavarapradaḥ.

——Sādhanamāla, p.49

弥勒,身黄,结与愿印、持龙花。

——《成就法鬘》,页49

18. 文殊菩萨[③]

身色:金黄　　识具:剑、经

与观音一样,文殊信仰亦遍布整个佛教世界,见众多身形及尊号,如文殊金刚、妙音、法界语自在等。后设专章介绍文殊诸相及其传奇渊源。文殊在十六大菩萨中位居次席,仅次弥勒。而以普贤为首的十六大菩萨配列中未见文殊。

文殊金刚曼荼罗中,文殊菩萨见于环绕主尊(拥明妃的文殊金刚)的第三圈尊神之列。据《究竟瑜伽鬘》的描述来看,除未现明妃外,其身形与主尊文殊金刚一致。故文殊身相应如下描述:

Pītanīlaśuklasavyetaravaktraḥ ṣaḍbhujo dakṣiṇaiḥ khaḍgavaradabāṇān vāmaḥ prajñāpāramitāpustakanīlābjadhanuṁṣi bibhrāṇaḥ.

——NSP, p.48

文殊现黄、蓝、白三面,六臂,右三手持剑、与愿印、箭,左三手持般若经函、青莲、弓。

——《究竟瑜伽鬘》,页48

文殊菩萨在佛教众神殿中的地位仅次观音,作为智慧尊,文殊掌摧愚之剑与胜智经书。其像众多,汉地藏品中至少有五尊身形各异的文殊像,足见其在汉地之广传[④]。图66为尼泊尔的文殊菩萨画

① 克拉克:《两部藏传佛教众神谱》,卷二,页7、9、59、143、195、202。
② 戈登:《藏传佛教图像志》,页104、107。
③ 对文殊菩萨在西藏、中国、日本等地的渊源即形象的详细介绍请见盖蒂:《北传佛教神灵》,页112、113。
④ 克拉克:《两部藏传佛教众神谱》,卷二,页7、11、53、198、199。

像。位列八大菩萨时，其号“妙音”（Mañjughośa），《成就法鬘》中的世尊成就法对其有如下描述：

Mañjughoṣaḥ kanakābhaḥ khaḍgapustakadhārakaḥ.

——Sādhanamālā, p.49

妙音，身金黄，双手各持剑、经。

——《成就法鬘》，页 49

图65　弥勒菩萨（尼泊尔线描）

图66　文殊菩萨（尼泊尔线描）

19. 香象菩萨

身色：绿或白绿　　识具：象鼻或海螺

《究竟瑜伽鬘》中，香象菩萨（Gandhahasti）见于以弥勒为首的十六大菩萨之中，对其身相的描述有两处，各以象（Hasti）和香（Gandha）为突出特征。文殊金刚曼荼罗对其描述如下：

Gandhahastiḥ śyāmo vāmena kamalasthahastikaradhārī savye varadaḥ.

——NSP, p.50

香象，身绿，左手持载象鼻之莲花，右手结与愿印。

——《究竟瑜伽鬘》，页 50

然而恶趣清净曼荼罗中的描述稍异：

Gandhahastiḥ sitaśyāmaḥ savyena gandhaśamkhadharaḥ kaṭisthavāmamuṣṭiḥ.

——NSP, p.66

香象，身白绿。右手持盛涂香之海螺，左手舒掌于大腿。

——《究竟瑜伽鬘》，页66

尊像少有，汉地藏品中仅现一例。图67为尼泊尔的香象菩萨画像。

20. 智幢菩萨

身色：黄或蓝　　识具：如意宝幢

智幢菩萨（Jñānaketu）见于以弥勒为首的十六大菩萨之中。《究竟瑜伽鬘》中有对其形象的描述有两处。文殊金刚曼荼罗对其描述如下：

Jñānaketuḥ pīto vāmena cintāmaṇidhvajradhārī savyena varadaḥ.

——NSP, p.50

智幢，身黄。右手持如意宝幢，左手结与愿印。

——《究竟瑜伽鬘》，页50

恶趣清净曼荼罗中的描述稍异：

Jñānaketu nīlaḥ cintāmaṇidhvajabhṛddakṣiṇapāniḥ kaṭisthavāmamuṣṭiḥ.

——NSP, p.67

智幢，身蓝。右手持如意宝幢，左手舒掌置于大腿。

——《究竟瑜伽鬘》，页67

汉地藏品中仅一件智幢菩萨像，身形与其法祖宝生佛一致[①]。图68为尼泊尔的智幢菩萨画像。

① 克拉克：《两部藏传佛教众神谱》，卷二，页135。

图67　香象菩萨(尼泊尔线描)

图68　智幢菩萨(尼泊尔线描)

21. 贤护菩萨

身色：红或白　　　　识具：宝

贤护菩萨(Bhadrapāla)见于以弥勒为首的第二种十六大菩萨。《究竟瑜伽鬘》中述及该尊至少两种身形。文殊金刚曼荼罗对其描述如下：

Bhadrapālo raktavarṇo vāmena ratnabhṛd-dakṣiṇena varadaḥ.

——NSP, p.50

贤护，身红。左手持宝，右手结与愿印。

——《究竟瑜伽鬘》，页 50

而恶趣清净曼荼罗中的描述稍异：

Bhadrapālaḥ śubhraḥ savyena sajjvālaratnadhāri kaṭisthavāmamuṣṭiḥ.

——NSP, p.67

贤护，身白。右手持熠熠宝珠，左手舒掌置于大腿。

——《究竟瑜伽鬘》，页 67

汉地藏品中仅一件贤护菩萨像，形象与其法祖阿弥陀佛一致①。图69为尼泊尔的贤护菩萨像。

22. 除一切恶难菩萨

身色：白　　　　识具：除罪业之姿或钩

除一切恶难菩萨（Sarvāpāyañjaha）另简称“除恶难”（Apāyañjaha），《究竟瑜伽鬘》述及该尊两种身相。文殊金刚曼荼罗中对其描述如下：

Sarvāpāyañjahaḥ śuklo hastadvayena pāpakṣepaṇābhinayi.

——NSP, p.50

除一切恶难，身白，二手施除诸恶业之姿。

——《究竟瑜伽鬘》，页50

恶趣清净曼荼罗中其名“除恶难”（Apāyañjaha），描述如下：

Apāyañjahaḥ śveto'nkuśabhṛtkaradvayaḥ.

——NSP, p.66

除恶难，身白。双手持钩。

——《究竟瑜伽鬘》，页66

汉地藏品中共有两件该菩萨像，一件结触地印，与法祖阿閦佛形象一致，另一件右手当胸舒掌，左手现制止之势，或是除罪业之姿②。图70为尼泊尔的除一切恶难菩萨画像，图71为该尊的汉地造像。

① 克拉克：《两部藏传佛教众神谱》，卷二，页147。
② 克拉克：《两部藏传佛教众神谱》，卷二，页143、169。

图69 贤护菩萨(尼泊尔线描)

图70 除一切恶难菩萨(尼泊尔线描)

图71 除一切恶难菩萨(北京)

23. 不空见菩萨

身色：黄　　　　识具：莲花

不空见菩萨（Amoghadarśi）见于《究竟瑜伽鬘》中的以弥勒为首的第三种十六大菩萨名列。《究竟瑜伽鬘》中对该尊的描述见于恶趣清净曼荼罗，身相描述如下：

Amoghadarśi pitaḥ sanetrāmbhojabhrd-dakṣiṇakaṛaḥ kaṭisthavāmamuṣṭiḥ.

——NSP, p.66

不空见，身黄。右手持莲，左手舒掌置于大腿。

——《究竟瑜伽鬘》，页66

汉地藏品中共有三件不空见菩萨像[①]。图72为尼泊尔的不空见菩萨画像。

24. 勇猛菩萨

身色：白　　　　识具：剑

勇猛菩萨（Śūraṅgama）见于以弥勒为首的第三种十六大菩萨名列中。《究竟瑜伽鬘》提及其名号仅两次，对身相的描述见恶趣清净曼荼罗：

Śūraṅgamaḥ subhraḥ savyena asidharaḥ kaṭisthavāmamuṣṭiḥ.

——NSP, p.67

勇猛，身白。右手持剑，左手舒展置于大腿上。

——《究竟瑜伽鬘》，p.67

汉地藏品中仅一件勇猛菩萨像，且与上述迥异[②]。图73为尼泊尔的勇猛菩萨画像。

---

① 克拉克：《两部藏传佛教众神谱》，卷二，页20、143、247。
② 克拉克：《两部藏传佛教众神谱》，卷二，页135。

图72 不空见菩萨(尼泊尔线描)

图73 勇猛菩萨(尼泊尔线描)

25. 金刚手菩萨

身色：白　　　　识具：金刚杵

虽金刚手菩萨(Vajrapāṇi)未见于《究竟瑜伽鬘》所述的三种十六大菩萨名列，但出现在《成就法鬘》的第十八篇成就法《世尊成就法》中所举的以弥勒为首的八大菩萨之中，配置如下：1. 弥勒(Maitreya); 2. 地藏(Kṣitigarbha); 3. 金刚手(Vajrapāṇi); 4. 虚空藏(Khagarbha); 5. 妙音(Mañjughoṣa); 6. 虚空库(Gananagañja); 7. 除盖障(Viṣkambhin); 8. 普贤(Samantabhadra)。《成就法鬘》中的世尊成就法对金刚手身相的描述见如下诗句：

Vajrapāṇiśca śuklābho vajrahasto varapradaḥ.

——Sādhanamālā, p.49

金刚手，身白，一手持金刚杵，一手结无畏印。

——《成就法鬘》，页49

该尊以阿閦佛为法祖，在汉地广为流行，《两部藏传佛教众神谱》第二卷中至少见五件造像[①]。

① 克拉克：《两部藏传佛教众神谱》，卷二，页8、11、56、197、201；详见盖蒂：《北传佛教神灵》，页50—51。

该尊藏地造像亦颇丰[1]。

小 结

本菩萨章以转引《究竟瑜伽鬘》中的重要文段为基础，依诸菩萨之身相，可见与法祖的密切关系。在金刚界曼荼罗[2]（Vajrādhatumaṇḍala）中，1. 弥勒、2. 不空见、3. 除一切恶难、4. 除一切忧冥等四菩萨身相与东方蓝色禅那佛阿閦佛一致。

1. 香象、2. 勇猛、3. 虚空库、4. 智幢等四菩萨身相与南方黄色禅那佛宝生佛一致。

1. 无量光、2. 月光、3. 贤护、4. 日光等四菩萨身相与西方红色禅那佛阿弥陀佛一致。

1. 金刚藏、2. 无尽意、3. 辩积、4. 普贤等四菩萨身相与北方绿色禅那佛不空成就佛一致。

此虽为重要的图像志信息，但定则绝非在此，而是不同密教宗派（Psychic Schools）的具体观点。需注意，中尊禅那佛大日如来未见于此，且十六菩萨未有归于大日如来者。尽管如此，《究竟瑜伽鬘》对金刚界曼荼罗的描述，对于辨识具备禅那佛身相的汉地菩萨像来说，仍有价值。

① 戈登：《藏传佛教图像志》，页64。
②《究竟瑜伽鬘》，页45。

第三章　文殊菩萨

文殊菩萨在佛教神系中的尊崇地位鲜有出其右者。大乘信徒尊文殊为最胜菩萨之一，礼拜文殊可获胜智、博闻强记、通透思辩、雄辩口才，并能通晓诸圣典。文殊信仰广传于北传佛教信徒，且构想出众多不同的文殊身相与礼拜真言，在怛特罗仪轨中无法生出文殊之念力者，仅诵文殊诸真言，即可获圆满。

文殊进入北传佛教神系的确切时间已难考定。犍陀罗与秣菟罗造像中未见其像，马鸣、龙树、圣天等师论著亦未提及。文殊名号最早见《圣文殊师利根本仪轨经》(*Āryamañjuśrīmyūlakalpa*)，该经早于公元300年左右的《秘密集会怛特罗》。其中至少四次提及“文殊”(Mañjuśrī)[①]，三次提到“文殊金刚”(Mañjuvajra)[②]。文殊名号亦见于384至417年译入中国的小《无量寿经》(*Amitayūs Sūtra*)[③]，后世佛典及法显[④]、玄奘、一行等行旅僧之纪行等皆多次述及该尊。萨尔纳特、摩揭陀、孟加拉、尼泊尔等地造像中可见之。

记录尼泊尔斯瓦扬布寺(Svayambhūkṣetra)之荣光的《斯瓦扬布经》(*Svayambhū Purāna*)中详述此尊。本初佛幻化为火焰之形现于此地，故称“斯瓦扬布”(即自生处)。该地也因本初佛寺而殊胜无比，其毗邻的便是文殊山，今名萨伐底(Sarasvatī sthāna，意为“语处”，译者注)。下面简述《斯瓦扬布经》中所涉文殊之事。

相传圣者文殊来自汉地五台山(Pañcaśīrṣa)，包括国王法藏(Dharmakara)在内的弟子与追随者众多。某日，现殊胜授记：自生本初佛化为火形现于尼泊尔卡里诃拉达湖(Kālīhrada)的莲花上，其发心皈依，即率众弟子、二妃及国王法藏向此国进发。行至湖畔，辽阔湖水环抱圣尊，无法靠近，顶礼圣火困难重重。最终文殊摒弃心中使圣尊临近众生的诸多机法，始绕圣湖礼拜，行至南侧，遇屏障山峦，挥剑劈去，山峦被劈为两半，湖水顺口涌出，留下延伸远方的旱地，此即今日的尼泊尔河谷。巴格马蒂河(Baghmati)至今仍顺此口湍流而下，该河口今名“Kot-bar”即剑劈之意。

文殊即在圣火上方建庙，并在附近山丘上建己之居所、为弟子建寺(Vihāra)，即文殊城(Mañjupattana)。最后文殊使法藏成尼泊尔国王。《斯瓦扬布经》还述及诸多其他圣行。万物成序后，文殊返乡，便舍离俗身、进成菩萨圣形。[⑤]

---

①《秘密集会怛特罗》,《盖克瓦德的东方系列》，页46、69、93、133。

② 同上，页51、87、121。

③《无量寿经》，页92，App Ⅱ。

④ 此处与法显提到的文殊存在很大的不同。莱格：《汉僧法显的印度行旅记(399—414)》，页46。

⑤《斯瓦扬布经》所记载的这个传奇故事详见密特拉(R.Mitra)：《尼泊尔的梵文佛教文献》(*The Sanskrit Buddhist Literature of Nepal*)，页249—258；《霍奇桑文集》，页115；欧德菲尔德(Oldfield, H.A.)：《尼泊尔概论》(*Sketches from Nepal*)，卷二，页185。

图74 文殊与毗那夜迦、毗湿奴(巴罗达博物馆)

可见,文殊是将华夏文明传入尼泊尔的圣人。显然,他是精于工程事宜的伟大建筑师。文殊从汉地前往尼泊尔的确凿时期已不可考,但无疑在公元300年左右,文殊已是闻名的大菩萨了。其在佛教徒心中影响极大,大乘信众以各类方式礼拜文殊的多种身相。文殊闻名于佛教所及的亚洲大陆的所有国家。不同国家所见文殊形象各异,但文殊之概念却有一个绝对的印度传统,本章即探讨纯粹的印式文殊像或是受此传统极大之影响者。

佛教徒认为诸神依附于五禅那佛种姓,文殊所属的禅那佛之论说众多。有些成就法视其为红身阿弥陀佛的化身,又或蓝身阿閦佛。文殊具多种身色,展现了多种所依种姓。这或源自文殊的人格渊源,和龙树、无著、马鸣、圣天等人类似,他应是在玄奘时代被神格化。

《成就法鬘》中有四十一部文殊成就法,描绘多种身相。相较尾记来说,诸成就法中的真言对考定不同形象的文殊名号意义更重。在某尊具备多种身形的情况下,真言通常是判断尊名的最可靠基础。本章所逐一介绍的文殊诸相,皆有各自不同的图像特征。

右手持剑、左持般若经函是文殊的最简身相,实际表现中,二识具或置于莲花上。时由阎摩敌(Yamāri)胁侍,时或明妃胁侍,或善财童子(Sudhanakumāra)并阎摩敌胁侍,或日光、月光菩萨、髻阁尼(Keśinī)、尤婆髻阁尼(Upakeśinī)[①]四尊胁侍,此四尊现于五字文殊(Arapacana),但其他身相亦有见之。

克拉克的《两部藏传佛教众神谱》中收录了诸多汉地文殊像[②]。巴罗达博物馆藏的一件文殊由毗那夜迦(Gaṇapati)和遍入天(Viṣṇu),两尊印度教主神胁侍(图74)。

1. 金刚爱

身色:白　　手印:禅定印
坐姿:金刚跏趺坐

金刚爱文殊(Vajrarāga Mañjuśrī)亦称语文殊(Vāk Mañjuśrī)、无量寿文殊(Amitābha Mañjuśrī),可见其依于红身禅那佛阿弥陀佛。一面二臂,二手于大腿上结禅定印,亦称三摩地印,与禅那佛阿弥陀佛一致,舌上具阿弥陀佛像。饰物、装束与五佛相异,此形文殊常见于印度及北传佛教国家。《成就法鬘》以如下禅定描述其形:

① 髻阁尼(Keśinī)、尤婆髻阁尼(Upakeśinī),二者藏于梵华楼五室东壁佛格,译法参见《梵华楼藏宝——佛像(下)》,页421、424,北京:故宫出版社,2013年。译者注。

② 克拉克:《两部藏传佛教众神谱》,卷二,页7、11、53、198。

Dvibhujaikamukhaṁ sitaṁ vajraparyaṅkopari samādhimudrāhastaṁ aśeṣakumārābharaṇabhūṣitaṁ pañcacīrakaṁ Mañjuśrībhaṭṭārakaṁ...niṣpādya. vajrajihvopari Buddhaṁ amitābhaṁ vicintya...Oṁ Vākyedaṁ namaḥ iti japamantraḥ

——Sādhanamālā, p.129

行者应观己为文殊尊者(Mañjuśrī Bhaṭṭāraka),一面二臂,身白,二手结禅定印,严饰王子饰物,身着五衣……如是观想……行者需观金刚舌上现阿弥陀佛像……诵咒“Oṁ Vakyedaṁ namah”。

——《成就法鬘》,页129

图75为巴罗达博物馆藏的金刚爱像,图76为该尊的尼泊尔画像。金刚爱亦闻名于藏地[①]和汉地[②]。

图75 金刚爱(巴罗达博物馆)

图76 金刚爱(尼泊尔线描)

2. 法界语自在

(1)红 白

身色:红白 面数:四面

坐姿:游戏坐 臂数:八臂

① 戈登:《藏传佛教图像志》,页66,将金刚爱之像置于“文殊”之总类。

② 克拉克:《两部藏传佛教众神谱》,卷二,页120、227。

法界语自在(Dharmadhātu-Vāgīśvara)的石像或铜像少见,但尼泊尔画师多制绘像。常现白身,四面八臂,头冠饰五宝。着天衣,媚态(śṛṅgāra)。二主手持弓、箭,第二对手持羂索、钩,第三对手持经、剑,第四对手持铃、金刚杵。亦见其他身相:二主手结转法轮印,而非持弓、箭,第二对手持箭、瓶,而非羂索、钩。禅定对前者的描述如下:

...Aṣṭabhujaṁ caturmukhaṁ mūlamukhaṁ raktagauraṁ dakṣiṇaṁ kuṅkumāruṇaṁ paściamaṁ padmaraktaṁ, uttaraṁ pītaraktaṁ, dvābhyāṁ hastābhyāṁ dhanurbāṇadharaṁ, aparābhyāṁ pāśāṅkuśadharaṁ, punaraparabhyāṁ Prajñāpāramitāpustakakhaḍgadharaṁ, tathāparābhyāṁ ghaṇṭāvajradharaṁ mahārāgaśṛṅgārarasojjvalaṁ lalitāsanasthaṁ viśvapadmacandre divyavastrābharaṇaṁ Amitābhajaṭāmukuṭinaṁ...

——Sādhanamālā, p.128

行者需观己为四面八臂、红白色之法界语自在。右面红,后面红莲色,左面黄。主二手持弓、箭,次二手持羂索、钩,另二手持般若经函、剑,末二手持铃、金刚杵。现媚态,游戏坐于月轮中的双莲座。严饰天衣华宝,髻冠现阿弥陀佛像。

——《成就法鬘》,页 128

(2)金 黄

身色:金黄　　面数:四面

臂数:八臂

妙音(Mañjughoṣa)是《究竟瑜伽鬘》的法界语自在曼荼罗之主尊。其相可概括如下:

MañjughoṣoVajraparyaṅkī...suvarṇavarṇaḥ...pīta-nīla-rakta-sita-mūlasavypaścimavāmamukho aṣṭabhujo dvābhyāṁ Dharmacakramudraḥ savyaiḥ kṛpaṇa-bāṇa-vajrāṇi vamaiḥ prajñāpāramitāpustaka-cāpavajra-ghaṇṭā vibhrāṇaḥ.

——NSP, p.54

妙音施金刚跏趺坐……金黄身……四面:正黄、右蓝、后红、左白。八臂,二主手结转法轮印,右三手持剑、箭、金刚杵,左三手持般若经函、弓、铃。

——《究竟瑜伽鬘》,页 54

北京的汉地藏品中共三件妙音像[①],该尊亦现于藏地[②]。

---

① 克拉克:《两部藏传佛教众神谱》,卷二,页 115、124、241、262。
② 盖蒂:《北传佛教神灵》,图版 XXXV,六号为该形文殊的精美范例。

3. 妙 音

身色：金黄　　　　手印：说法印
乘骑：狮子　　　　识具：置左莲花

《成就法鬘》中共四篇妙音（Mañjughoṣa）成就法，身形近似最胜文殊（Mañjuvara），不同处是莲上未见经函。妙音文殊仅左现莲花，最胜文殊两侧皆有载经莲花。妙音身金黄，骑狮，庄严具足。二臂，结说法印，左现莲花。或由阎摩敌（Yamāri）、善财童子（Sudhanakumāra）胁侍左右。其中一篇成就法之禅定描述如下：

Mañjughoṣarūpam-ātmānaṁ paśyet siṁhasthaṁ kanakagauravarṇaṁ sarvālaṅkārabhūṣitaṁ Vyākhyānamudrāvyagrakaraṁ vāmapārśve utpaladharam Akṣobhyamakuṭinaṁ. Dakṣiṇe Sudhanakumāraṁ vāme Yamāntakaṁ paśyet...mantraṁ japet Oṁ Vāgīśvara Mūḥ.

——Sādhanamālā, p.109

行者需观己为骑狮妙音，身金黄。庄严俱足，结说法印。左现夜莲，头冠现阿閦佛像。右侍善财童子，左侍阎摩敌……诵咒 Oṁ Vāgīśvara Muḥ。

——《成就法鬘》，页 109

有成就法称其施游戏坐（Lalitāsana）于狮背，另有成就法未述身姿，因此该尊或现金刚跏趺坐、舞立姿等身态。身色多黄色，亦可现藏红花色。

4. 成就勇者

身色：白色　　　　手印：与愿印
识具：莲花

《成就法鬘》中有四篇成就勇者（Siddhaikavīra）成就法，其中一篇描述髻冠具禅那佛阿閦佛像，以示与金刚部尊阿閦佛的种姓关联。具体表现时，该尊左持青莲，右结与愿印。《成就法鬘》中的禅定对其形象有如下描述：

Siddhaikavīro Bhagavān candramaṇḍalasthaḥ candropāśrayaḥ jagadudyotakārī dvibhuja ekamukhaḥ śukloḥ vajraparyaṅkī divyālaṅkārabhūṣitaḥ pañcacīrakaśekharaḥ...vāme nīlotpaladharo dakṣiṇe varadaḥ...tato Bhagavato maulau Akṣobhyaṁ devatyaḥ pūjāṁ kurvanti.

——Sādhanamālā, p.140

成就勇者尊坐月轮,依明月,照耀世间。一面二臂,白身,施金刚跏趺坐,严饰天宝。头饰五禅那佛像……左持青莲,右结与愿印。诸女尊皈依其宝冠上的阿閦佛。

——《成就法鬘》,页140

另有一篇成就法述及文殊曼荼罗。其中,成就勇者被绘为红身,居中,由月光菩萨、日光菩萨、髻阁尼、尤婆髻阁尼四尊胁侍。四尊常为后文将论及的五字文殊(Arapacana)之眷属。诸成就法并未明确其身姿,萨尔纳特的成就勇者像为站姿(图77)。

若世尊文殊(Lokanātha)与成就勇者,皆未表现眷属与头冠法祖佛像的话,二者极易混淆,因识具皆为莲花、手印同是与愿印,故此尊像极可能被误识为广泛表现的世尊。需知,成就勇者像极其罕见。

5. 金刚无形

身色:黄色　　　　臂数:六臂或四臂

身态:左展姿

置阿閦佛于头冠的文殊身形,被称为"金刚无形"(Vajrānaṅga),受拜于蛊惑男女的怛特罗仪轨伏爱法(Vaśikaraṇa)中。黄身,年轻形貌,头冠具阿閦佛像。二主手张拉花弓、置莲蕾箭,右二手持剑、镜,左二手持莲、红花无忧枝。另一成就法中,无忧花(Kaṅkelli flower)替代无忧枝。金刚无形另有四臂形,持镜和无忧枝之二手被略去。六臂金刚无形的禅定内容如下:

Vajrānaṅganāmā Āryamañjughoṣaṁ pītavarṇaṁ ṣaḍbhujaṁ mūlabhujābhyāṁ ākarṇāpūritaraktotpalakalikāśarayukta-kusumadhanurdharaṁ; dakṣiṇadvayena khaḍgadarpaṇabhṛtaṁ vāmayugalenendīvararaktā-śokapallavadharaṁ; Akṣobhyādhiṣṭhita-jaṭāmakuṭinaṁ pratyālīḍhapadaṁ ṣoḍaśavarṣākāraṁ mahāśṛṅgāramūtiṁ paśyet.

——Sādhanamālā, p.124

行者需观己为现金刚无形之相的圣妙音(Ārya-Mañjughoṣa),黄身,六臂。二主手于耳际张花弓、射红莲蕾之箭,右二手持剑、镜,左二手持莲、红色无忧花枝。髻冠见阿閦佛像,左展姿,十六岁形,现强烈媚态(Sṛṅgāra Rasa)。

——《成就法鬘》,页124

如名所示，金刚无形乃佛教神系中的欲神，是印度教尊神玛陀拏（Madana）的原型。此二尊皆持花弓、花箭。然而与玛陀拏不同，除弓、箭外，佛教欲神还有其他武器，下面介绍该尊如何运用这些武器。

《成就法鬘》称，在蛊惑女子的仪式中，行者需观己以莲蕾箭刺穿其胸，女子迷狂倒地，行者继而观想以锁链（即弓）缚其双腿，后以莲茎羂索绕其脖颈，拉至身旁。进而观想以无忧枝抽打，以剑恐慑，复次行者仅需以镜子面对，即可完全将之征服①。图78为尼泊尔的金刚无形画像。

图77 成就勇者（萨尔纳特博物馆）

图78 金刚无形（尼泊尔线描）

6. 真实名文殊

身色：红白	坐姿：金刚跏趺坐
面数：三面	臂数：四臂

“真实名文殊”（Nāmasaṅgīti Mañjuśri）的头冠上有禅那佛阿閦佛像，《成就法鬘》中仅有一篇该尊成就法，现三面四臂，阿閦佛现于头冠。主面红，二面蓝，三面白；四臂，二主手持弓、箭，次二手持经、剑，于莲花上施金刚跏趺坐。禅定中对该尊形象描述如下：

Raktagauraṁ padmacandropari vajraparyaṅkaniṣaṇṇaḥ; prathamamukhaṁ raktaṁ, dakṣiṇaṁ nīlaṁ, vāme śuklaṁ iti trimukhaṁ, hastacatuṣṭayena yathāyogaṁ Prajñākhaḍgadhanurbāṇayoginaṁ ratnakirīṭinaṁ dvātriṁśallakṣaṇāśītyanuvyañjanavirājitaṁ kumārābharaṇabhūṣitaṁ ātmānaṁ

① 《成就法鬘》，页123。

vibhāvya tadanu sarva-Tathāgatābhiṣekapūrvakaṁ Akṣobhyamaulinaṁ ātmānam vicintya...

——Sādhanamālā, p.159–160

行者需观己为圣真实名(Arya-nāmasañgīti),身红白,在月轮莲花上施金刚跏趺坐。三面,主红,右蓝,左白。据惯例,四臂各持般若经函、剑、弓、箭。头戴宝冠,具三十二相和八十种好,现王子庄严……复次,行者受一切如来灌顶(Abhiṣeka)后,观想阿閦佛像现于头冠。

——《成就法鬘》,页159—160

此形文殊罕见。图79为尼泊尔式样的真实名文殊画像。真实名文殊闻名于汉地[①]。图80所示为汉地的真实名文殊像。

图79　真实名文殊(尼泊尔线描)

图80　真实名文殊(北京)

7. 语自在

身色:黄或红　　坐姿:半跏趺坐

乘骑:狮子　　识具:青莲

"语自在"(Vāgīśvara)是尼泊尔佛教徒的保护神,在尼泊尔广受尊拜。纽瓦尔式的尼泊尔寺院中的大量转经筒上刻有真言Oṁ Vāgīśvara Mūḥ,足见其流行。

一篇语自在文殊成就法描述,其身红,庄严具足,半跏趺坐于狮背,左手持青莲,右手现优雅姿。该尊或另有一黄身形,即"大王游戏文殊"(Mahārājalīlā Mañjuśri),此尊禅定已由福歇教授

① 克拉克:《两部藏传佛教众神谱》,卷二,页263。

摘译。红身语自在之禅定有如下描述：

Pañcavīrakaśekharaṁ kumāraṁ sarvābharaṇabhūṣitaṁ kuṅkumāruṇaṁ vāmenotpalaṁ dakṣiṇena līlayā sthitaṁ siṁhāsanasthaṁ ātmānam kumārarūpeṇa cintayet ...Oṁ Vāgīśvara Mūḥ

——Sādhanamālā, p.105

行者需观己为语自在，头饰五方佛像。王子形貌，身现具足庄严，藏红花身色。左持夜莲，右现优美态。坐狮背上，如王子般优雅……Oṁ Vāgīśvara Muḥ。

——《成就法鬘》，页105

印度博物馆藏的语自在文殊像（图81）右持宝铃，坐狮座，而非狮子。图82是一件近代语自在文殊的铜造像，与禅定描述稍有不同。西藏亦有语自在文殊造像①。

图81　语自在文殊（印度博物馆）

图82　语自在文殊（尼泊尔）

8. 最胜文殊

身色：金黄　　手印：转法轮印

坐姿：游戏坐或半跏趺坐　　识具：莲载般若经

广泛表现的最胜文殊（Mañjuvara）在《成就法鬘》中有两篇成就法。黄身，游戏坐或半跏趺

① 克拉克：《两部藏传佛教众神谱》，卷二，页263。

坐于狮背，媚态。双手当胸结转法轮印，象征开示佛法奥秘，手持一、二莲花之茎，载般若经函。以下是其中一篇成就法的禅定：

Taptakāñcanābhaṁ pañcavīrakumāraṁ Dharmacakramudrāsamāyuktaṁ prajñāpāramitānvitanīlotpaladhāriṇaṁ siṁhasthaṁ lalitākṣepaṁ sarvālaṅkārabhūṣitaṁ...Oṁ Mañjuvara Hūṁ.

——Sādhanamālā, p.111

行者需观己为金身最胜文殊，头饰五禅那佛，双手结转法轮印并持青莲，上托般若经，施游戏坐于狮背，庄严具足……Oṁ Mañjuvara Hūṁ。

——《成就法鬘》，页111

另一篇成就法描述最胜文殊左持莲花，上载般若经函，半跏趺坐，胁侍蓝身阎摩敌（Yamāntaka），獠牙外露、形貌狰狞，一手持杖，另一手触最胜文殊足。

图83发现于孟加拉国比尔普姆地区的巴拉（bara），或是此形文殊。头顶现五方佛小像，左右二胁侍，右尊或善财童子，左尊应是阎摩敌。主尊如成就法之描述，结转法轮印，左腋下升起一株载般若经函的莲花。为保持平衡，右侧亦添莲花。

最胜文殊或不乘狮，后期会现跏趺坐或其他身姿（图84）。有时右侧莲花未如成就法之规定托载经函（图85），有时为平衡起见会载宝剑（图86）。印度博物馆藏有二尊最胜文殊像，其中一件主尊两侧具二女尊，无疑是文殊的二妃髻阇尼与尤婆髻阇尼。最胜文殊亦闻名于藏地[①]。

图83　最胜文殊（比尔普姆）

图84　最胜文殊（印度博物馆）

① 戈登：《藏传佛教图像志》，页68，法轮文殊（Dharmacakra manjusri）的标题之下；盖蒂：《北传佛教神灵》，图版XXXV。

图85　最胜文殊(印度博物馆)

图86　最胜文殊(尼泊尔)

9. 文殊金刚

(1)双身(成就法鬘)

身色:红色　　面数:三面

臂数:六臂　　类型:双身

此形文殊名为文殊金刚(Mañjuvajra),广行于密教信众。《成就法鬘》和无畏生护造《究竟瑜伽鬘》中见该尊多种身形。《成就法鬘》称其身色及主面为藏红花色,右面蓝,左面白。六臂,二主手拥明妃,另四手持剑、箭、弓、夜莲。在依月轮的莲花上施金刚坐或金刚跏趺坐。其禅定现偈颂体:

Kuṅkumāruṇāsanmūrttir-nīlasitatrayānanaḥ I
Bhujadvayasamāśliṣṭa-svābhavidyādharāsyadhṛk II
Khaḍgabāṇabhujañcāpa-nīlotpalaparigrahaḥ I
Viśvadalābjacandrasthḥ vajrāsanaśaśiprabhaḥ II

——Sādhanamālā, p.163

……其胜身红如藏红花,三面现(藏红花色、)蓝、白。二手拥自性明妃(Svābhā prajñā),

一手抚其面。手持剑、箭、弓、青莲，施金刚坐于双莲月轮中，辉如明月。

——《成就法鬘》，页163

文殊金刚见于藏地[①]。

（2）单 体

身色：金黄 面数：三面

臂数：六臂

文殊金刚是《究竟瑜伽鬘》中文殊金刚曼荼罗的主尊，其形如下：

Siṁhopari sattvaparyankaniṣaṇṇo Bhagavān Vairocanasvabhāvo Mañjuvajraḥ kamanīyakanakakāntiḥ...pīta-nīla-śukla-savyetaravaktraḥ ṣaḍbhujo dakṣinaiḥ khaḍgavaradabāṇān vamaiḥ Prajnāparamitāpustaka-nīlābjadhanumṣi vibhrāṇaḥ.

——NSP, p.48

文殊金刚坐狮背上，现华美金身，近似大日如来。三面现黄、蓝、白。六臂，右三手持剑、与愿印、箭，左三手持般若经函、青莲、弓。

——《究竟瑜伽鬘》，页48

（3）双身（究竟瑜伽鬘）

身色：红色 臂数：六臂

《究竟瑜伽鬘》的第二个文殊金刚曼荼罗之主尊亦是文殊金刚。此处该尊被视为第六尊禅那佛金刚萨埵。据此曼荼罗之描述，此尊法祖为阿閦佛。如下：

Bhagavān Vajrasattvo Mañjuvajra-rupaḥ kuṅkumāruṇaḥ kṛṣṇasitasavyetaravadanaḥ pradhānabhujābhyāṁ svābha-prajñālingitosiśa-rendīvaracāpadharo...

——NSP, p.2

现文殊金刚之形的金刚萨埵，色若朱砂（kuṅkumā 藏红花），右面蓝，左面白。二主手拥明妃，余四手持剑、箭、莲和弓。

——《究竟瑜伽鬘》，页2

该尊在汉地藏品中的不同身相皆冠“文殊”名（Mañjuśrī）[②]。图87为巴罗达博物馆的双身八臂文殊金刚，优美非凡。

① 戈登：《藏传佛教图像志》，页66，与明妃一起归在了妙吉祥（Mānjunātha）的名号之下。

② 戈登：《藏传佛教图像志》，页7、11、53、198、199。

10. 文殊童子

身色：红色　　乘骑：兽
面数：三面　　臂数：六臂

《成就法鬘》中仅一篇此形文殊（Mañjukumāra）成就法，三面六臂，骑兽，左三手持般若经函、青莲、弓，右三手持剑、箭、与愿印。摘录如下：

Mañjukumāraṁ trimukhaṁ ṣaḍbhujaṁ kuṅkumāruṇaṁ nīlasitadakṣiṇe-taravadanaṁ sattvaparyaṅkinaṁ Khaḍgabāṇavaradaṁ dakṣiṇakaratrayaṁ, Prajñāpāramitāpustakanīlotpalacāpa-vad-vāmakaratrayaṁ saśṛṅgārakumārābha-raṇanivasanādikaṁ nānāpuṣpamahāśobhācīratrayavir-ājitaṁ Tathāgataparamāṇu-parighaṭitaṁ ātmānaṁ dhyātvā...

——Sādhanamālā, p.151

行者需观己为三面六臂、藏红花色的文殊童子。左右面蓝、白，坐兽背，右三手持剑、箭、与愿印，左三手持般若经函、青莲、弓。王子庄严，媚态。身着三衣，妙好严饰诸花。其身由如来微尘构成……如是观想……

——《成就法鬘》，页151

文殊童子的造像及古代绘画，未见。图88为尼泊尔的文殊童子画像。

图87　最胜文殊（巴罗达博物馆）

图88　文殊童子（尼泊尔线描）

11. 五字文殊

身色：白或红　　身姿：金刚跏趺坐
眷属：四尊　　识具：经函、剑

《成就法鬘》中有八篇描述五字文殊（Arapacana）的成就法，身色或白或红，施金刚跏趺坐，坐兽时名"般若轮"（Prajñācakra）。胁侍四尊，髻阇尼、尤婆髻阇尼、月光菩萨、日光菩萨，此五尊源出A、R、P、C、N之五音，故主尊名为Arapacana。四眷属与主尊形似。

五字文殊是文殊诸相中表现最广者，石像、铜像皆有，四尊眷属时有缺失。图89为达卡博物馆的五字文殊像，除四眷属外，头光后还见大日如来、宝生佛、阿弥陀佛、不空成就佛等四禅那佛，头光顶部中央现形似主尊的眷属尊。图90为爪哇的五字文殊，现四眷属，与成就法之描述相合[①]。

尼泊尔的金铜像（图91）未当胸持经函，而是持托载经函的莲茎。巴罗达（Baroda）铜像如出一辙。两例作品皆未见眷属。

五字文殊亦称"即生五字"（Sadyonubhava Arapacana）[②]或是"即生文殊"（Sadyonubhava Mañjuśri）。明耀如满月，温善面，庄严具足，施金刚跏趺坐于双莲。右手挥剑，左手当胸持般若经函。日光菩萨在前，月光菩萨在后，髻阇尼在右，尤婆髻阇尼在左。四眷属与主尊形似。一篇成就法的禅定对主尊描述如下：

> ...Khaḍgapustakadhāriṇaṁ ākuñcitapañcacīraṁ, raktavastrayugayutaṁ śṛṅgārave-śadhāriṇaṁ smitavikasitavadanaṁ Śaśāṅkakāntitulyaśobhaṁ viśvadalakamalasthaba-ddhaparyaṅkaṁ Sadyonubhavārapacanarūpaṁ ātmānaṁ-īkṣeta.
>
> ——Sādhanamālā, p.121

> 行者需观己为即生五字，手持剑、经函，身着微皱五衣（cīrakas）。衣红色，与所现媚态相合。面露微笑，明耀如月。施金刚跏趺坐于双莲上……
>
> ——《成就法鬘》，页121

此成就法复述到，首音A生主尊，R音生日光菩萨，P音生月光菩萨，C音生髻阇尼，N音生尤婆髻阇尼。文殊居中，日光在前，月光在后，髻阇尼在右，尤婆髻阇尼在左。诸尊皆白身，形似主尊。五字文殊流行于藏地[③]与汉地[④]。西藏的一件特殊五字文殊像之右手所持为铃，而非剑。

---

① 格伦威德尔（Grunwedel）首次将此像识别为文殊，并将其首次出版在《印度佛教艺术》（*Buddhist Art in India*），页199。

② Sadyonu（梵）意为现在，即时；bhava用于复合词之末尾，意为产生，有。译者注。

③ 戈登：《藏传佛教图像志》，页68。盖蒂：《北传佛教神灵》，图版XXXV展现了一个特殊的图像，右手宝铃而非宝剑。在这宝铃的圣音之下，所有愚昧都会消失。

④ 克拉克：《两部藏传佛教众神谱》，卷二，页199。在文殊菩萨的标题下，展现了一例五字文殊像。

图89 五字文殊（达卡博物馆）

图90 五字文殊（柏林博物馆）

图91 五字文殊（尼泊尔）

图92 五字文殊（巴罗达博物馆）

12. 永轮

身色：白色　　识具：宝剑

手印：与愿印　　眷属：明妃

永轮（Sthiracakra）成就法与《成就法鬘》中的其他成就法有显著不同，即未由禅定，其身相信息贯穿于整篇成就法。据其中尊形信息可知，该尊一手持剑，放驱昧之光，一手结与愿印，身洁白，服饰黄色；坐莲月中，穿僧衣现光辉样，戴王子饰物，现慈爱之情。胁侍以貌美明妃，现慈悲相，面露微笑。

此形文殊少见。加尔各答的邦奇亚助伴大众文献学会（Vaṅgīya Sāhitya Parisad）所藏尊像No.C(d)8/16与以上描述相似，很可能是永轮文殊。此像识征是载剑莲花，尊神左持莲茎，右结与愿印。依莲月施半跏趺坐，明妃相伴，印度传统中明妃在主尊左侧（图93）①。汉地藏品中亦见永轮文殊②。

图93　永轮文殊（梵基亚文学会）

① 在《大众文献学会博物馆雕塑手册》（"Hand Book to the Sculpture in the Museum of the Vangija Sahitya Parishad"）页33中描述了该图像。

② 克拉克：《两部藏传佛教众神谱》，卷二，页261。

13. 妙语尊帝

坐姿：半跏趺坐　　乘骑：虎
手印：说法印

妙语尊帝文殊(Vādirāt)[①]罕见，不论石像、铜像。成就法仅一篇，可见该尊在金刚乘中并不流行。妙语尊帝身量适中，十六岁形貌，施半跏趺于虎背，左腿微抬。庄严俱足，结说法印。禅定现偈颂体，身相如下：

Svacchaṁ ṣoḍaśavatsarākṛtidharaṁ śārddūlapṛṣṭhasthitaṁ
Vyākhyāvyākulapāṇipadmayugalaṁ vāmārdhaparyaṅkinaṁ　I
Dīrghaṁ nāpi na cāpi kharvamasamaṁ saundaryarāśyāśrayaṁ
Ratnasvarṇamaṇiprakāravividhālaṅkāramālākulaṁ　II
Śarīmad-Vādirāṭ-Sādhanaṁ samāptaṁ. Kṛtiriyaṁ Paṇḍitaśrī Cintāmaṇi-Dattasaya.

——Sādhanamālā, p.98

行者需观己为(妙语尊帝)，形貌俊朗，十六岁形。安坐虎背。手若莲花，结说法印。半跏趺坐，左脚微抬。身形适中，无与伦比，聚汇世间诸妙，严饰众宝、黄金、宝石等珍物。

祖师吉祥施如意宝(Śri-Cintāmaṇi Datta)所作妙语尊帝成就法竟。

——《成就法鬘》，页98

汉地藏品中亦见妙语尊帝[②]。

---

① “妙语尊帝文殊”对应藏文名号为：’jam dbyangs ngag gi rgyal po，此译法参见《诸佛菩萨圣像赞》，页152、417，北京：中国藏学出版社，2009年7月。译者注。

② 克拉克：《两部藏传佛教众神谱》，卷二，页262。

第四章　观世音菩萨

观音菩萨闻名于大乘众神殿，生起自统摄现在贤劫的禅那佛阿弥陀佛与明妃白衣佛母，从世间佛释迦牟尼涅槃至未来佛弥勒降世之期间，由观音掌世。《佛说大乘庄严宝王经》(*Guṇa-kāraṇḍavyūha*)[①]详述其特征、教诲与神迹，可知观音惟在有情众生皆获菩提智后方才涅槃，至此其仍将以殊胜智滋养身后众生。据《大乘庄严宝王经》[②]的一段描述，观音取摄所有宗教的所有尊神之相形，甚至可现双亲之容，即其相形可被一切无别尊拜，顶礼之可悉获妙法智慧。先人、后畜生、再其他生灵，终渐次获取精神解脱。是故，观音被视为僧宝(Saṅgharatna)，即最上僧伽(Saṅgha)。

《成就法鬘》中共有三十八篇观音成就法，描述了多种身形。福歇在《印度佛像研究》卷二中论及一些，并法译了相关的梵文观音成就法。

从《成就法鬘》及相关文献中，至少可见十五种观音身形，下面逐一介绍。但观音身形绝不仅限十五种，有证据显示，观音竟有一百零八种身相，特征、尊号皆异。尼泊尔加德满都的马禅达寺(Macchandar Vahal)中，有108种色彩多样、身形不同的观音像，绘在环绕主殿三面的木质嵌板上，至少有两百年的历史，皆以古纽瓦尔文题写尊号。就古物层面来说，其重要性不及早期怛特罗经典中的发现，但如此众多的身相案例，很可能启明观音图像志研究，故本书结尾专设独立附录汇总诸相之描述及对应图样。

上文提到的十五种身相观音中，十四种都置阿弥陀佛于头冠，此种姓渊源明确，例外者金刚法(Vajradharma)头冠上为五禅那佛。印度、尼泊尔皆发现大量观音像，会在相应部分述及其中典型案例。如是形象在汉地[③]、藏地[④]也同样流行。

1. 六字观音

身色：白色　　手臂：四臂

手印：合掌印　　识具：念珠、莲花

眷属：持宝和六字大明

---

① 密特拉(R.Mitra)：《尼泊尔的梵文佛教文献》(*Sanskrit Buddhist Literature of Nepal*)，页95。

② 萨玛斯拉米(Samasrami)编：《大乘庄严宝王经》(*Kāraṇḍa-Vyūha*)，页21—22。

③ 相关的汉地观音造像也被置于合适的位置。

④ 戈登：《藏传佛教图像志》，页44展示了一幅藏式的十一面八臂观音的画作。这种形态的观音在梵文文献中并没有出现过。

《成就法鬘》中有四篇六字观音（Ṣaḍakṣari-Lokeśvara）成就法，其中两篇为三尊配置，一篇单由六字大明（Ṣaḍakṣari Mahāvidyā）相伴，另一篇为单尊。四篇成就法中的观音身相一致。现摘录三尊配置的六字观音成就法：

Ātmānaṁ Lokeśvararūpaṁ sarvālaṅkārabhūṣitaṁ śuklavarṇaṁ [**caturbhujaṁ**] vāmataḥ padmadharaṁ dakṣiṇato'kṣarasūtradharaṁ aparābhyāṁ hastābhyāṁ hṛdi saṁpuṭāñjalisthitaṁ dhyāyāt. Dakṣiṇe Maṇidharaṁ tattadvarṇabhujānvitaṁ. padmāntaroparisthaṁ. Vāme tathaiva aparapadmasthāṁ Ṣaḍakṣarīṁ Mahāvidyāṁ.

——Sādhanamālā, p.27

行者需观己为白身、庄严具足的（六字）观音，一面四臂，左持莲，右持念珠，另二手当胸结合掌印（Añjali）。右侍持宝（Maṇidhara），身色、臂数与之同，施坐莲花，左侍六字大明，身形相同，施坐莲花。

——《成就法鬘》，页 27

图94　六字观音（萨尔纳特博物馆）

据成就法尾记，此禅定摘自《大乘庄严宝王经》。此形观音的真言是著名的六圣字“唵嘛呢叭咪吽”（Oṁ Maṇipadme Hūm），其神格化即六字大明，具六字胜智之观音即六字观音。图94是萨尔纳特博物馆藏的六字三尊[①]，六字观音居中，右为持宝，左为六字大明。莲座下有四小像，此为《大乘庄严宝王经》所规定的六字曼荼罗之四门护。图95为加尔各答印度博物馆藏的六字三尊，虽有残损，但极精美，此处持宝和六字大明均施特定身姿英雄坐（Virāsana）。

图96是考古所K.N.Dikshit先生在比尔布姆（Birbhum）发现的六字三尊像，残损程度已影响辨识。六字观音居中，持念珠、莲花之二手已阙，但识具尚存，另二手结合掌印并持宝。

在尼泊尔，六字观音的单尊及三尊像十分常见。尼泊尔的几乎每座寺院都供有六字观音。尼泊尔圣地，著名的博纳寺（Bodhnath）即有一件附彩的六字观音像。图97为巴罗达博物馆藏的六字观音单尊铜像。

六字观音与六字大明配置出现时，女尊（持宝）或现英雄坐（Virāsana）、黄身、二臂，右无持物，左持宝。图98为萨尔纳特博物馆藏作品，尽管有残，但仍能辨出其为六字大明，盖因其坐姿

① 《萨尔纳特图录》，No.B(e)6，图版XIV(b)。

图95　六字观音（印度博物馆）

图96　六字观音（比尔布姆）

图97　六字观音（巴罗达博物馆）

图98　六字大明（萨尔纳特博物馆）

在佛教图像中极为不寻常。

《成就法鬘》亦见六字三尊的不同描述，此成就法补充道："有时六字大明成就法中，观音也持托载珠、经函的莲花，持宝持宝和莲花，未载经函。六字大明持经函和莲花，未载宝。"①

2. 狮吼观音

坐姿：王者坐　　乘骑：狮子
识具：1. 托剑莲花　　身色：白色
2. 蛇绕三叉戟

狮吼观音（Siṁhanāda）成就法共四篇，大乘信众认为此尊可疗愈诸疾，是流传最广的观音身形之一，在印度颇为常见。尼泊尔帕坦的所有重要寺院中皆见狮吼观音，或石像或铜像，供于通往神殿廊道的两旁。该尊多种身形的差异不大，其四篇成就法有如下描述：

> Ātmānaṁ Siṁhanāda-Lokeśvararūpaṁ bhāvayet, śvetavarṇaṁ trinetraṁ jaṭāmukuṭinaṁ nirbhūṣaṇaṁ vyāghracarmaprābhṛtaṁ siṁhāsanasthaṁ mahārājalīlaṁ candrāsanaṁ candraprabhaṁ bhāvayet. Dakṣiṇe sitaphaṇiveṣṭitaṁ triśūlaṁ śvetaṁ, vāme nānāsugandhikusum-aparipūritapadmabhājanaṁ. Vāmahastāt utthaṁ padmopari jvalatkhaḍgaṁ.
>
> ——Sādhanamālā, p.63

> 行者需观己为白身狮吼观音，三目、结髻冠，无饰物，着虎皮，以王子游戏坐于狮背上。置身月轮，辉煌如月。右侧现缠绕白蛇的三叉戟，左侧有满盛香花之莲花碗。左手处升起莲花，上载炽焰宝剑。
>
> ——《成就法鬘》，页63

狮吼观音像常见，识具鲜明，易于辨认。图99是著名的马霍巴（Mahoba）的狮吼观音像，持念珠②。图100是尼泊尔的尊像，供在寺门处。图101是摩揭陀的尊像，图102是尼泊尔的无狮座的狮吼观音小铜像。狮吼观音身无饰物，这是与同样坐狮背上的文殊菩萨的差异。

狮吼观音在藏地③和汉地④都十分流行。

---

① 《成就法鬘》，页36。
② 最先发表在狄克史特（K.N.Dikshit）的《马霍巴的六尊造像》(*Six Sculptures from Mahoba*)，《印度考古研究所研究报告》(A.S.I.Memoir)，第8期。
③ 盖蒂：《北传佛教神灵》，页60、61、69。
④ 克拉克：《两部藏传佛教众神谱》，卷二，页199、265。摩揭陀所发现的作品见《大不列颠皇家社会学研究》(*Journal of the Royal Asiatic Society of Great Britain*)，1894，PL.1.

图99 狮吼观音(勒克瑙博物馆)

图100 狮吼观音(尼泊尔)

图101 狮吼观音(摩揭陀)

图102 狮吼观音(尼泊尔)

3. 卡萨帕纳观音

身色：白色　　识具：莲花
手印：与愿印　　坐姿：半跏趺坐
眷属：度母、善财童子、颦眉佛母、马头明王

《成就法鬘》中的卡萨帕纳观音（Khasarpaṇa）①成就法很多，可见其流行。此尊常有四尊胁侍：度母（Tārā）、善财童子（Sudhanakumāra）、颦眉佛母（Bhṛkuti）和马头明王（Hayagrīva）。其相与世尊（Lokanātha）同，一面二臂，持物相同，手印一致，异处即世尊仅有二尊胁侍：度母和马头明王，而此尊则多出颦眉佛母和善财童子。身白，施游戏坐或半跏趺坐。禅定较长，述尊形如下：

Ātmānām Bhagavantaṁ dhyāyāt himakarakoṭikiraṇāvadātaṁ dehaṁ ūrdhvajaṭāmakuṭaṁ Amitābhaśekharaṁ viśvanalinaniṣaṇṇaṁ śaśimaṇḍale, ardhaparyaṅkaniṣaṇṇaṁ sakalālaṅkāradharavigrahaṁ smeramukhaṁ dviraṣṭavarṣadeśīyaṁ dakṣiṇe varadakaraṁ vāmakareṇa sanālakamaladharaṁ, karavigalatpīyūṣadhārābhyavahārarasikaṁ tadadhaḥ samāropitordhvamukhaṁ mahākukṣiṁ atikṛśaṁ atiśitivarṇaṁ Sūcīmukhaṁ tarpayantaṁ śrīmat-Potalakācalodaranivāsinaṁ karuṇāsnigdhavilokanaṁ śṛṅgārarasaparyupāsitaṁ atiśāntaṁ nānālakṣaṇālaṅkṛtaṁ. Tasya puratas-Tārā dakṣiṇapārśve Sudhanakumāraḥ.

Tatra Tārā śyāmā, vāmakaravidhṛtaṁ sanālaṁ utpalaṁ dakṣiṇakareṇa vikāśayantī nānālaṅkāravatī abhinavayauvanodbhinnakucabhārā. Sudhanakumāraśca kṛtāñjalipuṭaḥ kanakāvabhāsidyutiḥ, kumārarūpadhārī vāmakakṣavinyastapustakaḥ sakalālaṅkāravān. Paścime Bhṛktī Hayagrīva uttare.

Tatra Bhṛkuṭī caturbhujā hemaprabhā jaṭākalāpinī, vāme tridaṇḍīkamaṇḍaludhārihastā dakṣiṇe vandanābhinayākṣasūtradharakarā trinetrā.

Hayagrīvo raktavarṇaḥ kharvalambodaraḥ ūrdhvajvalatpiṅgalakeśaḥ bhujagayajñopavītī kapilataraśmaśruśreṇīparicitamukhamaṇḍalaḥ raktavartulatrinetraḥ bhrukuṭīkuṭilabhrūkaḥ vyāghracarmāmbaraḥ daṇḍāyudhaḥ dakṣiṇakareṇa vandanābhinayī.

Ete sarva eva svanāyakānanapreritadṛṣṭayo yathāśobhaṁ avasthitāścintnīyāḥ...

Iti Khasarpaṇasādhanaṁ.

——Sādhanamālā, pp.39–41

① 《纳塘百法》中“Khasarpaṇa”藏文对译为“kha sar pa ni”，汉译为“水月观自在”，虽单体形象与此处描述相同，但无眷属；《宝生百法》中，该尊名藏文对译号为“spyan ras gzigs kha sarpa ni”，亦对译为“水月观自在”，并由度母、善财童子、颦眉佛母、马头明王胁侍。详见《五百佛像集：见即获益》，页113、437，北京：中国藏学出版社；2011年9月。译者注。

行者需观己为尊(卡萨帕纳),放万丈月辉,结髻冠,顶置阿弥陀佛,半跏趺于月轮中的双莲座上。具足庄严,面现微笑,十六岁形,右手与愿印,左持莲茎。圣手施与细流甘露,针嘴者(Sūcīmukha)立其下,面高扬,鼓腹、暗淡之形。尊住普陀洛迦山中,华美慈悲,现媚态(śṛṅgāra),温善祥和,具诸吉相。

前为度母,右善财童子。此度母绿身,右手引花,左手持莲茎。严饰诸物,青春盎然,乳房丰满。善财童子双手合掌,辉煌如金,现王子形。执经函于左腋下,庄严具足。

主尊西为颦眉佛母,北为马头明王。此颦眉佛母四臂,辉煌如金,结发髻,左二手持三杖(tridaṇḍī)、净瓶,右二手,一手现弓印(Mudra of bowing),一手持念珠,三目。马头明王红身,矮小、鼓腹,发如飘举火焰,以蛇为圣线,面容方面,两撇深棕胡须;二血目愤怒圆睁,双眉紧锁。着虎皮,以杖为武器,右手现弓印。

需正雅如法地观想诸尊,诸尊皆目朝主尊面。卡萨帕纳观音成就法竟。

——《成就法鬘》,页39—41

图103是巴塔萨利(N.K.Bhattasali)在孟加拉东部的毗诃罗普尔县发现的代表孟加拉艺术最高成就的卡萨帕纳观音像[①]。图104的中尊已残,但仍可据主尊两侧的四眷属判其为卡萨帕纳观音。此尊像在藏地[②]和汉地[③]皆有出现。

图103 卡萨帕纳观音(达卡的毗诃罗普尔)

图104 卡萨帕纳观音(印度博物馆)

① 巴塔萨利:《达卡博物馆藏佛教与婆罗门教造像》,页24f,图版VII a。
② 戈登:《藏传佛教图像志》,页66。
③ 克拉克:《两部藏传佛教众神谱》,卷二,页202、264。

4. 世尊观音

身色：白色　　　　识具：莲花
手印：与愿印

世尊观音（Lokanātha）成就法共四篇，三篇为单尊；一篇述其由度母、马头明王胁侍，并描述该尊还由八大菩萨（弥勒、地藏、金刚手、虚空藏、除盖障、普贤、文殊和虚空库）；四供养女（香、花、涂、灯）；四门护（金刚钩、金刚索、金刚锁、金刚铃）等尊胁侍。故此成就法提供了世尊曼荼罗的完整配置。主尊二臂、左持莲、右结与愿印，与卡萨帕纳观音相似，其成就法为偈诗，如下：

Pūrvavat-kramayogena lokanāthaṁ śaśiprabhaṁ I
Hrīḥkārākṣarasaṁbhūtaṁ jaṭāmukuṭamaṇḍitaṁ II
Vajradharmajaṭāntaḥsthaṁ aśeṣaroganāśanaṁ I
Varadaṁ dakṣiṇe haste vāme padmadharaṁ tathā II
Lalitākṣepasaṁsthaṁ tu mahāsaumyaṁ prabhāsvaraṁ I
Varadotpalakarā saumyā Tārā dakṣiṇataḥ sthitā II
Vandanādaṇḍahastastu Hayagrīvo'tha vāmataḥ I
Raktavarṇo mahāraudro vyāghracarmāmbarapriyaḥ II

——Sādhanamālā, p.49

如前次序，行者需观己为生于圣字Hrīḥ的世尊观音，辉煌如明月，结髻冠。顶髻上现金刚法（Vajradharma）像，可灭世间诸疾，右结与愿印，左持莲花。

施游戏坐，平和辉煌。右为温善度母，结与愿印、手持莲花。左为马头明王，一手现弓姿，一手持杖。身红，形貌怖畏，着虎皮。

——《成就法鬘》，页49

然后，该成就法描述世尊曼荼罗（Lokanātha Maṇḍala）的诸余尊，包括众菩萨、门护等。文本如下：

Tadvaraṭakāṣṭadale padme Maitreyādiṁ ca vinyaset I
Maitreyaḥ pītavarṇaśca nāgapuṣpavarapradaḥ II
Kṣitigarbhaḥ śyāmavarṇaḥ kalaśaṁ cābhayaṁ tathā I

Vajrapāṇiśca śuklābho vajrahasto varapradaḥ II
Khagarbho nabhaḥśyāmābho cintāmaṇi-varapradaḥ I
Mañjughoṣaḥ kanakābhaḥ khaḍgapustakadhārakaḥ II
Gaganagañjo raktavarṇo nīlotpalavarapradaḥ I
Viṣkambhī tu kṣāravarṇo ratnottamavarapradaḥ II
Samantabhadraḥ pītābho ratnotpalavarapradaḥ I
Dhūpadicaturdevī ca Vajrāṅkuśyādidvāragāḥ II
Varṇāyudhe yathāpūrvaṁ maṇḍalasyānusārataḥ I
Evaṁvidhaiḥ samāyuktaṁ Lokanāthaṁ prabhāvayet. II

——Sādhanamālā, pp.49–50

（主尊所坐）八瓣莲上现弥勒等尊。
弥勒，黄身持龙花，结与愿印。
地藏，绿身持净瓶，结无畏印。
金刚手，白身持金刚杵，结无畏印。
虚空藏，蓝身持如意宝，结与愿印。
妙音，金身二手持剑、经函。
虚空库，红身持莲，结与愿印。
除盖障，灰身持宝，结与愿印。
普贤，黄身持载宝之莲花，结与愿印。

香（Dhūpā）等四女尊、金刚钩（Vajrānkuśi）等四门护，诸尊身色、武器皆依曼荼罗轨范。行者应如是观想世尊。

——《成就法鬘》，页49—50

世尊观音像多单尊，偶见度母、马头明王胁侍。完整的世尊曼荼罗画作中可见所有眷属。三篇成就法描述世尊三种坐姿：游戏坐、跏趺坐（Paryaṅka）、金刚跏趺坐（Vajraparyaṅka）。在目前可见的案例中，最精美、最具艺术性者是马霍巴的世尊观音像（图105）。图106为巴罗达博物馆藏的精美世尊观音铜像。图107为萨尔纳特造像，头冠上可见禅定印的阿弥陀佛。图108的尼泊尔造像是由纯象牙制成。后两例世尊像皆为立姿。

图105　世尊观音（勒克瑙博物馆）

图106　世尊观音（巴罗达博物馆）

图107　世尊观音（萨尔纳特博物馆）

图108　世尊观音（尼泊尔）

5. 诃拉诃拉观音①

身色：白色　　　　面数：三面

臂数：六臂　　　　眷属：明妃

《成就法鬘》中的诃拉诃拉观音（Hālāhala）成就法共三篇。该尊像在印度罕见，偶见于尼泊尔，但并未严守成就法之规定。该尊的显著特征是腿上常见明妃。三篇成就法都论及明妃，但尼泊尔的一例石造像却为单体。据成就法，此尊为坐姿，但以上案例却现立态。一篇成就法之禅定为诗文，内容如下：

Hrīḥkārabījaniṣpannaṁ hālāhalaṁ mahākṛpaṁ
Trinetraṁ trimukhaṁ caiva jaṭāmakuṭamaṇḍitaṁ
Prathamāsyaṁ sitaṁ nīladakṣiṇaṁ vāmalohitaṁ
Śaśāṅkārdhadharaṁ mūrddhni kapālakṛtaśekharaṁ
Jaṭāntaḥsthajinaṁ samyak sarvābharaṇabhūṣitaṁ
Sitāravindanirbhāsaṁ śṛṅgārarasasundaraṁ
Ṣaḍbhujaṁ smeravaktraṁ ca vyāghracarmmāmbarapriyaṁ
Varadaṁ dakṣiṇe pāṇau dvitīye cākṣamālikaṁ
Tṛtīye śaranarttanaṁ ca vāme cāpadharaṁ tathā
Dvitīye sitapadmaṁ ca tritīye stanam eva ca

Vāmajānunā sitāṁ svābhadevīṁ dadhanaṁ.Vāmena kamaladharāṁ dakṣiṇena bhujena, Bhagavadālоṅganaparāṁkusumaśobhitajaṭākalāpāṁ. Dakṣiṇapārśve sarppa-veṣṭitaṁ triśūlaṁ, vāmapārśve padmasthakapālaṁ nānāsugandhikusumaiḥ sampūrṇaṁ, raktapadmacandre līlākṣepasthitaṁ vibhāvayet Bhavantaṁ.

——Sādhanamālā, pp.65–66

行者需观己为生于圣字“Hrīḥ”的大悲诃拉诃拉，三面、每面三目，结发髻。主面白，右蓝，左红。头顶现新月、颅钵，俱足庄严，发髻置最胜阿弥陀佛像。如白莲般耀目，现华美慈悲之容。六臂，面露微笑，着虎皮。右主手结与愿印、次手持念珠、三手舞箭。左主手持弓、次手持白莲、三手抚（明妃）乳房。置明妃于左腿，明妃左手持莲、右手紧拥主尊，发髻饰花。他们右侧现蛇绕三叉戟，左侧现载颅钵的莲花，满盛香花。主尊施游戏坐于红莲。

——《成就法鬘》，页65—66

---

① 梵文“Hālāhala”无实义，“Hala”一词汉义为“犁”，与此身形观音关系不大，故取音译为“诃拉诃拉观音”，《诸佛菩萨圣像赞》中译“Hālāhala lokeśvara”为“骑犼观音”，该尊神形象与此处相同，但名号译法并无实意依据。详见《诸佛菩萨圣像赞》，页160、418，北京：中国藏学出版社，2009年。译者注。

汉地可见一件诃拉诃拉观音像[①]。

图109 诃拉诃拉观音(尼泊尔)

6. 莲花舞自在观音

(1)十八臂

面数:面　　臂数:十八臂

身姿:舞立姿　　识具:诸手持双莲

《成就法鬘》中有三篇莲花舞自在(Padmanartteśvarā)成就法,对尊形的描述各不相同,故需分别摘录并翻译。三篇成就法所述真言一致,都定本尊为"莲花舞自在",故判此三篇为莲花舞自在观音成就法应无疑义。莲花舞自在的形象在印度罕见。图110为尼泊尔的图例,所依禅定如下:

Padmanartteśvarāmnāyena Āryā-Avalokiteśvara-Bhaṭṭārakaṁ ātmānaṁ vibhāvayet ekamukhaṁ aṣṭādaśabhujaṁ ardhaparyaṅkinaṁ Amitābhajaṭājūṭa-maṇḍalaṁ sarvakarair-viśvapadmadhāriṇaṁ, yoginīvṛndaparivṛtaṁ, dakṣiṇavāma-pārśvasthita-Tārā-Sudhana-Bhṛkuṭī-Hayagrīvaṁ divyālaṅkāravastrabhūṣaṇaṁ.

——Sādhanamālā, p.77

① 克拉克:《两部藏传佛教众神谱》,卷二,页265。

行者需观己为现莲花舞自在相的圣尊观音，一面十八臂。施舞立姿，发髻上置阿弥陀佛像，诸手皆持双莲，由众瑜伽母环绕，左右胁侍度母、善财童子、颦眉佛母、马头明王。主尊严饰诸宝天衣。

——《成就法鬘》，页77

成就法所述其姿为Ardhaparyaṅka，此坐（Āsana）可见两型：一为常型，亦称大王坐（Mahārājalīlā），如语自在文殊、狮吼观音所施坐姿；另一为舞型，即嘿噜迦、金刚亥母等尊所施。Nartteśvara意为“舞神”或“现舞姿之神”，莲花舞自在（Padma-nartteśvarā）之姿即Ardhaparyaṅka的舞型。图110为尼泊尔的莲花舞自在观音像，是此身姿，出自尼泊尔斯瓦扬布的文殊山（Sarasvatīsthāna），尽管仅见两位胁侍尊，但主尊形象与《成就法鬘》描述相合。

汉地有一件莲花舞自在观音像，如图111[①]。

图110 莲花舞自在观音（尼泊尔）

图111 莲花舞自在观音（北京）

（2）二　臂

身色：红色　　眷属：明妃

手印：针印　　识具：莲花

乘骑：兽

第二篇成就法描述了莲花舞自在的另一身形，禅定如下：

① 克拉克：《两部藏传佛教众神谱》，卷二，页1、3。

Padmanartteśvaram ātmānaṁ bhāvayet sattvaparyaṅkaniṣaṇṇaṁ dvibhujaikamukhaṁ raktaṁ sakalālaṅkāradharaṁ amitābhamukuṭaṁ vāmapārśve Pāṇḍaravāsinīsamāśliṣṭaṁ āliṅganābhinayasthita-vāmabhujena raktapadmadharaṁ, narttanābhinayena Sūcīmudrayā vikāśayadaparadakṣiṇakaraṁ...

——Sādhanamālā, p.75

行者需观己为骑兽、一面二臂的莲花舞自在，红身，庄严俱足；头冠上置阿弥陀佛像，左拥白衣佛母，左手持莲并拥明妃，右手以舞姿结针印（Sūcīmudra）……

——《成就法鬘》，页75

此成就法复次述其曼荼罗，主尊坐八瓣莲，各瓣现一女尊。东为视念女（Vilokinī），白身，持红莲；南为度母，持果实（Palāśa）、莲花；西为满富女（Bhūriṇī），黄身，持法轮、青莲；东北为莲衣女（Padmavāsinī），黄身，持红莲；东南是双莲自在女（Viśvapadmeśvarī），蓝身，持白莲；西南是双莲女（Viśvapadmā），白身，持黑莲。西北是羯磨金刚女（Viśvavajrā），身色五彩，持双莲①。图112为尼泊尔的二臂莲花舞自在画像，但与成就法未一一契合。

图112 莲花舞自在观音（尼泊尔线描）

（3）八 臂

身色：红色　　　　臂数：八臂

身姿：舞立姿

《成就法鬘》中的八臂莲花舞自在成就法仅一篇，禅定内容如下：

① 《成就法鬘》，页75—76。

Namah Padmanartteśvarāya.

Tatra Viśvapadmopari candre rakta-Hrīḥkārapariṇataṁ Padmanartteśvaraṁ raktavarṇaṁ ekamukhaṁ jaṭāmukuṭinaṁ trinetraṁ, aṣṭabhujaṁ sarvālaṅkārabhūṣitaṁ sarpayajñopavītaṁ ardhaparyaṅkena tāṇḍavaṁ. Prathamabhujadvayena nṛtyābhinayaṁ, dvitīyadakṣiṇabhujena hṛdi vikāśayantaṁ sūcīmudrāṁ, vāmabhujena raktapadmaṁ śiraśi dhṛtaṁ tṛtīyabhujadvayena vajravaddaṇḍatriśūladharaṁ, caturthabhujadvayena akṣasūtrakuṇḍikādharaṁ, aṣṭadevīparivṛtaṁ, evaṁbhūtaṁ Padmanartteśvaraṁ Lokanāthaṁ bhāvayet.

——Sādhanamālā, p.76

顶礼莲花舞自在!

行者需观己为生于圣字Hrīḥ的莲花舞自在，坐月轮中的双莲。身红，一面，结髻冠，三目八臂。庄严俱足，着蛇圣线，舞立姿。二主手现舞势；右次手当胸结针印；左次手于头顶持红莲；第三对手持杖、金刚三叉戟；第四对手持念珠、净瓶。主尊由八女环绕，如是观想世尊莲花舞自在。

——《成就法鬘》，页76

7. 诃梨诃梨诃梨骑犼观音①

身色：白色　　　　臂数：六臂

乘骑：狮子，迦楼罗，遍入天

此尊构成极为奇异，此种观音身相十分少见，名曰诃梨诃梨诃梨骑犼观音(Harihariharivāhana)。成就法虽述及此尊，但未说明此特殊身形之观音为何冠此名。印度至今未见此形观音像。在尼泊尔亦罕见，仅在斯瓦扬布寺和帕坦的一座寺院中分别见一例石雕和一例铜像，皆遵循成就法的描述。底部为狮，狮背上为迦楼罗，迦楼罗背上为印度教尊神遍入天(Viṣṇu)，其有四种识具：海螺、法轮、杖、莲花，观音坐遍入天肩上。诃梨(Hari)一词②复合狮子、迦楼罗、遍入天之意，观音乘骑为三个诃梨，故有“诃梨诃梨诃梨骑犼观音”之号。《成就法鬘》中有两篇此观音成就法，其中一篇的禅定对其形象有如下描述：

Harihariharivāhanodbhavaṁ Bhagavantaṁ Ārya-Avalokiteśvaraṁ sarvāṅgaśuklaṁ

---

① 《诸佛菩萨圣像赞》中译“Harihariharivāhana lokiteśvara”为“骑犼自在观音”，但形象与此处稍有不符，现一面六臂，金刚跏趺坐于狮背之上，六手所持法物与此处雷同，详见《诸佛菩萨圣像赞》，页168、418，北京：中国藏学出版社，2009年。其中“vāhana”一词为“运载，车马，乘骑”之意，故于此处译为——“诃梨诃梨诃梨骑犼观音”。译者注。

② “Hari”汉音译为“诃梨”，做形容词时，有黄褐色、黄色之意；充当名词时有骏马、狮子、猿猴之意，亦可指代印度教神灵遍入天，正好指代此身形观音的三类依次叠加的乘骑，故得此名。译者注。

jaṭāmakuṭinaṁ śāntaveśaṁ dakṣiṇakareṇa Bhagavantaṁ Tathāgataṁ sākṣiṇaṁ kurvantaṁ, dvitīyena akṣamālādhāriṇaṁ tṛtīyena duḥkuhakaṁ lokaṁ upadeśayantaṁ, vāmena daṇḍadharaṁ, tṛtīyena kṛṣṇājinadharaṁ tṛtīyena kamaṇḍaludharaṁ siṁha-garuḍa-viṣṇu-skandhasthitaṁ ātmānaṁ dhyātvā...

——Sādhanamālā, p.77

行者需观己为现诃梨诃梨诃梨骑犼之相的观音，白身、结髻冠、身着华服。右一手引证如来、次手持念珠、三手指引愚昧众生；左一手持杖、次手持鹿皮、三手持净瓶。观音坐遍入天肩上，遍入天下是迦楼罗、狮子。如是观想……

——《成就法鬘》，页77

本书附录中的诃梨诃梨诃梨骑犼观音像，在狮子下面另有一条蛇，缘自梵文"诃梨"亦指蛇，但成就法中未见述及。图113为尼泊尔的该尊画像，左一手所持鹿皮由象皮替代，全面细致地表现了主尊形象。汉地亦见此尊像[①]。

图113　诃梨诃梨诃梨骑犼观音（尼泊尔线描）

① 克拉克：《两部藏传佛教众神谱》，卷二，页266。

8. 权衡三界观世音

身色：红色　　　　　　　　身姿：金刚跏趺坐

权衡三界观音（Trailokyavaśankara）亦称乌仗那观音（U/Oḍḍiyāna -Lokeśvara），其缘自中古密教圣地乌仗那。如前论证，乌仗那或在今巴基斯坦东部达卡地区的毗诃罗普尔（Vikrampur）的金刚瑜伽母村。此形观音流传不广，尼泊尔帕坦的黄金寺（Kva Vahal）中有一例铜像，但与成就法不尽相合。《成就法鬘》中有两篇权衡三界成就法，其中一篇禅定内容如下：

> Lokeśvaraṁ sarvāṅgamahārāgaraktaṁ ekamukhaṁ dvibhujaṁ trinetraṁ jaṭāmakuṭamaṇḍitaṁ vajrāṅkitapāśāṅkuśahastaṁ raktapadme vajraparyaṅkaniṣaṇṇaṁ divyābharaṇavastravibhūṣitaṁ ātmānaṁ vicintya.
>
> ——Sādhanamālā, p.80

> 行者需观己为观音，因慈悲情故，肢体红色，一面二臂三目，结髻冠，双手持罥索、金刚钩，金刚跏趺坐于红莲，饰华服天宝。如是观想……
>
> ——《成就法鬘》，页80

应注意此禅定未提尾记中出现的“权衡三界”之名。此成就法由中世纪的伟大密教祖师、八十四成就者之一萨罗诃（Sarahapāda）所作。克拉克的《两部藏传佛教众神谱》收录了权衡三界观世音像的两张图片①。图114为汉地的一件该尊像。

9. 红观音

（1）四　臂

身色：红色　　　　　　　　臂数：四臂

眷属：度母、颦眉佛母

《成就法鬘》中的红观音（Rakta lokeśvara）成就法有两篇，对尊形描述大相径庭，故分别摘录翻译。一篇禅定之尊形象描述如下：

---

① 克拉克：《两部藏传佛教众神谱》，卷二，页219，266。

Dakṣinottarapārśve Tārā-Bhṛkuṭīdevīdvayasahitaṁ Āryā-Avalokiteśvara-Bhaṭṭārakaṁ raktavarṇaṁ raktamā yāmbarānulepanaṁ pāśāṅkuśadhanurbāṇadharaṁ caturbhujaṁ... raktakusumavatāśokataroradhastādavasthitaṁ ātmānaṁ vicintayet...

Rakta-Lokeśvarasādhanaṁ.

——Sādhanamālā, p.83

行者需观己为圣观音,度母、颦眉佛母胁侍左右。红身、红衣、涂红膏。四手持羂索、钩、弓、箭……立于开红花的无忧树下。

——《成就法鬘》,页83

因身红,故成就法尾记称其为“红观音”。尊像不多,尼泊尔帕坦的黄金寺(Kva Vahal)中可见几例。汉地的红观音像冠“四臂观音”名[1]。图115即汉地的红观音像。

图114 权衡三界观世音(北京)

图115 红四臂观世音(北京)

(2)二 臂

身色:红色　　识具:莲花

手印:大莲花印

第二篇成就法所述为二臂形,未见石雕或画作案例。《成就法鬘》中的禅定对此二臂身形描述如下:

① 克拉克:《两部藏传佛教众神谱》,卷二,页219。

Raktavarṇaṁ Amitābhagarbhajaṭāmakuṭadharaṁ vāmakaragṛhītaraktapadmaṁ tacca dakṣiṇakareṇa vikāśayantaṁ vividhālaṅkāravastravibhūṣitaṁ...

——Sādhanamālā, p.84

行者需观己为红观音，红色，结髻冠，置阿弥陀佛像，左手持红莲、右手拨莲瓣，饰诸种宝饰华服……

——《成就法鬘》，页84

此需提及金刚法观音之禅定（本章稍后述及），红观音和金刚法的形象几乎一致，差别在成就法规定金刚法的乘骑为孔雀。

10. 幻网次第观音

面数：五面	臂数：十二臂
身态：左展姿	身色：蓝色

此形观音成就法源出《幻网续》（*Māyājāla Tantra*），故得幻网次第名（Māyājālakrama），乃是印度佛教徒唯一的威猛相观音，观音在藏传佛教图像志中有更威猛的身相。《成就法鬘》中的禅定对其形象有如下描述：

Bhagavantaṁ Āryā-Avalokiteśvaraṁ kṛṣṇavarṇaṁ pratyālīḍhasthaṁ sūryamaṇḍalasthitaṁ pañcamukhaṁ trinetraṁ dvādaśabhujaṁ sitaraktadakṣiṇamukhadvayaṁ tathā pītaharitavāmamukhadvayaṁ dakṣiṇabhujaiḥ ḍamaru-khaṭvāṅga-aṅkuśa-pāśa-vajra-śaradharaṁ, vāmabhujaiḥ tarjanī-kapāla-raktakamala-maṇi-cakra-cāpadharaṁ daṁṣṭrākarālasakalavadanaṁ ṣaṇmudropetaṁ sārdramuṇḍamālālaṅkṛtaśarīraṁ nagnaṁ sarvāṅgasundaraṁ ātmānaṁ jhaṭiti pratyākalayya...

——Sādhanamālā, p.86

行者需观己为蓝身圣观音，左展立于日轮，五面十二臂三目。右二面白、红，左二面黄、绿。诸右手：1. 鼓，2. 天杖（Khaṭvāṅga），3. 钩，4. 羂索，5. 金刚杵，6. 箭；诸左手：1. 伸食指，2. 颅钵，3. 红莲，4. 宝，5. 轮，6. 弓。龇牙，怖畏非常。戴六骨饰[①]、饰人头环。赤身，肢体优美。如是速观想……

——《成就法鬘》，页86

① 六骨饰为：1. 顶上束箍散发之具、三十二网目骨制网路，2. 喉具十六网目骨制颈饰，3. 前胸后背挂一百零二骨鬘璎珞，4. 下身虎皮裙上六十四网目骨饰，5、6. 腰、踝、腕上骨环和骨钏（或骨环、骨钏算一种，骨制耳珰独算一种）。译者注。

克拉克的《两部藏传佛教众神谱》中有一例幻网次第观音像①。尼泊尔斯瓦扬布亦见该尊像。本书附录收有一例尼泊尔幻网次第观音画像。

11. 青颈观音

身色：黄色　　身姿：金刚跏趺坐
手印：三昧耶印　　识具：宝碗
眷属：两侧的毒蛇

青颈观音（Nīlakaṇṭha）成就法仅一篇，形象与头顶的法祖阿弥陀佛类似，不同处即头顶的种姓标识及所穿圣线。作为禅那佛，阿弥陀佛无法祖。据成就法可知，青颈观音由二蛇胁侍。禅定如下：

Bhagavantaṁ pītavarṇam ardhacandrāṅkitajaṭāmakuṭinaṁ Amitābhopalakṣitaśiraḥpradeśaṁ raktapadmoparisthitaṁ; kṛṣṇasārahariṇacarmaṇi vajrāparyaṅkinaṁ samādhimudropari nānāratnaparipūrṇakapāladhāriṇaṁ, eṇeyacarmakṛtayajñopavītinaṁ, vyāghracarmāmbaradharaṁ nirābharaṇaṁ Nīlakaṇṭhaṁ nīlagulikāviśiṣṭakaṇṭhaṁ; pārśvadvaye parasparābhisambaddhapuccha-samaṇiphaṇāviśiṣṭa-Bhagavadavalo-kanaparordhvamukhakṛṣṇasarpadvayopalakṣitṁ ātmānaṁ evaṁ vibhāvayet...

——Sādhanamālā, pp.85–86

行者需观己为圣尊青颈，黄身，髻冠饰新月与阿弥陀佛小像，施金刚跏趺坐于红莲，莲台上铺展黑鹿皮，双手结三昧耶印并持盛宝颅钵，圣线为鹿皮。身着虎皮，无饰物。喉处现青毒。两侧现二蛇，头顶宝珠，蛇尾交缠，看向主尊。如是观想之……

——《成就法鬘》，页85—86

显然此尊的构思源出印度教湿婆（Śiva）。据说在神魔翻搅乳海时，湿婆吞下龙王广财（Vāsukī）所吐毒露，拯救世间于危难之际。此毒若入腹中，湿婆必死，所幸滞留喉部。因毒为青色，故湿婆的白颈处留下青斑，此即湿婆又名青颈（Nīlakaṇṭha）的缘由。此形观音尊号与之相同，印度教尊"青颈湿婆"（Siva Nīlakaṇṭha）当是其祖型。

若未现各自种姓部尊，青颈观音与文殊化身金刚爱（Vajrarāga）极易混淆，二者唯一不同在于青颈观音无任何华服饰物，而此形文殊则着华服、俱足庄严。

尼泊尔博德纳特寺（Bodhnath）有一例彩绘青颈观音，但仅现主尊，无蛇胁侍。图116为萨尔纳特的青颈观音像，主尊左右现二位持碗的小像，替代二蛇。汉地藏品中见一例青颈观音像②。

---

① 克拉克：《两部藏传佛教众神谱》，卷二，页267。
② 克拉克：《两部藏传佛教众神谱》，卷二，页267。

12. 见善趣观音

身色：白色　　　　　　　　　　　　手臂：六臂

《成就法鬘》中的见善趣观音（Sugatisandarśana）的成就法短小，禅定对此观音形象有如下描述：

Sugatisandarśana-Lokeśvara-Bhaṭṭārakaṁ śuklavarṇaṁ ṣaḍbhujaṁ varadābhayākṣamālādharaṁ dakṣiṇe, vāme padmakuṇḍītridaṇḍīdharaṁ ca ratnābharaṇabhūṣitaṁ vratasūtradhāriṇaṁ jaṭāmukuṭaṁ padmopari candramaṇḍalasthitaṁ saumyarūpaṁ bhāvayet.

——Sādhanamālā, p.88

行者需观己为白身、六臂的圣尊见善趣观音，右三手：与愿印、无畏印、念珠，左三手：莲花、净瓶、三杖，身饰华美饰品及宝珠，身着圣线，结髻冠。立于月轮中的莲花上，现温善慈悲相。

——《成就法鬘》，页88

图117为尼泊尔的见善趣观音画像，基本遵循成就法中的主要细节。

图116　青颈观世音（萨尔纳特博物馆）

图117　见善趣观音（尼泊尔线描）

13. 俱悦恶鬼观音

身色：白色　　　　　　　　　　臂数：六臂

《成就法鬘》中仅一篇俱悦恶鬼观音（Pretasantarpita）成就法。该尊禅定对其形象有如下简短描述：

Jaṭāmukuṭinaṁ ṣaḍbhujaṁ prathamabhujadvayena varadau dvitīyabhujadvayena ratnapustakau tṛtīyabhujadvayena akṣamālātridaṇḍikaṁ, sarvālaṅkārabhūṣitaṁ vratasūtradhāriṇaṁ saumyamūrtiṁ, padmopari candramaṇḍale sthitaṁ śvetavarṇaṁ vibhāvayet.

——Sādhanamālā, p.89

行者需观己为俱悦恶鬼观音，结髻冠，六臂，主二手结与愿印，次二手持宝、经函，再次二手持念珠、三杖。现具足庄严、戴圣线，形貌优雅，立于莲花上的月轮中，白身。

——《成就法鬘》，页89

图118为尼泊尔的俱悦恶鬼观音画像。

14. 净土观音

身色：白色　　　　　　　　　　面部：三面
手臂：六臂　　　　　　　　　　坐姿：半跏趺坐
眷属：明妃

对净土观音（Sukhāvati Lokeśvara）的描述见于庆喜甘露（Amrtananda）的《法藏集》（*Dharmakosasangraha*）。尼泊尔有大量净土观音像，石雕或铜像，但北传佛教国家未见该尊像。该尊形的描述如下：

Trimukhaḥ śvetavarṇaḥ ṣaḍbhujaḥ dakṣe mudrāḥ, śarakṣepa-japa-mala-varadāni, vāmeṣu dhanuḥ-kamala-Tārorūsamarpaṇāni lalitāsanaḥ kamalopari, Vajratārā-Viśva tārā-Padmatārābhiḥ parivṛtaḥ, Uparicaityaḥ.

Sukhāvati Lokeśvaraḥ.

净土观音三面六臂，白身，右一手作射箭姿，其余二手持念珠、结与愿印。左二手持弓、莲，第三手放度母腿上。施游戏坐于莲花，环侍金刚母（Vajratārā）、羯磨母（Viśvatārā）、莲花母（Padmatārā）等女尊。头顶置支提。

图119为尼泊尔的净土观音像。此处净土观音由明妃相伴，但不见上述的其他眷属女。

图118　俱悦恶鬼观音（尼泊尔线描）

图119　净土观音（尼泊尔）

15. 金刚法

身色：红白　　乘骑：雀

识具：莲花

《成就法鬘》中此形观音（Vajradharma）成就法仅一篇，突出特征是乘骑孔雀。该尊成就法为偈诗，与金刚法形象相关的内容如下：

Taṁ sitaṁ raktavarṇaṁ tu padmarāgasamadyutiṁ I
Pañcabuddhamakuṭadharaṁ harṣeṇotphullalocanaṁ II
Vāmato sparddhayā nālaṁ dhṛtvā ṣoḍaśapatrakaṁ I
Padmaṁ vikāśayantañca hṛdi dakṣiṇapāṇinā II
Mayūropari madhyasthe niṣaṇṇaṁ candramaṇḍale I
Sattvaparyaṅkamābhujya saśṛṅgārarasotsavaṁ II
Caityāntaḥsthamahākarma-kuṭāgāravihāriṇaṁ I

Bhāvayed Vajradharmāgryaṁ nityaṁ Bodhiṁ avāpnuyāt. II

——Sādhanamālā, p.33

行者需观己为最胜金刚法，红白色，如红莲宝(Padmarāga gem)般耀烁，头冠置五禅那佛像。目露愉色；左手持十六瓣莲花茎，右手当胸拔莲花。坐月轮中莲花上的孔雀背上，欢喜此骑，现爱慕之情。住支提内龛，化现神迹。若修习者如是观想(金刚法)，必证菩提。

——《成就法鬘》，页33

图120为尼泊尔的金刚法画像。汉地藏品中有一件该尊造像①。

图120 金刚法观音(尼泊尔线描)

小 结

观音菩萨的概念在公元前3世纪就已出现。阿育王时期，大众部在《大事譬喻》(*Mahāvastu Avadāna*)中首次明确观音，称"世尊取菩萨形，观察世间，以导众生，赐众生恒利"②。观察世间之菩萨无疑形成观音的具体形式，或早至公元2世纪前，其形象可追至笈多时期。观音最早见于《无量寿经》③，《大乘庄严宝王经》中称观音为度脱愚昧、解救众生而化现所有神格，故有众多身相。因众人信仰迥异，大悲菩萨可现众教诸神之所有形象，甚至现父母之相。尼泊尔加德满都的马禅达寺(Macchandar)壁画中有至少一百零八种观音，皆具题记，尊格易辨。一位尼泊尔的杰出艺术家将之全部临摹下来，收在本书附录，因其中观音形象众多，故于此言及。

① 克拉克：《两部藏传佛教众神谱》，卷二，页265。
② 塞纳特：《大事》(Senart, *Le Mahavastu*)，卷三，页294。
③ 该经典首次汉译并传入中国是在公元148—170年间，而简略版的《小无量寿经》的汉译时间为公元384—417年间。详见马克思·穆勒(Max Müller)：《无量寿经》，前言，页3—4。

第五章　阿弥陀佛之化身

男　尊

除观音和少数文殊身形外，阿弥陀佛在《成就法鬘》中的男尊化身仅两位：大力明王和七百仪马头明王。阿弥陀佛，身红、以莲花为种姓识具、禅定印；大力明王、马头明王皆属莲花部，现此种姓识具。此二尊地位尊崇，下文作专论。

1. 大力明王

身色：红色　　　　身姿：左展姿

臂数：四臂

大力明王（Mahābala）是阿弥陀佛的怒相化身，《成就法鬘》中仅有一篇该尊成就法，其禅定如下：

Mahābalaṁ ekamukhaṁ caturbhujaṁ sarvāṇgaraktaṁ ūrdhvapingala-sarpāvabaddhakeśaṁ dakṣiṇabhujābhyaṁ sitadaṇḍa-sitacāmara-dharaṁ vāmabhuj-ābhyaṁ vandanābhinaya-sapāśatarjanīkaraṁ vyāghra-carmanivasanaṁ sarpābharaṇaṁ pratyālīḍhaṁ daṁṣṭrākarālavadanaṁ sūryamaṇḍalaprabhāmālinaṁ Amitābhamukuṭi-naṁ dhyātvā...

——Sādhanamālā, p.507

行者需观己为一面四臂、红身的大力明王，棕发飘举，身缠长蛇。右二手持白杖、拂尘，左二手一手现弓印，一手竖食指。身披虎皮，以蛇为饰，展左而立。面怖畏，龇牙，放日辉，头冠上置阿弥陀佛像。

——《成就法鬘》，页507

北京的汉地藏品中有两件大力明王像[①]。

2. 七百仪马头明王

身色：红色　　　　识具：金刚杵、杖

特征：马头

马头明王（Hayagrīva）身相众多，下文会适时言及。其中一种身相的头冠上见阿弥陀佛，故此马头应是红身、结禅定印的阿弥陀佛的法子。这篇述其尊形的成就法在尾记中说到，源自《七百劫》（*Saptaśatika Kalpa*），故此形马头归名"七百劫马头明王"（Saptaśatika Hayagrīva）。成就法中的禅定内容如下：

Raktavarṇaṁ mahābhayanakaṁ trinetraṁ kapilaśmaśruraudraṁ bṛhadudaraṁ damṣṭrakarālinaṁ dantauṣṭhakapālamālinaṁ jaṭāmukuṭinaṁ Amitābhasiraskaṁ. Dvitīyamukhaṁ bhīmabhayānakaṁ nīlaṁ hayānanaṁ hīhīkāranādinaṁ Brahmāṇḍa-śikharakrāntam dvitīyena bhavāgraparyantaṁ aṣṭanāgopetaṁ kharvavāmanākāraṁ vyāghracarmanivasanaṁ sarvālankārabhuṣitaṁ sakaladevasuraṁ tarjayantaṁ gṛhītavajradaṇḍaṁ...vicintayet.

——Sādhanamālā, p.509

行者需观已现红身、怖畏态、三目、棕须（七百仪马头明王），暴怒、鼓腹、龇牙；戴可见唇齿的骷髅颈环；顶现髻冠（Jaṭā）、饰阿弥陀佛。第二面，扭曲如马面，蓝色、伴烈马嘶吼。一脚踏世间之巅，一脚踩世间之底。身饰八龙，矮身，披虎皮，庄严具足。威吓诸天、非天，（二手）持金刚杵、杖。

——《成就法鬘》，页509

应知此禅定并未清楚交代该尊的臂数、面数；但从描述中似可得出：马头明王主面怖畏，上见马头。主面上置马头的情况仅见马头明王，是此尊在佛教神系中的独有特征。但当马头明王作为次尊胁侍时，通常不见马头，此时杖为该尊识具。上文禅定述其二手持金刚杵、杖，通常是右杵左杖。然而，其尊号在尾记中是肯定的，可断此成就法源于《七百仪》（*Saptaśatika Kalpa*），据说这部仪轨文本组成了"阿耨窣都婆颂"（Anuṣṭubh metre）中的七百首偈颂。藏地[②]和汉地[③]皆见马头明王的形象。

---

① 克拉克：《两部藏传佛教众神谱》，卷二，页49、217。

② 戈登：《藏传佛教图像志》，页90、93；盖蒂：《北传佛教神灵》，页163。

③ 克拉克：《两部藏传佛教众神谱》，卷二，页59、164、172、198于马头明王标题之下。

女 尊

阿弥陀佛的女尊化身有三位，地位最上、流行最广者为作明佛母（Kurukullā），《成就法鬘》中的作明佛母成就法至少有十四篇；其余二女尊为颦眉佛母（Bhṛkuṭi）和大寒林佛母（Mahāśitavatī），颦眉佛母的成就法有两篇，大寒林佛母是五护佛母（Pañcarakṣā）之一，其成就法仅一篇。诸女尊未见石像、铜像，当代尼泊尔画家却有绘其像。

3. 作明佛母

作明佛母有一面二臂、四臂、六臂、八臂等形。六臂形，头冠上置五方佛小像；二臂为白作明佛母（Śukla Kurukullā）；达若巴瓦作明佛母（Tārodbhava Kurukullā）、乌仗那作明佛母（Uḍḍiyāna Kurukullā）、喜金刚次第作明佛母（Hevajrakrama Kurukullā）、迦婆嗒作明佛母（Kalpokta Kurukullā），皆四臂。

据说作明佛母能成“伏爱法”（Vaśīkaraṇa），即蛊惑男女、大臣、君王所施的怛特罗仪轨，一些成就法中有很多对不同人群施咒的有趣法门。作明佛母咒为Oṁ Kurukulle Hūm Hrīh Svāhā，诵咒一万遍，可迷惑世人；三万遍，可降服大臣；过十万遍即能征服君王。该尊赋予其信众征服诸君臣之神力。作明佛母形象在藏地[①]和汉地[②]十分流行，下文展开介绍《成就法鬘》中的诸相作明佛母。

（1）白作明佛母

身色：白色　　识具：念珠、莲花钵

乘骑：兽　　身姿：金刚跏趺坐

《成就法鬘》中仅有一篇成就法描述敬抚该尊的法仪，其中禅定较长，如下：

Ātmānaṁ Bhagāvatīṁ akṣasūtrotpalāmṛtakuṇḍīṁ savyāvasavyapāṇibhyāṁ dadhānāṁ, trinetrāṁ Padmadhṛkpramukhaiḥ sarva-Tathā-gataiḥ Vīṇādiṣoḍaśa-devībhir-abhiṣiktāsṁ Amitābha-virājitanānāpuṣpo-paśobhitajaṭāmukuṭāṁ śṛṅgārādi-rasopetāṁ, kiñcit-savyapāṇipallava-sthākṣasūtramālokamānāṁ, kṣīrāmbhohiśveta-varṇābjasthām-amṛtāṅko-pari sattvaparyaṅkāsanasthāṁ, kaṅkaṇa-keyūra-kuṇḍala-nūpuramuktā-hāradivyavastrādivibhūṣitāṁ nīlānantabaddhakeśīṁ

① 盖蒂：《北传佛教神灵》，页126、127。
② 克拉克：《两部藏传佛教众神谱》，卷二，页105、239；戈登：《藏传佛教图像志》，页75。

pīyūṣavarṇa-Vāsu-kikṛtahārāṁ, rakta-Takṣakakṛtakarṇograkuṇḍalāṁ, dūrvāśyāma-Karkkoṭakakṛtayajñopavītāṁ, śukla-Padmanāgendrakṛtahārāṁ, mṛṇālavarṇa-Mahāpadmakṛtanūpurāṁ, pīta-Śaṅkhapālakṛtakaṅkaṇāṁ, dhūmābhravat-Kulikakṛtakeyūrāṁ, śubhravarṇāṁ sravadamṛtavigrahāṁ karuṇārdracittāṁ bhāvayet.

Śukla-Kurukullā-Sādhanaṁ.

——Sādhanamālā, pp.362–363

行者需观己为女尊(作明佛母),右左手持念珠与盛甘露的青莲钵,三目,莲花手等、一切如来、琵琶女等十六天女为其供沐浴水。结髻冠,饰诸花并置阿弥陀佛像。现慈爱之情态,微转看向柳叶纤手所持的念珠;坐兽背,坐腿若甘露,息于升自乳海的白莲花上。饰手镯、臂钏、耳铛、脚镯、珍珠项链等,披天衣,以青色无边龙王(Ananta)系发、乳色广财龙王(Vāsukī)是其项链,红色安止龙王(Takṣaka)是其耳铛,绿色力行龙王(Karkkoṭaka)是其圣线,白色莲花龙王(Padma)是其腰带,青色大莲龙王(Mahāpadama)是其脚环,黄色护贝龙王(Saṇkhapāla)是其手镯,烟色具种龙王(Kulika)是其臂钏。作明佛母身白,似播散甘露,具大慈悲心。

——《成就法鬘》,页362—363

通过此长段描述,白作明佛母的生动形象毕现,该尊其他身形与此有诸多相同特征,为免冗繁,不再逐一摘译《成就法鬘》的所有禅定内容。

(2)达若巴瓦作明佛母

身色:红色　　臂数:四臂

身姿:金刚跏趺坐

乘骑:欲天并明妃骑罗睺上

作明佛母的五篇成就法的描述有些微不同,此形即成就法所指的达若巴瓦作明佛母(Tārodbhava-Kurukullā)。据成就法来看,该尊红身、红衣、红饰、坐红莲。四臂,左二手无畏印、持箭,右二手持弓、红莲,施金刚跏趺坐,座下是欲天(Kāmadeva)及其明妃骑罗睺(Rāhu)上。身后现红色身光,头冠置阿弥陀佛像,驻作明山(Kurukullā Mountain)。形貌年轻、现媚态。时或现拉花弓、备射花箭之态。图121为近代尼泊尔的达若巴瓦作明佛母像。

(3)乌仗那作明佛母

形貌:怖畏　　身色:红色

乘骑:尸体　　身姿:舞立姿

臂数:四臂

成就法中称此形为乌仗那作明佛母(Uḍḍiyāna Kurukullā),即在乌仗那礼拜的作明佛母。形貌怖畏,戴人头环,头饰五骷髅,龇牙伸舌,着虎皮,棕发飘举如火。三只圆睁血目,撼人心魂,四臂,二主手拉满花弓,备射红莲之箭,二次手持花钩、红莲。红身,施舞立姿于尸体上。

图121　作明佛母（尼泊尔线描）

图122　作明佛母（北京）

图122是见于北京的乌仗那作明佛母，所见乘骑为尸体。

（4）八臂作明佛母

臂数：八臂　　身色：红色

身姿：金刚跏趺坐　　手印：降三界印

如前文所指，作明佛母另有八臂形（Aṣṭabhuja-kurukullā），《成就法鬘》中礼拜该形的成就法仅一篇，尾记称此成就法由活跃于公元700年左右的大成就行者（Siddhācāryya）因陀罗菩提（Indrabhūti）所作，其女拉斯敏卡罗（Laksminkarā）精熟金刚乘、俱生乘（Sahajayāna）的教义，较之更为慧明。此成就法所述形象与怖畏形的六臂幻网作明佛母（Mayājāla）、四臂乌丈那作明佛母迥异，现温善秀美的年轻形貌。此成就法的突出特征是，完整描述了一个包含主尊和十二胁侍的曼荼罗。为更好把握本尊形象及曼荼罗配置，下面摘录并翻译此禅定：

Kurukullāṁ Bhagavatīṁ aṣṭabhujāṁ raktavarṇāṁ raktāṣṭadalapadmasūryye Vajraparyyaṅkaniṣaṇṇāṁ kūṭāgaramadhyanivāsinīṁ prathamakaradvayena Trailokyavijayamudrādharāṁ, avaśiṣṭadakṣiṇakaraiḥ aṅkuśaṁ ākarṇapūritaśaraṁ varadamudrāṁ dadhānāṁ, pariśiṣṭavāmabhujaiḥ pāśaś cāpaś utpalaṁ dadhānāṁ, sakalālaṅkāravatīṁ bhāvayet.

Pūrvvadale Prasannatārāṁ, dakṣiṇadale Niṣpannatārāṁ, paścimadale Jayatārāṁ, uttaradale Karṇatārāṁ, aiśānadale Cundāṁ, āgneyadale Aparājitāṁ, nairṛtyadale Pradīpatārāṁ, vāyavyadale Gaurītārāñca dhyāyāt. Etāśca sarvāḥ raktavarṇāḥ Pañca-Tathāgatamukuṭā vajraparyaṅkaniṣaṇā dakṣiṇabhujābhyāṁ varadamudrā -ākarṇapūrita-śara-dharā. vāmabhujābhyāṁ utpalacāpadharāḥ.

Pūrvadvāre Vajravetālīṁ lambodarāṁ vikṛtamukhīṁ raktavarṇāṁ Akṣobhyamukuṭām dakṣiṇahastābhyāṁ tarjany-aṅkuśadharām, vāmakarābhyāṁ vajraghaṇṭāpāśadharām.

Dakṣiṇadvāre Aparājitāṁ pītavarṇāṁ Ratnasambhavamukuṭāṁ dakṣiṇa-hastābhyāṁ daṇḍāṅkuśādharāṁ, vāmahastābhyāṁ ghaṇṭāpāśadharām.

Paścimadvāre Ekajaṭāṁ kṛṣṇavarṇāṁ ūrddhvakeśāṁ lambodarāṁ dantāvaṣṭabdhauṣṭhāṁ Amitābhamukuṭāṁ, dakṣiṇakarābhyāṁ vajrāṅkuśadharāṁ vāmakarābhyāṁ ghaṇṭāpāśadharām.

Uttaradvāre vajragāndhārīṁ kanakaśyāmāṁ Amoghasiddhimukuṭāṁ vikṛtamukhīṁ lambodarām, dakṣṇabhujābhyāṁ khaḍgāṅkuśadharāṁ vāmabhujābhyāṁ ghaṇṭāpāśadharāṁ vicintayet.

Etāścatasra ālīḍhapadasthāḥ.

——Sādhanamālā, pp.351–352

行者需观己为红身、八臂、施金刚跏趺坐的作明佛母，坐日轮中的八瓣莲，居中台上；二主手结降三界印（Trailokyavijayamudrā），右余手持钩、耳际执箭、结与愿印；左余手持羂索、钵和青莲；现俱足庄严。

东瓣无垢母（Prasannatārā），南瓣究竟真实母（Niṣpannatārā），西瓣得胜母（Jayatārā），北瓣耳母（Karṇatārā），东北瓣准提（Cundā），东南瓣无能胜（Aparājitā），西南瓣明灯母（Pradīpatārā），西北瓣高哩母（Gaurītārā）。诸女尊红身，冠现五禅那佛，施金刚跏趺坐，右二手与愿印、执箭于耳际，左二手持青莲、钵。

东门金刚起尸母（Vajravetālī），鼓腹，狰狞面，身红，冠现阿閦佛像，右二手结期克印、持钩，左二手持金刚铃、羂索。

南门无能胜母（Aparājitā），黄身，冠现宝生佛像；右二手持杖、钩，左二手持铃、羂索。

西门独髻母（Ekajaṭā），蓝身，飘发，鼓腹；獠牙咬舌，冠置阿弥陀佛像，右二手金刚杵、钩，左二手持铃、羂索。

北门金刚犍陀梨（Vajragāndhārī），身金黄，冠置不空成就佛像，狰狞面，鼓腹，右二手持剑、钩，左二手持铃、羂索。四女尊皆施右展姿。

——《成就法鬘》，页351—352

（5）幻网次第作明佛母

身姿：金刚跏趺坐　　臂数：六臂

身色：红色

幻网次第作明佛母（Māyājālakrama-kurukullā）是另一身形，据说此成就法源于怛特罗祖师黑行者（Kṛṣṇacarya）造《幻网续》（*Māyājāla Tanra*）（现已不存）[①]。六臂、金刚跏趺坐、坐依日轮的八瓣红莲上，身红、红衣。二主手结降三界印（Trailokyavijaya），二次手施无畏印、持盛开的白素馨花（Kunda），第三双手持念珠、净瓶，冠现五禅那佛像，坐安止龙王（Takṣaka）背上。有成就法述及作明佛母的另一种六臂形，并非幻网次第作明佛母，该成就法称，二主手结降三界印，二次手持钩、红莲，第三双手张弓射箭。此形尊像罕见。

① 第181篇成就法，《成就法鬘》，页372。

4. 颦眉佛母[①]

身色：黄色　　　　　　手臂：四臂

颦眉佛母（Bhṛkuti）是红身禅那佛阿弥陀佛的另一女尊化身。颦眉佛母为观音之眷属，当胁侍卡萨帕纳观音时，现黄身、四臂；左二手持三杖（Tridaṇḍī）、净瓶（Kamaṇḍalu）；右一手举起，现弓姿，另一手持念珠。颦眉佛母亦可为主尊，《成就法鬘》中有两篇颦眉佛母成就法。描述如下：

Caturbhujaikamukhīṁ pītāṁ trinetrāṁ navayauvanāṁ Varadākṣarasūtradharada-kṣiṇakarāṁ tridaṇḍīkamaṇḍaludharavāmakarāṁ Amitābhamudritāṁ padmacandrāsanasthāṁ Bhagavatīṁ dhyātvā...Bhṛkuṭīsādhanaṁ

——Sādhanamālā, p.341

需想颦眉佛母一面三目四臂，黄身，形貌年轻，右二手与愿印、持念珠，左二手持三杖、净瓶。冠现阿弥陀佛像，居月轮中的莲花上。如是观想……

——《成就法鬘》，p.341

另一成就法称颦眉佛母现温善相，结髻冠。该尊形象罕见，但在藏地[②]和汉地[③]皆有发现。图123为北京藏品中的一件颦眉佛母像。

图123　颦眉佛母（北京）

① 该尊“Bhṛkuti”之名号在《宝胜百法》中对应的藏文名为：khro gnyer can ma，汉译为忿怒母或颦眉佛母，但该颦眉佛母是作为水月观音的眷属之形出现的，现立姿，右侧二手分别现念珠和托举之姿，左侧二手分别持三叉戟和净瓶，与其作为主尊之身形的描述不符。在《纳塘百法·金刚部》中见坐态颦眉佛母像，所见形象与此处描述完全吻合。《五百佛像集》，页114、445，北京：中国藏学出版社，2011年9月。译者注。

② 盖蒂：《北传佛教神灵》，页124—125。

③ 克拉克：《两部藏传佛教众神谱》，卷二，页160、171、288。

5. 大寒林佛母

身色：红色　　手臂：四臂
身姿：半跏趺坐

五护（Pañcarakṣā）为五女尊配置，是五方佛的化身。大寒林佛母（Mahāśitavati）附属法祖禅那佛阿弥陀佛。此篇简短成就法对其身形描述如下：

Mahāśīta(*sic* sita)vatī caturbhujaikamukhī raktā dakṣiṇabhujadvaye akṣasūtravaradavatī vāmabhujadvaye vajrāṅkuśahṛtpradeśasthapustakavatī jīṁbījā Amitābhamukuṭī arddhaparyaṅkasthitā nānālaṅkāravatī sūryasanaprabhā ceti.

——Sādhanamālā, p.401

大寒林佛母一面四臂，红身，右二手持念珠、与愿印，左二手持金刚杵、当胸持经函，生于圣字Jīm，冠饰阿弥陀佛像，半跏趺，庄严具足。坐日轮中，辉煌如耀日。

——《成就法鬘》，页401

藏地[①]和汉地[②]皆有大寒林佛母之形象。

① 盖蒂：《北传佛教神灵》，页139。
② 克拉克：《两部藏传佛教众神谱》，卷二，页206、275，名寒林母（Śītavatī）。

第六章　阿閦佛之化身尊

男　尊

禅那佛阿閦佛的化身众多，是为五佛之最。蓝身阿閦佛与《成就法鬘》中的怖畏尊及密续中的骇人仪式关系密切，化身多为蓝色，形貌骇人。除财神旃巴拉（Jambhala）外，阿閦佛的所有男尊化身皆怖畏相：狰狞面，龇牙，三血目，伸舌，饰人首环、骷髅环、虎皮和蛇。

该尊所有化身中，嘿噜迦（Heruka）尤为尊胜。嘿噜迦及其双身喜金刚是此部主神，可现众多身相，名号各异。不同身形在成就法具特定名号，为清晰方便，故分论诸相。形貌威猛的四门护是阿閦佛的重要化身，在后章“集合尊”中将有专论。下面便逐一介绍阿閦佛金刚部种姓诸尊。

1. 暴恶忿怒明王

身色：黄色　　　　手臂：二臂

识具：剑和羂索期克印

暴恶忿怒明王（Caṇḍaroṣaṇa）亦称大暴恶忿怒（Mahacaṇḍaroṣaṇa）、暴恶大忿怒（Caṇḍamahāroṣaṇa）、不动（Acala）等。该尊成就法共四篇，常现双身。持光称（Prabhākarakīrti）作有一篇该尊成就法，主体以诗文呈现。另一禅定对该尊相有如下描述：

> Śrī-Caṇḍamahāroṣaṇaṁ Bhagavantaṁ atasīpuṣpasaṅkāśaṁ Acalāparanāmānaṁ dvibhujaṁ kekarākṣaṁ daṁṣṭrāvikarālamahāghoravadanaṁ ratnamaulinaṁ daṁṣṭrānipīḍitādharaṁ muṇḍamālāśiraskaṁ āraktacakṣurdvayaṁ dakṣiṇe khaḍgadharaṁ tarjanīpāśahṛdayasthavāmakaraṁ sitasarpayajñopavītaṁ vyāghracarmanivasanaṁ nānāratnaviracitābharaṇaṁ bhūmilagnavāmacaraṇaṁ īṣadunnatadakṣiṇacaraṇaṁ sūryyaprabhāmālinaṁ ātmānaṁ vicintya. Akṣobhyamukuṭinaṁ dhyāyāt.
>
> ——Sādhanamālā, p.172

行者需观己为吉祥暴恶忿怒明王，身色类胡麻花（Atasī），别号不动（Acala）。一面四臂，目斜视。怖畏面，龇牙。戴宝珠头饰，咬舌，冠饰人头环。目微红，右手持剑，左手当胸竖食指并绕羂索。白蛇圣线；披虎皮，珠宝饰身。左腿触地，右腿微抬。耀目如烈阳，冠现阿閦佛像。如是观想。

——《成就法鬘》，页172

暴恶忿怒明王本应双身，但此禅定未论其明妃。然而从佛教僧侣与尼泊尔画师（Citrakāras）的画作出发，该尊常现双身而非单体。该尊是著名的《暴恶忿怒尊续》（*Caṇḍamahāroṣaṇa Tantra*）的主尊，其礼拜仪轨极秘密，故此尊信仰绝缘于大众。除受灌顶者外，其造像决不可为他人所近。图124为尼泊尔的暴恶忿怒明王画像。在藏地，该尊广传以不动明王（Acala）和不动金刚手（Acala-Vajrapāṇi）[①]之名。

2. 嘿噜迦

身色：蓝色　　臂数：二臂

识具：金刚杵和颅钵　　身型：单体

嘿噜迦（Heruka）是佛教神系中流传最广的尊神之一，《嘿噜迦续》（*Heruka Tantra*）即专说此尊信仰。嘿噜迦有单体和双身之类，双身即流行于藏地的喜金刚。《成就法鬘》中的诸多成就法论及该尊多种身相，此外无畏生护的《究竟瑜伽鬘》亦有述及。《成就法鬘》中的嘿噜迦礼拜可授行者佛果、摧灭世间魔患。《成就法鬘》中的一篇嘿噜迦偈颂体禅定对其身相有如下描述：

Śavasthaṁ ardhaparyaṅkaṁ naracarmasuvāsasaṁ
Bhasmoddhūlitagātrañca sphuradvajrañca dakṣiṇaṁ
Calatpatākākhaṭvāṅgaṁ vāme raktakaroṭakaṁ
Śatārdhamuṇḍamālābhiḥ kṛtahāramanoramaṁ
Iṣaddamṣṭrākarālāsyaṁ raktanetraṁ vilāsinaṁ
Piṅgorddhvakeśaṁ Akṣobhyamukuṭaṁ karṇakuṇḍalaṁ
Asthyābharaṇaśobhaṁ tu śiraḥ-pañcakapālakaṁ
Buddhatvadāyinaṁ dhyāyāt jaganmāranivāraṇaṁ.

——Sādhanamālā, p.473

行者需观己为尊（嘿噜迦），施舞立姿于人尸。披人皮，身涂灰。右挥金刚杵，左肩挂天杖，上置宝幢，似圣线，左持盛血颅钵。项饰五十颗狞厉人首环，龇牙，圆睁血目，面狰

① 盖蒂：《北传佛教神灵》，页52、170。

狞。棕发飘举，拢入头冠，冠置阿閦佛像。带耳珰，饰人骨，头饰五骷髅。可授佛果、护世间、驱邪魔。

——《成就法鬘》，页473

此相嘿噜迦的另一篇成就法中，天杖被描述为标现五股金刚杵，饰铃幢、人头、双莲；天杖底端类独股金刚杵。此成就法未提人头项环的数量，仅称由肠子捆结相连；左腿舒立于双莲（而非人尸），右腿以舞姿置左侧大腿上。

图125为巴塔萨利（N.K.Bhattasali）先生发现的一件嘿噜迦像，现藏达卡博物馆，该像与以上描述相合。尽管手臂残损，但仍可知主尊右手持金刚杵，左手当胸持颅钵，所施身姿为半跏趺（Ardhapayaṅka）中的舞立型。头盖饰五骷髅和阿閦佛像。天杖挂飘舞的幢旗，幢末端系铃。

图124 暴恶忿怒明王（尼泊尔线描）

图125 嘿噜迦（达卡博物馆）

3. 喜金刚

嘿噜迦为《究竟瑜伽鬘》的喜金刚曼荼罗的主尊，嘿噜迦和喜金刚的联系极密切，当嘿噜迦并伴明妃时即为喜金刚。曼荼罗中，至少见四类不同身相的喜金刚，皆伴明妃，明妃尊号随喜金刚臂数的不同而各异。

（1）二　臂

身色：蓝色　　　　面数：一面
臂数：二臂　　　　明妃：无我母

二臂时，嘿噜迦名为护三界（Trailokyākṣepa），身相如下：

Trailokyākṣepaḥ kṛśno Ardhaparyaṅkī...ekamukho dvibhujo vajraṅkitarakta-pūrnakapalabhṛd-vamakarakroḍita...Nairātmā...Vajroddaṇḍasavyabhujaḥ.

——NSP, p.14

护三界，蓝身，舞立姿……一面二臂，左持盛血颅钵，标金刚杵，拥明妃无我母（Nairātmā）……右持金刚杵。

——《究竟瑜伽鬘》，页14

《成就法鬘》中亦述相同身相，并补充：明妃右手持钺刀，左手持颅钵[①]。

（2）四　臂

身色：蓝色　　　　面数：一面
臂数：四臂　　　　明妃：金刚亥母

四臂具二臂相的所有特征，区别在此明妃为金刚亥母（Vajravārāhī）。《究竟瑜伽鬘》对其有如下简短描述：

Athavā caturbhujo dvibhujavat. Aparabhujābhyām savābha-Vajra-vārāhīsmaliṅgita ityeva viseṣah.

——NSP, p.14

或现四臂，类二臂形。另二手抱其自生明妃金刚亥母。此为唯一区别。

——《究竟瑜伽鬘》，页14

《成就法鬘》中的一篇此相成就法中，喜金刚现四臂、拥明妃，明妃身相与本尊一致，四手持蓝色金刚杵、剑、天杖、宝，但天杖为手持，而非挂肩。

（3）六　臂

身色：蓝色　　　　面数：三面

① 《成就法鬘》，页462。

臂数：六臂　　　　明妃：金刚链

喜金刚六臂双身相，主要形象仍一致，差别在于此喜金刚为三面六臂，增持象征法物。如下描述：

Athavā Ṣaḍbhujaḥ kṛṣṇaḥ kṛṣṇasitaraktatrimukhaḥ...Vāmair-vajra-ghaṇṭāṁ dhanuḥ kapālaṁ ca dadhānaḥ savyair-vajram bāṇaṁ triśūlaṁ ca vajravajraghaṇṭā-nvitahastābhyāṁ svābha-Vajraśṛṅkhalāmāliṅgitaḥ.

——NSP, p.14

或现六臂，蓝身。正、右、左三面为蓝、白、红。左三手持金刚铃、弓、颅钵；右三手持金刚杵、箭、三叉戟。持金刚杵和宝铃之双手拥其自生明妃金刚链。

——《究竟瑜伽鬘》，页 14

（4）十六臂

身色：蓝色　　　　面数：八面

臂数：十六臂　　　　明妃：无我母

腿数：四腿

喜金刚曼荼罗中，见第四型，十六臂，与前述三者类似，差别为八面四腿身形；四脚踏四印度教尊神，而非前三者般踏人尸。曼荼罗对其形象有更详实的描述：

Caturtho Hevajraḥ ṣoḍaśabhujo Akṣobhyamudrito Nairātmāsamā pannaḥ Kintvasya catvāro mārāḥ prāguktaśavasthāne. Tatra Skandhamāro rūpato Brahmā pītah, Kleśamaro Viṣṇuḥ Kṛṣṇo, Mṛtyumāro Maheśvaraḥ śubhro, Devaputramāro Śakraḥ gauraḥ. Tesu Bhagavān dvābhyāṁ Ardhaparyaṅkavān aparābhyāṁ Ālīdhastha iti catuścaraṇaḥ kṛṣṇo...aṣṭāsyaḥ.Mukhantu mūlaṁ kṛṣṇaṁ hasat savyaṁ śuklam, vāmaṁ raktam, ūrddhvaṁ vikaṭadamṣṭraṁ śeṣāṇī kṛṣṇāni. Dakṣiṇabhujeṣu vajraṁ khaḍgaṁ bāṇaṁ cakraṁ caṣakaṁ triśūlam-aṅkuśaṁ ca; vāmeṣu ghaṇṭām, padmam, dhanur-udyatakhaṭvāṅgam, kapālam, tarjanīpāśaṁ ca.

——NSP, pp.14–15

第四型喜金刚现十六臂，冠现阿閦佛像。拥明妃无我母，脚踏四魔（Māras），而非前述的人尸。一为蕴魔（Skandha Māra），现形黄色大梵天；二为烦恼魔（Kleśa Māra），现形蓝色遍入天；三为死魔（Mṛtyu Māra），现形白色摩醯首罗天；四为天子魔（Devaputra Māra），现形白色帝释天。四腿，二施舞立姿，另二施右展姿（Ālīdha）。蓝身八面。正蓝；右白，微笑；左红；四面于头顶，露怖畏獠牙，余面皆蓝。右诸手：1. 金刚杵，2. 剑，3. 箭，4. 轮，5. 酒杯，6. 杖，7. 三叉戟，8. 钩；左诸手：1. 铃，2. 莲花，3. 弓，4. 举天杖，5. 颅钵，6. 宝，7. 竖食指，8. 羂索。

——《究竟瑜伽鬘》，页 14—15

喜金刚流行于藏地[①]和汉地[②]。

4. 佛　颅

手臂：四臂　　　　身色：蓝色
明妃：质多斯那　　身姿：舞立姿

此尊成就法仅一篇，佛颅（Buddhakapāla）或是嘿噜迦的一种身形。成就法称：嘿噜迦拥明妃质多斯那（Citrasenā）时即为佛颅。一面四臂，各持天杖、颅钵、钺刀、鼓；双身，拥质多斯那。与四臂嘿噜迦稍异，成就法禅定如下：

Mahāvīro ghorasaṁhārakarakaḥ nīlavarṇo mahāvapuḥ asthyābharanam-ardhaparyaṅkanṛtyasthaṁ muṇḍamalavibhusitaṁ mukuṭe Aksobhyadhariṇaṁ ekavaktraṁ caturbhujam, vāme Khaṭvangakapālam, dakṣiṇe kartriḍamarukaṁ Prajñāliṅgitam; vame Citrasenā mattā nagnā muktakeśī sarvabhayarahitā devī.

Srīmato Buddhakapālasya Sādhanam.

——Sādhanamālā, pp.501-502

行者需观己为大勇（佛颅）、最胜摧灭，蓝色巨身。饰人骨，舞立姿，带人头环，冠置阿閦佛像，一面四臂。左二手持天杖、颅钵，右二手持钺刀、鼓，身左由明妃质多斯那拥抱，迷醉、赤裸、无畏。如是观想……

——《成就法鬘》，页501—502

该成就法继而详述佛颅曼荼罗，二十四女尊环侍佛颅，分列三圈。内重：东方蓝身苏摩利尼（Sumālinī）；北方黄身喀帕利尼（Kapālinī）；西方绿身怖母（Bhīmā）；南方白身难胜（Durjayā）。

次重：东方松巴摩喀罗（Subhamekhalā）；北方色形女（Rūpinī）；西方得胜（Jayā）；南方恶身隅（Kauverī）[③]；东北习爱女（Kāminī）；西北海女（Mahodadhi）；西南喀利尼（Kārinī）；东南摩利尼（Māriṇī）。

外重：东方怖女（Bhīma-darśanā）；北方失利女（Ajayā）；西方净妙女（Śubhā）；南方斡斯喀洛姬（Ostārakī）；东北消智女（Surakṣiṇī）；西北夜阙女（Vikālarātri）；西南胜誉女（Mahāyaśā）和东南美妇（Sundari）。

四门护：东方旬多罗（Sundarā），北方妙福母（Subhagā），西方喜见母（Priyadarśanā），南方无我母（Nairātmā）。除内环四尊外，诸尊皆蓝身，一面二臂，饰人骨，棕发飘举，但未戴人头环，左手

---

① 盖蒂：《北传佛教神灵》，页142、143；戈登：《藏传佛教图像志》，页83。
② 克拉克：《两部藏传佛教众神谱》，卷二，页236。
③ "Kauveri" 为梵文 "kauberi" 的异写，其为药叉具毗罗（kubera/kaubera）的明妃，《梵和大辞典》将其汉译为"恶身隅"，见《梵和大辞典》页383。译者注。

持颅钵，右手持钺刀，现舞立姿。

图126为尼泊尔的佛颅画像，拥抱质多斯那，无胁侍。北京汉地藏品亦见佛颅[①]。图127为巴罗达博物馆藏的单体佛颅造像。

图126　佛颅（尼泊尔线描）

图127　佛颅（巴罗达博物馆）

5. 胜　乐

（1）二　臂

身色：蓝色　　身态：右展姿

乘骑：暗夜母　　识具：金刚杵和铃

明妃：金刚亥母

喜金刚的另一身形胜乐（Sambara）在《成就法鬘》中仅有一篇成就法。一面二臂，冠置阿閦佛像。形貌怖畏，着虎皮，戴人头环，骷髅骨链环绕头部，三目，右展姿，立暗夜母（Kālarātri）上。该尊禅定为偈诗，如下：

Lalāṭasthakapālāni candrārdhaṁ mūrdhni dhārayet I
Ṣaṇmudra-muṇḍamālī ca viśvavajrī trilocanaḥ II
Āliḍhapadavinyāso viśvākṣaravivartinīṁ I
Sabhairavāṁ Kālarātrimaruḍho vyāghracarmabhṛt II

① 克拉克：《两部藏传佛教众神谱》，卷二，页103、237。

Akṣobhyaśekharaḥ kubjo vajraghaṇṭājaṭānvitaḥ I
Viro'sau Vajravārāhī vajrāsṛkpūrṇkapālabhṛt II
Khaṭvaṅgamekhalā raktā trinetrā muṇḍamālinī I
Pañcamudrā muktakeśī digvastrā Buddhaśekharā II
Dvibhuja-Sambaropdeśaḥ samāptaḥ.

——Sādhanamālā, p.504

行者需观己为胜乐，前额环绕骷髅线，顶见新月。饰六吉饰，戴人头项链。三目，(头饰)现羯磨杵，右展姿，生于所有圣字之融合。脚踏怖畏明王(Bhairava)和暗夜母(Kālarātri)，披虎皮。蓝身，冠置阿閦佛像，持金刚杵、铃；结发髻，英雄气魄，拥明妃金刚亥母，金刚亥母二手持金刚杵和盛血颅钵，其腰带为天杖，红身，三目。乱发，身无饰物，戴人头环，饰五吉符(Pañcamudrā)①。冠置佛像(大日如来)。

——《成就法鬘》，页 504

《究竟瑜伽鬘》中提到四面十二臂的胜乐身相。

(2) 十二臂

身色：蓝色　　面部：四面
手臂：十二臂　　明妃：金刚亥母

胜乐是《究竟瑜伽鬘》中胜乐曼荼罗的主尊，明妃为金刚亥母。胜乐是本尊嘿噜迦的另一种表现形式。此处该尊四面十二臂，简录身形描述：

Bhagavān...Bhairavakālarātryāvālīḍhacaraṇābhyāṁ ākrāntaḥ kṛṣṇaḥ kṛṣṇaharitaraktapitapūrvottarādi-caturmukhaḥ...Dvādaśabhujaḥ savajravajraghaṇṭā-bhujayugmaliṅgita-Vajravārahīko bhujābhyāṁ... saraktaprasṛtagajacarmadharaḥ tadaparaiḥ ḍamaru-paraśu-kartri-triśūlāni vibhrat, vāmair-vajrāṅkita-khaṭvānga-raktapūritakapālaṁ vajrapāśaṁ Brahmaśiraśca...navanāṭyaras-arāśiḥ.

——NSP, p.26

尊(胜乐)施右展姿，立于俯卧的怖畏尊和暗夜母上。身蓝，四面朝东南西北，现蓝、绿、红、黄……十二臂。二主手拥明妃金刚亥母并持金刚杵、金刚铃，第二对手……持滴血象皮，右余四手持鼓、斧、钺刀、三叉戟，左四手持饰金刚杵之天杖、盛血颅钵、金刚羂索和狞厉梵天头……现九种强烈情感。

——《究竟瑜伽鬘》，页 26

① Pañcamudrā，直译为“五印”，但特罗佛教语境下特指受密法灌顶者所佩戴的五种饰物，即冠(cakrī)、耳铛(kuṇḍala)、颈饰(kaṇṭhī)、臂钏(rucaka)、腰带(mekhala)，喜金刚、胜乐金刚等密教本尊皆身饰五吉符。译者注。

据以上曼荼罗之描述，胜乐法祖为阿閦佛，明妃金刚亥母的法祖为大日如来[①]。胜乐在藏地[②]和汉地[③]皆十分流行。

6. 七字喜金刚

面数：三面　　臂数：六臂
身态：右展姿　　明妃：金刚亥母

此形喜金刚名为“七字”(Saptākṣara)，因其真言有七音。和上述二臂胜乐类似，亦拥金刚亥母，形貌相近。与胜乐类同，此尊亦踏暗夜母，冠置羯磨金刚杵。头顶亦见新月，具六吉饰，右展姿立于日轮。现蓝、黄、绿三面，左三手持金刚杵、铃、人皮，右三手持颅钵、天杖、三叉戟。

此成就法还描述道，六辐日轮上见六尊(右始)：嘿噜姬(Herukī)、金刚亥母(Vajravārāhī)、作怖忿怒母(Ghoracaṇḍi)、金刚曜日母(Vajrabhāskarī)、金刚忿怒母(Vajra-raudrī)、金刚空行母(Vajraḍākinī)，分别现蓝、黄、红、绿、灰、白，皆披散头发、威猛相，三目，其中四女尊着衣，第一对手持响鼓和铃，余手持人皮，立于日轮中的人尸上，头饰骷髅串，皆右展姿。

另一篇七字喜金刚成就法中，尊形有细微变化。二主手拥明妃，并持金刚杵、铃；第二对手仅持人皮；第三对手持颅钵、三叉戟，天杖挂肩，金刚亥母身形与前述一致，差别在第二对手应持弓、箭，而非人皮。

7. 大　幻

身色：蓝色　　面数：四面
臂数：四臂　　明妃：佛空行母

“Mahāmāyāhvayaṁ devaṁ caturmukhaṁ caturbhujaṁ I
Aṅke yasya tathā devī catasro dikṣu cāparāḥ” II

此尊名大幻(Mahāmāyā)，四面四臂。大腿坐一女尊，另有四女立四方。

喜金刚拥佛空行母(Buddhaḍākinī)时，此双身形名为“大幻”。如上所述，此嘿噜迦四面四

① 《究竟瑜伽鬘》，页28。
② 两例胜乐像见戈登：《藏传佛教图像志》，页83、84；亦见盖蒂：《北传佛教神灵》，页145、150。
③ 克拉克：《两部藏传佛教众神谱》，卷二，页80、90。

臂，并由东西南北四女尊胁侍。《成就法鬘》中有两篇（No.239, 240）该尊成就法，其中一篇由早期八十四大成就者之一咕噜日帕（Kukkurīpāda）所作。下面简要总结他对大幻曼荼罗的描述。

大幻现怖畏相，身现骨灰，发飘举，如蹿升火焰。身蓝，头饰骷髅串。四面为蓝、黄、白、绿，四手持颅钵、箭、天杖、弓。身着五吉符，戴项圈、手镯。身着人皮，每面三目，身释焰辉。大幻现美态，融愤怒、愉悦之情，施舞立姿，拥红身佛空行母（Buddhaḍākinī），女尊所持武器、所现形貌及识具皆与之一致，她四面现红、黄、白、绿。东南西北四莲瓣上坐四女尊。

（1）东方金刚空行母（Vajraḍākinī），蓝身，现蓝、黄、白、绿四面，左二手持天杖、铃，右二手持金刚杵、颅钵。

（2）南方宝空行母（Ratnaḍākinī），黄身，现黄、蓝、红、绿四面，左二手持旗和豺，右二手持三叉戟和宝。

（3）西方莲花空行母（Padmaḍākinī），红白身，现红、黄、蓝、绿四面，左二手持弓、颅钵，右二手持箭、双莲。

（4）北方羯磨空行母（Viśvaḍākinī），绿身，现绿、黄、红、蓝四面，左二手持羂索、颅钵，右二手持天杖（或剑）、鼓（Ḍamaru）。

四尊皆怖畏相，头饰多骷髅，身挂湿人头环，三目、龇牙。棕发飘举，如蹿升火焰，身射焰辉。《究竟瑜伽鬘》亦提大幻，摘录其中描述如下：

> Mahāmāyahva-Herukaḥ kṛṣṇo-'rkaprabho...nīlapītaśvetaharita-mūlasavyapaścimavāma-caturmukhaḥ...savyabhujābhyāṁ kapālaśarauvāmābhyāṁ khaṭvāṅgadhanuṣī dadhānaḥ...ardhaparyankena tāṇḍavī.
>
> ——NSP, p.22

> 此形嘿噜迦称大幻，身蓝，如耀日……四面，主面蓝，右一红，右二白，左面绿……右二手持颅钵、箭，左二手持天杖、弓……以舞立姿形跳坦达瓦舞（Tāṇḍava）。
>
> ——《究竟瑜伽鬘》，页22

大幻闻名于藏地①和汉地②。

8. 马头明王

身色：红色　　面数：三面
臂数：八臂　　身姿：游戏坐
面相：怖畏

① 盖蒂：《北传佛教神灵》，页83；戈登：《藏传佛教图像志》，页114。
② 克拉克：《两部藏传佛教众神谱》，卷二，页82、237。

前章已介绍了作为阿弥陀佛化身的马头明王形象，马头明王作为阿閦佛之化身，另见一相，禅定描述如下：

Ārya-Hayagrivaṁ raktavarṇaṁ trimukhaṁ aṣṭabhujaṁ pratimukhaṁ trinetraṁ nīlasitadakṣiṇetaravadanaṁ sarpābharaṇaṁ lalitākṣepapadanyāsaṁ sakrodhadṛṣṭinirīkṣaṇaṁ prathamamukhaṁ smeraṁlalajjihvaṁ, dakṣiṇamukhaṁ daṁṣṭrāvaṣṭabdhauṣṭhaṁ, vyāghracarmanivasanaṁ vajra-daṇḍa-karaṇamudrā-śarodyatadakṣiṇakaracatuṣṭayaṁ tarjanīkā-svakucagraha-padma-dhanurudyatavāma-karacatuṣṭayaṁ Akṣobhyamaulinaṁ dhyāyāt.

——Sādhanamālā, p.508

行者需观己为红身圣马头明王，三面八臂，每面三目。左右二面现蓝、白，饰蛇。双腿游戏姿，形貌怖畏。主面微笑，右面伸舌，左面咬舌。披虎皮，右四手持金刚杵、杖、作印(Karaṇa)、举箭。左四手，一手伸食指、二手抚胸、余二手持莲、弓。冠置阿閦佛像。

——《成就法鬘》，页508

图128为尼泊尔的马头明王画像，与成就法描述稍异。其中，应抚胸之手作异姿，竖食指之手在此复绕羂索。即使如此，此图仍十分重要，因头顶现小马头，可明确其为马头明王。此外要注意，该像表现了罕见的作姿(Karaṇa)。马头明王在藏地[①]和汉地[②]都极为流行。图129为汉地马头明王像。

图128　马头明王(尼泊尔线描)

图129　马头明王(北京)

① 盖蒂：《北传佛教神灵》，页163；戈登：《藏传佛教图像志》，页90、93。
② 克拉克：《两部藏传佛教众神谱》，卷二，页59、164、172、198。

9. 红阎摩敌

身色：红色	面数：一面
臂数：二臂	身型：双身

《成就法鬘》中有多篇礼拜红阎摩敌的成就法。其中一篇称其身色因功能不同而会变化。息灾仪中（Śāntikavidhi），白身，面朝东方；增益仪中（Pauṣṭika）黄身，面朝西方；惑爱仪中（Vaśya-vidhi），身红，面朝西方；引摄仪中（Ākarṣaṇa），身蓝，面朝南方，等等。红阎摩敌的诸种身形中，以红、蓝最流行，可见该尊信仰多以蛊诱男女、使之降服归顺为主。当降阎摩尊（Yamāntaka）身红时，即红阎摩敌（Raktayamāri）；蓝身则为黑阎摩敌（Kṛṣṇayamāri）。阎摩敌可见单体、双身两型。该尊现牛头，骑牛。盖蒂（Getty）记录了一则广传藏地的传说，明示此怖畏尊的缘起①。

以前有位圣人在窟中入定五十年，欲证涅槃，就在四十九年第十一月的二十九日夜，二贼牵所盗公牛入此圣人修行窟，在此宰牛。他们发觉苦修者在此，并目睹其罪行后，便斩其首。看！他的身体幻化为怖畏阎摩，置牛头于肩上，杀死二强盗，以其颅为杯尽饮其血。对牺牲的恶欲无止，涂炭藏地生灵。藏人便向怙主文殊求助，随即文殊化为怖畏相的降阎摩尊（Yamāntaka），经激战击败阎摩。

不论真实传统如何，这都明示了降阎摩尊成就法中出现文殊赞词的原因。然而，阎摩不论作为主尊或是作为降阎摩尊之敌都未见于《成就法鬘》。阎摩是印度教的死神，佛教徒开辟出阎摩死敌——降阎摩尊，将之落实，此尊名见于藏地②，汉地称大威德金刚（Yamāntakavajra）③。此相降阎摩尊成就法共六篇，一面二臂，拥明妃，禅定对其身相描述如下：

> Ātmānaṁ Yamāntakaṁ ekamukhaṁ dvibhujaṁ pratyālīḍhapadaṁ raktaparipūrṇakapālavāmakaraṁ sārdrapītamuṇḍāṅkitasitadaṇḍadakṣiṇakaraṁ nāgābharaṇavibhūṣaṇaṁ piṅgalordhvakeṣaṁ vyāghracarmāmbaradharaṁ Akṣobhyamukuṭinaṁ svābha-Prajñāliṅgitaṁ mahiṣopari viśvadalakamalasūryasthaṁ dhyāyāt. Bhagavatīñca dvibhujaikamukhīṁ, vicitrābharaṇāṁ ālīḍhapadasthitāṁ madavihvalāṁ skhalad-vyāghracarmāṁsukām Bhagavatā saha samputayogena pratyālīḍhenāvasthitāṁ evaṁ vicintya...
>
> ——Sādhanamālā, p.530

行者需观己为一面二臂、左展姿的降阎摩尊，左手持盛血颅钵，右手持白杖，顶置血淋黄色人头。饰蛇，棕发飘举。着虎皮衣，冠置阿閦佛像，拥其自生明妃。立于依日轮的双莲

---

① 此则传说原载Pander, *Pantheon des Tschangtscha Hutuktu*，页61；爱丽丝·盖蒂（Alice Getty）摘录于《北传佛教神灵》，页152。译者注。

② 盖蒂：《北传佛教神灵》，页164。

③ 克拉克：《两部藏传佛教众神谱》，卷二，页52。

座上的牛背上。行者需想明妃世尊女(Bhagavatī),一面二臂,具足庄严,左展姿,微醺态,着虎皮,缠系腰间,与主尊相和现双身,皆左展姿。如是观想……

——《成就法鬘》,页530

10. 黑阎摩敌

身色:蓝色　　　　型数:四型

《成就法鬘》中共有八篇黑阎摩敌(Kṛṣṇayamāri)成就法,共见四型:一面二臂、三面四臂、三面六臂和六面六臂。《究竟瑜伽鬘》中亦述六臂黑阎摩敌。具双身、单体两类。下文逐一介绍诸形。

(1)二　臂

身色:蓝色　　　　面数:一面

臂数:二臂　　　　身型:单身

识具:杖

二臂黑阎摩敌无眷属。《成就法鬘》中的禅定描述其形象如下:

Yamāriṁ vicintayet ātmānaṁ pratyālīḍhapadasthitaṁ ekamukhaṁ dvibhujaṁ nīlavarṇaṁ dkśiṇakare vajrāṅkitodyata-nīladaṇḍam vāmakare tarjanīpāśam hṛdi, evambhūtaṁ Yamāriṁ...viśvadalakamalopari sūryasthamahiśārūḍhaṁ bhāvayet.

——Sādhanamālā, p.547

行者需观己为施左展姿的(黑)阎摩敌,蓝身,一面二臂。右手挥饰金刚杵的天杖,左手当胸伸食指持羂索。应观此尊坐于日轮中央的双莲座上的牛背上。

——《成就法鬘》,页547

(2)四　臂

形象:畏怖　　　　身型:双身

面数:三面　　　　臂数:四臂

眷属:明妃

此形阎摩敌三面四臂,怖畏相,震魂慑魄,双身,其偈诗禅定描述身相如下:

Yamāriratibhīṣaṇaḥ　I

Kaṭhoravarhikaṇṭhābhaḥ savyaśuklāruṇetaraḥ　II

Krodhaparyaṅkayogena viśvābjaravisṁsthitaḥ　I

Svābhavidyādharāsvādarasāyanamahāsukhaḥ II
Kaḍārordhvajjvalatkeśaḥ piṅgabhrūśmaśrulocanaḥ I
Phanīndravṛndanepathyo mṛṇāladhavaladvijaiḥ II
Mudgarāsidharaḥ savye vāme rajīvaratnadhṛk II

——Sādhanamālā, p.544

阎摩敌形貌怖畏，深蓝色，类孔雀颈色，左右面为白、红。立于日轮双莲座上，情态暴怒。浸享明妃嘴唇所流甘露的狂喜之中，发如火焰般向上飘举，胡须、眼目皆棕色。饰物是众多再生龙王，如白色莲茎，右二手持目竭岚(Mudgara)、剑，左二手持莲花、宝。

——《成就法鬘》，页544

（3）六 臂

身姿：左展姿①　　　　面数：三面或六面
臂数：六臂　　　　　　身型：单体

三面六臂阎摩敌形貌威猛，单体，每面三目，伸舌，龇牙，眉目狰狞。鼓腹矮身，着虎皮；右三手持金刚杵、剑和木杵(Mūṣala)，左三手持起尸母、斧、羂索。另一篇成就法称，右侧手持剑、目竭岚和金刚杵，左侧手持铃、金刚羂索、木杵；该成就法称，尽管该尊常现三面六臂，亦有六面六臂形，武器一致。礼拜六面六臂降阎摩尊的禅定如下：

Yamāntakaṁ kruddhaṁ ūrdhvakeśaṁ kṛṣṇaṁ ṣaṇmukhaṁ ṣaḍbhujaṁ ṣaṭcaranaṁ mahiṣārūḍhaṁ pratyālīḍhasthitaṁ naramuṇḍaruṇḍairvihūṣitaṁ atibhayānakākāraṁ vyāghracarmanivasanaṁ dakṣiṇe khaḍga-mudgara-vajraṇi, vāme ghaṇṭā-vajrapāśa-mūṣalān dhārayantaṁ mukuṭe Akṣobhyaṁ vibhāvayet.

——Sādhanamālā, p.546

行者需观己为暴怒的降阎摩尊，头发飘举，六面六臂，施左展姿立于牛背，饰狞厉人首，极威猛。身披虎皮，右三手持剑、目竭岚和金刚杵，左三手持宝铃、金刚羂索和木杵，冠置阿閦佛像。

——《成就法鬘》，页546

蓝阎摩敌是《究竟瑜伽鬘》中阎摩敌曼荼罗的主尊。在此，其形如前所描的三面六臂。内容大致如下：

Kṛṣṇa-sita-rakta-mūla-savya-vāmavadanaḥ ṣaḍbhujaḥ kartrikapā-lāñcita-savyetarakarābhyāṁ

① 原书中误注为右展姿(Ālīḍha)。译者注。

svābhaprajñāsamāliṅgitaḥ savyābhyāṁ vajrāsī vāmābhyāṁ cakrābje vibhrāṇaḥ.

——NSP, p.36

阎摩敌三面现蓝、白、红,主面蓝,右左白红。六臂,二主手持钺刀、颅钵,并拥自生之明妃。右余二手持金刚杵、剑,左余二手持法轮、莲花。

——《究竟瑜伽鬘》,页36

其以"大威德金刚"(Yamāntakavajra)之名著称汉地[①],克拉克的《两部藏传佛教众神谱》中有两件尊像。

11. 旃巴拉

面数:三面　　臂数:六臂

身型:双身

旃巴拉(Jambhala)较五禅那佛更古,其实为药叉,故无佛教缘起,未属任何法祖佛。旃巴拉类似文殊,其法祖本无可确溯。《成就法鬘》中,旃巴拉法祖为宝胜佛或阿閦佛。其像广见于犍陀罗、秣菟罗、萨尔纳特、摩揭陀、孟加拉、尼泊尔等地造像,本章关切的是作为阿閦佛的化身类型,现三面六臂双身态。尽管禅定未述及身色,但可推断其与法祖阿閦佛同为蓝身。旃巴拉作为佛教财神,极受信徒尊崇,所有佛教国家皆有不同形式的旃巴拉信仰。《成就法鬘》中的旃巴拉禅定对此六臂身形的描述如下:

Jambalaṁ trimukhaṁ ṣaḍbhujaṁ Akṣobhyajaṭāmukuṭinaṁ dakṣiṇatribhujaḥ mātuluṅgā-ṅkuṣa-bāṇadharaṁ prathamavāmabhujaikena vāma-pārśvasthita-Prajñāliṅgitaṁ aparavāmabhujābhyāṁ sapāśanakulī-kārmukadharaṁ ātmānaṁ niṣpādya...

——Sādhanamālā, p.564

行者需观己为三面六臂旃巴拉,发髻见阿閦佛像。右三手持香橼、钩、箭,左主手拥明妃并持鼬鼠,左余二手持羂索、箭。如是观想……

——《成就法鬘》,页564

旃巴拉闻名于西藏[②],北京汉地藏品中也有两件六臂旃巴拉像[③]。

---

① 克拉克:《两部藏传佛教众神谱》,卷二,页52、73;戈登:《藏传佛教图像志》,页90所示为该神灵的一例西藏样式的形象。

② 盖蒂:《北传佛教神灵》,页159。

③ 克拉克:《两部藏传佛教众神谱》,卷二,页310六臂藏巴拉标题之下,页203六臂藏巴拉金刚。

12. 除秽忿怒旃巴拉[①]

面相：畏怖　　　　　　　乘骑：吐宝矩吠罗
身态：左展姿

另一类旃巴拉“除秽忿怒”（Ucchuṣma）亦称迪巴（Dimbha），头冠现阿閦佛像，亦可现宝生佛像，即作为宝生佛之化身，后文将专论。此尊成就法诸多，现阿閦佛的旃巴拉的禅定内容如下：

Ātmānaṁ Bhagavantaṁ Ucchuṣmaṁ pañcavarṣakumarakṛtiṁ kharvaṁ viśvapadmasthaṁ candropari sarpābharaṇabhūṣitaṁ ratna-mukuṭiṁ muñcad-ratnamukhapītāṅgasupta-Dhanadasya lalāṭam dakṣiṇena caraṇena caraṇadvayaṁ vāmenākrāntamūrtiṁ pratyālīḍhapadaṁ; nagnaṁ ūrdhvaliṅgaṁ lambodaraṁ; hṛdi daksiṇapāṇistharaktapūrṇakapālābhimukhadṛṣṭiṁ; vāmajanghā-saktavāmakarena ratnacchaṭod-gāryyadhomukhanakulīṁ aviddhaḍhollakarṇadvayaṁ ardhendu [śekharam] damṣṭrākarālavadanaṁ raktavarttulatrinetraṁ kṛtabhṛkuṭīlalāṭaṁ piṅgordhvakeśaṁ Bhūṣparśamudra-nīl-Ākṣobhyamunimastakaṁ...

——Sādhanamālā, p.577

行者需观己为除秽忿怒尊，矮身，如五岁童。立月轮双莲上，饰蛇，戴宝珠头饰；左展姿，右腿踏沉睡的黄施财额头，吐宝。左腿踏施财双腿。除秽忿怒尊裸身，阳具勃举，鼓腹，双眼看右手当胸所持盛血颅钵，左手置左大腿上，持吐宝鼬。耳厚硕，难刺穿，头冠见新月；面狞怖，龇牙，三目血圆睁，眉头紧缩，棕发飘举，冠现结触地印的阿閦佛。

——《成就法鬘》，页577

图130为萨尔纳特除秽忿怒旃巴拉像，立于印度教财神施财（Dhanada）身上，宝珠从矩吠罗（Kuvera）口中吐出。该像特征是由明妃财续佛母（Vasudhārā）相伴。

13. 降障碍尊

身态：左展姿　　　　　　身色：蓝色
识具：金刚杵和羂索期克印

① 梵文“Ucchuṣma”一词在《纳塘百法 · 金刚部》中译为“秽积忿怒金刚”，但二者形象并不相同。译者注。

降障碍尊（Vighnāntaka）[1]与降莲花（Padmāntaka）、降阎摩（Yamāntaka）、降智慧（Prajnāntaka）三尊联系密切，诸尊为曼荼罗门护，降障碍有多种身形。名中“障碍”（Vighna）即指印度教尊迦内沙（Gaṇesa）[2]。《成就法鬘》中仅有一篇简短成就法述其形：

> Ātmānaṁ pratyālīḍhapadasthitaṁ ekamukhaṁ dvibhujaṁ nīlavarṇaṁ vāmakareṇa tarjanikāpāśam, dakṣiṇakareṇodyatavajraṁ bhayānakaṁ piṅgalordhvakeśam.
>
> Vighnāntakasādhanam.
>
> ——Sādhanamālā, pp.558–559

> 行者需观己为一面二臂、蓝身降障碍尊，左展姿，左手期克印持羂索，右手持金刚杵。形貌怖畏，棕发飘举，立于日轮中的莲花上。
>
> ——《成就法鬘》，页558—559

此成就法未述及踩踏仰卧的毗那夜迦（Gaṇeśa），后者的重要性在尊名“降障碍”中实已展现。被印度教尊为驱除世间诸障的迦内沙却被佛教视为世间最险恶的魔障。尼泊尔的一个传说道出此尊渊源。以前一位乌仗纳班智达为获成就曾在加德满都的巴格马蒂河畔行怛特罗仪式，据说仪式修法期间迦内沙深扰其思绪，并设恶障。此师深感无助，进祈请降障碍尊，即以威猛畏怖形现前，持猛器驱逐迦内沙，后者顿时惊慌遁逃，即刻降服。

图131中可见降障碍尊以万钧之势踩踏迦内沙，后者为捍卫神格尊严，在挣扎中施无畏姿。据说现于乌仗纳金刚行者（Vajrācāryya）面前的便是此六臂形降障碍尊。二主手当胸持钺刀、颅钵；右余二手持鼓、钩，左余二手分别持三叉戟和羂索。原像藏于巴罗达博物馆，降障碍尊亦见于北京的汉地藏品之中[3]。

图130 除秽忿怒旃巴拉（萨尔纳特博物馆）

图131 降障碍明王（巴罗达博物馆）

① 梵文“vighna”意为障碍，“vighnāntaka”汉译作“降障碍尊”，其藏文对应尊号为：gegs mthar byed。在《诸佛菩萨圣像赞》中汉译为“除魔金刚”。译者注。
② 即印度教中著名的象头神，或象鼻天。译者注。
③ 克拉克：《两部藏传佛教众神谱》，卷二，页217、311。

14. 金刚吽伽罗

（1）二 臂

形象：怖畏	识具：金刚杵、铃
手印：金刚吽印	臂数：二臂
身态：左展姿	乘骑：湿婆

《成就法鬘》仅一篇述及金刚吽伽罗（Vajrahūṅkāra）形象的成就法，二手持金刚杵、铃，并结金刚吽字印，故得此名。此成就法称该尊生于圣字"吽"（Hūm），如催灭烈火般不可抵挡，身蓝，光耀四方。该成就法详述道：

> Tadutpannaṁ mahāraudraṁ Vajrahūṅkāra-samjñakaṁ I
> Aṭṭahāsaṁ mahāraudraṁ kṣepayantaṁ tridhātukaṁ II
> Ghaṇṭāvajraprayogena mudrābaddhakaradvayaṁ I
> Pratyāliḍhapadenaiva Bhairavākrāntabhīkaraṁ II
>
> ——Sādhanamālā, p.506

> 行者需观己为生于圣字"吽"的金刚吽伽罗，怖畏威猛形，大笑，忿怒态，震动三界。二手持铃、金刚杵并结金刚吽字印，施左展姿踏怖畏明王，摄人心魄。
>
> ——《成就法鬘》，页506

金刚总持与金刚吽伽罗相近，亦结金刚吽字印并持铃、杵，但二尊形貌多异。金刚总持坐莲花上施金刚跏趺坐，现温善相，而金刚吽伽罗则施左展姿，踩怖畏明王，现威怒相。二者并无联系。北京汉地藏品见多尊金刚吽伽罗像[①]，而印度尚未发现。

（2）六 臂

身色：蓝色	面数：三面
臂数：六臂	

该尊是《究竟瑜伽鬘》中金刚吽伽罗曼荼罗的主尊，此处其为降三世明王（Trailokyavijaya），三面六臂，二主手结降三世印[②]，并持金刚杵、铃，拥自生明妃，右余二手持羂索、钩，左余二手持

① 克拉克：《两部藏传佛教众神谱》，卷二，页238、314。
② 很可能与金刚吽字印一致。该手印之描述见戈登：《藏传佛教图像志》，页22。

颅钵、天杖(Khaṭvāṇga)[①]。金刚吽伽罗、降三世明王皆闻于汉地[②]。

15. 伏魔明王

身色：银黑　　形象：畏怖
臂数：四臂　　手印：降魔触地印

《成就法鬘》中有三篇述及伏魔明王(Bhūtaḍāmara)身相的成就法，面怖畏，威吓人心，饰蛇，现獠牙、骷髅环。禅定如下：

Ātmānam paṣyet raudram jvālāmālākulaprabhaṁ I
Caturbhujaṁ mahākrodhaṁ bhinnāñjanasamaprabhaṁ II
Dakṣiṇe vajramullālya tarjayan vāmapāṇinā I
Daṁṣṭrākarālavadanam nāgāṣṭakavibhūṣitaṁ II
Kapālamālāmukuṭaṁ trailokyaṁ api nāśanaṁ I
Aṭṭahāsaṁ mahānādaṁ trailokyādhiṣṭhitaṁ prabhuṁ II
Pratyāliḍhasusamsthānaṁ ādityakoṭitejasaṁ I
Aparājitapadākrāntaṁ mudrābandhena tiṣṭhati II
Bhūtaḍāmara-sādhanaṁ.

——Sādhanamālā, p.521

行者需观己(伏魔明王)现怖畏相，身释火焰。四臂忿怒，如银锑(bhinnāñjana)般明耀。右手持金刚杵，左手以威猛态结期克印。龇牙狰狞，饰八毒蛇。冠饰骷髅环，能灭三界。稳立左展姿，耀目若俱胝烈阳。脚踩无能胜(Aparājitā)，结特有手印。

——《成就法鬘》，页521

据以上禅定可知，二主手结伏魔印(Bhūtaḍārama/Ḍārama)[③]，左右二次手持金刚杵、期克印，成就法述及该尊手印。伏魔明王是《究竟瑜伽鬘》中伏魔明王曼荼罗之主尊，其脚踩俯卧的无能胜，现四臂威猛相。右二手以威猛姿持金刚杵，左二手结期克印、持羂索，二主手结降魔印[④]。《究竟瑜伽鬘》称伏魔明王法祖为阿閦佛(Atra cakreśasya kuleśo'kṣobhyaḥ, NSP, p.74)。在汉地该尊

① 《究竟瑜伽鬘》，页24。
② 克拉克：《两部藏传佛教众神谱》，卷二，页238、314。
③ 该手印的具体描述见戈登：《藏传佛教图像志》，页62。
④ 该手印的详尽信息见 Bhattacharyya, B: *The Cult of Bhutadamara*, in the proceedings of Patna Oriental Conference.

冠名伏魔金刚手(Bhūtaḍārama Vajrapāṇī)①。

16. 金刚猛焰轮明王

身色:蓝色　　面数:四面
臂数:八臂　　身态:右展姿
乘骑及眷属:遍入天(Viṣṇu)及其明妃

《成就法鬘》中仅一篇成就法述及金刚猛焰轮明王(Vajrajvālānalārka)的尊形。四面八臂、右展姿、脚踩胁侍明妃的遍入天。身蓝,怖畏相。禅定描述如下:

Vajrajvālānalārkaṁ nīlavarṇaṁ jvālāmālākulaprabhaṁ caturmukhaṁ aṣṭabhujaṁ śṛṅgāra-vīra-bībhatsa-karuṇāṇvitacaturmukhaṁ, caturbhir-dakṣiṇakarair-vajra-khaḍga-cakra-bāṇakharaṁ caturvāmakarair-ghaṇṭa-cāpa-pāśa-khaṭvāṅgāsaktavicitrapatā-kādharaṁ jvaladanalakapila-śikhākalāpaṁ atibhīṣaṇamahāhivalaya-kaṅkaṇa-kaṭisūtra nūpura-kaṇṭhi-kā-kuṇḍala-mukuṭābharaṇam mahāmāyācakraracanacaturaṁ sapatnikaṁ Viṣṇum-ālīḍhapadena ākramya avasthitaṁ bhāvayet.

——Sādhanamālā, p.512

行者需观己为蓝身金刚猛焰轮明王,身射猛焰。四面八臂,四面现爱慕、英勇、厌恶、慈悲四情态;右四手持金刚杵、剑、法轮和箭;左四手持铃、弓、羂索和天杖,天杖顶见杂色幢。棕发若烈焰,饰手镯、臂钏、腰带、足钏、项链、耳铛、头冠,怖畏(八)龙王构其头冠。施右展姿,脚踩遍入天及其聪慧明妃,万物皆寓二者大幻中。

——《成就法鬘》,页512

17. 降三世明王

身色:蓝色　　面数:四面
臂数:八臂　　姿态:左展姿
乘骑:湿婆和高哩母

降三世明王(Trailokyavijaya)亦蓝身,怖畏相,畏吓人心。福歇教授发现两件该尊像,一件出自爪哇,另一件藏在菩提迦叶的一座印度教庙宇。其禅定述其尊相如下:

---

① 克拉克:《两部藏传佛教众神谱》,卷二,页152、242。

Trailokyavijaya-Bhaṭṭarakaṁ nīlaṁ caturmukhaṁ aṣṭabhujaṁ; prathamamukhaṁ krodhaṣṛṇgāraṁ, dakṣiṇaṁ raudraṁ, vāmaṁ bibhatsaṁ, pṛṣthaṁ vīrarasaṁ; dvābhyāṁ ghaṇṭāvajrānvitahastābhyāṁ hṛdivajrahūṅkāramudrādharaṁ; dakṣiṇatrikaraiḥ khaṭvāṅgāṅkuśabāṇadharaṁ, vāmatrikaraiḥ cāpapāśavajradharaṁ; prātyalīḍhena vāmapadākrānta-Maheśvaramastakaṁ dakṣiṇapadāvaṣṭabdha-Gaurīstanayugalaṁ; Buddhasragdāmamālādivicitrāmbarābhāraṇadhāriṇaṁ ātmānaṁ vicintya...

——Sādhanamālā, p.511

行者需观己为四面八臂的蓝身降三世明王。主面怖畏,右面暴怒,左面厌恶,后面英勇。二主手当胸持铃、金刚杵并结金刚吽字印。右余三手持天杖、钩、箭,左余三手持弓、羂索、金刚杵。左展姿,左踩摩醯首罗天之头,右踩高哩母之胸。着杂色衣、饰物、佛鬘。如是观想……

——《成就法鬘》,页511

该尊闻名于藏[①]汉[②]。

18. 最胜马

面数:四面　　臂数:八臂

腿数:四腿　　乘骑:四男尊、四女尊

最胜马(Paramāśva)是马头明王的一种身形,如Paramāśva中“āśva”(马)之所指。成就法描绘该尊四面,但实际表现有七面,据说其中见“四面梵天”(Brahmamukha),另一特征即四腿,各踩二尊。摘录《成就法鬘》中的此尊禅定如下:

Paramāśvaṁ raktaṁ caturmukhaṁ aṣṭabhujaṁ catuścaraṇaṁ; prathamamukhaṁ krodhaśṛṅgāraṁ trilocanaṁ, dakṣiṇaṁ raudraṁ, vāmaṁ Brahmamukhaṁ mūrdhni lalitoddhulitoṣṭhaṁ haritāśvamukhaṁ; ekena dakṣiṇatripatākādharakarena viśvavajrasahitenottiṣṭhābhinayaṁ kurvantaṁ; ekena vāmakhetakahastena viśvapadmaṁ dhārayantaṁ; punardakṣiṇatripatākāreṇa uttiṣṭhābhinayaṁ kurvantaṁ punarvāmakareṇa śaktim dhārayantaṁ; punardakṣiṇakarābhyāṁ khaḍgaṁ bāṇañca, avaśiṣṭavāmakarābhyāṁ daṇḍaṁ cāpañca dhārayantaṁ Pratyaliḍhena dakṣiṇapādaikena Indrāṇīṁ Śriyañca ākramya sthitaṁ, dvitīyadakṣiṇacaraṇena Ratiṁ Prītiñca

① 戈登:《藏传佛教图像志》,页60;盖蒂:《北传佛教神灵》,页115。
② 克拉克:《两部藏传佛教众神谱》,卷二,页116、168。

vāmaprathamapādena Indraṁ Madhukarañca, vāmadvitīyapādena Jayakaraṁ Vasantañca, ityātmānaṁ dhyāyāt...

——Sādhanamālā, pp.510–511

行者需观己为四面八臂四腿的红身最胜马。主面三目，愤怒，二面怖畏，三面为梵天面，四面绿色，置于头顶，狰狞如马面，下唇外伸。右一手伸三指（Tripatākā三藏印）持交杵，左一手持双莲杖。右二手竖三指，左二手持矛。右余二手持剑、箭，左余二手持杖、弓。左展姿，右一脚踏因陀罗尼（Indrāṇī）、吉祥天女（Śri），二脚踩嬉女（Rati）、欢喜天（Prīti）；左一脚踩帝释天和摩度羯罗（Madhukara），二脚踩阇夜羯罗（Jayakara）和春女（Vasanta）。

——《成就法鬘》，页510—511

图132为尼泊尔的最胜马，值得注意其中马首，这亦现于马头明王像中。

19. 瑜伽虚空

身色：蓝色	面数：三面
臂数：六臂	身型：双身
明妃：智空行母	

瑜伽虚空（Yogāmbara）是《究竟瑜伽鬘》中瑜伽虚空曼荼罗的主尊。尊形在此被描述如下：

Siṁhopari viśvāmbhojacandre ardhaparyaṅkaniṣaṇṇo Bhagavān Yogāmbaraḥ kṛṣṇaḥ kṛṣṇa-sita-rakta-mūlasavyavamāmukhatrayaḥ...ṣaḍbhujo vajravajraghaṇṭā-bhṛdbhjabhyāṁ kṛṣṇām śuklām vā jñānaḍākinīṁ pītabhujangabhūṣaṇāmāliṅgitaḥ savyābhyāṁ stanabāṇau vāmābhyām abjabhājanadhanuṣī dadhānaḥ.

——NSP, p.32

月中双莲上，瑜伽虚空施半跏趺坐于狮背。身蓝，三面，主面蓝，右面白，左面红；六臂，二主手持金刚杵、铃，并拥明妃智空行母，佛母身色蓝白，饰蛇。右余二手抚胸、持箭，左余二手持莲花碗、弓。

——《究竟瑜伽鬘》，页32

身色蓝，显示该尊属禅那佛阿閦佛之种姓。瑜伽虚空见于汉地[①]，图133为汉地的瑜伽虚空像。

① 克拉克：《两部藏传佛教众神谱》，卷二，页81、103、239。

图132　最胜马（尼泊尔线描）

图133　瑜伽虚空（北京）

20. 时轮金刚

身色：蓝色　　面数：四面
臂数：二十四臂

时轮（Kālacakra）是《究竟瑜伽鬘》中时轮金刚曼荼罗的主尊。著名佛教密续经典《时轮续》将时轮信仰引入佛教。《无暇光》（*Vimalaprabhā*）是对《究竟瑜伽鬘》中所涉的《时轮续》的释论，故时轮信仰或是公元10世纪左右流行开来。《时轮续》称此信仰为本初佛乘（Ādibuddhayāna）或本初乘（Ādiyāna）。据《无暇光》可知，吸收时轮信仰是为弥合印度教与佛教之对立，以联合对抗印度西境蛮族（mlecchas）的文化渗透，此地伊斯兰教日盛，吞噬着古老虚弱的文明。

《究竟瑜伽鬘》中对时轮身形的描述详尽而略显古怪。需尽可能简洁提炼该尊形象之认识。描述如下：

Uttānānaṅgarudrahṛdayayorālīḍhena nṛtyan Bhagavān Kālacakraḥ kṛṣṇo... vyāghracarmāmbaradharo dvādaśanetraścaturmukhaḥ...trigrīvo bhagavān... ṣaṭskandho'sau...dvādaśabāhūrupabāhutaḥ prabhṛti caturviṁśatisahasraḥ. Tatra dakṣiṇau dvau bahū nīlar dvau raktau dvau śuklau tathā vāmau evaṁ karāścatvāraḥ...savyā vāmāśca...

Dakṣiṇeṣu kareṣu kṛṣṇeṣu vajra-khaḍga-triśūla-kartrikāḥ; rakteṣ-vagni-bāṇa-vajr-āṅkuśaḥ; śukleṣu cakra-kunta-daṇḍa-paraśavaḥ.

Vāmeṣu kṛṣṇeṣu ca vajra-ghaṇṭāphalake vikasitamukhakhaṭvāṅgaṁ raktapūrna-kapālaṁ ca; raktesu kodaṇḍapāśau maṇiratnaṁ puṇḍarīkaṁ ca; śukleṣu darpaṇa-vajra-ṣṛṅkhala-Brahmaśirasca.

——NSP, pp.83-84

时轮施右展姿踏无支(Anaṅga)和仰卧的鲁达罗(Rudra)。蓝身，着虎皮，十二目四面。三颈、六肩。各边十二主手及次手共计二十四。右见二蓝臂，二红臂，二白臂；左右相类。次手，蓝、红、白色各四臂。左右皆是。

右四蓝臂持金刚杵、剑、三叉戟、钺刀。四红臂持火焰、箭、金刚杵、钩。四白臂持法轮、钺刀、天杖、斧头。

左四蓝臂持金刚铃、轮、张口天杖和盛血颅钵。四红臂持弓、羂索、珠、莲。四白臂持镜、杵、链和狩厉梵天头。

——《究竟瑜伽鬘》，页83—84

汉地藏品中可见时轮，《两部藏传佛教众神谱》中有一例。时轮像在印度罕见。该尊流行于藏[①]汉[②]地区。图134为尼泊尔的时轮金刚画像。该尊蓝身，可知其法祖为阿閦佛。

图134 时轮金刚(尼泊尔线描)

① 盖蒂:《北传佛教神灵》，页146。详尽描述及精美图例见戈登的《藏传佛教图像志》，页84、85。
② 克拉克:《两部藏传佛教众神谱》，卷二，页49、233。

第七章　阿閦佛之化身尊(续)

女　尊

阿閦佛女尊化身比其他禅那佛多,其中闻名者,广传于北传佛教国家,但却未有对应成就法。如前所述,阿閦佛化身之定则,即怖畏相、震慑人心。女尊化身亦然,蓝身,类男尊,具威猛尊格。例外者,如温善相的般若佛母和财续佛母(Vasudhārā)。下面逐一介绍阿閦佛的女尊化身。

1. 大震旦度母

身态:左展姿　　面相:畏怖

乘骑:尸体　　臂数:四臂

大震旦度母(Mahācīnatārā)成就法有两篇,见两种禅定,一为叙述体,另一为偈诗体,所述尊形一致。佛教怛特罗经典中,该尊亦号猛利母(Ugratārā),尼泊尔衫古(Śāṅku)的金刚瑜伽母庙的圣龛内即见猛利母像。大震旦度母或猛利母被纳入印度教神系,冠名多罗(Tārā),为十大明女之一(Mahāvidyā goddesses)。《成就法鬘》中,该尊禅定以如下偈诗述其尊形:

Pratyālīḍhapadāṁ ghorāṁ muṇḍamālāpralambitāṁ　I
Kharvalambodarāṁ bhīmāṁ nīlanīrajarājitāṁ　II
Tryambakaikamukhāṁ divyāṁ ghorāṭṭahāsabhāsurāṁ　I
Suprahṛṣṭāṁ śavārūḍhāṁ nāgāṣṭakavibhūṣitāṁ　II
Raktavartulanetrāñca vyāghracarmāvṛtāṁ kaṭau　I
Navayauvanasaspannāṁ pañcamudrāvibhūṣitāṁ　II
Lalajjihvāṁ mahābhīmāṁ sadaṁṣṭrotkaṭabhīṣaṇāṁ　I
Khaḍgakartrikarāṁ savye vāmotpalakapāladhāṁ　II
Piṅgograikajaṭāṁ dhyāyāt maulāvakṣobhyabhūṣitāṁ　II

Mahācīnatārā-Sādhanaṁ.

——Sādhanamālā, p.210

行者需观己为施左展姿的大震旦度母，颈挂人头环，震骇心魄。矮身，鼓腹，形怖畏。身色如青莲，一面三目，惧畏大笑。现大乐态，立于人尸，饰蛇，血目圆睁，腰系虎皮，活力旺盛。具五吉符，威猛畏怖形，伸舌，龇牙。右二手持钺刀、剑，左二手持青莲、颅钵。棕色盘卷髻冠如一团烈焰，其中现阿閦佛像。

——《成就法鬘》，页210

此禅定见于断代在1165年的最早写本《成就法鬘》中，尾记称大震旦度母成就法源出《大震旦续》(*Mahācina-Tantra*)，因而此文本应早于现存最早的写本《成就法鬘》。这篇偈诗体成就法归于金刚常住(Śāśvatavajra)名下，故上文禅定不会早于金刚常住。活跃于16世纪中叶的梵庆喜(Brahmānanda)的《度母秘义经》(*Tārārahasya*)和黑庆喜・自在顺随(Kṛṣṇānanda Āgamavāgīśa)的《怛特罗精髓》(*Tantrasāra*)中皆有一篇度母禅定，与上述禅定内容相同：

Pratyālīḍhapadāṁ ghorāṁ muṇḍamālāvibhusitaṁ I
Kharvāṁ lambodarīṁ bhīmāṁ vyāghracarmāvṛtaṁ kaṭau II
Navayauvanasampannāṁ pañcamūdrāvibhuṣitāṁ I
Chaturbhujāṁ lolajihvāṁ mahābhīmāṁ varapradāṁ II
Khaḍgakartrisamāyukta-savyetarabhujadvayāṁ I
Kapālotpalasaṁyuktasavyapāṇiyugānvitāṁ II
Piṅgograikajaṭaṁ dhyāyenmaulāv-Akṣobhyabhūṣitāṁ I
Bālārkamaṇḍalākāralocanatrayabhuṣitāṁ II
Jalaccitāmadhyagatāṁ ghoradamṣṭrāṁ karālinīṁ I
Sāveśasmeravadanāṁ stryalaṅkāravibhuṣitāṁ II
Viśvavyāpakatoyāntaḥ śvetapadmoparisthitāṁ I
Akṣobhyadevīmūrdhanyastrīmūrtirnāgarupadhṛk II

——《怛特罗精髓》(*Tantrasāra*), p.415 et sqq.

对比二禅定，便可明知印度教祖师如何修订金刚常住的原作，即在原禅定中添句、并修正其语法错误。这是佛教怛特罗尊的印度教化的一种普遍方法。

印度教徒在其禅定中保留了阿閦佛小像，以展现此尊的佛教渊源。众所周知，印度教男女尊神没有在头冠上置法祖的传统。除非从佛教借来，阿閦佛并未见于印度教神系，印度教也没解释置阿閦佛像于度母头冠的原因。

图135、136是佛教度母像(或大震旦度母)，与今日尼泊尔的度母像迥异。需指出，印度教度母脚踩人尸之说不确，而是俯卧着的大天(Mahādeva)，度母为其明妃。

图135　大震旦救度母(尼泊尔线描)

图136　大震旦救度母(尼泊尔线描)

2. 消伏毒害母

消伏毒害母(Jānguli)因其治愈、防范毒蛇之能而在佛教徒中广受礼拜。据《成就法鬘》的一篇结集(Sangīti)称此尊与佛陀同时代,其礼拜秘诀及真言是由佛陀直传阿难。此外,有四篇成就法述及消伏毒害母的礼仪程序,详细给出从蛇咬处逼出蛇毒的真言。这四篇成就法展现该尊三种不同身形,两种一面四臂形,一种三面六臂形。汉[1]藏[2]皆见消伏毒害母像。

(1)一面四臂(白)

身色:白色　　　　识具:蛇或琵琶

手印:无畏印

二篇消伏毒害母成就法述其形为一面四臂,二者除所持武器不同外,其他一致。其中一篇禅定描述尊形如下:

> Ātmānaṁ āryajāṅgulīrūpāṁ sarvaśuklāṁ caturbhujāṁ ekamukāṁ jaṭāmukuṭinīṁ śuklāṁ śuklanivasanottarīyāṁ sitaratnālaṅkārabhūṣitāṁ śuklasarpairvibhūṣitāṁ sattvaparyaṅke upaviṣṭāṁ mūlabhūjābhyāṁ vīṇāṁ vādayantīṁ dvitīyavāmabhujena sitasarpadhāriṇīṁ aparadakṣiṇenābhayapradāṁ candrāṁśumālinīṁ dhyāyāt...
>
> ——Sādhanamālā, p.253

① 克拉克:《两部藏传佛教众神谱》,卷二,页204、217、281。

② 盖蒂:《北传佛教神灵》,页123。

行者需观己为圣消伏毒害母，白身，一面四臂，结髻冠与白巾。饰白色宝珠、白蛇，施坐兽座。二主手弹琵琶，左次手持白蛇，右次手结无畏印，耀洁如月。

——《成就法鬘》，页253

在另一成就法中，右次手结与愿印。图137为尼泊尔的二臂消伏毒害母。

图137　消伏毒害母（尼泊尔线描）

（2）一面四臂（绿）

身色：绿色　　手印：无畏印

识具：三叉戟、孔雀毛和蛇

第二种身形与上述相似，但此中未提及其兽座、身姿（或坐或立），识具与前者亦异：三叉戟、孔雀羽毛、蛇。手印一致，皆无畏印[①]。

（3）三面六臂（黄）

面数：三面　　臂数：六臂

乘骑：蛇　　身色：黄色

第三种身形为三面六臂。《成就法鬘》中有两篇成就法归于此形，以文、诗两体呈现。其中一篇禅定内容如下：

Ārya-Jāṅgulīṁ ātmānaṁ jhaṭiti niṣpādayet pītāṁ trimukhāṁ ṣaḍbhujāṁ nīlasitadakṣiṇetaravadanāṁ khaḍgavajrabāṇadakṣiṇahastacayāṁ satarjanīpāśa-viṣapuṣpakārmukavāmakaratrayāṁ

① 第121篇成就法，《成就法鬘》，页251。

sphītaphaṇāmaṇḍalaśiraḥsthāṁ sarvadivyavastrā-bharaṇabhūṣitāṁ kumārīlakṣaṇojjvalāṁ akṣobhyākrāntamastakāṁ dhyātvā.

——Sādhanamālā, p.248

行者需速观己为圣消伏毒害母,黄身,三面六臂。右面蓝,左面白。右三手持剑、金刚杵、箭,左三手持羂索并结期克印、青莲、弓。背依茂盛的环形蛇冠(sphītaphaṇāmaṇḍala),身现天衣美饰,具少女吉相,辉耀夺目,冠置阿閦佛像。如是观想……

——《成就法鬘》,页248

印度教女尊摩那娑(Manasā)即解毒母(Viṣahari),与消伏毒害母形貌相似。印度教怛特罗经典中的一些摩那娑禅定,描述该尊别号即消伏毒害母。

3. 独髻母

身色:蓝色　　　　形象:畏怖
身态:左展姿

独髻母是金刚乘神系中具最上力的女尊之一。《成就法鬘》称,仅闻其真言一遍,可即脱诸障、善业永驻、敌患摧灭、心向皈依,甚至可证佛果。《成就法鬘》中有四篇独髻母成就法,见三种身形,一面二臂、四臂、八臂。其中一篇述及此尊主要形貌,尾记称此成就法源于藏地,由闻名于中世纪的印度八十四大成就者之一的圣龙树(Ārya Nāgājuna)所作。该成就法对独髻母的整体描述如下:

Kṛṣṇavarṇā matāḥ sarvvā vyāghracarmmāvṛtāḥ kaṭau I
Ekavaktrāḥ trinetrāś ca piṅgorddhvakeśamuṛddhajāḥ II
Sarvvā lambodarā raudrāḥ pratyālīḍhapadasthitāḥ I
Saroṣakarālavaktrā muṇḍamālāpralambitāḥ II
Kuṇapasthā mahābhīmā maulāakṣyobhyabhūṣitāḥ I
Navayauvanasampannā ghoraṭṭahāsabhāsvarāḥ II
Viśvapadmopari sūryye cintanīyāḥ prayatnataḥ II

——Sādhanamālā, p.266

(独髻母)诸形皆蓝,腰系虎皮,一面三目,棕发飘举。矮身,鼓腹,忿怒相,左展姿,面相狰狞暴怒;颈挂人头环,立人尸上,形貌怖畏,头冠见阿閦佛像。现年轻活力,怖畏大笑,需想其现于日轮双莲之上。

——《成就法鬘》,页266

此总体描绘仅适用独髻母的一面二臂、四臂、八臂之三种身形：

（1）二臂，持钺刀、颅钵（图138）。

（2）四臂，右二手持箭、剑，左二手持弓、骷髅。另两篇四臂独髻母成就法所述身形稍异，二主手持颅钵、钺刀，另二手持青莲、剑，或以念珠代剑（图139）。

（3）八臂，右四手持剑、箭、金刚杵、钺刀，左四手持弓、青莲、斧、骷髅。

北传佛教国家皆可见独髻母尊像，其闻名于藏①汉②。

图138 独髻母（印度博物馆）

图139 独髻母（尼泊尔线描）

4. 烈光猛焰怖畏母

面数：十二面　　臂数：二十四臂

身色：蓝色　　身姿：左展姿

乘骑：帝释天、大梵天、遍入天、湿婆

独髻母的另一身形为烈光猛焰怖畏母（Vidyuj-jvālā-karāli），据说生于佛陀汗液。此形独髻母十二面二十四臂，石雕、铜像皆少见。其禅定较长，对该尊有生动描述：

Dvādaśamukhāṁ mahākṛṣṇavarṇāṁ caturviṁśatibhujāṁ caturmārasamākrāntāṁ śvetakapālopari pratyālīḍhapadāṁ mahāpralayāgnisamaprabhāṁ vivṛtāsyāṁ hāhākārāṁ lalajjihvāṁ saroṣāṁ vikṛtakoṭibhīmabhṛkuṭītaṭodbhrūnetracaladvartulāṁ bhayasyāpi bhayaṅkarīṁ

① 盖蒂：《北传佛教神灵》，页125—126；戈登：《藏传佛教图像志》，页76。

② 克拉克：《两部藏传佛教众神谱》，卷二，页284。

kapālamālā śirasi bhūṣitāṁ vyāḍairalaṅkṛtāṁ ṣaṇmudropetāṁ prathamamukhaṁ mahākṛṣṇaṁ tathā dakṣiṇamukhapañcakaṁ sitapītaharitaraktadhūmravarṇañca, vāmamukhapañcakaṁ raktasitapīta-haritasitaraktañca, ūrdhvamukhaṁ dhūmraṁ vikṛtaṁ kruddhaṁ, sarvamukhāni daṁṣṭrākarālavadanāni, trinetrāṇi, jvalitordhvapiṅgalakeśāni, saroṣāṁ kharvalambodarīṁ pīnonnatapayodharāṁ vyāghracarmanivasanāṁ dakṣiṇadvādaśabhujeṣu khaḍga-vajra-cakra-raktacchaṭā-āṅkuśa-śara-śakti-mudgara-musala-kartri-ḍamaru-akṣamālikāñca, vāmadvādaśabhujeṣu dhanuḥ-pāśa-tarjanī-patākā-gadā-triśūla-caṣaka-utpala-ghaṇṭā-paraśu-brahmaśiraḥ-kapālañca.

Suprahṛṣṭāṁ śavārūḍhāṁ nāgāṣṭakavibhūṣitāṁ /
Navayauvanaśampannāṁ hāhāḍḍahāsabhāsurāṁ //
Piṅgograikajaṭāṁ dhyāyāt maulāvakṣobhyabhūṣitāṁ //

Iti Vidyujjvālākarālīnāmaikajaṭāsādhanaṁ samāptaṁ

——Sādhanamālā, p.257

行者需观己(烈光猛焰怖畏母)现十二面二十四臂,深蓝身,脚踩四魔(大梵天、遍入天、湿婆、帝释天),左展姿立于白骷髅上,怖畏如摧灭烈焰,大口释哈哈声。伸舌,怒目圆睁,眉目紧锁、前额狞曲。慑惧人心,头饰骷髅环;饰蛇,现六吉饰。主面深蓝,右五面白、黄、绿、红、烟;左五面红、白、黄、绿、白红。头顶之面烟色,面容狰狞忿怒。诸面皆怖畏、三目、龇牙;棕发如火焰飘举;身矮,鼓腹,胸部丰满挺拔;披虎皮。右十二手持:1. 剑,2. 金刚杵,3. 轮,4. 宝,5. 象钩(āṅkuśa),6. 箭,7. 矛,8. 锤,9. 木橛(Mūṣala),10. 钺刀,11. 鼓,12. 念珠;左十二手持:1. 弓,2. 羂索,3. 竖食指,4. 幡,5. 杖,6. 三叉戟,7. 酒杯,8. 青莲,9. 铃,10. 斧,11. 梵天头,12. 颅钵。

骑人尸见狂喜态,形貌年轻、辉煌十分并骇人大笑,戴棕色髻冠如烈焰,上置阿閦佛像。此独髻母之别形——烈光猛焰怖畏母成就法竟。

——《成就法鬘》,页257

5. 叶衣佛母

身色:黄色	面数:三面
臂数:六臂	乘骑:障魔
姿态:左展姿	

礼拜叶衣佛母(Parṇaśabari)可驱瘟疫、化匪患,其真言中现别号"毗舍阇女"(Piśāci)[①],可知该尊属半人半神。《成就法鬘》中有两篇叶衣佛母成就法,描绘两种不同身形,一者头顶现阿閦佛像,另者现不空成就佛像;一者现温善笑容,另者则笑中见愠色。东孟加拉的两件叶衣佛母像的头冠上皆为不空成就佛。规定其身黄、头冠现阿閦佛的禅定内容如下:

① 恶魔之意。译者注。

Bhagavatīṁ pītavarṇāṁ trimukhāṁ trinetrāṁ ṣaḍbhujāṁ prathamamukhaṁ pītaṁ dakṣiṇaṁ sitaṁ vāmam raktaṁ, laitahāsinīṁ sarvālaṅkāradharāṁ parṇapicchikāvasanāṁ, navayauvanoddhatāṁ pīnāṁ...dakṣiṇabhujaiḥ vajraparaśuśaradhāriṇīṁ vāmabhujaiḥ satarjanikāpāśā-parṇapicchikādhanurdhāriṇīṁ puṣpāvabaddhajaṭāmukuṭastha-akṣobhyadhāriṇīṁ sūryaprabhāmaṇḍalinīṁ adho vighnān nipātya sitapadmacandrāsane pratyālīḍhasthāṁ, hṛdvāmamuṣṭitarjanyādho vighnagaṇān santarjya dakṣiṇavajramuṣṭiprahārābhinayāṁ... bhāvayet.

Parṇaśavarī Sādhanaṁ.

——Sādhanamālā, p.306-307

行者需观己为黄身叶衣佛母，三面六臂，每面三目。正面蓝，右白，左红，优雅微笑。具足庄严，身着叶衣，年轻活力并露骄傲色，身敦实，右侧手持金刚杵、斧、箭，左主手持罥索并期克印，余二手持一簇叶子、弓，髻冠饰花、阿閦佛像；其背光耀如烈阳，左展姿于月轮白莲上，踏障魔。左手当胸结期克印以威慑障魔主，挥右拳……

——《成就法鬘》，页306—307

图140所示残像现藏印度博物馆，三面六臂，脚踏毗那夜迦（Gaṇeśa），或即此形叶衣佛母。《成就法鬘》中“障魔”一词常指毗那夜迦。上述成就法还称佛母另见四臂身形，头冠置阿閦佛，此身形的右二手持金刚杵、斧，左二手中，主手持罥索并结期克印，次手持一簇叶子，省略弓、箭。叶衣佛母像可见于藏[①]和汉[②]。

图140　叶衣佛母（印度博物馆）

① 盖蒂：《北传佛教神灵》，页71；戈登：《藏传佛教图像志》，页134—135。
② 克拉克：《两部藏传佛教众神谱》，卷二，页278。

6. 般若佛母

般若佛母(Prajñāpāramitā)是同名大乘经典《般若波罗蜜多经》的神格化,根据佛教传统,公元2世纪龙树在下界(nether region)复现此经,佛曾将此胜识经典托与下界龙王掌管,盖因其时世人未有足够心识领悟其要义。般若佛母信仰广行于佛教信众,据说圣无著作有一篇般若佛母成就法,礼拜该尊可使信徒获智增识。《成就法鬘》中有九篇成就法述及般若佛母的礼拜程序,其中仅两篇将其归至阿閦佛的金刚部。与文殊类似,般若佛母不能被归于某尊禅那佛,因从年代角度看《般若波罗蜜多经》明显早于五方佛。这两篇成就法中般若佛母现白黄二形。般若佛母在藏地[①]、汉地[②]皆有出现。

(1)白般若佛母

身色:白色　　身姿:金刚跏趺坐

识具:莲花、经函

《成就法鬘》中白般若佛母(Śuklaprajñāpāramitā)的成就法仅一篇,其头冠上见阿閦佛像。佛母一面二臂,结金刚跏趺坐于白莲,右手持红莲,左手持般若经函。现俱足庄严,与阿閦佛其他化身不同,此尊面容秀美,情态温婉。禅定如下:

Dvibhujāṁ ekavadanāṁ sitavarṇāṁ manoramāṁ /
Ardhacarccarakeśāṁ ca śvetāmbhoruhasaṁsthitāṁ //
Padmaṁ dakṣiṇahaste tu raktavarṇaṁ vibhāvayet /
Prajñāpāramitāṁ vāme vajraparyaṅkasaṁsthitāṁ //
Sarvālaṅkārasampūrṇāṁ bhāvayen nābhimaṇḍale /
Aṁkārajñānasambhūtāṁ paramānandakāriṇīṁ //
...Akṣobhyamudritā ceyaṁ
Śukla-prajñāpāramitā-Sādhanaṁ //

——Sādhanamālā, p.310-311

行者需于腹脐处观白般若佛母之相,一面二臂,身白,形貌优美,半卷发,坐白莲上,右手持红莲,左手持般若经函。施金刚跏趺坐,现俱足庄严,生于智字Aṁ,释极乐……此女尊(头冠上)具阿閦佛像。

——《成就法鬘》,页310—311

---

① 盖蒂:《北传佛教神灵》,页131—132。
② 克拉克:《两部藏传佛教众神谱》,卷二,页140、160。

（2）黄般若佛母

身色：黄色　　　　手印：说法印

识具：左侧莲花载经函

具阿閦佛像的黄般若佛母（Pitaprajñāpāramitā）与白般若佛母相近，仅身色、手印不同。身黄，髻冠上见阿閦佛像，身着天衣，双手结说法印。左侧莲花上托般若经函[①]。图141为爪哇的著名的此形般若佛母像，与禅定描述相合。

（3）金般若佛母

身色：金黄　　　　手印：转法轮印

身姿：金刚跏趺坐　　　　识具：两侧载经函的莲花

金般若佛母（Kanaka prajñāpāramitā）与上述黄色身形一致，仅手印不同，现转法轮印，两腋窝生出二莲花，各托经函，身色金黄[②]。前述爪哇的般若佛母像仅左侧生出托经莲花，而印度博物馆藏尊像（图142）则两侧皆现托经莲花，无疑即金般若佛母。

图141　黄般若佛母（荷兰莱顿）

图142　金般若佛母（印度博物馆）

①《成就法鬘》，第158号成就法，页321。
②《成就法鬘》，第154号成就法，页313—314。

7. 金刚涂母

身姿：舞立姿　　臂数：六臂
身色：红色　　特征：瘦削
乘骑：尸体　　形貌：畏怖

《成就法鬘》中仅一篇成就法描述金刚涂母(Vajracarcikā)形象，禅定如下：

Vajracarccikāṁ trinetrāṁ ekamukhīṁ arddhaparyaṅkatāṇḍavāṁ mṛtakāsanasthāṁ kṛśāṅgīṁ daṁṣṭrotkaṭabhairavāṁ naraśiromālāvibhūṣitakaṇṭha-daśāṁ asthyābharaṇavibhūṣitām pañcamudrādhāriṇīṁ Akṣobhyamukuṭinīṁ vyāghracarmanivasanāṁ muktakeśīṁ ṣaḍbhujāṁ dakṣiṇe vajrakhaḍgacakradhāriṇīṁ vāme kapālamaṇikamaladharāṁ raktavarṇāṁ karmānurūpataḥ śuklādivarṇayuktāñca dhyātvā.

——Sādhanamālā, p.395

行者需观己为金刚涂母，一面三目，施舞立姿于人尸，形貌瘦削，怖畏态，龇牙。颈戴人头环，饰骨，具五吉符，头冠见阿閦佛像，披虎皮，头发撒乱。六臂，右三手持杵、剑、法轮，左三手持颅钵、宝、莲花。身红，依其所涉功用不同，可现白色或其他颜色。如是观想……

——《成就法鬘》，页395

图143线描生动表现其怖畏之形，裸身尽显骨皮枯槁之相，手若鹰爪，更显形貌之威猛。汉地见一尊金刚涂母像[①]。

8. 大密咒随持佛母

身色：蓝色　　臂数：四臂
手印：与愿印

与阿弥陀佛化身、五护佛母(Pancarakṣā)之一的大寒林佛母类似，大密咒随持佛母(Mahāmantrānusāriṇī)是五护佛母之一，蓝身，属阿閦佛种姓。仅有一篇短小的成就法描述了其身

① 克拉克：《两部藏传佛教众神谱》，卷二，页289。

相，见其禅定：

Mahāmantrānusāriṇī caturbhujaikamukhī kṛṣṇā dakṣiṇabhujadvaye vajravaradavatī vāmabhujadvaye paraśupāśavatī Hūṁkārabījā akṣobhyakirīṭinī sūryyāsanaprabhā ceti.

——Sādhanamālā, p.401

大密咒随持佛母，一面四臂，身蓝，右二手持杵、结与愿印，左二手持斧、羂索，生于Hūṁ字，头冠现阿閦佛像，现坐姿，耀目如烈阳。

——《成就法鬘》，页401

该尊形象在藏地[①]和汉地[②]皆有出现。

9. 大迴佛母[③]

身色：蓝色　　臂数：六臂

《成就法鬘》中仅见一篇短小的大迴佛母（Mahā-pratyaṅgirā）成就法。该尊禅定对其形象描述如下：

Mahāpratyaṅgirā kṛṣṇā ṣaḍbhujaikamukhā khaḍgāṅkuśavarada-dakṣiṇahastā raktapadmatriśūla-hṛdayasthasapāśatarjanīyuktavāmahastā Hūṁbījā Akṣobhyamukuṭā sarvālaṅkāravatī rūpayauvanasampannā.

——Sādhanamālā, p.402

大迴佛母蓝身，一面六臂。右三手持剑、杖、结与愿印；左三手，一手持羂索并期克印，另二手持红莲、三叉戟；生于Hūṁ字，头冠见阿閦佛像，具足庄严，年轻优美。

——《成就法鬘》，页402

图144、145为尼泊尔的大迴佛母画像，皆与成就法之描述相合。图146为尼泊尔的象牙尊像，现千面，也被尊为大迴佛母。该尊亦闻名于汉地[④]。

---

① 戈登：《藏传佛教图像志》，页76。
② 克拉克：《两部藏传佛教众神谱》，卷二，页205—275。
③ “Pratyaṅgirā”汉译为“大迴佛母”，参见《诸佛菩萨圣像赞》，页424，北京：中国藏学出版社，2009年。
④ 克拉克：《两部藏传佛教众神谱》，卷二，页200、289。

图143 金刚涂母(尼泊尔线描)

图144 大迴佛母(尼泊尔线描)

图145 大迴佛母(尼泊尔线描)

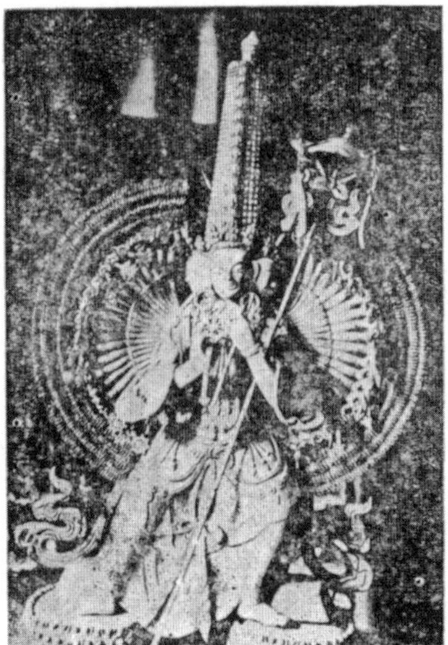

图146 大迴佛母(尼泊尔)

10. 幢定臂严佛母

《成就法鬘》中述及幢定臂严佛母(Dhvajāgrakeyurā)形象的成就法有两篇,但二者迥然不同。其中一篇特别强调佛母头冠上见阿閦佛,但另一篇并未提及;对佛母所持武器的描述亦殊;一篇成就法称其现三面,而另者为四面。其他方面,二者一致。幢定臂严佛母的形象亦见于汉地①。

(1)三 面

身色:蓝色　　面数:三面
臂数:四臂　　形貌:怖畏
身态:左展姿

此禅定称幢定臂严佛母三面四臂、并具阿閦佛像,具体内容如下:

Dhvajāgrakeyūrā kṛṣṇa trimukhī caturbhujā raktaśyamadakṣiṇavāmamukhī khaḍgapāśadhāridakṣiṇakaradvayā vajrāṅkitakhaṭvāṅgacakrāvamahastadvayā ūrdhvapiṅgalakeśi śuṣkapañcamuṇḍālaṅkṛtaśiraskā vyāghrājinavasanā daṁṣṭrakarāla-mukhī pralambodarī pratyālīdhapadā sūryāsanaprabhā pītavastrakañcukinī Hūṁbījā Akṣobhyamukuṭā.

——Sādhanamālā, p.403

幢定臂严佛母,蓝身,三面四臂,左右面现红、绿。右二手持剑、羂索,左二手持金刚天杖、法轮,棕发飘举,头饰五人头环,身着虎皮,三面狰狞怖畏、龇牙。鼓腹,左展姿,耀目如烈日,身着黄衣,生于Hūṁ字,冠饰阿閦佛像。

——《成就法鬘》,页403

(2)四 面

面数:四面　　臂数:四臂
身色:黄色

如前文所指,此尊另有四面四臂形,右二手持剑、法轮;左二手,一手期克印、一手持金刚橛,左肩挂三叉戟。正面黄,左红,右白,顶面狰狞、烟色。其余与上述身形无二致。图147为尼泊尔的幢定臂严佛母画像。

① 克拉克:《两部藏传佛教众神谱》,卷二,页200、289。

图147 幢定臂严佛母（尼泊尔线描）

11. 财续佛母

手印：与愿印　　识具：谷穗

身色：黄色

财续佛母（Vasudhārā）在大乘神系中为财神旃巴拉的明妃。财续佛母成就法仅三篇，其中仅一篇述其现阿閦佛像，另二篇归于宝生佛。此外，财续佛母年代亦比五方佛久远。描述此女尊头冠处置阿閦佛像的禅定如下：

Vasudhārāṁ Bhagavatīṁ dhyāyāt, kanakavarṇāṁ sakalālaṅkāravatīṁ dviraṣṭavarṣākṛtiṁ dakṣiṇakareṇa varadāṁ, vāmakareṇa dhānyamañjarīdharāṁ Akṣobhyadhāriṇīṁ. Purato Bhagavatīṁ Śrīvasundharāṁ dakṣiṇato Vasuśriyaṁ paścimataḥ Śrīvasumukhīṁ, vāmato Vasumatiśriyaṁ; etāścādyākṣarabījāḥ svanāyikāsamānarūpāścintanīyāḥ.

——Sādhanamālā, p.421

行者需观己为金身财续佛母，具足庄严，现十六岁少女形，右手与愿印，左手持谷穗，头冠置阿閦佛像。应想其前为吉祥持财女（Śrivasundharā），右为财吉祥女（Vasuśrī），西为吉祥财口女（Śrivasumukhī），左为财慧吉祥女（Vasumatiśrī），四女生于各尊号之首音，身形与主尊一致。

——《成就法鬘》，页421

财续佛母像见于包括西藏在内的所有北传佛教地区[①]。

12. 无我母

身姿：舞立姿
身色：蓝色　　形貌：怖畏
乘骑：仰卧人尸　　识具：钺刀、颅钵

《成就法鬘》中有两篇成就法详述无我母（Nairātmā）之身相，近似持钺刀、颅钵的金刚亥母，二者主要差异在各自乘骑的姿态，现趴俯态为金刚亥母，仰卧态则为无我母。其他迥异特征，如金刚亥母是大日如来的化身，故头冠应见其像；而无我母是阿閦佛的化身，头冠则现阿閦佛。此外，金刚亥母右耳处见赘瘤，无我母未有。总之，二者形貌相近。一篇无我母成就法的禅定如是描述：

> Śavahṛccandrasthārdhaparyaṅkanāṭyasthitāṁ Nairātmāṁ kṛṣṇāṁ ekamukhāṁ ūrdhvapiṅgalakeśāṁ Akṣobhyamukuṭinīṁ daṁṣṭrākarālalajjihvāṁ, dakṣiṇena kartridhāriṇīṁ, vāme kapālakhaṭvāṅgadhāiṇīṁ, raktavartulatrinetrāṁ pañcamūdravibhūṣaṇāṁ(dhyāyāt).
>
> ——Sādhanamālā, p.451

> 行者需观己为无我母，月轮中施舞立姿于人尸胸上，蓝身，棕发飘举，冠载阿閦佛像。龇牙、伸舌，面容怖畏，右手持钺刀，左手持天杖、颅钵。三圆睁血目，身饰五吉符。
>
> ——《成就法鬘》，页451

"无我"（Nairātmā）意为无灵魂，即空的别称，菩萨溶于空而证涅槃。空之概念逐步具化为女尊拥菩萨的和合形式，象征永恒极乐。无我母蓝身，盖因佛教传统中，空即现苍穹之色。

图148为印度博物馆藏无我母像（No.3941），这是唯一所见与上述成就法相合的案例。据禅定来看，女尊形貌怖畏，龇牙，颈戴人头环，三怒目圆睁。舞立姿于仰卧人尸之上，身释烈焰，发如热焰窜动。饰五吉符：项链（Kaṇṭhīla）、手镯（Rucaka）、宝（Ratna）、腰带（Mekhalā）、灰烬（Bhasma）或人头环的圣线（Sūtra）。头冠置法祖阿閦佛像，右手持钺刀，左手持颅钵（已残）。天杖仍挂于左肩。

图149为梵基亚·萨诃特亚·帕日萨特博物馆（Vangiya Sahitya Parishat）的铜造像，具现以上特征，但未有天杖。尼泊尔、西藏的铜造像也常会失掉一些小武器。无我母在汉地十分流行[②]。

① 盖蒂：《北传佛教神灵》，页174；戈登：《藏传佛教图像志》，页72。
② 克拉克：《两部藏传佛教众神谱》，卷二，页61、238。

图148 无我母(印度博物馆)

图149 无我母(梵基亚文学会)

13. 智空行母

身色:蓝色　　面数:三面

臂数:六臂　　部尊:阿閦佛

智空行母(Jnānaḍākini)是《究竟瑜伽鬘》中的智空行母曼荼罗的主尊。对其有如下描述:

> Jnānaḍākini nīlāsyā...savyaṁ śuklaṁ...vāmaṁ raktaśṛṅgāraṁ...dakṣiṇabhuja-traye ūrdhvīkṛtakhaṭvāṅgaṁ paraśuṁ vajrañca vāmatraye ghaṇṭarakta-pūrṇakapālakhaḍgāḥ.
>
> ——NSP, p.12

> 智空行母正面蓝……右白……左红、媚态……右三手持竖立的天杖、斧、金刚杵。左三手持铃、盛血颅钵、剑。
>
> ——《究竟瑜伽鬘》,页12

智空行母像亦见于汉地藏品[①]。

① 克拉克:《两部藏传佛教众神谱》,卷二,页237。

14. 摧破金刚母

庆喜甘露（Amṛtānanda）的《法藏集》（*Dharmakoṣasaṅgraha*）中对摧破金刚母（Vajravidāraṇi）有如下描述：

Vajravidāraṇī pañcamukhī daśabhujā; dakṣe aṅkuśa-khaḍga-śara-vajra-varadā; vāme paśa-carma-dhanu-dhvaja-abhayā pratyalīḍhāsanā.

——Dharmakoṣasaṅgraha, Fol.44A

摧破金刚母，五面十臂，右五手持钩、剑、箭、金刚杵、与愿印，左五手持羂索、伞盖、弓、幢、无畏印，施左展姿。

——《法藏集》，卷44

图150为埃文斯·温特兹（Evans-Wentz）博士所藏的摧破金刚母像。

图150　摧破金刚母（尼泊尔写经插图）

第八章　大日如来之化身尊

《成就法鬘》中的所有大日如来化身皆白身，以示其渊源，诸女尊冠现大日如来像。某成就法曾述“生于大日种姓”(Variocanakulodbhava)。据称大日如来之化身皆居支提(Caitya)内，盖因大日如来即窣堵波或佛寺内殿之主。诸化身中，摩利支天是流传最广、地位最胜者，被视为大日如来的伴侣。大日如来与其他五方佛的区别是洁白身色、二手结转法轮印。

1. 真实名

身色：白色	面数：一面
臂数：十二臂	身姿：金刚跏趺坐

班智达甘露喜(Amṛtānanda)的《法藏集》中描述了名为“真实名”(Nāmasañgīti)的重要神灵，帮助佛教图像志的学者们辨识出常见于尼泊尔谷地及其他佛教地区的真实名像。但需将此尊与前章述及的真实名文殊(Nāmasaṅgti Manjusri)区别开来。般若佛母为《般若波罗蜜多经》的化现，真实名或也是《真实名经》(*Nāmasañgīti*)的神格化现。班智达甘露喜将真实名归属为佛，但从其文字描述和所现形象来看，其实为菩萨。繁缛饰物、威猛识具(天杖)，皆不适于佛，而是菩萨象征。尽管甘露喜的描述并未明示其法祖，但因洁白身色，故归至大日如来化身。

尼泊尔有大量真实名的石雕或铜造像，该尊亦流行于藏汉。盖蒂[①]误将该尊归为“观音的标准形”，对该尊所施的诸手印的命名亦不确。摘录《法藏集》中真实名禅定如下：

Nāmasaṅgītināma(Bodhisattvaḥ).

Ekavakraḥ śvetavarnaḥ dhyānanayanaḥ smerānanaḥ Jaṭāmukuṭadharaḥ nānālaṅkārālankrtaḥ ṣaṇmūdrālaṅkṛtaḥ dvādaśabhujaḥ prathamābhyāṁ savyadakṣābhyāṁ hṛdayapradeśe abhayamūdrādvayaṁ, dvayābhyāṁ mukuṭopari kṛtāñjalimūdrāṁ, dakṣatṛtiyena visvavajropari khaḍgaṁ savyavāmacaturthābhyāṁ tarpaṇamūdrādvayaṁ, savyāvamapañcamābhyāṁ

① 盖蒂：《北传佛教神灵》，页66、67。

pātrasthāmṛtakṣepaṇamūdraṁ ṣaṣṭhasavyavāmābhyāṁ sapātradhyānamūdraṁ vāmatṛīyena savajrakhaṭvāṅgaṁ dadhānaḥ, kamalopari vajrāsanaḥ.

——Dharmakoṣasaṅgraha, Fol.91

真实名(菩萨)。

一面,白身,双目禅定微合,微笑态,具髻冠等饰物,着六吉饰。十二臂,二主手当胸施无畏印;次二双手结合掌印于头冠之上。右第三手持饰交股金刚杵之剑。第四双手结礼佛印(Tarpaṇa),第五双手从净瓶(Kṣepaṇa)中播散甘露,第六双手结三摩地印并置净瓶;左侧第三手持饰金刚杵之天杖;施禅定坐于莲花上。

——《法藏集》,卷91

盖蒂书中的真实名像未见第三双手所持的交杵上的宝剑和金刚天杖。图151为尼泊尔的真实名像。

图151 真实名(尼泊尔)

2. 摩利支天

藏族喇嘛会在日出时召唤摩利支天(Mārīcī),可见其与太阳的关联。和印度教太阳神类似,摩利支天亦乘战车,由七猪驱动,而印度教的太阳神则乘七马车。太阳神的御夫是无腿的阿鲁纳(Aruṇa),但摩利支天的御夫或是无腿女神、或是有头无身的罗睺(Rāhu)。

有观点认为摩利支天和金刚亥母为同尊,此论不确[①]。金刚亥母多现双身形,紧拥伴侣嘿噜迦或阿閦佛化身胜乐,而摩利支天仅见单体,伴侣即大日如来本身,而非其他禅那佛化身。此外,嘿噜迦骑人尸胸上,此亦为金刚亥母乘骑,但未闻摩利支天有踏人尸或踩俯卧人体之说。金刚亥母多为一面,右耳处见赘瘤,但一面摩利支天之面未现赘瘤。据金刚亥母禅定可知,其四臂,而摩利支天成就法则有二臂、八臂、十臂甚至十二臂等形。摩利支天常被认为居于支提内龛,而作为僧尼(abbess)的金刚亥母则住处不定。金刚亥母咒: Oṁ Sarva-Buddhaḍakinīye Vajravarṇaniye hūṁ hūṁ Phaṭ Phaṭ Svāhā 或 Oṁ Vajravetālī hūṁ Phaṭ。寂天有述摩利支天咒,但此咒未将其等身金刚亥母。且摩利支天之概念远早于金刚亥母或嘿噜迦。嘿噜迦与金刚亥母和合是《金刚亥母续》之主旨,但未有针对摩利支天的密续。金刚亥母施舞立姿于人尸,摩利支天多右展姿立于驰奔战车上,且未见舞姿形。最后,金刚亥母为空行母,是证得圆满、神格化的僧尼,但摩利支天自始至终都是一尊神灵。

可见二者在身形、属性、饰物等方面都有巨大差异,因此摩利支天和金刚亥母的认同是没有依据的。二者唯一交集仅在于皆是大日如来的化身,皆有二臂二腿身形。

《成就法鬘》中的十六篇摩利支天成就法,共述六种身形,可现一面、三面、五面、六面及二臂、八臂、十臂和十二臂。摩利支天有四尊眷属,毗塔梨(Varttālī)、毗达梨(Vadālī)、毗罗梨(Varālī)和毗罗拉穆髻(Varāhamukhī)。摩利支天的特征是猪面和七猪车,识具是缝合罪孽口目的针、线。摩利支天像在印度常见。二臂喜无忧树摩利支天(Aśokakāntā)由除恶救难度母胁侍;其他身形中,三面八臂类广见于石雕。摩利支天像在藏地[②]和汉地[③]皆有出现。

该尊是《究竟瑜伽鬘》的摩利支天曼荼罗之主尊,此现三面六臂形。大日如来是摩利支天的法祖[④]。

(1)喜无忧树

乘骑:猪　　身色:黄色
身姿:站立　　手印:与愿印
识具:左手持无忧枝

摩利支天常现一面二臂形。左手持无忧枝,右手结与愿印形被称为喜无忧树摩利支天(Aśokakāntā);但双手持针、线形则为圣摩利支天(Aryamārīcī)。描绘喜无忧树之形象的禅定如下:

Hemābhaśūkarārūḍhāṁ taptakāñcanabhāsvarāṁ /
Līlayordhvasthitāṁ candrabimbāmbhoruhasaṁśrayāṁ //

---

① 此即盖蒂在《北传佛教神灵》中所提出的观点:"摩利支天在普通民众之中的流行度未及度母,但是在西藏却有许多专供摩利支天的神龛,当其现以金刚亥母之身形时,她被认为是桑顶(Semding)寺的诸位传承尼姑寺主的化身。"(见"*The Gods of Northern Buddhism — Their History and Iconography*", p.132, Dover Publication, INC. New York, 1988)译者注。

② 盖蒂:《北传佛教神灵》,页133。

③ 克拉克:《两部藏传佛教众神谱》,卷二,页189、201、207、286。

④《究竟瑜伽鬘》,页40、41。

Aśokavṛkṣaśākhāgravilagnāṁ vāmapāṇinā /
Bibhratīṁ varadākāradakṣiṇakarapallavāṁ //
Dīptaratnopaśobhena maulinā Buddhaśekharāṁ /
Svetavastrāṁ namasyāmi mārīcīṁ abhayapradāṁ //

——Sādhanamālā, p.306

顶礼摩利支天，骑金猪，身现炽烈金色。身现动态于月轮莲花上，左手持无忧枝，右手结与愿印。头冠置禅那佛(大日)，严饰华宝、白服，赐(世间)安宁。

——《成就法鬘》，页306

爱丽丝·盖蒂曾举例引用过一件喜无忧树摩利支天像①。

(2)圣摩利支天

识具：针、线

圣摩利支天(Arya-Mārīcī)仅持物与喜无忧树天不同。喜无忧树的持物为无忧枝、结与愿印，而圣摩利支天则手持针、线②。

(3)比窣毗摩利支天

面数：三面　　臂数：八臂

比窣毗摩利支天(Mārici-picuvā)亦称八臂黄摩利支天(Aṣṭabhujapīta)或集略摩利支天(Saṁkṣipta)。二名对应该尊两种身形，皆三面八臂，手持武器近似。比窣毗摩利支天成就法仅一篇，其中未明示其是否如常配四胁侍女。二主手持针、线，次二手持钩、罥索，第三双手持弓、箭，第四双手持金刚杵、无忧花。三面，每面皆混现三态(Rasa)。其诗体禅定如下：

Śṛṅgāravīrasaddharṣair-jāmbūnadasamaprabhāṁ　I
Madhyendranīlavarṇasyāṁ bhayabībhatsaraudrakaiḥ　II
Karuṇādbhutaśāntaiś ca sphaṭikendvitarānanāṁ　I
Trivimokṣamukhais tyakṣāṁ dharmasambhoganirmitāṁ　II
Pītā(kṣa)bharaṇasadvastrāṁ mayūkhasukhavāsinīṁ　I
Sūcyākṣāsyāni sīvantīṁ bandhantīṁ mukhacakṣuṣī　II
Hṛdgaleṅkuśapāśābhyāṁ bindhantīṁ bāṇakārmukaiḥ　I
Vajreṇa duṣṭahṛdbhittvāśokenāsecamāparāṁ　II...
Prajñopāyapadākrāntāṁ Mārīcīṁ bhāvayed vratī　II

① 盖蒂：《北传佛教神灵》，页133。
②《成就法鬘》：第147部成就法，页305。

Mārīcīpicuvā-Sādhanaṁ.

——Sādhanamālā, pp.297－298

行者需观己为比窣毗摩利支天，一面混现妩媚（Śṛṅgāra）、勇猛（Vira）、喜悦（Harṣa）三态；中面混现蓝宝石色（Indranīla），混现怖畏（Bhaya）、厌恶（Bibhatsa）、暴虐（Raudra）三态；第三面水晶色，混现慈悲（Karuṇā）、奇异（Adbhuta）、平和（Śānta）三态。三面皆三目，可度三恶道苦。此尊自性为法、报身。披黄衣，居光耀中现喜乐，针线缝合恶孽之眼口、钩攻其内心、羂索勒其颈、弓箭刺穿其身、金刚杵震碎其心，无忧枝叶泼洒甘露……脚踏智慧（Prajñā）、方便（Upāya）。

——《成就法鬘》，页297—298

八臂黄摩利支天，或集略摩利支天，黄身，红衣，庄严具足，头冠置大日如来像，身居支提内龛中。三面各现三情，主面慈悲态，金色；左面狰狞如猪面，蓝宝石色，暴怒态，龇牙、伸舌甚怖畏；右面深红，华美辉煌，温善态。右展姿站在七猪战车，如少女丰满形貌。七猪下是吞噬日月的威猛罗睺（Rāhu），四女尊相伴：毗塔梨（Varttālī）、毗达梨（Vadālī）、毗罗梨（Varālī）和毗罗拉穆髻（Varāhamukhī）：

（1）毗塔梨，红身，猪面，四臂。着红衣，庄严具足，左二手持羂索、无忧树，右二手持金刚钩、针。

（2）毗达梨与毗塔梨的身形特征相近，但为黄身，左二手持羂索、金刚杵，右二手持无忧树、针。

（3）毗罗梨与毗达梨一致，仅持物不同，右二手持金刚杵、针，左二手持羂索、无忧树。

（4）毗罗拉穆髻服饰与毗达梨、毗罗梨一致，身红，右二手持金刚杵、箭，左二手持无忧树、弓。

奇怪的是，几乎所有可见的摩利支天像皆此型。实例中，无腿女尊或替代罗睺为车夫，或仍以罗睺为车夫。达卡博物馆藏两例八臂黄摩利支天像，加尔各答的印度博物馆藏两例（图152、153）；萨尔纳特发现一件，现藏勒克瑙（Lucknow）博物馆（图154），很多艺术书籍皆有收录；奥利萨亦有一例。此外，拉杰沙希（Rajshahi）和萨尔纳特的诸博物馆中也藏有多件。诸像皆三面八臂，其中不乏精品。艺术性与精致度皆佳的尊像中，雕塑家已精准表达出摩利支天所呈现的三种情绪。通过尊像研究可知，雕塑家通常谨遵成就法之规定，但四尊眷属女却并非如此，时现二臂，有时虽现四臂，但持物与《成就法鬘》之规定违逆。

（4）俱豕母

面数：三面　　臂数：十二臂

身态：右展姿　　识具：二猪面

与以上诸三面身形不同，俱豕母（Ubhayavarāhānana）因其右左二面皆为猪面，故得此名。身披虎皮，红身，头饰宝，戴红巾，诸物饰身。女尊居塔中，右展姿，三面十二臂，各面皆三目。主面微笑，温善，具慈爱之情，左右面皆似猪面，甚为狰狞。左面红，手持金刚杵、锤之尊礼敬；右面微红，石盐色，持金刚杵、羂索之帝释天礼敬。左六手：当胸结期克印、无忧树枝、金刚钩、颅钵、梵

图152　八臂黄摩利支天（印度博物馆）

图153　八臂黄摩利支天（印度博物馆）

图154　八臂黄摩利支天（勒克瑙博物馆）

天头、净瓶；右六手持：针、钩、矛、宝剑、钺刀、金刚杖，头冠现大日如来像，脚踩印度教尊神遍入天、湿婆、大梵天等。诸护方尊皆礼敬俱豕母。

该尊成就法未述其战车，也未描述毗塔梨、毗达梨、毗罗梨和毗罗拉穆髻等四尊眷属女[①]。

（5）十臂白摩利支天

面数：五面　　身色：白色

臂数：十臂　　腿数：四腿

《成就法鬘》中有两篇成就法述及十臂白摩利支天（Daśabhujasita Mārici）身相。其最突出特征是四条腿。五面，主面白，右面蓝，左面红狰狞如猪面，后面绿，顶面黄，置三尖髻（Triśikhā）与髻冠（Jaṭāmukuṭa）。右五手持日、蓝色金刚杵、箭、杖和针，左五手持月、弓、无忧枝、结期克印并持羂索、线。坐七猪战车，脚踩四尊印度教尊帝释天、湿婆、毗湿奴和大梵天。头冠现大日如来像。

此外成就法称其由三女尊胁侍，第一尊蓝身，骑摩羯鱼。相容狞怖，似猪面，一手持金刚杵，一手结期克印。第二尊位于主尊右侧，天宝庄严，红身，相容狞怖，似猪面。第三尊位于主尊左侧，红身，相容狞怖，似猪面，四臂，二主手现拉弓射箭态，二次手，右持金刚杵，左持无忧树枝。

七猪战车下横躺九曜和各种人形的疾病灾祸[②]。二成就法未给出三女尊名号，很可能是毗塔梨（Varttali）配置中的三位。图155为此形摩利支天。

图155　十臂白摩利支天（尼泊尔线描）

①《成就法鬘》：第145部成就法，页299—302。
②《成就法鬘》：第139部成就法，页285—286。

（6）金刚界自在摩利支天

面数：六面	身态：右展姿
臂数：十二臂	形貌：畏怖

六面十二臂摩利支天有三类，尊号、形态各异，分别是金刚界自在摩利支天（Vajradhātviśvari）、乌仗纳摩利支天和金刚起尸母（Vajravetālī）。因三者相似，仅细节及所持武器稍异，故汇聚于此。

从成就法中归纳三者共有特征如下。六面十二臂；前五面现红、蓝、绿、黄、白。顶面为狰狞猪面，蓝色。三尊皆住支提、右展姿，头冠现大日如来像。形貌怖畏，三目，伸舌，龇牙，严饰毒蛇，身穿虎皮。

金刚界自在摩利支天的右六手持：1. 剑，2. 木杵，3. 箭，4. 钩，5. 金刚杵，6. 斧；左六手持：1. 羂索，2. 颅钵，3. 无忧枝，4. 梵天头，5. 弓，6. 三叉戟。

乌仗纳摩利支天右一手持法轮，而非钩；左一手持天杖、颅钵，而非单独颅钵。金刚起尸母右一手持交杵，而非钩或法轮，左一手持羂索，而非颅钵或天杖、颅钵。三者其余手持物一致。

3. 顶髻尊胜佛母

身色：白色	面数：三面
识具：载佛的莲花	臂数：八臂

和摩利支天类似，顶髻尊胜佛母（Uṣṇīṣavijayā）头冠亦见住支提的大日如来像。她是佛教神系中流传最广的尊神之一，几乎所有尼泊尔寺院皆有该尊像。最精美的尊胜佛母像藏于加尔各答的印度博物馆，佛母头顶现支提，可知她是住支提的大日如来之化身。此尊或是同名陀罗尼咒的神格化现，作为十二尊陀罗尼之一，她应是佛顶尊胜陀罗尼的化现。多篇成就法述及该尊形，其中一篇成就法的禅定写道：

> Śuklāṁ trimukhāṁ trinetrāṁ navayauvanāṁ nānālaṅkāradharāṁ aṣṭabhujāṁ Bhagavatīṁ cintayet; pītakṛṣṇadakṣiṇetaravadanāṁ; dakṣiṇacaturbhujaiḥ viśvavajra-padmastha-Buddha-bāṇa-varadamudrādharāṁ, vāmacaturbhujaiḥ cāpa-tarjjanīpāś-ābhayahasta-pūrṇakumbhāḥ; caityaguhāgarbhasthitāṁ, Vairocanamukuṭinīṁ niṣpādya...
>
> Uṣṇīṣavijayā-Sādhanaṁ.
>
> ——Sādhanamālā, p.394

> 行者需观己为白身、三面三目的顶髻尊胜佛母，形貌年轻，庄严俱足。左右二面为黄、蓝。右四手持交杵、莲花上的佛像、箭、与愿印，左四手持弓、结期克印并持羂索、无畏印、满盛圣水的净瓶。居支提，头冠现大日如来像。如是观想……
>
> ——《成就法鬘》，页394

图156是藏于加尔各答印度博物馆的顶髻尊胜佛母像，与成就法的描述几乎完全吻合，佛母所施坐姿为金刚跏趺坐。

图157的尊胜佛母像源于埃文斯·温特兹(W.Y.Evans-Wentz)博士藏的写本《五护陀罗尼经》中的插图。佛母右手本应持交杵，但此处代以宝珠。其他方面皆遵循成就法的规定。

该尊形象亦现于藏地①和汉地②。

图156 顶髻尊胜佛母(印度博物馆)

图157 顶髻尊胜佛母像(尼泊尔写经插图)

4. 无能胜白伞盖佛母

面数：三面　　　　臂数：六臂

身色：白色

无能胜白伞盖佛母(Sitātapatrāparājitā)成就法仅一篇，其中出现“尊师大日如来”(Vairocananāyakāṁ)一词，说明此尊属大日如来种姓。温善相，但双目略露愠色。禅定对其身形描述如下：

Sitātapatrāparājitāṁ Bhagavatīṁ trimukhāṁ ṣaḍbhujāṁ, pratimukhaṁ trinayanāṁ śuklāṁ nīlāruṇadakṣiṇavāmamukhīṁ, cakrāṅkuśadhanurddhara-dakṣiṇakarāṁ sitavajra-śarapāśatarjanīdharavāmakarāṁ sakrodhadṛṣṭikāṁ sarvva-grahavidhvaṁsinīṁ divyālaṅkāravastravatīṁ

① 盖蒂：《北传佛教神灵》，页135。
② 克拉克：《两部藏传佛教众神谱》，卷二，页286。

Vairocananāyakāṁ dhyātvā...

——Sādhanamālā, p.395

行者需观己为无能胜白伞盖佛母，三面六臂，每面三目，身白，左右面现蓝、红。右三手持法轮、杖、弓，左三手持白色金刚杵、箭、结期克印并持羂索。面露愠色，能灭一切魔魅(grahas)，着天衣美物，由大日如来统领。如是观想……

——《成就法鬘》，页395

此尊名为“无能胜白伞盖”，有别于无能胜母(Aparajita)，二者身形迥异，后者黄身。图158为尼泊尔的无能胜白伞盖佛母画像[①]。该尊亦闻名于藏地[②]和汉地[③]。

图158 无能胜白伞盖佛母(尼泊尔线描)

5. 大千摧碎佛母

身色：白色　　　　臂数：六臂

五护佛母之一的大千摧碎佛母(Mahāsāhasrapramardanī)属大日如来，与大寒林佛母(阿弥陀佛种姓)、大密咒随持佛母(阿閦佛种姓)类似。此处与其在五护曼荼罗中的形象有所不同。该尊禅定对其形象描述如下：

---

① 巴塔萨利：《达卡博物馆藏佛教与婆罗门教造像》，页53，图版XVIII。
② 戈登：《藏传佛教图像志》，页76。
③ 克拉克：《两部藏传佛教众神谱》，卷二，页190、202。

Mahāsāhasrapramardanīṁ ātmānaṁ dhyāyāt; śuklām ekamukhīṁ ṣaḍbhujāṁ; dakṣiṇatribhujeṣu khaḍgabāṇavaradamudrāḥ vāmatribhujeṣu dhanuḥpāśaparaśavaḥ; vicitrālaṅkāradharāṁ rūpayauvanaśṛṅgāravatīṁ Vairocanakirīṭayuktāṁ padmacandrāsanaprabhāṁ.

——Sādhanamālā, p.400

行者需观己为大千摧碎佛母，白身、一面六臂，右三手持剑、箭、与愿印，左三手持弓、羂索、斧。庄严俱足，年轻华美，现媚态，头冠现大日如来像，坐于月轮莲花之上，明月般辉煌。

——《成就法鬘》，页400

该尊像见于藏地[1]和汉地[2]。

6. 金刚亥母

身态：舞立姿　　　　识具：右耳处的赘瘤

金刚亥母与嘿噜迦的和合是《胜乐轮续》(*Cakrasamvara*)的礼拜主旨。一篇金刚亥母成就法称其"吉祥嘿噜迦之上首明妃"(Śrī-Herukadevasyāgramahiṣī)。金刚亥母亦称空行母，佛教密续中空行母即双身礼拜中的明妃。嘿噜迦亦与金刚瑜伽母结成双身和合，此为《嘿噜迦续》的主旨，但金刚亥母与金刚瑜伽母的形象迥异。金刚亥母是嘿噜迦的上首明妃，而金刚瑜伽母则是嘿噜迦的另一明妃。嘿噜迦常与其他女尊结成双身，如无我母、金刚链母(Vajraśṛṅkhalā)等。金刚亥母裸身并现炙烈之情。

金刚亥母(Vajravārāhī)意为"金刚猪"，得此名盖因其右耳处长有形同猪面的赘瘤。在盖蒂所说的Yun-gar攻击尼姑庵主的故事中[3]，该寺院所涉应是金刚亥母，而非摩利支天；摩利支天有一面，狞厉如猪面，而金刚亥母右耳处长有自然赘瘤，故成就法中有所谓金刚鼻(Vajraghoṇā)的绰号。有观点称金刚亥母为空行母，与其他四尊空行母一样，她应是一位比丘尼，即被神格化的女性成就者，而非女尊。但摩利支天则是绝对的佛教尊神，作为金刚界自在母(Vajradhātvīśvarī)，是五方佛的伴侣。

此尊亦称佛空行母(Buddhaḍakinī)和金刚遍照母(Vajravairocanī)，在金刚亥母的多篇长短不一的成就法中，有二臂、四臂两型。二臂型中，据所持武器之差异，可见诸多身相。仅一篇成就

① 戈登：《藏传佛教图像志》，页76。
② 克拉克：《两部藏传佛教众神谱》，卷二，页275。
③ Yun-gar在爱丽丝·盖蒂原书中写作Dzun-gar，此为一蒙古勇士之名，其率军意欲抢掠一尼姑庵，并在寺院门口挑衅辱骂庵主：快出来，示你那猪脸！当寺门院墙被攻破后，众人涌入寺中，惊奇地发现，庵内竟居住着一群猪，领头的猪稍大于其余者，Dzun-gar十分震惊，停止抢掠之行，然后公猪、母猪皆幻化为比丘、比丘尼之形，个头最大的猪变成了庵主自己(即金刚亥母)，Dzun-gar受此神迹的震撼而转信佛教，并供养此寺院。(见*The Gods of Northern Buddhism — Their History and Iconography*, Dover Publication, INC. New York, 1988, p.132。)译者注。

法称其是大日如来种姓之化身，头部置交杵，其他成就法皆未述其法祖。广为流传的女尊形象在藏地[①]和汉地[②]皆有出现。

（1）金刚亥母

身色：红色　　形貌：裸体
手臂：二臂　　身态：左展姿
识具：期克印持以金刚杵和颅钵

《成就法鬘》中描绘二臂形金刚亥母的成就法很多。下面摘录的禅定显示了对金刚亥母形象的普遍认知：

Ātmanaṁ Bhagavatīṁ Vajravārāhīṁ dāḍimakusumaprakhyāṁ dvibhujāṁ dakṣiṇena vajratarjanikākarāṁ vāmena karoṭakakhaṭvāṅgadharāṁ ekānanāṁ trinetrāṁ muktakeśāṁ ṣaṇmudrāmudritāṁ digambarāṁ pañcajñānātmikāṁ sahajānandasva-bhāvāṁ, pratyālīḍhapadākrānta-Bhairava-Kālarātrikāṁ sārdramuṇḍamālālaṅkṛta-gātrāṁ sravadrudhiraṁ pibantīṁ bhāvayet.

——Sādhanamālā, p.425

行者需观己为金刚亥母，红身，如石榴花，二臂，右手持金刚杵并竖食指，左手持颅钵、天杖。一面三目，头发舒卷，裸身，饰六吉饰。自性为五智，乃俱生（Sahaja）大乐之化现。左展姿，踩大怖畏（Bhairava）、大黑天（Kālarātri），戴湿人头环，饮血。

——《成就法鬘》，页425

该成就法还称在其站立的四瓣莲花上见空行母（Ḍākini）、拉玛（Lāmā）、增漏（Khaṇḍarohā）、色行母（Rūpiṇī）等四女尊，现蓝、绿、红、白，皆一面四臂，诸尊左二手持天杖、颅钵，右二手持钺刀、鼓。

（2）最胜金刚亥母

识具：钺刀、颅钵　　身态：舞立姿
乘骑：仰卧的尸体

此形金刚亥母（Vasya-Vajravārāhī）见于魅惑男女的仪式，在尼泊尔等佛教国家中十分流行。此形与前述身形几乎一致，仅右手持钺刀，而非握金刚杵、竖食指，二者左手皆持颅钵。左肩挂天杖，与嘿噜迦、无我母一致。与前例不同，此形非施左展姿，而是舞立姿于尸体上[③]。

图159为尼泊尔的金刚亥母像。图160是巴罗达博物馆藏的精美金刚亥母像。

---

① 盖蒂：《北传佛教神灵》，页131、132；戈登：《藏传佛教图像志》，页80。
② 克拉克：《两部藏传佛教众神谱》，卷二，页238。
③《成就法鬘》第220部成就法，页433。

图159 最胜金刚亥母（尼泊尔线描）

图160 最胜金刚亥母（巴罗达博物馆）

（3）圣金刚亥母

形貌：怖畏　　身态：右展姿

臂数：四臂

四臂形被尊称为圣金刚亥母（Arya-Vajravārāhī），与上述二种身形类似，但身态、臂数及持物不同。右二手持金刚杵、钩，左二手持颅钵、结期克印并持羂索。一面三目，眉头紧锁，赘瘤坚不可摧，伸舌，龇牙，鼓腹。与金刚亥母的其他身形不同，此尊施右展姿于尸体上。左肩亦挂天杖①。

7. 准提母

身色：白色　　识具：莲花上的经函

面数：一面　　臂数：二、四、十六、十八、二十六

《究竟瑜伽鬘》中的文殊金刚曼荼罗②称准提母（Cundā）属大日如来种姓。故准提母是大日如来法子，应将之纳入此佛化身。

准提佛母尊名可写作Cundā、Cundrā、Candrā、Caṇḍā、Cuṇḍrā，亦可称金刚准提母（Cundavajrī）。福歇采纳的拼法为Cundā，源自《成就法鬘》中的此尊真言“Oṁ Cale Cule Cunde Svāhā”，Cundā发音为cunde，故Cundā即此尊名拼法，应无误。

成就法中未见确定该尊属性或渊源的信息。通过《究竟瑜伽鬘》的相关内容可知，准提母

① 《成就法鬘》第224部成就法，页437、438。
② 《究竟瑜伽鬘》，页52。此处文殊金刚等身为大日如来。

是寂天造佛教陀罗尼《准提陀罗尼》(*Cundādhāriṇī*)的化现。《究竟瑜伽鬘》中汇总十二位陀罗尼尊,并作相应描述,诸尊皆二臂,身形差异不大,右手皆持羯磨金刚杵,左手持各自象征法物。十二陀罗尼母:慈善母(Sumati)、宝炬母(Ratnolkā)、顶髻尊胜(Uṣṇīṣavijayā)、积光母(Mārī)、叶衣母(Parṇaśabarī)、消伏毒害母(Jāṅguli)、无量门(Anantamukhī)、准提母(Cundā)、增慧母(Prajñāvardhanī)、净诸业障母(Sarvakarmāvaranaviśodhanī)、无尽智箧母(Akṣayajñānakaraṇḍā)、一切佛法藏母(Sarvabuddhadharma-Koṣavatī)。诸佛母皆为不空成就佛种姓,后文专论。

陀罗尼是一类特殊的佛教文献,长久持诵可有殊胜力。陀罗尼篇幅小,多由无实意的音节组成,或存有消亡语言的某些踪迹。佛教中常有经典的神格化现,最典型者如般若佛母,乃大乘经典《般若波罗蜜多经》的化现,此经被认为是龙树在下界龙宫中找到。

诸陀罗尼尊中,顶髻尊胜佛母、消伏毒害母、叶衣母和准提母流传较广,都有相应的成就法和艺术形象,其仅是各自真言的化现。故,准提佛母是准提陀罗尼或准提咒的展现。佛教徒认为恒持观想并反复诵咒后,咒语便生灵跃,并自凝为行者所观尊相,以证悉地。化现后,尊神便永驻行者,满足所有祈愿。

就准提母进入佛教神系的时代来说,其名号Candrā(同Cundā)首现《文殊师利根本仪轨经》(*Mañjuśrīmūlakalpa*),该经多断于公元200年左右;金刚准提母之名(Cundavajrī)亦见于最早的怛特罗经典之一《秘密集会怛特罗》,该经或作于4世纪左右的无著年代。7世纪的寂天《学处集要》(*Śikṣāsamuccaya*)中也提到准提母。11世纪的插图写本《般若波罗蜜多经》以及断代于1165年的最早《成就法鬘》写本中的该尊诸篇成就法中,皆有准提母的形象。更早者,无畏生护的《究竟瑜伽鬘》中(1130年)已提及此尊。

所知的准提母成就法仅三篇,分别为排印本《成就法鬘》的No.129、No.130、No.131;《成就法鬘》中对此尊的另一处描述见于八臂作明佛母曼荼罗,准提佛母是该曼荼罗的眷属。此外,《究竟瑜伽鬘》对该尊也有三处重要描述。《成就法鬘》中的三篇成就法对主尊准提母的描述十分接近,皆一面四臂、身白。禅定如下:

> Śaraccandrābhāṁ caturbhujāṁ dakṣiṇena varadāṁ, vāme pustakāṅkita padmadharāṁ karadvaye pātradharāṁ sarvvālaṅkārabhūṣitāṁ.
>
> ——Sādhanamālā, p.271

> 身色如秋月,四臂,右一手结与愿印,左一手持莲花、上托经书。其余二手皆持碗,庄严俱足。
>
> ——《成就法鬘》,页271

符合以上描述的准提佛母像仅一件,见图161,此为美国W.B惠特尼先生的私人藏品[①],感谢惠特尼先生慷慨供图。《成就法鬘》第352页No.174成就法中,准提母是八臂作明佛母的眷属,位居

① 亦见戈登:《藏传佛教图像志》,页74。现藏于著名的弗里尔(Freer)画廊。

作明佛母曼荼罗的东北方莲瓣上，其余莲瓣见：东方无垢母（Prasannatārā），南方究竟真实母（Nispannatārā），西方得胜母（Jayatārā），北方耳闻母（Karṇatārā），东南无能胜母（Aparājitā），西南明灯母（Pradipatārā），西北高哩母（Gaurītārā）。包括准提佛母在内的诸佛母形象相似，描述如下：

Etāśca sarvā raktavarṇāḥ pañcatathāgatamukuṭā vajraparyaṅkaniṣaṇā dakṣiṇabhujābhyāṁ varadamūdrā-ākarṇapūritaśaradharā vāmabhujābhyāṁ utpala-cāpadharāḥ.

——Sādhanamālā, p.352

诸尊红身，头戴五佛冠，金刚跏趺坐。诸佛母右二手结与愿印，并于耳际持箭，左两手持青莲、弓。

——《成就法鬘》，页352

图161　准提佛母（已逝W.B.怀特尼先生藏品）

《究竟瑜伽鬘》中对准提佛母的描述共三处。时轮金刚曼荼罗中，准提佛母是形象类宝生佛的欲王（Takkirāja）的明妃。相关段落摘录如下：

Cundā śuklā savyābhyāṁ mudgara-kuntau vāmābhyāṁ padma-daṇḍau vibhrāṇā.

——NSP, p.89

准提母白身，右二手持锤、刀，左二手持莲花、杖。

——《究竟瑜伽鬘》，页89

准提母亦现于法界语自在曼荼罗，描述如下：

Cundā śuklā akṣasūtrāvalambita-kamaṇḍaludharā.

——NSP, p.57

准提母白身、二手持念珠和净瓶。

——《究竟瑜伽鬘》，页57

准提母的第三种身形见文殊金刚曼荼罗，描述详尽，二十六臂，提炼相关内容如下：

Cūndā candravarṇā ṣaḍvimśatibhujā pradhānābhyāṁ hṛdi mūlamūdrāṁ dakṣiṇairabhayaṁ khaḍgaṁ ratnadāma bījapūraṁ śaraṁ paraśuṁ gadāṁ mudharaṁ aṅkuśaṁ vajraṁ tripatākābhinayaṁ akṣasūtraṁ ca; vāmaiścintāmaṇidhvajaṁ padaṁ kamaṇḍaluṁ pāśaṁ cāpaṁ śaktiṁ cakraṁ khaḍgaṁ tarjanaṁ ghaṇṭāṁ bhiṇḍipālaṁ prajñāpāramitāpustakaṁ ca vibhrati.

——NSP, p.49

准提佛母身如皓月，二十六臂，二主手结根本印（Mūla）[①]。右诸手：1. 无畏印，2. 剑，3. 宝鬘，4. 香橼，5. 箭，6. 斧，7. 棒，8. 锤，9. 钩，10. 金刚杵，11. 三幡（Tripatākā），12. 念珠。左诸手：1. 如意宝幢，2. 莲花，3. 净瓶，4. 羂索，5. 弓，6. 矛，7. 法轮，8. 宝剑，9. 期克印（竖食指），10. 碗，11. 短矛（Bhiṇḍipāla），12. 般若经函。

——《究竟瑜伽鬘》，页49

未见二十六臂准提母之实例，而十六臂像多见。剑桥大学图书馆藏写本《般若波罗蜜多经》（No.Add.1643）中有一例十六臂准提母插图（图162），借此可准确辨识出众多十六臂准提母像。该插图附一段古纽瓦尔文题记：

Paṭṭikere Cundāvarabhavane Cundā.

准提母在帕提克拉（Paṭṭikera）的殊胜准提寺中。

基于题记便可断此十六臂尊即准提母。尊像二手当胸结成就法中所谓的根本印，类似转法轮印。福歇教授在《印度佛像研究》首卷页199述及一件准提母插图，称该尊二主手结说法印。右七手：1. 与愿印，2. 金刚杵，3. 轮，4. 钩，5. 匕首，6.（漫漶），7. 念珠；左七手：1. 净瓶，2. 斧，3. 三叉戟，4. 弓，5. 短剑，6.（漫漶），7. 杖。但N.K. 巴塔萨利（N.K.Bhattasali）博士对此插图的描述稍异[②]。

巴塔萨利博士结合东孟加拉的特里普拉邦（Tippera）的拉迈山（lalmai）的遗存，认为帕提克拉（Paṭṭikera）的准提寺中曾有准提母像。写本《般若波罗蜜多经》明确描绘了十六臂准提母像，对辨识众多待考的准提母尊像，意义深远。

图163现藏巴罗达博物馆，是一件精致、精美的杰作，尼泊尔常见的合金工艺制成，正面薄覆细金抛光，已多处衰损褪色。基座见仰卧之人，准提母施跏趺坐于其上，身着华服，饰物具足，如项链、锁链、头冠、耳铛、手镯、臂钏、脚环和腰带；十六臂，二主手手印类转法轮印，右七手（从顶至底）：1. 剑，2. 鼓，3. 匕首，4. 残，5. 锤，6. 宝鬘，7. 无畏印；左七手：1. 轮，2. 铃，3. 羂索，4. 短剑，5. 钩，6. 箭，7. 与愿印。该尊一面。

尽管仍有细微出入，但巴罗达博物馆藏尊像无疑为准提母。图164是菩提迦叶的印度教寺院中的尊像，亦为十六臂准提佛母。《孟加拉史》卷一，pl.XXVI，64是一件准提母石像，此像现十八臂而非上述插图中的十六臂。

① 该手印亦称准提印（Cundamudra），与大日如来所结的转法轮印（Dharmacakra）类似。
② 巴塔萨利：《达卡博物馆藏佛教与婆罗门教造像》，页13。

图 162　准提佛母（尼泊尔写经插图）

图 163　准提佛母（巴罗达博物馆）

图 164　十六臂准提佛母（菩提伽耶）

巴罗达博物馆藏尊像施坐于仰卧人身之上。在可见的所有准提母像中，不论石刻或铜像，皆未见此特殊坐具。其实，此独特坐具与成就法的意向并不违背，成就法称，准提母坐萨埵（Sattvaparyanka），即坐“萨埵”上，萨埵通常意指人或兽。基于此造像可知，“坐萨埵”即以仰卧之人为坐具。准提母在藏地①和汉地②皆十分流行。

① 戈登：《藏传佛教图像志》，页 74；盖蒂：《北传佛教神灵》，页 129、130。
② 克拉克：《两部藏传佛教众神谱》，卷二，页 222、284、285。

8. 圣耀母

面数：三面　　　　　　　　臂数：六臂
手印：转法轮印　　　　　　坐姿：金刚跏趺坐

《法藏集》(*Dharmakoṣasaṅgraha*)对圣耀母(Grahamātṛkā)有描述如下：

Grahamātṛkā trimukhā śvetapītaraktā ṣaḍbhujā dakse dharmacakra-mūdrā-vajra-śarā; vāme kamala-cāpā; sahasradalapadme vajrāsanā.

——Dharmakoṣasaṅgraha, Fol.44A

圣耀母现三面，白、黄、红；六臂，二主手结转法轮印，右二手持金刚杵、箭，左二手持莲花、弓。施金刚坐于千瓣莲上。

——《法藏集》，卷44A

图165为埃文斯·温特兹(Evans-Wentz)博士私藏中的插图①。

图165　圣耀母(尼泊尔写经插图)

① 盖蒂：《北传佛教神灵》，页474，所示形象与其类似。

第九章　不空成就佛之化身尊

不空成就佛，绿身，以无畏印为标识，化身众多，仅一男尊，其余皆女尊。男尊金刚甘露出自无畏生护的《究竟瑜伽鬘》。本章将依尊崇次序逐一描述诸尊。

1. 金刚甘露

身色：绿色　　　　面数：三面

臂数：六臂

金刚甘露（Vajrāmṛta）是《究竟瑜伽鬘》中的金刚甘露曼荼罗之主尊，身形如下：

Śrī-Vajrāmṛtaḥ sattvaparyaṅkī priyaṅguśyāmaḥ sitaraktamūlasavyavūmamu-khatrayo... ṣaḍbhujaḥ savajraghaṇṭābhujayugmāliṅgitasvābhaprajñaḥ savyābhyām cakrāsī vāmābhyām pāśāṅkuśau vibhrāṇaḥ.

——NSP, p.18

圣金刚甘露坐于萨埵（Sattvaparyaṅka），绿身，如芥菜花（priyaṅgu）[1]，三面六臂，右左面色白、红。二主手持金刚杵、铃，拥其自生明妃。右二手持轮、剑，左二手持羂索、钩。

——《究竟瑜伽鬘》，页18

汉地亦见金刚甘露[2]。

---

① 蔓草的一种，学名黑芥子（Sinapis ramosa），汉译作卮子、粟、稷、谷。见《梵和大词典》，页895。该词藏名ske tse，乃汉语“芥菜”的借词。见Berthold Laufer，“Loan-Words in Tibetan”，*T'oung Pao*, Second Series, Vol. 17, No. 4/5, p.502。译者注。

② 克拉克：《两部藏传佛教众神谱》，卷二，页236。

2. 除恶救难度母

身色：绿色　　手印：与愿印

识具：青莲　　眷属：独髻母、喜无忧树摩利支天

度母，是对佛教神系中的大量女尊的普遍称谓。《成就法鬘》中，包括除恶救难度母(Khadiravaṇi Tārā)在内的消伏毒害母、叶衣佛母、大震旦救度母、独髻母等皆称度母。此尊二臂，右手结与愿印，左手持青莲，二眷属喜无忧树摩利支天和独髻母，是重要特征。《成就法鬘》的一篇成就法禅定对其尊形描述如下：

> Haritāṁ Amoghasiddhimakuṭīṁ varadotpaladhāridakṣiṇavāmakarāṁ Aśokakāntā-Mārīcy-Ekajaṭāvyagradakṣiṇavāmadigbhāgāṁ divyakumārīm dhyātvā.
>
> Khadiravaṇī-Tārā-Sādhanaṁ.
>
> ——Sādhanamālā, p.176

> 行者需观己为绿身除恶救难度母，头冠置不空成就佛，左右二手现与愿印、青莲，右左侧为喜无忧树摩利支天和独髻母，如处子天女……如是观想。
>
> ——《成就法鬘》，页 176

该尊绿身，故以绿度母(Śyāmā Tārā)闻名[①]，成就法未及其身姿，故可坐可立(图166、167)。图168为巴罗达博物馆藏的一件该尊精美造像，施游戏坐。此度母形象在藏地[②]和汉地[③]皆有出现。

3. 大吉祥度母

身色：绿色　　臂数：二臂

手印：说法印　　眷属数：四

大吉祥度母(Mahāśritārā)亦是绿色不空成就佛的化身。《成就法鬘》中仅一篇成就法述及大吉祥度母及其四眷属(独髻母、喜无忧树摩利支天、圣消伏毒害母、大孔雀佛母)的形象。该成就法对大吉祥度母尊形描述如下：

---

① 巴塔萨利：《达卡博物馆藏佛教与婆罗门教造像》，页56，图版XXI—XXII。
② 盖蒂：《北传佛教神灵》，页125。
③ 克拉克：《两部藏传佛教众神谱》，卷二，页236。

图166　除恶救难度母(勒克瑙博物馆)

图167　除恶救难度母(印度博物馆)

图168　除恶救难度母(巴罗达博物馆)

图169　大吉祥度母(印度博物馆)

Mahāśrītārāṁ candrāsanasthāṁ śyāmavarṇāṁ dvibhujāṁ hastadvayena vyāsthānamudrādharāṁ ekavaktrāṁ sarvālaṅkārabhūṣitāṁ pārśvadvayenotpalaśobhāṁ suvarṇasiṁhāsanopari apāśrayādiśobhāṁ nānāpuṣpāśokacampakanāgeśvarapārijātakā-dibhīrājitāṁ-Amoghasiddhimakuṭinīm.

——Sādhanamālā, pp.244-245

大吉祥度母坐明月上，绿身，二手结说法印。一面，具饰物。身侧现二莲。坐黄金宝座，并饰华美坐垫。严饰无忧花、胆葡花（Campaka）、龙花（Nāgeśvara）和波利质多罗花（Pārijātaka）等。头冠置不空成就佛像。

——《成就法鬘》，页244—245

接下来，该成就法述及四尊眷属。独髻母位居其左，如下：

Ekajaṭāṁ ardhaparyaṅkopaviṣṭāṁ nīlavarṇāṁ kartrikapāladahrāṁ sakrodhāṁ lambodarāṁ piṅgalajaṭāvibhūṣitāṁ vyāghracarmāmbaradharāṁ.

——Sādhanamālā, p.245

独髻母施半跏趺坐，蓝身，二手持钺刀、颅钵，忿怒相，鼓腹，红发如烈焰，结发髻，身着虎皮。

——《成就法鬘》，页245

右侧是喜无忧树摩利支天，描述如下：

Dakṣiṇe pārśve Aśokakāntāṁ pītavarṇāṁ raktamukuṭinīṁ vajrāśokadharāṁ.

——Sādhanamālā, p.245

右为喜无忧树，黄身，饰宝冠，持金刚杵、无忧花。

——《成就法鬘》，页245

圣消伏毒害母在独髻母之后，据最左，描述如下：

Punarvāme Ārya-Jāṅgulīṁ śyāmavarṇāṁ sarpavaradahastāṁ.

——Sādhanamālā, p.245

最左为圣消伏毒害母，绿身，二手持蛇、结与愿印。

——《成就法鬘》，页245

最右侧是大孔雀佛母。描述如下：

Dakṣiṇe Mahāmāyūrīṁ māyūrapicchavaradahastāṁ.

——Sādhanamālā, p.245

右侧大孔雀佛母，持孔雀毛，结与愿印。

——《成就法鬘》，页245

此成就法中现大吉祥度母真言：Oṁ Tāre Tuttāre Ture dhanaṁ dade Svāhā.很明显，此咒将其定性为财神，故该尊信仰属密教范畴。其中另述其坐姿为王者游戏坐（Rājalīlā）。

目前仅见一例大吉祥度母像，藏于加尔各答的印度博物馆（图169）。此像与成就法相合，主尊大吉祥度母一面二臂，结说法印或转法轮印。身两侧现夜莲，施王者游戏坐于狮座，头冠现结无畏印的不空成就佛像。身左是威猛的独髻母，半跏趺坐，双手持钺刀、颅钵，鼓腹，身着虎皮。威猛怖畏之态在石雕中显露无疑。身右是喜无忧树摩利支天，头戴宝冠，手持金刚杵、无忧花，与成就法相合。最左侧圣消伏毒害度母，二手持蛇、结与愿印，与成就法相合。最右侧表现大孔雀佛母，现孔雀羽毛、结与愿印。此印度博物馆藏像或是唯一一件忠实再现《成就法鬘》之描述的大吉祥度母[①]。

4. 敬爱母

坐姿：贤者坐	识具：莲花
手印：与愿印	身色：绿色

敬爱母（Vaśyatārā）亦称圣度母（Ārya tārā），《成就法鬘》中仅一篇敬爱母成就法。其身形和除恶救难度母无二致，右手皆与愿印，左手皆持青莲，皆绿身，头冠皆现不空成就佛像。然而，除恶救难度母未规定身姿是站或坐，但敬爱母成就法明确其施贤者坐（Bhadrasana），类似欧洲流行的双腿自然下垂之态，这是敬爱母与其他左持青莲、右现与愿印的度母的主要区别。二者另一区别在前者有喜无忧树摩利支天和独髻母二尊胁侍，而后者未见胁侍。除恶救难度母可坐可立，但成就法规定此尊只施贤者坐。

图170为尼泊尔的敬爱母线图，形象表现了度母所施的贤者坐，意义重大。

---

① 《第三届东方学会议议程》（Madras，页257）中有一篇关于该主题的文章——《一尊印度博物馆藏佛像的辨识》，除此之外，还有一些大吉祥度母的插图作品。

5. 六臂白度母

身色：白色　　坐姿：半跏趺坐
面数：三面　　臂数：六臂

白度母成就法虽众多，但未见述其头冠现不空成就佛者。唯此六臂白度母（Ṣaḍbhujā sitatārā）成就法强调此禅那佛像。此形白度母，三面六臂，禅定述其尊形如下：

Sitatārāṁ trimukhāṁ ṣaḍbhujāṁ pītanīladakṣiṇetarmukhīṁ pratimukhaṁ trinetrāṁ varadākṣasūtra-śaradharadakṣiṇatrikarāṁ utpalapadmacāpadharavāmapāṇi-trayāṁ ardhaparyaṅkaniṣaṇṇāṁ candrāsanacandraprabhāṁ jaṭāmukuṭasthit-Āmoghasiddhiṁ pañcamuṇḍavibhūṣitamastakāṁ ardhacandrakṛtaśekharāṁ nānālaṅkāradharāṁ dviraṣṭavarīākṛtiṁ aṣṭaśmaśānamadhiyasthitāṁ... vicintya.

Ṣaḍbhuja-śukla-Tārāsādhanaṁ.

——Sādhanamālā, p.216

行者需观己为三面六臂白度母，右面黄，左面蓝，每面皆三目。右三手现与愿印、念珠、箭，左三手持青莲、莲、弓。半跏趺坐于月轮，圣洁耀目如明月，发髻置不空成就佛像。头饰五狞厉人头及皓洁月牙。庄严俱足，十六岁形貌，居八大尸林中。如是观想……

——《成就法鬘》，页216

图170　敬爱母（尼泊尔线描）

图171　六臂白度母（尼泊尔线描）

图171所示线描为尼泊尔的六臂白度母，金刚跏趺坐，与成就法规定的半跏趺坐相违，其他方面皆相吻合。

北京的汉地藏品中亦现六臂白度母像①。

6. 施财度母

臂数：四臂　　　　身色：绿色

施财度母（Dhanada-tārā）是四臂类度母。其显著特征是骑兽，与金刚度母类似，施财度母亦由八女尊环侍。此尊生于著名八字真言Oṁ Tāre Tuttāre Svāhā，四手持器与其他四臂类度母迥异。该尊禅定对其形象描述如下：

> Tārā-Bhagavatīṁ ātmānaṁ bhāvayet; candrāsanaprabhāṁ saumyāṁ sattvaparyaṅkasthāṁ, haritaśyāmāṁ ekavadanāṁ dvilocanāṁ caturbhujāṁ akṣasūtravaradotpalapustakadharāṁ vicitravastrālaṅkāravatīṁ...Locanādibhir-devībhīr-abhiṣiktaṁ ātmānāṁ Amoghasiddhimukuṭāṁ dhyāyāt.
>
> Dhanada-Tārā Sādhanaṁ.
>
> ——Sādhanamālā, p.219

> 行者需观己为施财度母，坐姿，放月辉，温善相，坐兽背上，身绿，一面二目，四手持念珠、与愿印、青莲、经函。严饰胜妙衣……复次行者需皈依施财度母、佛眼佛母等尊，头冠处置不空成就佛像。
>
> ——《成就法鬘》，页219

施财度母在藏地②和汉地③皆有出现。图172为该尊的尼泊尔画像。

图172　施财度母（尼泊尔线描）

① 克拉克：《两部藏传佛教众神谱》，卷二，页282。
② 盖蒂：《北传佛教神灵》，页123。
③ 克拉克：《两部藏传佛教众神谱》，卷二，页283。

7. 白度母

身色：白色　　　　臂数：四臂

手印：青莲印

如名所示，白度母（Sitatārā）即身白之度母，一面四臂，由摩利支天和大孔雀佛母胁侍。除恶救难度母亦由二尊胁侍，即摩利支天和独髻母。二者不同在于后者二臂，而白度母四臂。《成就法鬘》中仅一篇白度母成就法，其中禅定对尊形描述如下：

Tārābhagavatīṁ śuklāṁ trinetrāṁ caturbhujāṁ Pañca-tathāgatamukuṭīṁ nānālaṅkārāṁ, bhujadvayenotpalamudrāṁ dadhānāṁ, dakṣiṇabhujena cintāmaṇiratnasaṁyuktavradāṁ, sarvasattānāṁ āśāṁ paripūrayantīṁ, vāmenotpalamañjarīṁ vibhrāṇāṁ dhyāyāt.

Tasyā dakṣiṇapārśve Mārīcīṁ pītāṁ candrāsanāṁ nīlāmbarāṁ dvibhujāṁ; vāmena raktāśokapallavadharāṁ, dakṣiṇena sitacāmaradharāṁ; raktakañcukābharaṇāṁ.

Vāmapārśve Mahāmāyūrīṁ priyaṅguśyāmāṁ dvibhujāṁ; vāmena māyūrapicchadharāṁ, dakṣiṇena cāmaradharāṁ, evaṁ vicintya...

——Sādhanamālā, p.215

行者需观己为白身（白）度母，三目四臂。头冠置五禅那佛像，庄严俱足，二主手结青莲印，右次手结与愿印并持如意宝，左次手持青莲蕊，应众生之愿。

摩利支天据其右，黄身，坐明月上，身着蓝衣，二臂，左手持长有红色无忧花之枝，右手持拂尘。身着红甲（kañcuka），饰庄严具。

绿色大孔雀佛母据其左，（色）如芥菜果，二臂，左手持孔雀羽毛，右手持拂尘。如是观想……

——《成就法鬘》，页215

白度母形象在藏地[①]和汉地[②]皆有发现。

① 盖蒂：《北传佛教神灵》，页122。

② 克拉克：《两部藏传佛教众神谱》，卷二，页189、216。

8. 叶衣佛母

身色：绿色　　　　面数：三面
乘骑：人形病魔　　身态：左展姿

作为阿閦佛化身的黄身叶衣佛母，前文已作介绍。因此叶衣佛母绿身，故视为不空成就佛之化身。该尊真言称其为“Piśācī”（毘舍阇女）或“Sarvamāripraśamanī”（祛世间诸病）。此尊与前述身形相似，不同处是此身色绿色，头冠置不空成就佛而非阿閦佛。二形所持武器相同，但面相迥异，前者温善，此现怒笑。东孟加拉发现的两件叶衣佛母像的头冠上皆现不空成就佛像，有必要摘录禅定以作图像细节之比较：

Parṇaśavarīṁ haritāṁ trimukhāṁ trinetrāṁ ṣaḍbhujāṁ kṛṣṇaśukladakṣiṇa-vāmānanāṁ vajra-paraśu-śaradakṣiṇakaratrayāṁ kārmuka-patra-cchaṭāsapāśatarjanī-vāmakaratrayāṁ sakrodhahasitānanāṁ navayauvanavatīṁ sapatramālāvyāghra-carmanivasanām īṣallambodarīṁ ūrdhvasaṁyatakeśīṁ adho aśeṣarogamārīpadā-krāntām Amoghasiddhimukuṭīm ātmānaṁ jhaṭiti niṣpādya...

——Sādhanamālā, p.308

行者需观己为叶衣佛母，绿身，三面三目六臂，左右二面现蓝白。右三手持金刚杵、钺刀、箭，左三手持弓、绿叶、羂索期克印。每面怒笑相，形貌活力年轻，身饰虎皮、叶衣，腹微鼓，头发飘举。脚踏世间一切病疫，头冠置不空成就佛像。如是观想……

——《成就法鬘》，页308

图173和图174所示的两种叶衣佛母像均由N.K.巴塔萨利先生发现[①]，二像严遵成就法之规，生动展现三面之怒笑态，腹微鼓。左右现印度教的瘟神马头（Hayagrīva）和天花女湿陀罗（Śītalā），反向飞离、脱逃叶衣佛母之暴怒。脚踩俯卧之人即人形化的瘟疫。右脚下是天花病人，可依其身体特征判识；左脚所踩或是身患某重疾之人。这两件叶衣佛母像都是孟加拉艺术中的精品。叶衣佛母在藏地[②]和汉地[③]皆有出现。

① 巴塔萨利：《达卡博物馆藏佛教与婆罗门教造像》，页58，图版XXIII。
② 戈登：《藏传佛教图像志》，页71；盖蒂：《北传佛教神灵》，页134、135。
③ 克拉克：《两部藏传佛教众神谱》，卷二，页207、287；二臂，页287。

图173 叶衣佛母（达卡博物馆）

图174 叶衣佛母（达卡博物馆）

9. 大孔雀佛母

身色：绿色　　面数：三面
臂数：六臂　　坐姿：半跏趺坐

五护佛母之一的大孔雀佛母（Mahāmāyuri）隶属不空成就佛。五护佛母曼荼罗（Pañcarakṣā Maṇḍala）中的大孔雀佛母的身形与此不同，后文另述。头冠现不空成就佛时，或三面六臂，或身黄一面二臂，右手持孔雀羽毛，左手结与愿印。《成就法鬘》对三面六臂的大孔雀佛母有如下的描述：

Mahāmāyūrīṁ haritavarṇāṁ trimukhāṁ ṣaḍabhujāṁ pratimukhaṁ trinetrāṁ kṛṣṇaśukladakṣiṇetaravadanāṁ; dakṣiṇatrihasteṣu yathākramaṁ mayūrapiccha-bāṇa-varadamudrāḥ; tathā vāmatrihasteṣu ratnacchṭācāpotsaṅgasthakalaśāḥ; vicitrābhara-ṇāṁ, śṛṅgārarasāṁ, navayauvanāṁ, candrāsane candraprabhāvatīṁ ardhaparyaṅ-kinīṁ Amoghasiddhimakuṭīṁ bhāvayet ātmānaṁ.

——Sādhanamālā, p.400

行者需观己为大孔雀佛母，绿身，六臂三面，每面现三目。右、左二面蓝、白。右三手持孔雀羽毛、箭、与愿印，与此相似，左三手持宝、弓、置大腿上的净瓶。庄严具足，慈悲态，年轻形貌,半跏趺坐,放月辉,头冠置不空成就佛像。

——《成就法鬘》,页400

大孔雀佛母流行于藏[①]汉地区[②],亦见其尊形。据说该尊有祛除蛇毒之功。

10. 金刚链母

身色:绿色　　面数:三面
臂数:八臂　　坐姿:游戏坐
识具:锁链

《成就法鬘》中有三篇金刚链母(Vajraśṛṅkhalā)成就法。绿身,故化身于不空成就佛,头冠即现此佛像。Śṛṅkhalā意为锁链,因其手持金刚链,故称金刚链母。辨其形象时需知锁链乃其重要识具,但应与亦持锁链的女尊金刚锁(Vajrasphoṭā)区分开来。一篇禅定述其形象如下:

Haritāṁ trimukhāṁ aṣṭabhujāṁ prathamamukhaṁ īṣaddhāsarasaṁ; dakṣiṇaṁ kapilaṁ kapilalocanaṁ ca; vāmaṁ raktaṁ bhṛkuṭīdaṁṣṭrākarālaṁ; dakṣiṇeṣu catuḥkareṣu abhaya-vajra-śṛṅkhala-śaradharāṁ; vāmacatuḥkaraiḥ rudhirapūrṇakapāla-tarjanī-pāśa-cāpadharāṁ; lalitākṣepāsanasthāṁ, mārjjāracarmottarīyām, Amoghasiddhibhūṣitordhva piṅgalakeṣām vicintya...

Vajraśṛṅkhalā-Sādhanaṁ.

——Sādhanamālā, p.414

行者需观己为身绿(金刚链母),三面八臂。主面微笑,右面棕,具棕色目,左面红色,面相怖畏,眉眼凝重,龇牙。右四手见无畏印、金刚杵、金刚锁链、箭,左四手现盛血颅钵、期克印、羂索、弓。游戏坐,戴狸猫皮巾,棕发飘舞,饰不空成就佛像。如是观想……

——《成就法鬘》,页414

据该尊诸篇成就法来看,其另有三面六臂形,右三手持金刚杵、金刚锁链、箭;左三手现期克印、羂索、弓。图175即由尼泊尔画家绘制的此形金刚链母。金刚链母在汉地也有出现[③]。

① 戈登:《藏传佛教图像志》,页74;盖蒂:《北传佛教神灵》,页136。
② 克拉克:《两部藏传佛教众神谱》,卷二,页206、275。
③ 克拉克:《两部藏传佛教众神谱》,卷二,页196、311。

图175　金刚链母(尼泊尔线描)

11. 金刚犍陀梨

身色：蓝色	面数：六面
臂数：十二臂	身态：左展姿

金刚犍陀梨(Vajragāndhāri),此名在前面的阿弥陀佛化身章中已提到,他与阿弥陀佛化身的八臂作明佛母曼荼罗有关。此曼荼罗中,金刚犍陀梨头冠上现其法祖不空成就佛,故其应是该种姓之尊。金刚犍陀梨六面十二臂,怖畏相。《成就法鬘》中的一篇精短成就法对其形象作了如下描述：

Vajragāndhārī kṛṣṇā ṣaṇmukhī dvādaśabhujā ūrdhvapiṅgalakeśī pratyāliḍhapadā daṁṣṭrakaralavadanā pratimukhaṁ trinetra. Dakṣiṇabhujeṣu yathākramaṁ vajra vajraghaṇṭā-khaḍga-triśūla-bāṇa-cakrāṇi; vāmaṣadbhujeṣu khaṭvāṅg āṅkuśa-dhanuḥ-paraśu-pāraśa-hṛttarjjanyaḥ; prathamamukhaṁ kṛṣṇaṁ, aparāṇi mukhāni pañcavarṇāni viśvapadma sūryāsanā ceti.

——Sādhanamālā, pp.403－404

金刚犍陀梨蓝身,六面十二臂,棕发飘舞。左展姿,怖畏面,龇牙,三目。右六手:1. 金刚杵,2. 金刚铃,3. 剑,4. 三叉戟,5. 箭,6. 轮;左六手:1. 天杖,2. 钩,3. 弓,4. 斧,5. 羂索,6. 当胸结期克印。主面蓝，其余五面现五色。依日轮双莲而坐。

——《成就法鬘》，页403—404

《成就法鬘》中的这段禅定提供了该尊的两个别号：瑜伽母（Yoginī）和怖畏母（Bhīṣmabhaginī），金刚犍陀梨被认定为夜叉主准提金刚手（Caṇḍavajrapāṇi）的明妃。其像现于汉地[①]。

① 克拉克：《两部藏传佛教众神谱》，卷二，页196、290。

第十章　宝生佛之化身尊

男　尊

宝生佛在北传佛教神系中的地位并不突出，故化身较少。如前所述，旃巴拉（Jambhala）和财续佛母（Vasudhārā）都远早于禅那佛，故将旃巴拉归于宝生佛种姓应是后起之事。财神旃巴拉可授信众珠宝、珍宝和财富。Ratnasambhava即"生于宝"之意，故财神旃巴拉之法祖非宝生佛莫属。若旃巴拉的一、二种身形为宝生佛化身，那么其明妃财续佛母也应至少有一、二种身形与之同源。尽管如此，佛教徒对旃巴拉的法祖仍持不同看法，如阿閦佛的追随者坚定认为其属阿閦佛化身。

五护佛母之一的大随求佛母（Mahāpratisarā）是宝生佛的另一化身，此五尊陀罗尼佛母皆归五禅那佛之种姓，或属其中某二佛种姓。宝生佛的辨识特征是黄身、右手施与愿印。其男尊化身是旃巴拉、除秽忿怒旃巴拉（Ucchuṣma），后者被视为旃巴拉的怖畏身。

1. 旃巴拉

《成就法鬘》中有多种旃巴拉，既有阿閦佛化身，也有宝生佛化身。前文已述作为阿閦佛化身的旃巴拉；而宝生佛化身的旃巴拉的主要特征是右手持鼬，左手持香橼（citron）。此鼬乃诸宝所依，旃巴拉手握鼬身两侧，便可外吐珍宝。鼬是旃巴拉图像的关键识具。宝生佛化身的旃巴拉既有单体，亦有拥明妃的双身态。《成就法鬘》中单体旃巴拉的成就法仅三篇。

双身时，旃巴拉坐明月中的八瓣双莲上，庄严具足，身金黄，鼓腹。左右二持香橼、鼬，戴黄莲花鬘，拥财续佛母，成双身形。八莲瓣上见与主尊身形一致的八药叉：宝贤（Māṇibhadra）；满贤（Pūrṇabhadra）；施财（Dhanada）；多闻子（Vaiśravaṇa）；嬉鬘（Kelimālī）；毗湿昆达梨（Civikuṇḍalī）；苏根陀罗（Sukhendra）；迦林陀罗（Carendra）。同旃巴拉与财续佛母结成双身一样，诸夜叉亦有明妃，分别为：画女（Citrakālī）；供女（Dattā）；善施（Sudattā）；圣女（Āryā）；善贤（Subhadra）；护女（Guptā）；天女（Devī）；妙音（Sarasvatī）。八夜叉女身形与财续佛母同，黄身，双手持穗、结与愿印。

单体时，旃巴拉身色金黄，左手持鼬，右手持香橼。图176为尼泊尔的旃巴拉石像，是已故的班智达喜成就（Pandit Siddhiharsa）之物，尊像现游戏坐。图177、178两例旃巴拉像出自东孟加拉

图176　旃巴拉（尼泊尔）

图177　旃巴拉（达卡博物馆）

图178　旃巴拉（达卡博物馆）

图179　双身旃巴拉（尼泊尔线描）

的毗诃罗普尔(Vikrampur)[①],亦施游戏坐,这是中古时期最精美的孟加拉艺术品。

旃巴拉另有二臂身形,双手持香橼、鼬,右展姿,脚踩贝头(Śaṅkhamuṇḍa)和莲头(Padmamuṇḍa)二尊半神(semi-divine beings)。

(a)旃巴拉(双身)

身色:白色　　面数:三面
臂数:六臂

双身旃巴拉(Jambhala)另有三面六臂、白身之身形。成就法称其左右面现为红、蓝,金刚跏趺坐,二主手拥明妃财续佛母。右余二手持红色金刚杵、剑,左余二手持绿宝石、莲花。其余方面与前述形象一致[②]。藏地[③]和汉地[④]皆有旃巴拉形象。图179为尼泊尔的双身旃巴拉画像。

2. 除秽忿怒旃巴拉

身态:左展姿　　形貌:畏怖
乘骑:矩吠罗(Kuvera)

除秽忿怒旃巴拉(Ucchuṣma Jambhala)的形貌与前文论及的阿閦佛化身之类完全一致,亦左展姿,左脚踩矩吠罗前额,右脚踩矩吠罗双腿,形貌怖畏,鼓腹,龇牙,饰蛇。右手当胸持盛血颅钵,三目露凶色,左手惯常持鼬。

除秽忿怒旃巴拉像罕见,仅萨尔纳特出过一件,该像已在"阿閦佛之男尊化身"章中作了介绍,此像吻合该尊成就法中的全部特征。此像中,旃巴拉左侧为明妃财续佛母,但法祖小像非阿閦佛或宝生佛,而是阿弥陀佛。此例是图像学者所知的唯一一件除秽忿怒旃巴拉像。

怖畏相旃巴拉,不论Ucchuṣma或是Ḍimbha,皆未出现在汉地和藏地。

女　尊

现黄色、施与愿印的禅那佛宝生佛的化身女尊众多。宝生佛掌宝部诸神,以宝为种姓具,以黄为种姓色。未明确划归某禅那佛归属之尊,若其现黄身,皆可视为宝生佛的化身。基于此,相关尊神便可归入宝生佛种姓作逐一介绍。

---

① 巴塔萨利:《达卡博物馆藏佛教与婆罗门教造像》,页34,图版XI。
②《成就法鬘》,第297部成就法,页581。
③ 盖蒂:《北传佛教神灵》,页581。
④ 克拉克:《两部藏传佛教众神谱》,卷二,页203;六臂形态,页301。

3. 金刚度母

身色：金黄　　面数：四面
臂数：八臂

据《究竟瑜伽鬘》中的金刚度母（Vajratārā）曼荼罗的确切描述①，该尊法祖为宝生佛，四面八臂，描述如下：

Bhagavatī Vajratārā suvarṇavarṇā. hemābha-śubhra-nīla-lohitamū-la-śavya-paścimottara-caturvaktrā aṣṭabhujā savyair-vajraṁ pāśaṁ śaraṁ śaṅkhaṁ ca vibhratī vamaiḥ pītotpalaṁ cāpaṁ aṅkuśaṁ tarjanīṁ ca.

——NSP, p.38

金刚度母身色金黄。四面，主面金黄，右面白，后面蓝，左面红。共八臂，右四手：金刚杵、羂索、箭和海螺；左四手：黄色的夜莲、弓、钩、期克印。

——《究竟瑜伽鬘》，页 38

金刚度母是颇为流行的佛教尊神，形象遍布印度、尼泊尔。北京的汉地造像中有一件，名为四臂金刚度母（Aṣṭabhujā Vajratārā）②。

此处要注意一件特殊金刚度母像，现藏加尔各答的印度博物馆。此像现莲花形态，展现了完整的曼荼罗及诸眷属。构造精巧，开阖自如，八瓣莲花，每瓣现一胁侍。《成就法鬘》中的禅定述及尊形并有如下释论：

Mātṛmaṇḍalamadhyasthāṁ Tārādevīṁ vibhāvayet　I
Aṣṭabāhuṁ caturvaktrāṁ sarvālaṅkārabhūṣitāṁ　II
Kanakavarṇanibhāṁ bhavyāṁ kumārīlakṣaṇojjvalāṁ　I
Pañcabuddhamukuṭīṁ vajrasūryābhiṣekajāṁ　II
Navayauvanalāvaṇyāṁ calatkanakakuṇḍalāṁ　I
Viśvapadmasamāsīnāṁ raktaprabhāvibhūṣitāṁ　II
Vajra-pāśa-tathā-śaṅkha-saccharodyatadakṣiṇāṁ　I
Vajrāṅkuśotpaladhanustarjanī-vāmadhāriṇīṁ　I

---

①《究竟瑜伽鬘》，页 38，Vajratarayah kuleso Ratnesah 条。
② 克拉克：《两部藏传佛教众神谱》，卷二，页 210。

Vajraparyaṅkayogena sādhayed bhuvanatrayaṁ. II

——Sādhanamālā, p.179

行者需观己为金刚度母，居八佛母环绕之中，四面八臂，庄严具足。身金黄，温善态，现处女相；头冠置五禅那佛，生于金刚杵与日轮之灌顶水中；年轻活力，戴耳珰，坐双莲，放红光；右诸手持金刚杵、羂索、海螺、箭，左诸手持金刚钩、青莲、弓和期克印。应想施金刚跏趺坐，可摄三界。

——《成就法鬘》，页179

成就法另述曼荼罗诸尊，金刚度母莲座之四方莲瓣上现四女尊。

（一）东方：花女（Puṣpatārā）

Pūrveṇa Pūṣpatārāṁ tu sitavarṇāṁ manoramāṁ I
Oṁkārākṣaraniṣpannāṁ puṣpadāmakarākumālāṁ I
Dvibhujāṁ ekavaktrāñca sarvālaṅkārabhūṣitāṁ II

东方花女，白身，魅力四射，生于Om音，手持花鬘，一面二臂，庄严具足。

（二）南方：焚香女（Dhūpatārā）

Dakṣiṇe Dhūpatārāṁ tu kṛṣṇavarṇāṁ surūpiṇīṁ I
Dhūpaghaṭīkaravyagrāṁ sarvālaṅkāraśobhitāṁ II

南方焚香女，身蓝，迷人，手持香柱，庄严具足。

（三）西方：灯女（Dīpatārā）

Paścime dīpatārāṁ ca dīpayaṣṭikarākulām /
Pītavarṇāṁ mahābhūṣāṁ calatkanakakuṇḍalām.

西方灯女，手持火炬，黄身，庄严具足，戴耳环。

（四）北方：涂香女（Gandhatārā）

Uttare Gandhatārāṁ tu gandhaśaṅkhakarākulām /
Raktavarṇanibhāṁ devīṁ bhāvayed garbhamaṇḍale //

北方涂香女，手持香螺，红身。以上诸尊皆于（曼荼罗）内环中。

该成就法进一步称，需观想环绕主尊的诸门护，很明显，门护尊与四女尊并不在同一圈层。
（五）东门：金刚钩（Vajrāṅkuśī）

Pūrvadvāre Vajrāṅkuśīṁ ekavaktrāṁ dvibhujāṁ vajrāṅkuśotpalabhastāṁ vikṛtavadanāṁ kṛṣṇavarṇāṁ.

东门金刚钩，一面二臂。双手持金刚钩、夜莲。面相狞怖，蓝身。

（六）南门：金刚索（Vajrapāsī）

Dakṣiṇadvāre Vajrapāśīṁ pītavarṇāṁ vikṛtānanāṁ ekavaktrāṁ dvibhujāṁ vajrapāśahastāṁ.

南门金刚索，黄身，狰狞面，双手持金刚羂索。

（七）西门：金刚锁（Vajrasphoṭī）

Paścimadvāre Vajrasphoṭīm raktavarṇāṁ ekavaktrāṁ dvibhujāṁ vikṛtavadanāṁ vajrasphoṭahastāṁ.

西门金刚锁，红身，狰狞面，双手持金刚锁链。

（八）北门：金刚铃（Vajraghaṇṭā）

Uttaradvāre Vajraghaṇṭām śvetavarnām ekavaktrām dvibhujām vikṛtavadanām vajraghaṇṭāhastām.

北门金刚铃，白身，狰狞面，双手持金刚铃。

（九）上：顶髻尊胜
女尊顶髻尊胜（Usnisavijaya）据上方。
（十）下：苏摩
女尊苏摩（Sumbhā）据下方。

诸尊皆施右展姿于日轮，如日神般辉煌，环绕炽烈背光，以蛇饰身。诸尊生于构成金刚度母咒Oṁ Tāre Tuttāre Ture Svāhā的十个音，每音生一尊，此十女尊是大乘十波罗蜜（Pāramitās）的化现。
下面列举金刚度母咒成功应验的例子。诵咒七遍，系结衣尾成扣，着此衣者便可畅往宾陀

图180　金刚度母（印度博物馆）

图181　金刚度母（奥里萨）

图182　金刚度母（尼泊尔）

图183　花女（北京）

山（Vindhya）不可近之禁区；复诵其名号，便可使虎、贼、鳄、狮、蛇、象、水牛、熊、公牛等遁逃，甚至摧灭；若将一百零八朵莲花供入火中并诵咒，便可征服任何世间女子；对乌鸦羽毛诵咒三十二遍，并隐置其于敌屋之中，敌人七天内定会摧灭。无需另举，足见金刚度母可授其信者得胜，故大行于金刚乘教徒之间。

图180为印度博物馆藏的金刚度母像，主尊隐于莲花之中，内由曼荼罗的十尊眷属女环绕。图181是奥里萨邦的金刚度母像，见N.N.Vasu的马友布汉杰（Mayurbhanj）考古报告。图182的金刚度母像发现于毗邻尼泊尔斯瓦扬布寺的萨拉斯瓦蒂斯坦（Sarasvatisthan）。图183为北京藏品的花女，是金刚度母的眷属。

4. 大随求佛母

身形：1. 三面十臂；2. 四面八臂

大随求佛母（Mahāpratisarā）是五护佛母之主尊，密教徒对其崇拜尤为盛。该尊有单尊与曼荼罗两型，后者伴以其他四佛母。单尊多身黄，五护曼荼罗中，其现白身。据成就法来看，大随求佛母或现四面八臂、或现三面十臂。实际表现中，其现三面八臂。据说三面八臂大随求佛母的头冠上见宝生佛像，另一黄身形也应归于此禅那佛。成就法对前者有如下描述：

> Mahapratisarā pītā trimukhī pratimukhaṁ trinayanā daśa-bhujā kṛṣṇasitadakṣiṇetaravadanā dakṣiṇapañcabhujeṣu yathākramaṁ khaḍga-vajra-bāṇa-varada-hṛdayaśāyihastasthacchatrāṇi tathā vāmapañcabhujeṣucāpa-dhvaja-ratnacchaṭā-paraśu-śaṅkhāḥ Ratnasambhavamukuṭī kṛṣṇakañcukaraktottarīyā ca ardhaparyaṅka-lalitākṣepā divyābharaṇavastrabhūṣitā ceti.
>
> ——Sādhanamālā, pp.401-402

> 大随求佛母身黄、三面，每面三目，十臂；右左二面现蓝、白色。右五手持剑、金刚杵、箭、与愿印、当胸持伞；左五手持弓、幢、宝、斧、海螺。头冠置宝生佛像，身着蓝衣，系红巾，施游戏半跏趺坐，饰诸天衣饰物。
>
> ——《成就法鬘》，页401—402

四面八臂形见五护配置之中[①]。另有独立的单尊之形，与前论者几乎一致，不同处仅在其现四面八臂，主面黄，右面白，左面红，后面蓝；右四手持剑、法轮、三叉戟、箭；左四手持斧、弓、羂索和金刚杵。

---

①《成就法鬘》中对五护佛母（*pañcarakṣā*）的单尊形象的描述共有七篇成就法，其中大随求佛母占三篇，为194、195、196号成就法，所描述的形象基本一致。现黄身四面八臂。

图184、185即两件此形大随求佛母，皆三面，而非四面，除此之外，与成就法的描述相合。大随求佛母在藏地[①]和汉地[②]皆十分流行。

图184 大随求佛母（达卡文学社）

图185 大随求佛母（达卡博物馆）

5. 财续佛母

身色：黄色　　面数：一面
臂数：二臂　　识具：谷穗

财续佛母（Vasudhārā）是旃巴拉的明妃，头冠见阿閦佛或宝生佛。《成就法鬘》中有多篇财续佛母成就法，皆现二臂。但都未论及坐姿，故可现任何身态，或立或坐。身相具足庄严，眷属固定。黄身，左手持插穗的宝瓶，并泼洒宝珠，右手结与愿印。财续佛母的一篇简短成就法述其形象如下：

Pīta-Vaṁ-kāraparinatāṁ dvibhujaikamukhīṁ pītāṁ navayauvanābharaṇavastr-avibhūṣitāṁ dhānyamañjarīnānā-ratnavarṣaghaṭavāmahastāṁ dakṣiṇena varadāṁ anekasakhījanapari-vṛtāṁ viśvapadma candrāsanasthāṁ Ratnasambhavamukuṭinīṁ...niṣpādya.

——Sādhanamālā, pp.422–423

① 戈登：《藏传佛教图像志》，页76。
② 克拉克：《两部藏传佛教众神谱》，卷二，页289（二臂）。

行者需观己为生于黄色种字“vam”的财续佛母，一面二臂，黄身，形貌年轻，现具足庄严。左手持吐宝的宝瓶，其内置谷穗，右手结与愿印。由众女尊环绕，并坐月轮中的双莲座上，头冠上置宝生佛像……

——《成就法鬘》，页422—423

财续佛母鲜有雕塑作品。前文提到萨尔纳特的一件特殊的除秽忿怒旃巴拉像中，财续佛母为其胁侍，萨尔纳特的另一件造像已残不可识，但佛母都现立姿。图186为尼泊尔的财续佛母像。

财续佛母有时现一面六臂，施游戏坐。右三手现合掌印（Namaskāra）、与愿印、持谷穗。左一手持经书、二手持谷穗、三手置大腿上持宝瓶。头发如火焰飘举，现华美饰物，面温善。图187即此形财续佛母，是纽瓦尔艺术的精美之作。图188为巴罗达博物馆藏的一尊精美的财续佛母的铜造像。藏地亦有见财续佛母①，而汉地未见。

图186 财续佛母（尼泊尔线描）

图187 财续佛母（尼泊尔）

图188 财续佛母（巴罗达博物馆）

6. 无能胜母②

身色：黄色　　手印：掌击（Capeṭadāna）
特征：脚踩毗那夜迦

① 戈登：《藏传佛教图像志》，页72。
②《诸佛菩萨圣像赞》中“Aparājitā”的对应藏文名号为：gzhan gyis mi thub ma，汉译为“无敌佛母”。详见《诸佛菩萨圣像赞》，北京：中国藏学出版社，2009年1月，页263、424。译者注。

在前文摘译的八臂作明佛母禅定中已见无能胜母（Aparājitā）之名。据说无能胜母头冠上有宝生佛像，四手持杖、钩、铃、羂索。无能胜母是重要的佛教女尊，脚踩毗那夜迦，一手高举现掌击势。据成就法称，其伞盖由印度教重神敬持。无能胜母的一篇简短成就法中的禅定述其形象如下：

Aparājitā pītā dvibhujaikamukhī nānāratnopaśobhitā Gaṇapatisamākrāntā capeṭadānābhinayadakṣiṇakarā, gṛhitapāśatarjanikahṛdayasthitvāmabhujā atibha-yaṅkarākaralaraudramukhī aśeṣamāranirdalanī Brahmādiduṣṭaraudradeva-tāprikarocchritacchatrā ceti.

——Sādhanamālā, p.403

无能胜母，身黄，一面二臂，饰宝，脚踏毗那夜迦。右手高举，现掌击势，左手当胸伸食指并持羂索，面相威猛怖畏，可摧诸恶，邪恶威猛的大梵天等尊为其持伞盖。

——《成就法鬘》，页403

需特别注意，此成就法中无能胜母之别号Gaṇapatisamākrāntā，意即“脚踏毗那夜迦”，Ākrāntā的词根为“kraṁ”（踩）。基于无能胜母的别号，或可将图189所示的那烂陀寺的遗存残件（仅存下身）断为无能胜母，其中主尊右侧是帝释天，手执的杆子或是伞盖手柄，这应是以大梵天为首的印度教诸尊所持。很遗憾，上身残缺，若见全像，应可见女尊右手施掌击之势、左手伸食指并持羂索，破损的手柄延伸出头上的伞盖。图190所示的印度博物馆藏的作品便可证实以上判断。该像虽稍有残损，但仍完整，下部与那烂陀寺残件相似，全像遵循上文所录成就法之描述。这个新发现使以上辨识不容置疑。

无能胜母亦见于汉地①。

图189　无能胜母（那烂陀博物馆）

图190　无能胜母（印度博物馆）

① 克拉克：《两部藏传佛教众神谱》，卷二，页208、290。

7. 金刚瑜伽母

（1）无头型

身色：黄色　　身态：右展姿
眷属：二尊　　臂数：二
识具：钺刀和断头

金刚瑜伽母的地位尊崇、流传广泛，其头冠上似未置禅那佛。四篇成就法描绘了该女尊的三种身形，可归为两种截然不同的类型。一为无头型，头未在肩上而是执于手中；另一型则现正常颅颈。无头形金刚瑜伽母与印度教十大明女（Mahāvīdyās）中的无首女（Chhinnamasṭā）相似。或可推测，此佛教女尊被印度教借鉴吸，并收至其神系。金刚瑜伽母常由金刚遍照母（Vajra-vairocanī）和金刚色母（Vajra-varṇanī）二瑜伽母伴侍。成就法对无头形的金刚瑜伽母描述如下：

Bhaṭṭārikāṁ Varjayoginīṁ...pītavarnāṁ svayameva svakartri-kartita-svamas-taka-vāmahastasthitāṁ dakṣiṇahastakartrisahitāṁ, ūrdhvavistṛtavāmbāhuṁ, adhonamitadakṣiṇabāhuṁ, vāsaḥśūnyāṁ, prasāritadakṣiṇapādāṁ saṅkucitavāmapādāṁ, bhāvayet. Kavandhānniḥsṛtyāsṛkdhārā svamukhe pravisati, apare ubhayoḥ pārśvayoginyor-mukhe praviśatiti bhāvayet.

Vāmadakṣiṇapārśvayoḥ śyāmavarṇa-Vajravarṇanī-pītavarṇa-Vajra-vairocanyau vāmadakṣiṇahastakartrisahite, dakṣiṇavāmahastakarpparasahite, prasāritavāmapāda-prasāritadaṣiṇapāde saṅkucitetarapāde muktakeśyau bhāvayet Ubhayoḥ pārśvayoḥ, ubhayor-yoginyor-madhyeantarīkṣe atibhayākulaṁ śmaśānaṁ bhāvayet.

——Sādhanamālā, p.452-453

行者需观己为尊者金刚瑜伽母，黄身，左手持由己斩断的头颅，右手持钺刀。左手举，右手垂。身裸，右腿伸展，左腿弯曲。（行者）需观想，断首处所涌鲜血流入断头之口和主尊两侧的瑜伽女口中。

行者另需观想主尊左右现二瑜伽母，绿身金刚色母和黄身金刚遍照母，二尊左右手持钺刀、颅钵，左右腿一伸一曲，皆乱发。二瑜伽母身周与天空皆是恐怖尸林。

——《成就法鬘》，页452—453

（2）红身型

身色：红色　　乘骑：尸体
识具：金刚杵、颅钵　　身态：右展姿

此型较上述无头型更恐怖，身处尸林，施右展姿于日轮中，红身，形貌年轻，身裸骑尸，三血目圆睁，眉眼凝重，鼓腹，伸舌，现六吉饰。左手持颅钵，右手持金刚杵，天杖挂左肩。此形金刚瑜伽母与无我母、金刚亥母相似，辨别诸尊时极易混淆。若现舞立姿，应断为无我母或金刚亥母，若现右展姿，则应为金刚瑜伽母。右耳处的肉瘤、俯卧的人尸专属金刚亥母；耳际无肉瘤、仰卧人尸则是辨识无我母之关键；金刚瑜伽母施右展姿。

（3）黄身型

身色：黄色　　　　臂数：二

识具：钺刀和颅钵

据成就法来看，金刚瑜伽母另有黄色身型，手持钺刀、颅钵，其他方面与上述红身型一致。另一篇成就法称，颅钵中满盛诸天、阿修罗之血，持钺刀之手结期克印。

金刚瑜伽母是嘿噜迦的明妃之一，二者的双身和合是著名《嘿噜迦怛特罗》之主题。尼泊尔萨库（Sāṅku）的金刚瑜伽母庙中（图191）未见以上诸形金刚瑜伽母，其中有极厉母（Ugratārā）像，即著名的大震旦救度母（Mahācīnatārā），这是1350年由孟加拉信众从达卡的同名地区带至此地，那时穆斯林已征服东孟加拉。藏地亦有发现金刚瑜伽母的形象[①]。

图191　金刚瑜伽母寺（萨库寺院）

① 戈登：《藏传佛教图像志》，页81。

8. 无垢母

身色：黄色　　面数：八面

臂数：十六臂

《成就法鬘》中两次提到无垢母(Prasannatārā)，一次作为八臂作明佛母的眷属，另一次则是成就法中的主尊。作为作明佛母的眷属时，该尊身红；单独出现时，身黄。因此在缺少更多肯定信息时，可归于黄色宝生佛之种姓。无垢母成就法中出现了此女尊的二别称：甘露口(Amṛtamukhī)和甘露目(Amṛtalocanā)，除置顶之面外，其余七面皆熙和。然而其非温善态，而是如烈光猛焰怖畏母(Vidyujjvālākarālī)(独髻母之身形)般威猛。无垢母禅定描述其形象如下：

Hemavarṇāṁ mahāghorāṁ tārādevīṁ maharddhikāṁ /
Trinetrāṁ aṣṭavadanāṁ bujaṣoḍaśabhūṣitāṁ //
Ūrdhvapiṅgalakeśāṁ sārdraśatārdhamuṇḍamālākṛtahārāṁ.
Pratyālīḍhapadopetāṁ jagattrāṇāṁ mahābalāṁ /
Vicitravastranepathyāṁ hasantīṁ navayauṣanāṁ //

Pradhānamukhaṁ pītaṁ dakṣiṇaṁ dvitīyaṁ nīlaṁ, tṛtīyaṁ śyāmaṁ caturthaṁ gaganaśyāmaṁ, vāme kundasannibhaṁ, dvitīyaṁ raktaṁ, tṛtīyaṁ gaganaśyāmaṁ ūrdhvāsyaṁ dhūmravarṇābhaṁ mahāghoraṁ madhyāsayaṁ vikaṭotkaṭaṁ dakṣiṇakareṣu khaḍgotpalaśaravajrāṅkuśa-daṇḍa-kartri-abhayadharāṁ; vāmabhujeṣu sapāśatarjani-kapāla-dhanuḥ-khaṭvāṅga-vajrapāśa-Brahmaśiroratnakalaśadharāṁ viśvapadmacandrasthāṁ sūryaprabhāvibhūṣitāṁvāmapādenendraṁ dakṣiṇapādenopendraṁ pādadvayamadhye rudraṁ brāhmaṇaṁ cākramya sthitāṁ sarvāvaraṇavināśanīṁ bhāvayet.

Prasannatārāyāḥ-Sādhanaṁ.

——Sādhanamālā, p.241

行者需观己为金身、大怖畏的无垢母，广大威德，三目八面十六臂。棕发飘举，项链为半百颗湿血人头。巨力护佑三界，怖畏。左展姿，微笑，年轻活力，着杂色衣。主面黄，右二面蓝，三面绿，四面天蓝；左一面白如素馨花(Kunda)，左二面红，左三面天蓝；顶面烟色，怖畏相，狞厉扭曲。右八手：1. 天杖，2. 青莲，3. 箭，4. 金刚杵，5. 钩，6. 棒，7. 钺刀，8. 无畏印；左八手：1. 持羂索并期克印，2. 颅钵，3. 弓，4. 天杖，5. 金刚杵，6. 羂索，7. 梵天头，8. 宝瓶。依明月立于双莲上，放日辉，左踩帝释，右踩近帝(Upendra)[①]，二者之间压制鲁达罗(Rudra)和

① 意即“帝释天(Indra)之弟”，意指毗湿奴(Vishnu)或黑天神(Krishna)。译者注。

梵天，驱灭痴障。

——《成就法鬘》，页241

图192为尼泊尔的无垢母像，与成就法之描述基本相合。

图192　无垢母（尼泊尔线描）

第十一章　集合尊

如前文所述，佛教徒在中世纪开启了激进的神格化进程，所有客观物、宇宙原则、经典、字母、方位以至各种欲望皆转化尊神，赋予具体形象、身色、身姿及持物。十方、八头饰、诸类护持、舞、乐器、门件、四光、主兽等，都被神格化以具体形式、色彩与武器。本章将简述诸集合尊之配置。

一、十方尊

东西南北四方及西北（Vāyu）、东南（Agni）、东北（Iśāna）、西南（Nairṛta）四维，皆被金刚乘神格化现，加上、下二位，共十方。佛教怛特罗经典在其庞大的神系中增添了十方尊。但此非佛教徒的专利，而是对印度教神化方位传统的借用，印度教的八方尊（Dikpālas）出现在《往世书》（*Purāṇas*）等怛特罗经典中。护佑十方的方位尊是统摄诸方的神灵，即对诸方的神格化形态。

佛教徒改进了起自印度教的原初概念，进而呈现以艺术化风格，诸护方缘起信众集会，世尊（The Highest Lord）入定不同三摩地（Samādhis），身放光芒使之凝结成音，进而生出诸门护尊。《秘密集会怛特罗》的首章介绍了此神格化现的过程，本书首章已述。

十方尊在成就法中频繁出现，《究竟瑜伽鬘》的诸曼荼罗中皆有，并精确描述其位次。诸尊常一并现于曼荼罗，方位在此意义重大。方位尊之首要神职即护法除障。

《究竟瑜伽鬘》中的众多曼荼罗对十方尊的描述各不相同，或伴明妃、和合相拥，常现猛态。在此虽不能尽述其各类身形，但就当下佛教神系之知识来说，亦不能忽略。下面将基于《究竟瑜伽鬘》中所涉诸尊身相之段落，给出十方尊的辨识要则。

1. 降阎摩尊

身色：蓝色	臂数：六臂
面数：三面	方位：东方

降阎摩尊（Yamāntaka），护东方，是流行的佛教尊，亦以阎摩敌（Yamāri）名广为人知，具黑阎

摩敌（Kṛṣṇa-Yamāri）与红阎摩敌（Rakta-Yamāri）两形。前章已论诸形降阎摩尊及相关成就法。有专属降阎摩尊礼拜的密续经典。《究竟瑜伽鬘》中的文殊金刚（Mañjuvajra）曼荼罗描述了护东方的降阎摩尊及其他九尊护方。如下：

Tatra pūrvasyāṁ ārāyāṁ Yamāntakaḥ kṛṣṇaḥ kṛṣṇasitaraktamukhaḥ kṛṣṇavajramudgara-khaḍga-maṇi-kamaladhārī.

——NSP, p.1

法轮的东方轮辐上是蓝身降阎摩尊。现蓝白红三面，四手持蓝色金刚锤、剑、宝、莲。

——《究竟瑜伽鬘》，页1

降阎摩尊等护方忿怒尊（krodha），皆六臂，两主手皆拥明妃。金刚吽伽罗曼荼罗（Vajrahūṅkāra）中，降阎摩尊另号金刚杖（Vajradaṇḍa）。其尊像在汉地[①]和藏地[②]皆有发现。

2. 降智慧尊

身色：白色	面数：三面
臂数：六臂	方位：南方

此系第二尊为护南方的降智慧尊（Prajñāntaka）。文殊金刚曼荼罗对其描述如下：

Ḍakṣiṇasyāṁ Prajñāntakaḥ sitaḥ[sita]kṛṣṇaraktamukho Vajrāṅkitasitadaṇḍāsimaṇipad-madhāri.

——NSP, p.1

南方为降智慧尊，白身，现白蓝红三面，四手持白色金刚杖、剑、宝、莲。

——《究竟瑜伽鬘》，页2

另二手拥明妃。金刚吽伽罗曼荼罗中，该尊另号金刚军荼利（Vajrakuṇḍalī）。其像现于汉地[③]。

① 克拉克：《两部藏传佛教众神谱》，卷二，页52、73。
② 戈登：《藏传佛教图像志》，页90；盖蒂：《北传佛教神灵》，页164。
③ 克拉克：《两部藏传佛教众神谱》，卷二，页59。

3. 降莲花尊

身色：红色　　面数：三面
臂数：六臂　　方位：西方

第三位护方尊是降莲花尊（Padmāntaka），《究竟瑜伽鬘》中有如下描述：

Paścimāyāṁ Padmāntako raktaḥ raktanīlasitāsyo raktapadmāsimaṇicakradhārī.

——NSP, p.2

西方的降莲花尊，身红，现红蓝白三面，手持红莲、剑、宝、法轮。

——《究竟瑜伽鬘》，页2

二主手拥明妃。金刚吽伽罗曼荼罗中该尊另号金刚顶（Vajroṣṇīṣa）。其形象见于汉地①。

4. 降障碍尊

身色：绿色　　面数：三面
臂数：六臂　　方位：北方

此系第四尊是著名的降障碍尊（Vighnāntaka），前章有述。《究竟瑜伽鬘》中，降障碍尊护北方，形象如下：

Uttarasyāṁ Vighnāntako haritaḥ haritasitaraktamukhaḥ karālavajrāsimaṇi-padamadhārī.

——NSP, p.2

北方的降障碍尊，身绿，现绿白红三面，手持怖畏金刚杵、剑、宝、莲。

——《究竟瑜伽鬘》，页2

如前，该尊二主手拥明妃。金刚吽伽罗曼荼罗中，该尊另号焰日（Analārka）。其像现于汉地②。

① 其汉地造像为金刚顶（Vajrosnisa），克拉克：《两部藏传佛教众神谱》，卷二，页49、65。
② 克拉克：《两部藏传佛教众神谱》，卷二，页217、311。

5. 欲　帝

身色：蓝色　　面数：三面
臂数：六臂　　方位：东南

东南方护尊欲帝（Ṭakkirāja）在《究竟瑜伽鬘》中频繁出现。对其描述如下：

Āgneyyāṁ Ṭakkirājo nīlaḥ nīlasitaraktāsyo nīladaṇḍakhaḍgamaṇyabjadhārī.

——NSP, p.2

欲帝东南位，身蓝，现蓝白红三面。手持蓝杖、剑、宝、莲花。

——《究竟瑜伽鬘》，页2

二主手如常拥明妃。金刚吽伽罗曼荼罗中，该尊另号金刚夜叉（Vajrayakṣa）。法界语自在曼荼罗中，其被称为金刚猛焰轮明王（Vajrajvālānalārka）。其像亦现于汉地[①]。

6. 青　杖

身色：蓝色　　面数：三面
臂数：六臂　　方位：西南

该系第六尊为掌西南的青杖（Nīladaṇḍa）。其形描述如下：

Nairrtyāṁ Nīladaṇḍaḥ kṛṣṇaḥ kṛṣṇasitaraktāsyo nīladaṇḍakhaḍgamanyabjadhārī.

——NSP, p.2

西南为青杖，身蓝，现蓝白红三面，持杖、剑、宝、莲花。

——《究竟瑜伽鬘》，页2

二主拥明妃。金刚吽伽罗曼荼罗中，该尊另号金刚闇（Vajrakāla）。法界语自在曼荼罗中，其号嘿噜迦金刚（Herukavajra）。汉地亦见其像[②]。

---

① 克拉克：《两部藏传佛教众神谱》，卷二，页303（大自在天）；页69、145、269（金刚夜叉）。
② 克拉克：《两部藏传佛教众神谱》，卷二，页40（青杖）；页75（金刚咯罗）。

7. 大　力

身色：蓝色　　　　面数：三面
臂数：六臂　　　　方位：西北

该系第七尊为掌西北的大力（Mahābala）。《究竟瑜伽鬘》对其形象描述如下：

Vāyavyāṁ Mahābalaḥ kṛṣṇaḥ kṛṣṇasitaraktamukhaḥ triśūlāsimaṇikamaladhārī.

——NSP, p.2

西北为大力，现蓝白红三面，手持三叉戟、剑、宝、莲花。

——《究竟瑜伽鬘》，页 2

二主手拥明妃。金刚吽伽罗曼荼罗中，该尊另号大黑天（Mahākāla），法界语自在曼荼罗中，其号最胜马（Paramāśva）。汉地亦现其形象[①]。

8. 不　动

身色：蓝色　　　　面数：三面
臂数：六臂　　　　方位：东北

该系第八尊为掌东北的不动（Acala）。《究竟瑜伽鬘》中多次述及其形象。此尊或是前章所述的别号“暴恶忿怒明王”（Caṇḍaroṣaṇa）的不动明王。尊形如下：

Aiśānyāṁ Acalo nīlakekaraḥ nīlasitaraktāsyaḥ khaḍgavajramaṇipadmadhārī.

——NSP, p.2

不动明王位居东北，身蓝。现蓝白红三面。手持剑、金刚杵、宝、莲花。

——《究竟瑜伽鬘》，页 2

其二主手拥明妃。金刚吽伽罗曼荼罗中，其另号金刚怖畏（Vajrabhīṣaṇa）；但法界语自在曼

① 克拉克：《两部藏传佛教众神谱》，卷二，页 49、27（大力明王）；页 75（大黑天金刚）。

荼罗中称其为降三世(Trailokyavijaya)。尊形亦现于汉地[①]。

9. 顶髻尊

身色：黄色　　面数：三面
臂数：六臂　　方位：上方

该系第九尊为掌上隅的顶髻尊(Uṣṇiṣa)。《究竟瑜伽鬘》描述其形象如下：

Ūrdhve Uṣṇīṣacakravartī pītaḥ pītanilaraktasyaḥ pītacakrakhaḍgamaṇipadma-dhārī.

——NSP, p.2

上方为黄色的顶髻转轮尊(Uṣṇiṣacakravartī),现黄蓝红三面,手持黄色法轮、剑、宝、莲花。

——《究竟瑜伽鬘》,页2

二主手拥明妃。汉地亦现该尊像[②]。

10. 妙言王

身色：蓝色　　面数：三面
臂数：六臂　　方位：下方

该系第十尊为掌下隅的妙言王(Sumbharāja),是下界的化现。文殊金刚曼荼罗对其形象描述如下：

Adhaḥ Sumbharājo nīlaḥ nīlasitaraktāsyo vajrakhaḍgamaṇikamalabhṛt.

——NSP, p.2

下方为蓝身妙言王。现蓝白红三面,四手持金刚杵、剑、宝、莲花。

——《究竟瑜伽鬘》,页2

二主手拥明妃。金刚吽伽罗曼荼罗中,另号金刚地下(Vajrapātāla)。妙言王未现于汉地藏品。

① 克拉克:《两部藏传佛教众神谱》,卷二,页116(降三世明王)。
② 克拉克:《两部藏传佛教众神谱》,卷二,页76。

二、六方女尊

如所有本尊曼荼罗内皆具十方尊,名号各异、持器不同的执掌六方之女尊亦然。论述诸女尊对辨识佛教尊神意义深远。《究竟瑜伽鬘》的金刚度母曼荼罗(见页38)和《成就法鬘》中的金刚度母成就法(Vajratārāsādhanam,见页185)皆述及诸女尊号及持物。若加上花女(Puṣpā)、焚香女(Dhūpā)、灯女(Dīpā)、涂香女(Gandhā),正呼应十方。

1. 金刚钩

身色:白色　　面数:一面
臂数:二臂　　方位:东
识具:钩

此系首尊为掌东方的金刚钩(Vajrāṅkuśī)。其形象如下:

Pūrvadvāre Vajrāṅkuśī(śuklā) śuklāṅkuśāṅkasavyakarā.

——NSP, p.38

金刚钩位东门,白身,右手持白钩。

——《究竟瑜伽鬘》,页38

左手舒张伸食指。金刚钩之像现于汉地[①]。

2. 金刚索

身色:黄色　　面数:一面
臂数:二臂　　方位:南方
识具:羂索

① 克拉克:《两部藏传佛教众神谱》,卷二,页64。

此系第二尊为掌南方的金刚索（Vajrapāśi）。其形象如下：

Dakṣiṇe Vajrapāśī pītā pāśabhṛt-savyapāṇipallavā.

——NSP, p.38

南方金刚索，身黄，右手持羂索。

——《究竟瑜伽鬘》，页 38

左手伸食指。其形象现于汉地[①]。图 193 为汉地金刚索。

3. 金刚锁

身色：赤红	面数：一面
臂数：二臂	方位：西方
识具：锁链	

此系第三位女尊为掌西方的金刚锁（Vajrasphotā）。其形象如下：

Paścime Varjaṣphotā raktā vajraṣphoṭāṅkasavyakarā.

——NSP, p.38

西方为金刚锁，身红，右手持金刚锁链。

——《究竟瑜伽鬘》，页 38

左手仍伸食指。汉地有诸多金刚锁的形象[②]，图 194 为其中一例。

4. 金刚铃

身色：绿色	面数：一面
臂数：二臂	方位：北方
识具：铃铛	

① 克拉克：《两部藏传佛教众神谱》，卷二，页 64、163。
② 克拉克：《两部藏传佛教众神谱》，卷二，页 64、163。

图193 金刚索(北京)

图194 金刚锁(北京)

该系第四尊为金刚铃(Vajraghaṇṭā),为北方护尊,有如下描述:

> Uttare Vajraghaṇṭā śyāmā vajraghaṇṭāṅkadakṣiṇabhujā.
>
> ——NSP, p.38
>
> 北方的金刚铃,绿身,右手持铃。
>
> ——《究竟瑜伽鬘》,页38

女尊左手伸食指。汉地藏品中现一件金刚铃像[①]。

5. 顶髻尊胜

身色:白色	面数:一面
臂数:二臂	方位:上方
识具:法轮	

该系第五尊为统摄上隅的顶髻尊胜(Uṣṇiṣavijayā)。其形象如下:

---

① 克拉克:《两部藏传佛教众神谱》,卷二,页286。

Ūrddhve Uṣṇiṣavijayā śuklā cakrabhṛtsavyabhujā.

——NSP, p.38

顶髻尊胜居上，身白，右手持法轮。

——《究竟瑜伽鬘》，页38

左手仍伸食指。汉地见一例顶髻尊胜女像[①]。

6. 颂　婆

身色：蓝色　　面数：一面
臂数：二臂　　方位：下方
识具：以蛇为羂索

该系末尊即第六位女尊是掌下隅的颂婆（Sumbhā）。形象如下：

Adhaḥ Sumbhā nīlā savyena nāgapāśadharā.

——NSP, p.38

下方为颂婆，蓝身，右手持蛇索。

——《究竟瑜伽鬘》，页38

左手伸食指。其形象不见于汉地藏品。

三、八佛顶

金刚乘中有一类佛顶尊（Uṣṇīṣas）。Uṣṇīṣas意为冠，但诸尊与冠无关。佛顶尊与护方尊一样皆被置于四方四维。八佛顶应是对四方佛的延伸，呈现四方佛的特征与手印。八佛顶在密教经典中十分流行，汉地亦有此八尊的造像。故需作简明介绍，如阙，本章定不堪完备。下文以八佛顶在《究竟瑜伽鬘》之法界语自在曼荼罗中的次序加以描述。佛顶尊和该曼荼罗中的诸尊一样，皆一面二臂，严饰繁缛圣服及宝珠华冠，且以人为座。

① 克拉克：《两部藏传佛教众神谱》，卷二，页65。

1. 金刚顶

身色：白色　　　　　象征：触地印
方位：东方

佛顶系首尊为金刚顶（Vajroṣṇīṣa），其形如下：

Pūrvāre Vajroṣṇīṣaḥ śuklo Bhūṣparśamūdraḥ.

——NSP, p.66

东方轮辐现金刚顶，白身，触地印。

——《究竟瑜伽鬘》，页 66

汉地藏品中有一件金刚顶像[①]，如图 195。

图 195　金刚顶（北京）

① 克拉克：《两部藏传佛教众神谱》，卷二，页 65。

2. 宝　顶

身色：蓝色　　　　象征：与愿印
方位：南方

佛顶系之第二尊是宝顶（Ratnoṣṇīṣa），其形如下：

Dakṣiṇare Ratnoṣṇīṣo nīlo Varadamūdrayānvitaḥ.

——NSP, p.66

南方轮辐现宝顶，蓝身，与愿印。

——《究竟瑜伽鬘》，页 66

汉地藏品中未见宝顶。

3. 莲花顶

身色：红色　　　　象征：禅定印
方位：西方

八佛顶系之第三尊是莲花顶（Padmoṣṇīṣa），其形象如下：

Paścimāre Padmoṣṇīṣo rakto Dhyānamūdrayānvitah.

——NSP, p.66

西方轮辐为莲花顶，身红，结禅定印。

——《究竟瑜伽鬘》，页 66

汉地藏品中未见其像。

4. 羯磨顶

身色：绿色　　　　　　　　　　象征：无畏印

方位：北方

八佛顶系之第四尊为羯磨顶（Viśvoṣṇīṣa），其形如下：

Uttarāre Viśvoṣṇīṣa harito Abhayapradaḥ.

——NSP, p.66

北方轮辐为羯磨顶，身绿，结无畏印。

——《究竟瑜伽鬘》，页 66

汉地藏品中未见其像。

5. 威光顶

身色：红白　　　　　　　　　　识具：日轮

方位：东南

八佛顶系之第五尊为威光顶（Tejoṣṇīṣa），其形象如下：

Āgneyāre Tejoṣṇīṣaḥ sitaraktamiśravarṇaḥ sūryabhṛddakṣiṇapāṇiḥ kaṭisthavāma-karaḥ.

——NSP, p.66

东南轮辐为威光顶，红白色，右手持日轮，左手置大腿上。

——《究竟瑜伽鬘》，页 66

汉地藏品中，威光顶名为聚光顶（Tejoraśyuṣṇīṣa）[①]。

① 克拉克：《两部藏传佛教众神谱》，卷二，页 158。

6. 宝幢顶

身色：红蓝　　　　识具：如意宝幢
方位：西南

八佛顶的第六尊为宝幢顶（Dhvajoṣṇīṣa），其形象如下：

Nairṛtyāre Dhvajoṣṇīṣo raktamiśrakṛṣṇaḥ Cintāmaṇidhvajadharaḥ karābhyāṁ.

——NSP, p.66

西南轮辐为宝幢顶，现蓝红色。双手持如意宝幢。

——《究竟瑜伽鬘》，页66

汉地藏品中未见其像。

7. 利佛顶

身色：天蓝　　　　识具：剑、经函
方位：西北

八佛顶中的第七尊为利佛顶（Tīkṣṇoṣṇīṣa），其形象如下：

Vāyavyāre Tīkṣṇoṣṇiṣo nabhaḥśyāmo dakṣiṇapāṇinā kṛpāṇam vibhrāṇo vāmena pustakaṁ.

——NSP, p.66

西北轮辐上是利佛顶，身色天蓝，右手持剑，左手持经函。

——《究竟瑜伽鬘》，页66

汉地藏品中见其像①。

① 克拉克：《两部藏传佛教众神谱》，卷二，页131。

8. 白伞盖顶

身色：白色　　识具：伞盖
方位：东北

八佛顶系之末尊为白伞盖顶（Chhatroṣṇīṣa），其形象如下：

Iśānāre Chhatroṣṇīṣo śubhro bhujābhyāṁ chhatraṁ vibhrānaḥ.

——NSP, p.66

东北轮辐上为白伞盖顶，身白，双手持伞盖。

——《究竟瑜伽鬘》，页 66

汉地藏品中未见其像。

四、五护佛母

密续经典中所称的五护佛母，广受大乘信众崇信，以尼泊尔尤甚。详述礼拜五佛母之情景及伟力的《五护陀罗尼经》，在几乎每个尼泊尔佛教家庭皆可见其抄本，书写优美并附尊像，除五护佛母外，还可见禅那佛及明妃等。寺院内也常可见五护佛母像，或石或铜，信仰之盛可见一斑。本书所引插图皆源自埃文斯 · 温特兹（Evans Wentz）博士所藏的抄本《五护陀罗尼经》。

《成就法鬘》言及五护佛母的流行原因。礼拜五护佛母不仅可延年益寿，亦能镇国、护村、守卫牧场；护佑不受邪灵、疾病、饥荒所困；并助人化险为夷。无论何种困苦，病、灾、财畜失损等，皆可诵持《五护》。

五护佛母信仰分单尊与曼荼罗两式。《成就法鬘》《究竟瑜伽鬘》皆述及五护曼荼罗，以大随求佛母为主尊，余四佛母居四方。《究竟瑜伽鬘》对五护佛母的描述见下。

1. 大随求佛母

身色：黄色　　面数：四面
臂数：十二臂　　识具：宝珠

大随求佛母(Mahāpratisarā)居曼荼罗中央,《究竟瑜伽鬘》描述其形如下:

Mahāpratisarā pītābharaktaprabhāmaṇḍalā caturmukhā, mūlamukhaṁ pītaṁ, savyaṁ sitaṁ, paścimaṁ nīlaṁ, vāmaṁ raktaṁ. Dakṣiṇe ratnacchaṭā-cakra-vajra-śara-khaḍga-varadamūdrāḥ. Vāmair-vajraṁ pāśaṁ triśūlaṁ dhanuḥ paraśuṁ śaṅkhaṁ ca bihratīti dvādaśabhujā. Caityā laṅkṛtaśiraskā vajraparyaṅkāsīnā.

——NSP, p.42

大随求佛母具黄红色光环,四面,主面黄、右白、后蓝、左红。右六手:1. 宝,2. 法轮,3. 金刚杵,4. 箭,5. 剑,6. 与愿印;左六手:1. 金刚杵,2. 羂索,3. 三叉戟,4. 弓,5. 斧,6. 海螺;共十二臂。头部严饰支提,施金刚跏趺坐。

——《究竟瑜伽鬘》,页42

《成就法鬘》对大随求佛母的描述有所不同,其中佛母现八臂,而非十二臂。图196为埃文斯·温特兹博士所藏的大随求佛母插图。该尊亦流行于藏地[①],其造像见于北京的汉地藏品[②]。

2. 大千摧碎佛母

身色:白色	面数:四面
臂数:十臂	识具:法轮

此配置的第二尊是东方的大千摧碎佛母(Mahāsāhasrapramardanī)。《究竟瑜伽鬘》描述其形如下:

Pūrvasyāṁ diśi Mahāsāhasrapramardanī viśvāmbhojacandre lalitākṣepeṇa niṣaṇṇa śuklā candraprabhāmaṇḍalā caturmukhī. Mūlam sitaṁ, savyaṁ kṛṣṇṁ, pṛṣṭhaṁ pītaṁ, vāmam haritaṁ. Savyabhujaiḥ padmasthāṣṭāracakram varadaṁ aṅkuśaṁ bāṇaṁ kṛpāṇañca. Vāmairvajraṁ tarjanīṁ pāśaṁ dhanuḥ pāśañceti daśabhujā.

——NSP, p.42

东方大千摧碎佛母,施游戏坐于月轮中的双莲上。白身,具白月光环,四面,主面白、右蓝、后黄、左绿。右五手:1. 莲花上的八辐法轮,2. 与愿印,3. 钩,4. 箭,5. 剑;左五手:1. 金

① 戈登:《藏传佛教图像志》,页76。
② 克拉克:《两部藏传佛教众神谱》,卷二,页190、26、276。

刚杵,2. 期克印,3. 羂索,4. 弓,5. 羂索。十臂。

——《究竟瑜伽鬘》,页 42

《成就法鬘》中的描述稍异,现八臂而非十臂。其尊像在尼泊尔广传,亦见于藏地、汉地①。图197 为埃文斯·温特兹博士藏品中的大千摧碎佛母插图。

图 196　大随求佛母(尼泊尔写经插图)

图 197　大千摧碎佛母(尼泊尔写经插图)

3. 大密咒随持佛母

身色:蓝色	面数:三面
臂数:十二臂	识具:金刚杵

《究竟瑜伽鬘》对大密咒随持佛母(Mahāmantrānusāriṇi)的形象描述如下:

Dakṣiṇasyāṁ viśvāmbhojasūrye sūryaprabhā Mahāmantrānusāriṇī vajraparyaṅkinī kṛṣṇā kṛṣṇasitarakta-mūla-avyavāmamukhī. Dvādaśabhujā. Savyetar-ābhyāṁ dharmacakramūdrāṁ bibhrāṇā aparābhyāṁ samādhimūdrāṁ. Aparair-daksiṇair-vajra-bāṇa-varad-ābhayamūdrāḥ. Vāmais-tarjanīpāśam cāpaṁ ratnacchaṭāṁ padmāṅkitakalaśaṁ ca.

——NSP, p.42

① 戈登:《藏传佛教图像志》,页 76;盖蒂:《北传佛教神灵》,页 138。

南方日轮中的双莲上见大密咒随持佛母，烈日光环，施金刚跏趺坐，身蓝，主面蓝、右白、左红。十二臂，一双手结转法轮印，另一双手结三摩地印。右余四手：5. 金刚杵，6. 箭，7. 与愿印，8. 无畏印。左余四手：9. 羂索期克印，10. 弓，11. 宝，12. 莲花净瓶。

——《究竟瑜伽鬘》，页42

与五护诸尊一样，大密咒随持佛母的形象广见。在汉地，该尊号密咒随持母（Mantrānusāriṇi）[①]。图198为埃文斯・温特兹博士藏品中的该尊插图，十二臂，与《成就法鬘》中的描述一致[②]。

4. 大寒林佛母

身色：红	面数：三面
臂数：八臂	识具：莲花

五护佛母中的第四尊是西方大寒林佛母（Mahāśitavati）。《究竟瑜伽鬘》对其形象描述如下：

Paścimāyāṁ viśvābjasūrye ardhaparyaṅkaniṣaṇṇā sūryaprabhā Mahāśītavatī raktā rakta-sita-kṛṣṇamūlasavyetaravaktrā. Aṣṭabhujā. Savyaih sapadmābhayaṁ, śaraṁ vajraṁ, khadgaṁ. Vāmaiṣ-tarjanī-pāśaṁ, cāpaṁ, ratnadhvajaṁ, hrdi pustakaṁ ca bibhrati.

——NSP, p.42

西方日轮中的双莲上见大寒林佛母，半跏趺坐，烈日光环。身红，主面红，右左面现白、蓝。八臂，右四手：1. 持莲并结无畏印，2. 箭，3. 金刚杵，4. 剑。左四手：1. 羂索期克印，2. 弓，3. 宝幢（ratnadhvaja），4. 当胸持经函。

——《究竟瑜伽鬘》，页42

《成就法鬘》中该尊六臂，绿身。大寒林佛母广见于佛教国家。北京汉地藏品中其名寒林母（Śītavatī）[③]。图199为埃文斯・温特兹博士藏品中的该尊插图[④]。

① 克拉克：《两部藏传佛教众神谱》，卷二，页205、275。
② 戈登：《藏传佛教图像志》，页76。
③ 克拉克：《两部藏传佛教众神谱》，卷二，页206、275。
④ 戈登：《藏传佛教图像志》，页76。

图198　大密咒随持佛母（尼泊尔写经插图）

图199　大寒林佛母（尼泊尔写经插图）

5. 大孔雀佛母

身色：绿色	面数：三面
臂数：八臂	识具：钵

大孔雀佛母（Mahāmāyūrī）是《究竟瑜伽鬘》的五护曼荼罗中的末尊。其形象如下：

Uttarasyāṁ viśvābjacandre candraprabhā sattvaparyaṅkī Mahāmāyūri haritā harita-kṛṣṇa-śūkla-mūlasavyetaravaktrā.Astabhujā. Savyairmayūrapicchaṁ bāṇaṁ varadaṁ khaḍgaṁ ca.Vāmaiḥ pātropari bhikṣuṁ cāpaṁ utsaṅgastharatnacchaṭā-varsighaṭaṁ viśvavajraratnāṅ kadhvajaṁ ca bibhrāṇā.

——NSP, p.42

北方月轮中的双莲上现大孔雀佛母，明月光环，坐人身上。绿身，主、右、左三面现绿、白、蓝。八臂，右四手：1. 宝，2. 箭，3. 与愿印，4. 剑；左四手：1. 钵，2. 弓，3. 大腿上持宝瓶，4. 饰交杵、如意宝之幢。

——《究竟瑜伽鬘》，页42

《成就法鬘》中对该尊的描述与之稍异，身黄，皆八臂。和五护诸尊类似，此尊亦被广泛表现，藏地和北京的汉地藏品中皆见。图200为埃文斯·温特兹博士藏品中的大孔雀佛母插图。据《究竟瑜伽鬘》中的一段描述，五护诸尊皆可成曼荼罗主尊，居处中央，余四尊为伴侍。

图200 大孔雀佛母(尼泊尔写经插图)

图201 摩诃塔哩母(尼泊尔)

五、五色度母

严格来说，只有真言为Oṁ Tāre Tuttāre Ture Svāhā之尊才能称为度母。度母的最简身形为左手夜莲，右手结与愿印。有些度母头冠具不空成就佛像，亦有空置情况。因此辨识度母并不容易，无可见其身色的石像，尤甚。为准确辨识尊像，不仅要关注其特定坐姿，更要注意其伴侍。此节将介绍诸度母成就法所述的尊形特征，以此区别廓清。

但特罗文献中有多种度母，准确区分只能依其特定身色。因此本节统一收录诸形度母，基于各自不同身色，方可归纳其所属五禅那佛种姓。

A. 绿度母①

1. 除恶救难度母(Khadiravaṇī Tārā)。右手与愿印，左手持夜莲。以喜无忧树摩利支天与独髻母之二胁侍为识别特征。

① 盖蒂:《北传佛教神灵》，页123列举出众多绿度母。

2. 敬爱母(Vaśyatārā)。特征为贤者坐(Bhadrāsana),即欧洲流行的坐姿。要注意该尊为单体,不具任何男女眷属。

3. 圣救度母(Āryatārā)。特征为半跏趺坐,亦如敬爱母,现单体。

4. 摩诃塔哩母(Mahattarī Tārā),辨识特征为金刚跏趺坐、无眷属(图201)。

5. 施愿度母(Varada Tārā)[①]和圣救度母一样施半跏趺坐,辨识特征为四眷属女:喜无忧树摩利支天、大孔雀佛母、独髻母、消伏毒害母。

6. 净恶趣度母(Durgottāriṇī Tārā)身绿,坐莲台,着白衣;四臂,二主手持羂索、钩,二次手持莲、结与愿印。

7. 施财度母(Dhanada Tārā)[②],二主手持经函、念珠,二次手持物与净恶趣度母类似。骑兽,其真言之八音生出八女,是为胁侍,冠现不空成就佛。

8. 消伏毒害母(Jāṅgulī)是阿閦佛的化身,有黄、白、绿三种身色。绿身时,现四臂:三叉戟、孔雀羽毛、蛇、无畏印。

9. 叶衣佛母(Parnaśabarī),绿身时,为不空成就佛化身;黄身则是阿閦佛化身。两种身形前文已述。叶衣佛母常现三面六臂,亦有罕见的四臂形。绿色身形的特殊性是三面皆露愠怒态的微笑(Sakrodha-hasitānanāṁ)。

B. 白度母[③]

1. 八怖畏度母(Aṣṭama-hābhaya Tārā)。辨识特征为半跏趺坐,十女尊环侍,皆生于其真言Oṁ Tāre Ture Svaha的十音,诸尊身形与主尊相同。

2. 死诳母(Mṛtyu-vañcana)。此形度母的突出特征是胸前现法轮。无眷属,金刚跏趺坐。

3. 四臂白度母(Caturbhuja-Sitatārā)。不空成就佛的化身,前文已述其身形。四臂,二主手结青莲印(Utpala mudrā),二次手持莲花、结与愿印。由大孔雀佛母、摩利支天胁侍是重要的辨识特征。

4. 六臂白度母(sadbhuja-sitatara)。头冠上置不空成就佛像,前文已述其尊形,三面六臂,无眷属。

5. 遍生母(Viśvamātā)。《成就法鬘》述其现一面,身如皓月,着白衣,坐白蛇。左手持白莲,右手结无畏印,未论所置法祖像。

---

① "Varada-Tārā" 一词在《宝胜百法》中列于日光藏护(Suryagupta)所说的二十一度母之中,其对应藏文名号为:dbang mthog sder ba'i sgrol ma,汉译为"胜施王救度母"。详见《五百佛像集:见即获益》,页283,北京:中国藏学出版社,2011年9月。译者注。

② "Dhanada" 一词为"施财者、财神"之意;"Dhanada Tārā" 在《宝生百法》中对应的藏文尊号为:sgrol ma nor spyin ma,汉译为"财施度母",详见《五百佛像集》,页140,北京:中国藏学出版社,2011年。在《诸佛菩萨圣像赞》中对应的藏文尊号亦为:sgrol ma nor spyin ma,汉译为"布田度母",见页235、422,北京:中国藏学出版社,2009年。译者注。

③ 盖蒂:《北传佛教神灵》,页122列举出众白度母。

6. 作明佛母(Kurukullā)是红身阿弥陀佛的化身,此尊常见红身。二臂时,《成就法鬘》描述其白色。手持念珠、莲花碗,骑兽。

7. 消伏毒害母(Jāṅgulī),作为阿閦佛化身时,蓝身。《成就法鬘》中该尊有白黄绿三色。白身时,一面四臂,二主手弹琵琶,二次手持白蛇、结无畏印。

C. 黄度母①

1. 金刚度母(Vajratārā)。身黄,四面八臂,头冠置宝生佛像。前文已述金刚度母身形。现于曼荼罗时,该尊有十女伴侍。

2. 消伏毒害母(Jāṅgulī)。黄身消伏毒害母,三面六臂,头冠置阿閦佛像。前文已述其形。

3. 叶衣佛母(Parnaśabarī)。黄身叶衣佛母为阿閦佛化身,面露微笑,非忿怒态。"阿閦佛之女尊化身"章中已详述此形叶衣佛母。

4. 颦眉佛母(Bhṛkutī)。黄身,阿弥陀佛化身,一面四臂,右二手现与愿印、念珠,左二手持持三杖(Tridaṇḍī)、净瓶(Kamaṇḍalu)。

D. 蓝度母②

1. 独髻母(Ekajaṭā)。蓝身独髻母虽有多种身形,但头冠皆为阿閦佛像。阿閦佛化身部分已介绍此尊的所有身形,其中包括蓝身、形貌骇人、十二面二十四臂的烈光猛焰怖畏母(Vidyuj-jvālā-karāli)。

2. 大震旦度母(Mahācina Tārā)。头冠亦有阿閦佛像,"阿閦佛女尊化身"章中已作描述。冠名大震旦度母,缘起此尊信仰最初源于中国(Mahācina)。她是《大震旦续》(*Mahācinakrama-Tantra*)的主旨,后来引入印度教的怛特罗神系。

E. 红度母③

1.《成就法鬘》中未见太多红度母,作明佛母是仅有的红身佛母。因头冠上置阿弥陀佛像,

① 盖蒂:《北传佛教神灵》,页124列举出众黄度母。
② 盖蒂:《北传佛教神灵》,页125列举出了众蓝度母。
③ 盖蒂:《北传佛教神灵》,页126列举出了众红度母。

故是其化身，头冠亦可现五方佛像，但身色不变。二臂时，身白；四臂、六臂或八臂时，身红。作明佛母的诸身形前文都已尽述。

六、八高哩母

八高哩母（Eight Gaurī）在金刚乘佛教中极为流行，《成就法鬘》和《究竟瑜伽鬘》中有多处描述。诸尊亦见于北京的汉地造像中。尽管不必尽述诸尊的不同身形，但有必要交代其基本形，以推进八高哩母身相、身份之研究。下面我按《究竟瑜伽鬘》的五护佛母曼荼罗中的次序描述八高哩母。诸尊皆威猛怖畏态，饰人头环，左展姿，当胸伸食指并握拳，此为常姿。

1. 高哩母[1]

身色：白色　　臂数：二臂

识具：钩

此系首尊为高哩母（Gaurī），对其身形的描述见五护曼荼罗，其中八高哩女环绕主尊金刚空行（Vajraḍāka）[2]。对高哩母的描述如下：

> Gaurī sītā savyenāṅkuśadhāriṇī.
>
> ——NSP, p.75

> 高哩母，白身，右手持钩。
>
> ——《究竟瑜伽鬘》，页75

左手当胸结期克印，此为常姿。北京的汉地藏品中有三件高哩母像[3]。

① 此女尊像于梵华楼中共见三件，分别于梵华楼二室西壁佛格、梵华楼三室西壁佛格、梵华楼三室东壁佛格中供奉，其佛像底座下沿现其名号“高哩佛母”。参见《梵华楼藏宝——佛像上卷》，北京：故宫出版社，2013年，页175、222、246。

② “Vajraḍāka”之像藏于梵华楼三室西壁佛格中供奉，其佛像底座下沿现其名号为“金刚咜噶佛”。参见《梵华楼藏宝——佛像上卷》，北京：故宫出版社，2013年，页220。译者注。

③ 克拉克：《两部藏传佛教众神谱》，卷二，页72、92、105。

2. 造哩母[①]

身色：黄色　　　　臂数：二臂
识具：羂索

此系第二尊为造哩母(Caurī),五护曼荼罗对其形象有如下描述：

Caurī pīta pāśadharā.

——NSP, p.75

造哩母,黄身,右手持羂索。

——《究竟瑜伽鬘》,页75

造哩母左手与该系诸女尊一样,皆当胸伸食指(结期克印)。汉地仅一件造哩母像[②]。

3. 伯答哩

身色：红色　　　　臂数：二臂
识具：铁链

该系第三尊为伯答哩(Vetālī),五护曼荼罗对其形象有如下描述：

Vetālī raktā bhujābhyāṁ sphoṭabhṛt.

——NSP, p.75

伯答哩,身红,双手持链。

——《究竟瑜伽鬘》,页75

北京汉地藏品中有一例此尊像(图202),名金刚毕达拉(Vajravetālī)[③]。

① 此女尊像于梵华楼中共见两件,分别于三室东壁佛格、三室西壁佛格中供奉,其佛像底座下沿现其名号为"造哩佛母"。参见《梵华楼藏宝——佛像上卷》,北京：故宫出版社,2013年,页224、264。译者注。
② 克拉克:《两部藏传佛教众神谱》,卷二,页92、62。
③ "Vetālī"像藏于梵华楼三室西壁佛格(无上阴体根本品,母续部)中供奉,其佛像底座下沿现其名号为"白伯答哩佛母"。参见《梵华楼藏宝——佛像上卷》,北京：故宫出版社,2013年,页223。此尊与金刚毕达拉非同一尊。译者注。

4. 嘎斯麻哩母①

身色：绿色　　　　臂数：二臂
识具：铃

此系第四尊为嘎斯麻哩母（Ghasmarī），五护曼荼罗对其形象描述如下：

Ghasmarī harītā vajraghaṇṭādharā.

——NSP, p.75

嘎斯麻哩母，绿身，右手持金刚铃。

——《究竟瑜伽鬘》，页75

左手现常态，结期克印。此罕见女尊像在汉地藏品中共有两件②，图203为其中之一。

图202　金刚毕达拉（北京）

图203　嘎斯麻哩母（北京）

① “Ghasmarī”之像藏于梵华楼三室西壁佛格中供奉，其佛像底座下沿现其名号为“嘎斯麻哩佛母”。参见《梵华楼藏宝——佛像上卷》，页224，北京：故宫出版社，2013年。译者注。
② 克拉克：《两部藏传佛教众神谱》，卷二，页96、100。

5. 补嘎西母[①]

身色：蓝色　　　　　臂数：二臂
识具：碗

此系第五尊为补嘎西母（Pukkasī），五护曼荼罗对其形象描述如下：

Pukkasī nīla Bodhicittaghaṭahastā.

——NSP, p.75

补嘎西母，蓝身，右手持菩提心碗[②]。

——《究竟瑜伽鬘》，页75

左手现常态，当胸结期克印。此罕见女尊之像在汉地藏品中共有两件[③]，图204为其中之一。

6. 沙斡哩母[④]

身色：白色　　　　　臂数：二臂
识具：须弥山

此系第六尊为沙斡哩母（Śabarī），五护佛母曼荼罗对其形象有如下描述：

Śabarī sitā Merudharā.

——NSP, p.75

沙斡哩母，身白，右手持须弥山。

——《究竟瑜伽鬘》，页75

---

① "Pukkasī" 之像藏于梵华楼三室西壁佛格中供奉，其佛像底座下沿现其名号为"补嘎西佛母"。参见《梵华楼藏宝——佛像上卷》，北京：故宫出版社，2013年，页224、244。译者注。

② "Bodhicittaghaṭahastā" 当译菩提心铃。译者注。

③ 克拉克：《两部藏传佛教众神谱》，卷二，页91、100。

④ 此女尊像于梵华楼中共见三尊，分别藏于二室东壁佛格（尊号为沙斡哩）、三室西壁佛格、三室东壁佛格中供奉，其佛像底座下沿现其名号为"沙斡哩佛母"。参见《梵华楼藏宝——佛像上卷》，北京：故宫出版社，2013年，页164、232、244。译者注。

左手现常姿，期克印。汉地藏品中有两尊沙斡哩母像[①]。

7. 簪达里母[②]

身色：蓝色　　　　臂数：二臂
识具：火罐

八高哩女之第七尊为簪达里母（Caṇḍalī），五护曼荼罗述其形如下：

Caṇḍalī nīlā vahnikuṇḍabhṛt.

——NSP, p.75

簪达里母，蓝身，右手持火罐。

——《究竟瑜伽鬘》，页75

左手现常姿期克印。汉地藏品中有两件簪达里母像[③]。

8. 专必尼佛母[④]

身色：杂色　　　　臂数：二臂
识具：幢

专必尼母（Ḍombī）是以高哩母为首的尊神组合的末尊，在五护曼荼罗中作为金刚空行（Vajradāka）的眷属：

Ḍombī viśvavarṇā mahādhvajapatākāṁ dhatte.

——NSP, p.75

专必尼母，杂色，右手持高幢与幡。

——《究竟瑜伽鬘》，页75

---

① 克拉克：《两部藏传佛教众神谱》，卷二，页92、100。
② "Caṇḍali"之像于梵华楼中共见两尊，分别藏于梵华楼三室西壁佛格、三室东壁佛格中供奉，其佛像底座下沿现其名号为"簪达里佛母"。参见《梵华楼藏宝——佛像上卷》，页230、240，北京：故宫出版社，2013年。译者注。
③ 克拉克：《两部藏传佛教众神谱》，卷二，页96、100。
④ "Ḍombī"之像于梵华楼三室西壁佛格中供奉，其佛像底座下沿现其名号为"专必尼佛母"。参见《梵华楼藏宝——佛像上卷》，北京：故宫出版社，2013年，页230。译者注。

左手现常姿，当胸结期克印。汉地藏品中仅一件专必尼母像[①]，如图205。

图204　补嘎西母（北京）

图205　专必尼母（北京）

七、四舞女[②]

此配置共四尊：嬉女、鬘女、歌女、舞女，特征雷同，皆现嬉戏态。四舞女在金刚乘神系中十分流行，《成就法鬘》《究竟瑜伽鬘》中的描述不计其数，亦现于北京的汉地藏品中。虽不能尽述其全部身形，但为辨识，至少需要给出诸尊的典型身形。下文以《究竟瑜伽鬘》五护佛母曼荼罗中的次序论述四舞女（嬉女为首）。四女尊皆忿怒相，戴人头环，施左展舞姿，当胸结期克印为常姿。

---

① 克拉克：《两部藏传佛教众神谱》，卷二，页96。

② 此四尊天女于梵华楼三室西壁佛格（游戏母、歌呗母、持鬘母、妙舞母）、二室东壁佛格（歌呗佛母、妙舞佛母、游戏佛母、持鬘佛母）、四室东壁佛格（未见妙舞佛母）之中供奉，并分别在各自尊像底座边沿刻画其名号。参见《梵华楼藏宝——佛像上卷》，北京：故宫出版社，2013年，页185—186、200—202、351—352。译者注。

1. 嬉　女

身色：红色　　　　　　臂数：二臂
象征：舞蹈

此系首尊为嬉女（Lāsyā），其形象描述如下：

Lāsyā raktā sagarvaṁ lāsyābhinayobhayabhujā.

——NSP, p.76

嬉女红身，高傲态，双手和合，现舞姿。

——《究竟瑜伽鬘》，页 76

汉地藏品中有两件嬉女像[①]，图206为其中之一。

图206　嬉女（北京）

① 克拉克：《两部藏传佛教众神谱》，卷二，页63、145。

2. 鬘　女

身色：红色　　　　　　　　　　臂数：二臂
识具：宝鬘

此系第二尊为鬘女（Mālā/Mālyā），形象如下：

Mālā raktā karābhyāṁ ratnamālābhṛt.

——NSP, p.76

鬘女，红身，双手持宝鬘。

——《究竟瑜伽鬘》，页76

北京汉地藏品中有三件鬘女像，诸尊号稍异，称持鬘女（Mālyā）①。

3. 歌　女

身色：红白　　　　　　　　　　臂数：二臂
识具：印度锣（kaṁsi）

此系第三尊为歌女（Gītā），五护曼荼罗对其描述如下：

Gītā raktasitā bhujābhyāṁ kaṁsike vādayantī.

——NSP, p.76

歌女，身色红白，双手和合，奏印度锣。

——《究竟瑜伽鬘》，页76

汉地藏品中有三尊歌女像②。图207为其中之一。

---

① 克拉克：《两部藏传佛教众神谱》，卷二，页63、103、145。
② 克拉克：《两部藏传佛教众神谱》，卷二，页63、94、146。

图 207　歌女（北京）

图 208　舞女（北京）

4. 舞　女

身色：混色　　　　臂数：二臂

识具：金刚杵

此系末尊为舞女（Nṛtyā），《究竟瑜伽鬘》中对其形象有如下描述：

Nṛtyā viśvavarṇā savajrabhujābhyāṁ nṛtyāntī.

——NSP, p.76

舞女，杂色身，舞姿，双手持金刚杵。

——《究竟瑜伽鬘》，页 76

汉地藏品中有三件该尊造像[①]。图 208 为其中一例。

① 克拉克：《两部藏传佛教众神谱》，卷二，页 63、94、143。

八、四乐器女[1]

另有四乐器女，在诸成就法、曼荼罗中，四尊常作为主尊眷属。世间诸物皆被神格化，乐器亦无例外。四乐器女为笛女、琵琶女、圆鼓女、杖鼓女，皆现人形、身色、面、手及识具。金刚空行（Vajraḍāka）曼荼罗中，诸女裸身，忿怒相，戴骷髅环、人头环，左展舞姿。诸乐器以为各自识具。下面依五护曼荼罗中的次序描述四女尊。

1. 笛　女

身色：红色　　　　臂数：二臂
识具：长笛

该系首尊是笛女（Vaṁśā），五护曼荼罗对其形象有如下描述：

Vaṁśā raktā karābhyāṁ dhṛtavamśaṁ vādayantī.

——NSP, p.76

笛女，身红，双手持奏长笛。

——《究竟瑜伽鬘》，页 76

汉地藏品中不见笛女。

2. 琵琶女

身色：黄色　　　　臂数：二臂
识具：琵琶

第二尊琵琶女（Vīṇā）的象征乐器为琵琶，其形象如下：

① 四乐器女于梵华楼三室西壁佛格中供奉，分别冠以持管佛母（Vaṁśā）、持腰鼓佛母（Murajā）、持琵琶佛母（Vīṇā）、持圆鼓佛母（Mukundā）之名，参见《梵华楼藏宝——佛像上卷》，北京：故宫出版社，2013 年，页 261、272—273。译者注。

Vīṇā pītā vīṇāvadanakaradvayā.

——NSP, p.76

琵琶女，身黄，双手弹琵琶。

——《究竟瑜伽鬘》，页 76

汉地藏品中，其名为持琵琶佛母（Vīṇādharā）①，如图 209 所示。

3. 圆鼓女

身色：白色　　　　臂数：二臂

识具：圆鼓

该系第三尊是圆鼓女（Mukundā），所持乐器为圆鼓。《究竟瑜伽鬘》对其形象有如下描述：

Mukundā sītā karābhyāṁ Mukundāṁ vādayantī.

——NSP, p.76

圆鼓女，身白，双手击圆鼓。

——《究竟瑜伽鬘》，页 76

汉地藏品中有一件圆鼓女像，名为持圆鼓佛母（Mukundādharā）②，图 210 为这例造像。

图 209　琵琶女（北京）

图 210　圆鼓女（北京）

① 克拉克：《两部藏传佛教众神谱》，卷二，页 107。
② 克拉克：《两部藏传佛教众神谱》，卷二，页 107。

4. 杖鼓女

身色：烟色　　　　臂数：二臂
识具：鼓

四乐器女的末尊是杖鼓女（Murajā），最显著特征即所持之鼓。形象如下：

Murajā dhūmravarṇā murajāvadanaparabhujadvayā.

——NSP, p.76

杖鼓女，烟色身，双手敲鼓。

——《究竟瑜伽鬘》，页 76

汉地藏品未见杖鼓女像。

九、四门女①

门是重要家具，可抵御盗贼、猛兽、恶侵者。扉、锁、钥匙、帘是四个重要组件，金刚乘佛教中都被神格化现，现人形、身色、手、面及识具。《究竟瑜伽鬘》的五护曼荼罗述及四门母，裸身，左展舞姿，忿怒相，饰物怖畏。下文对四女尊的描述依五护曼荼罗中的顺序展开。诸尊皆持与其称谓相应的器物。

1. 锁　女

身色：白色　　　　臂数：二臂
识具：锁

四门女尊中的首位是锁女（Tālikā）。其形象有如下描述：

① 四门女神亦供奉于梵华楼三室东壁佛格之中，分别冠以“持门佛母”（Kapāṭā），“持钥匙佛母”（Kuñcī），“持门锁佛母”（Tālikā），“持幔佛母”（Patadhāriṇi）。参见《梵华楼藏宝——佛像上卷》，北京：故宫出版社，2013年，页270。译者注。

Tālikā sitā tālikāhastā.

——NSP, p.77

锁女,白身,双手持锁。

——《究竟瑜伽鬘》,页 77

锁女形象罕见,汉地藏品有一件锁女像,其名稍异为“持门锁佛母”(Dvāratālakadharā)[①],图 211 为此汉地造像。

2. 钥匙女

身色:黄色　　臂数:二臂

识具:钥匙

该系的第二尊是钥匙女(Kuñcī),名源所持钥匙。其形象如下:

Kuñcī pīta kuñcikāhastā.

——NSP, p.77

持匙女,黄身,双手持钥匙。

——《究竟瑜伽鬘》,页 77

汉地藏品中一例,名为“持钥匙女”(Kuñcikādharā)[②]。与上述内容一致。

3. 门　女

身色:赤红　　臂数:二臂

识具:门

此系第三尊为门女(Kapāṭā)。其形象如下:

① 克拉克:《两部藏传佛教众神谱》,卷二,页 108。
② 克拉克:《两部藏传佛教众神谱》,卷二,页 108。

Kapāṭā raktā kapāṭadharā.

——NSP, p.77

门女，身红，双手持门扉。

——《究竟瑜伽鬘》，页77

汉地藏品中亦见一例门女像，名"持门佛母"（Dvāradharā），二者实为一回事[1]。图212为北京的门女造像。

图211 锁女（北京）

图212 门女（北京）

4. 持帘女

身色：蓝色 臂数：二臂

识具：门帘

四门女尊的末尊为持帘女（Patadhāriṇī）。五护佛母曼荼罗述其形象如下：

Patadhāriṇī kṛṣṇā karābhyāṁ kāṇḍapaṭaṁ vibhrati.

——NSP, p.77

① 克拉克：《两部藏传佛教众神谱》，卷二，页108。

持帘女，蓝身，双手持门帘（Kāṇḍapaṭa）。

——《究竟瑜伽鬘》，页77

汉地有一例持帘女造像，名“持幔佛母”（Vitānadharā），其中Vitāna意为幔帐。二者意思一致[①]。

十、四光女[②]

金刚乘神系中有四尊光女，持日女、灯女、宝光女、持电女，《究竟瑜伽鬘》的五护佛母曼荼罗中述及此四尊，皆裸身，戴骷髅环及人头环，现威猛忿怒相，立尸首上施左展舞姿，手中皆持辨识形象的特殊识具。下面将按诸尊在五护曼荼罗中的次序对其加以描述。

1. 持日女

身色：白色　　　　臂数：二臂
识具：太阳

光女之首尊为持日女（Sūryahastā），其形象如下：

Sūryahastā sita sūryamaṇḍaladharā.

——NSP, p.76

持日女，身白，双手持日轮。

——《究竟瑜伽鬘》，页76

汉地藏品中有一例该尊造像，冠名“持日佛母”（Sūryadharā），二者相同[③]。

---

① 克拉克：《两部藏传佛教众神谱》，卷二，页108。
② 此四光明女见于梵华楼三室西壁佛格，分别冠以持日佛母（Sūryahastā）、持双灯佛母/持灯佛母（Dīpā）、持流星佛母（Ratnolkā）和持电佛母（Taditkarā）之名号，参见《梵华楼藏宝——佛像上卷》，北京：故宫出版社，2013年，页204、208。译者注。
③ 克拉克：《两部藏传佛教众神谱》，卷二，页88。

2. 灯 女

身色：蓝色　　　　臂数：二臂
识具：灯柱

第二尊为灯女（Dīpā），其形如下：

Dīpā nīlā dīpayaṣṭibhrt.

——NSP, p.76

灯女，蓝身，手持灯柱。

——《究竟瑜伽鬘》，页76

汉地藏品中有一例该女尊造像[①]，如图213所示。

3. 宝炬女

身色：黄色　　　　臂数：二臂
识具：宝

光女的第三尊为宝炬女（Rātnolkā）。其形如下：

Rātnolkā pītā ratnadharā.

——NSP, p.76

宝炬女，身黄，持宝。

——《究竟瑜伽鬘》，页76

汉地藏品中，该尊名"持流星佛母"（Ulkādharā），见图214。

① 克拉克：《两部藏传佛教众神谱》，卷二，页67、90。

图213　灯女（北京）

图214　宝炬女（北京）

4. 持电女

身色：绿色　　　　　　　　臂数：二臂

识具：闪电

光女中的末尊，名为持电女（Taḍitkarā）。其形如下：

Taḍitkarā haritā vidyullatādharā.

——NSP, p.76

持电女，绿身，手持电光鬘。

——《究竟瑜伽鬘》，页76

汉地藏品中有该尊造像，名“持电佛母”（Vidyuddharā），形象与此描述相合，故二者同身[①]。

① 克拉克：《两部藏传佛教众神谱》，卷二，页88。

十一、四兽面女

《究竟瑜伽鬘》中述及四尊兽面女，身形多样。在曼荼罗中所据方位不同，依面部所现动物，各名为马面女、猪面女、狗面女、狮面女。时轮金刚曼荼罗（Kālacakra Maṇḍala）四维还多现四鸟面女，乌鸦女、秃鹫女、迦楼罗女、枭女（Ulūkāsyā），八尊皆畏怖相，裸体、舞立于人尸、戴人头环。手持钺刀、颅钵，天杖挂肩。诸尊或二臂、或四臂。四臂时，四尊和金刚钩等门护相似。面部，或人或兽。人面时，兽面现头顶或冠顶。常为四尊组合，而该系（八尊）仅见时轮金刚曼荼罗，其中亦未多作论述。下面介绍无我母曼荼罗（Nairātmā Maṇḍala）中的四兽面女。诸尊在北京的汉地藏品中多见，印度亦有偶见。

1. 马面女

身色：蓝白　　　　臂数：二臂
识具：马面

该系首尊是马面女（Hayāsyā），无我母曼荼罗对其形象有如下描述：

Pūrvadvāre Hayāsyā sitanīlā.

——NSP, p.16

东门处为身色白蓝的马面女。

——《究竟瑜伽鬘》，页16

双手持钺刀和颅钵，此为该系诸尊之常态。《究竟瑜伽鬘》的喜金刚曼荼罗中，马面女现四面四臂，类似金刚钩（Vajrāṅkuśi）形貌。汉地藏品中未见其像。

2. 猪面女

身色：黄蓝　　　　臂数：二臂
识具：猪面

此系第二尊为猪面女（Śūkarāsyā），无我母曼荼罗对其形象有如下描述：

Dakṣiṇe Śūkarāsyā pītanīlā.

——NSP, p.16

南方为身色黄蓝的猪面女。

——《究竟瑜伽鬘》，页16

右手执钺刀，左手持颅钵，（喜金刚曼荼罗中）亦现四面四臂，与金刚羂索（Vajrapāsi）形貌相似[①]。汉地藏品中未见其像。

3. 狗面女

身色：红蓝　　臂数：二臂
识具：狗面

此系第三尊为狗面女（Śvānāsyā），无我母曼荼罗对其有如下描述：

Paścime Śvānāsyā raktanīlā.

——NSP, p.16

西方为红蓝身的狗面女。

——《究竟瑜伽鬘》，页16

右手执钺刀，左手持颅钵。该尊在喜金刚曼荼罗中亦现四面四臂，与金刚锁（Vajrasphoṭā）形貌相似。汉地藏品中未见其像。

4. 狮面女

身色：红蓝　　臂数：二臂
识具：狮面

① 在戈登的《藏传佛教图像志》页80中，猪面女以金刚亥母之名，呈现了一例极有价值的四臂身像。

此系末尊为狮面女(Simhāsyā),无我母曼荼罗对其形象描述如下:

Uttare Simhāsyā raktanīlā.

——NSP, p.16

北方为红蓝身的狮面女。

——《究竟瑜伽鬘》,页16

与该系诸尊一样,狮面女右手执钺刀,左手持颅钵。喜金刚曼荼罗中,该尊现四面四臂,与金刚铃(Vajraghaṇṭā)形貌类似。北京汉地藏品中,狮面女名"狮面佛母"(Simhavakrā)①,此尊亦闻名于藏地②。图215、216所示的精美狮面女中,主面人面,狮面置头顶,图像出处为孟买的莫格博士(Moghe)的私藏。

图215 狮面女(蒙格博士私藏)

图216 狮面女(蒙格博士私藏)

十二、四空行母

此系女尊一般包括空行母(Ḍākinī)、拉玛(Lāmā)、增漏母(Khaṇḍarohā)和色行母(Rūpiṇī),

① 克拉克:《两部藏传佛教众神谱》,卷二,页314。(此尊像源出自章珈国师奉旨编纂的佛教图像志典籍《诸佛菩萨圣像赞》,原本现藏中国国家图书馆编号A01587,译者注。)

② 在戈登的《藏传佛教图像志》页80,此处展现了一幅二臂狮面女之像;亦见盖蒂:《北传佛教神灵》,页140、150。

怛特罗仪轨文献中广泛提及，诸尊作为《究竟瑜伽鬘》的商巴拉曼荼罗（Sambara）的眷属尊；以及六转轮王曼荼罗（Ṣaṭcakravarti）中的眷属。对四空行母形象的描述仅见《成就法鬘》，其中各自身形类似，持物相同，仅身色不同。金刚亥母成就法（No.217）对其描述如下：

> Ḍākinī-Lāmā-Khaṇḍarohā-Rūpiṇīḥ kṛṣṇa-śyāma-rakta-gaurāḥ; Etā ekavaktrāḥ caturbhujā vāme kapālakhaṭvāṅgakapālahastāḥ dakṣiṇe ḍamarukartrikāḥ trinetrā muktakeśā nagnā ālīḍhāsanasaṁsthitā pañcamudrāvibhūṣitā bhāvayet.
>
> ——Sādhanamālā, p.425

> 空行母、拉玛、增漏母、色行母各现蓝、绿、红、白，皆一面四臂，左二手持饰颅钵之天杖、颅钵；右二手持鼓、匕首。皆三目，披头散发，右展姿，严饰五骨饰，如是观想。
>
> ——《成就法鬘》，页425

汉地藏品中见两例空行母像[①]，未见其余三尊。拉玛空行母（Lāmā-dākinī）在藏地属此系，《藏传佛教图像志》中展示了一尊特殊的拉玛空行母像，为弗利尔（freer）美术馆藏的W.B.Whitney藏品[②]。图217所汉地的空行母像，图218为尼泊尔的拉玛空行母像。

图217　空行母（北京）

图218　拉玛空行母（尼泊尔彩绘）

① 克拉克：《两部藏传佛教众神谱》，卷二，页96、110。
② 戈登：《藏传佛教图像志》，页81。

第十二章　义理尊

无畏生护的《究竟瑜伽鬘》中涉及大量本章所论尊格，为便于行文，称之为义理尊（Philosophical Deities）。可证佛果的最胜功德十二波罗蜜（Pāramitās）皆被神格为具备身色持物的人形。类似者如十二自在（精神律令）、十二地（进阶次第）、十二陀罗尼（殊胜词串）、四无碍解（逻辑分析之四支）。以上皆属哲理与抽象概念之范畴，从逻辑上看，应归拢成章。诸尊形象少见，除般若波罗蜜多等陀罗尼尊外，其他尊在绘画或雕塑中几乎不见。但北京的汉地藏品中却有诸尊造像，故有必要从梵文原典出发指示诸尊形，造像、梵典方可互为发明。

一、十二波罗蜜[①]

佛教中的波罗蜜地位殊胜，是世人证取圆满的最重要功德。佛陀的诸前世即在修行各个功德以至圆满，故得以在终世证悟。一般有十波罗蜜，金刚乘佛教增至十二。十二波罗蜜母之设想在金刚乘的狂热神格化传统中落实，其中尤以般若波罗蜜多最胜，亦最流行。《般若波罗蜜多经》讲授此义理，该经据说由龙树从龙宫（Nether regions）取得。《究竟瑜伽鬘》的法界语自在曼荼罗论及十二波罗蜜的图像特征，下面将以其中的尊格次序作一简述，其他已公布的佛教文献未见十二波罗蜜的完整图像描述。主尊皆以宝生佛为法祖。北京的汉地藏品广泛表现十二波罗蜜尊，总体皆深受印度影响，尤以《究竟瑜伽鬘》为甚。下面展开论述诸波罗蜜尊。

1. 宝波罗蜜

身色：红色　　　　手臂：二臂

识具：载月莲花

① 十二波罗蜜佛母在梵华楼中供奉于四室西壁佛格（愿、方便、禅定、精进、忍辱、持威、惠施、智慧）与四室东壁佛格（莲花、金刚行、智、力）之中，见《梵华楼藏宝》，北京：故宫出版社，2013年，页290—291、298—300、337—338。译者注。

首尊波罗蜜为宝波罗蜜(Ratnapāramitā),描述如下:

Ratnapāramitā raktā padmasthacandramaṇḍaladharā.

——NSP, p.56

宝波罗蜜,红身,手持载月轮之莲花。

——《究竟瑜伽鬘》,页 56

据曼荼罗中的描述,诸波罗蜜皆二臂,右手持如意宝幢,左手持各自识具。般若波罗蜜为例外,现四臂,描述如下:

Dvādaśapāramitā dvibhujāh savyena Cintāmaṇidhvajaṁ vāmena svasvacihna-dharāḥ Prajñāpāramitā tvadhikakaradvayā.

——NSP, p.56

十二波罗蜜皆二臂,右手持如意宝幢,左手持其各自识具。但般若波罗蜜则多出两臂。

——《究竟瑜伽鬘》,页 56

故宝波罗蜜右手持如意宝幢,左手持载月轮之莲花。汉地藏品未见此尊像。

2. 布施波罗蜜

身色:白红　　　　臂数:二臂
识具:稻穗

布施波罗蜜(Dānapāramitā)是十二波罗蜜的第二位,对其描述如下:

Dānapāramitā sitaraktavarṇā nānādhanyamañjarihastā.

——NSP, p.56

布施波罗蜜,红白身,左手持各类谷穗。

——《究竟瑜伽鬘》,页 56

右手持如意宝幢,其像现于汉地[①]。

① 克拉克:《两部藏传佛教众神谱》,卷二,页 120。

3. 持戒波罗蜜

身色：白色　　　　　　　　　臂数：二臂
识具：花轮

波罗蜜系的第三尊为持戒波罗蜜（Śilapāramitā），描述如下：

Śilapāramitā śvetā sapallavagaurakusumacakradharā.

——NSP, p.56

持戒波罗蜜，白身，左手持白色花叶所制的法轮。

——《究竟瑜伽鬘》，页 56

右手持如意宝幢，汉地见一件持戒波罗蜜像①。

4. 忍辱波罗蜜

身色：白色　　　　　　　　　臂数：二臂
识具：白莲

忍辱波罗蜜（Kṣāntipāramitā）是波罗蜜系中的第四尊，其形象如下：

Kṣāntipāramitā pītā sitābjadharā.

——NSP, p.56

忍辱波罗蜜，身黄，左手持白莲。

——《究竟瑜伽鬘》，页 56

右手亦持如意宝幢，汉地现一件忍辱波罗蜜像②。

① 克拉克：《两部藏传佛教众神谱》，卷二，页 120。
② 克拉克：《两部藏传佛教众神谱》，卷二，页 120。

5. 精进波罗蜜

身色：绿色　　　　　　　　臂数：二臂
识具：青莲

精进波罗蜜（Vīryapāramitā）是第五尊，形象如下：

Vīryapāramitā marakatavarṇā nīlotpaladharā.

——NSP, p.56

精进波罗蜜，身绿，左手持青莲。

——《究竟瑜伽鬘》，页 56

右手持如意宝幢，汉地可见一例精进波罗蜜像①。

6. 禅定波罗蜜

身色：天蓝　　　　　　　　臂数：二臂
识具：白莲

禅定波罗蜜（Dhyānapāramitā）是该系第六尊，形象如下：

Dhyānapāramitā gaganaśyāmā sitābjhastā.

——NSP, p.56

禅定波罗蜜，身蓝，左手持白莲。

——《究竟瑜伽鬘》，页 56

右手持如意宝幢。汉地见一件该尊像②，见图 219。

---

① 克拉克：《两部藏传佛教众神谱》，卷二，页 120。
② 克拉克：《两部藏传佛教众神谱》，卷二，页 120。

7. 般若波罗蜜

身色：黄色　　　　　　　　臂数：四臂

识具：托载经函的莲花

该系第七尊便是著名的般若波罗蜜（Prajñāpāramitā）。作为《般若波罗蜜多经》的神格化现，前章已做详述。此处，作为十二波罗蜜之一，为殊胜智慧之化身。《究竟瑜伽鬘》对其形象有如下描述：

Prajñāpāramitā kamanīyakanakakāntiḥ padmastha-Prajñāpāramitā-pustakadharā karadvayena dhṛta-Dharmacakramūdrā.

——NSP, p.65

般若波罗蜜，身黄，左手持载般若经函的莲花，二主手结转法轮印。

——《究竟瑜伽鬘》，页65

右手持如意宝幢。前章已论此尊，其像见于多地，亦现于北京的汉地藏品[①]。

8. 方便波罗蜜

身色：绿色　　　　　　　　臂数：二臂

识具：载金刚杵的莲花

该系第八尊为方便波罗蜜（Upāyapāramitā），《究竟瑜伽鬘》对其描述如下：

Upāyapāramitā priyanguśyāmā pītapadmasthavajrabhṛt.

——NSP, p.16

方便波罗蜜，身绿，如芥菜花，左手持黄莲，上载金刚杵。

——《究竟瑜伽鬘》，页56

① 克拉克：《两部藏传佛教众神谱》，卷二，页208、290。

右手持如意宝幢。其造像现于汉地[1]。

9. 愿波罗蜜

身色：蓝色　　　　臂数：二臂

识具：载剑的莲花

波罗蜜系的第九尊为愿波罗蜜（Praṇidhānapāramitā），其形象如下：

Praṇidhānapāramitā nīlotpalavarṇā nīlotpalasthakhadgaḍharā.

——NSP, p.56

愿波罗蜜，现青莲色，左手持载剑青莲。

——《究竟瑜伽鬘》，页56

右手持如意宝幢，其像现于汉地[2]。图220即此汉地愿波罗蜜像。

图219　禅定波罗蜜（北京）

图220　愿波罗蜜（北京）

① 克拉克：《两部藏传佛教众神谱》，卷二，页117。在此其名为拘舍罗波罗蜜（upayakausalya）。
② 克拉克：《两部藏传佛教众神谱》，卷二，页117。

10. 力波罗蜜

身色：红色　　臂数：二臂
识具：经函

该系第十尊为力波罗蜜（Balapāramitā），其形象如下：

Balapāramitā rakta prajñāpāramitāpustakadharā.

——NSP, p.56

力波罗蜜，红身，左手持般若经。

——《究竟瑜伽鬘》，页 56

右手持如意宝幢，其像见于汉地[①]。

11. 智波罗蜜

身色：白色　　臂数：二臂
识具：菩提树

波罗蜜尊的第十一位是智波罗蜜（Jñanapāramitā），其形象如下：

Jñanapāramitā śubhrā nānāratna phalālaṅkṛta-Bodhivṛkṣadharā.

——NSP, p.56

智波罗蜜，白身，左手持饰诸宝、果实的菩提树。

——《究竟瑜伽鬘》，页 56

右手持如意宝幢，汉地有一件智波罗蜜像[②]。

---

① 克拉克：《两部藏传佛教众神谱》，卷二，页 196、311。
② 克拉克：《两部藏传佛教众神谱》，卷二，页 121。

12. 金刚业波罗蜜

身色：杂色　　　　臂数：二臂

识具：载交杵的莲花

十二波罗蜜中的末尊为金刚业波罗蜜（Vajrakarmapāramitā），法界语自在曼荼罗对其有如下描述：

> Vajrakarmapāramitā viśvavarṇā nīlotpalasthā-viśvavajradharā.
>
> ——NSP, p.56

> 金刚业波罗蜜，杂色身，左手持载交杵的青莲。
>
> ——《究竟瑜伽鬘》，页 56

右手亦持如意宝幢。

二、十二自在

佛教中“自在”（Vaśitās）为控制、律则之意，可使信众精神升华。金刚乘中，各具尊号的十二自在女被神格化现，具头、手、持器和特定识具。诸女尊皆以阿弥陀佛为法祖，下文以其在《究竟瑜伽鬘》的法界语自在曼荼罗中的次序加以描述。现存的诸多原典中未见有关十二自在女的论述，故此价值非凡。自汉地十二自在的如法合规造像出现后，其图像意趣之魅力更盛。印度境内虽未见诸尊，但克拉克的《两部藏传佛教众神谱》却记录了北京的佛尊藏品中的十二自在像。

1. 命自在

身色：红白　　　　臂数：二臂

识具：佛像

“十二自在皆二臂，右手持莲花，左手持各自识具。”（cf. Dvādaśa-vaśitā dvibhujā dakṣiṇenāmbhojabhṛto vāmena sagarvam svasvacihnadharāḥ, op.cit p.56）该系首尊为命自在（Āyurvaśitā），其形象如下：

Āyurvaśitā sitaraktavarṇā padmarāgamaṇisthasamādhimudra AmitāyurBuddha-bimbadharā.

——NSP, p.56

命自在，身色白红，左手持结禅定印的无量寿佛像，手印上置红莲宝（Padmarāgā）。

——《究竟瑜伽鬘》，页 56

右手持莲，诸自在皆是如此，其像见于汉地[①]。

2. 心自在

身色：白色　　　　臂数：二臂
识具：金刚杵

该系第二尊为心自在（Cittavaśitā），其形象如下：

Cittavaśitā sitā raktapañcasūcikavajradharā.

——NSP, p.56

心自在，身白，左手持红色五股金刚杵。

——《究竟瑜伽鬘》，页 56

右手持莲花，其像见于汉地[②]。

3. 财自在

身色：黄色　　　　臂数：二臂
识具：如意宝幢

该系第三尊是财自在（Pariṣkāravaśitā），法界语自在曼荼罗对其形象有如下描述：

Pariṣkāravaśitā pītā Cintāmaṇidhvajadharā.

——NSP, p.56

① 克拉克：《两部藏传佛教众神谱》，卷二，页 136。
② 克拉克：《两部藏传佛教众神谱》，卷二，页 136。

财自在，黄身，左手持如意宝幢。

——《究竟瑜伽鬘》，页 56

右手持莲花，其像现于汉地①。

4. 业自在

身色：绿色　　　　臂数：二臂
识具：交杵

十二自在中的第四尊是业自在(Karmavaśitā)，法界语自在曼荼罗对其形象描述如下：

Karmavaśitā haritā viśvavajradharā.

——NSP, p.56

业自在身色为绿色，左手持交杵。

——《究竟瑜伽鬘》，页 56

右手持莲花，其造像现于汉地②。

5. 生自在

身色：杂色　　　　臂数：二臂
识具：藤蔓

十二自在中的第五尊为生自在(Upapattivaśitā)，其形象如下：

Upapattivaśitā viśvavarṇā vividhavarṇajātilatāhastā.

——NSP, p.56

生自在，杂色身，左手持杂色藤蔓。

——《究竟瑜伽鬘》，页 56

① 克拉克：《两部藏传佛教众神谱》，卷二，页 136。
② 克拉克：《两部藏传佛教众神谱》，卷二，页 137。

右手持莲花。该尊像见于汉地[①],见图221。

6. 神通自在

身色：绿色　　　　　　　　臂数：二臂
识具：载日月的莲花

十二自在中的第六尊为神通自在(Ṛddhivaśitā),其形象如下:

> Ṛddhivaśitā nabhaḥśyāmā padmastha-sūryacandra-maṇḍaladharā.
>
> ——NSP, p.57

> 神通自在,绿身,左手持载日、月的莲花。
>
> ——《究竟瑜伽鬘》,页57

右手持莲花。其造像见于汉地[②],见图222。

图221　生自在(北京)

图222　神通自在(北京)

① 克拉克:《两部藏传佛教众神谱》,卷二,页133。
② 克拉克:《两部藏传佛教众神谱》,卷二,页133。

7. 胜解自在

身色：白色　　　　　　臂数：二臂
识具：芥菜花

十二自在的第七尊为胜解自在（Adhimuktivaśitā），其形象如下：

Adhimuktivaśitā mṛṇālagaurā priyaṅgukusumamañjarīdharā.

——NSP, p.57

胜解自在，白身，如莲花茎，左手持芥菜花蓓蕾。

——《究竟瑜伽鬘》，页 57

右手持莲花，汉地藏品中未见其像。

8. 愿自在

身色：黄色　　　　　　臂数：二臂
识具：青莲

十二自在中的第八尊为愿自在（Praṇidhānavaśitā），其形象如下：

Praṇidhānavaśitā pītā nīlotpala-hastā.

——NSP, p.57

愿自在母，黄身，左手持青莲。

——《究竟瑜伽鬘》，页 57

右手持莲花。其造像现于汉地[1]。

---

① 克拉克：《两部藏传佛教众神谱》，卷二，页 137。

9. 智自在

身色：蓝白　　　　　　　　　臂数：二臂
识具：托载宝剑的莲花

十二自在的第九尊为智自在（Jñānavaśitā），《究竟瑜伽鬘》对其形象描述如下：

Jñanavaśitā sītā nīlotpalasthakhaḍgadharā.

——NSP, p.57

智自在，白蓝身，左手持载剑莲花。

——《究竟瑜伽鬘》，页 57

右手持莲花，其造像见于汉地[①]。

10. 法自在

身色：白色　　　　　　　　　臂数：二臂
识具：载净瓶的莲花

十二自在的第十尊为法自在（Dharmavaśitā），形象如下：

Dharmavaśitā sitā raktavarṇapadmasthabhadraghaṭahastā.

——NSP, p.57

法自在，身洁白，左手持载净瓶（Bhadraghaṭa）的红莲。

——《究竟瑜伽鬘》，页 57

右手持莲花，汉地藏品中有一件该女尊造像[②]。

① 克拉克：《两部藏传佛教众神谱》，卷二，页 137。
② 克拉克：《两部藏传佛教众神谱》，卷二，页 137。

11. 如是自在

身色：白色　　　　　　　　　臂数：二臂
识具：宝串

十二自在的第十一尊为如是自在（Tathatavaśitā），形象如下：

Tathatā śvetā śvetaśubhrāmbhojabhṛddakṣiṇapāṇir-vāmena ratna-mañjarīdharā.

——NSP, p.57

如是自在，白身，右手持白莲，左手持宝串。

——《究竟瑜伽鬘》，页 57

其像见于汉地[①]。

12. 佛菩提光自在

身色：黄色　　　　　　　　　臂数：二臂
识具：法轮幢

十二自在中的末尊为佛菩提光自在（Buddhabodhiprabhā-Vaśitā），法界语自在曼荼罗对其形象有如下描述：

Buddhabodhiprabhā kanakābhā savyenapītapadmasthapañcasūcikavajradharā vāmena Cintāmaṇidhvajopari cakradharā.

——NSP, p.57

佛菩提光自在，黄身，右手持载五股金刚杵的黄莲，左手持现法轮的如意宝幢，上载法轮。

——《究竟瑜伽鬘》，页 57

① 克拉克：《两部藏传佛教众神谱》，卷二，页 107。

三、十二地

佛教中的十二地指菩萨在证取全知佛果时历经的十二种的精神境界。原为十地，金刚乘后增二地，至十二地。地（Bhūmi）是菩萨进阶的精神路径，资质进升，方可入更高之地。诸地如法逐一修渡、达升顶地后，菩萨即等成佛陀，证得全知。

金刚乘关注诸“地”，并给予神格化，现以不同身形。诸尊像见于汉地。下文对诸尊的描述将依《究竟瑜伽鬘》的法界语自在曼荼罗中的次序展开，皆二臂，右手持金刚杵，左手持各自武器或识具[①]。

1. 信解行地

身色：红色　　臂数：二臂
识具：红莲

十二地之首是信解行地（Adhimukticaryā），《究竟瑜伽鬘》对其描述如下：

Adhimukticaryābhūmiḥ padmaraktā raktapadmadharā.

——NSP, p.55

信解行地，身红如红莲，左手持红莲。

——《究竟瑜伽鬘》，页 55

右手持金刚杵，这是十二地尊的共有物。北京的汉地藏品中未见信解行地像。

2. 欢喜地

身色：红色　　臂数：二臂
识具：宝珠

① Dvādaśabhūmayo dvibhujā dakṣiṇe vajradhāriṇyo vāmena svasvacihnadharāḥ, p.55.

该系第二尊是欢喜地(Pramuditā),身形如下:

Pramuditā raktā Cintāmaṇibṛt.

——NSP, p.55

欢喜地,红身,左手持如意宝珠。

——《究竟瑜伽鬘》,页 55

右手持金刚杵。汉地藏品中可见欢喜地①。

3. 离垢地

身色:白色　　　　臂数:二臂
识具:白莲

十二地的第三尊是离垢地(Vimalā),形象如下:

Vimalā śuklā śukla-kamaladharā.

——NSP, p.55

离垢地,白身,左手持白莲。

——《究竟瑜伽鬘》,页 55

右手持金刚杵。汉地藏品中见离垢地像②。

4. 发光地

身色:红色　　　　臂数:二臂
识具:载日轮的莲花

该系第四尊是发光地(Prabhākari),形象如下:

---

① 克拉克:《两部藏传佛教众神谱》,卷二,页123。
② 克拉克:《两部藏传佛教众神谱》,卷二,页123。

Prabhākari raktā viśvapadmasthasūryamaṇḍaladharā.

——NSP, p.55

发光地，身红，左手持载日轮的莲花。

——《究竟瑜伽鬘》，页 55

右手持金刚杵。汉地藏品中见发光地像[①]。

5. 焰慧地

身色：绿色　　　　臂数：二臂

识具：青莲

该系第五尊为焰慧地（Arciṣmati），《究竟瑜伽鬘》中其形象如下：

Arciṣmatī marakatavarṇā nīlotpaladharā.

——NSP, p.55

焰慧地，身色类绿宝石，左手持青莲。

——《究竟瑜伽鬘》，页 55

右手持金刚杵。汉地藏品中未见其像。

6. 极难胜地

身色：黄色　　　　臂数：二臂

识具：绿宝石

十二地中的第六尊为极难胜地（Sudurjayā），形象如下：

Sudurjayā pītā utsaṅgasthottānapāṇinā marakaatamaṇidharā.

——NSP, p.55

① 克拉克：《两部藏传佛教众神谱》，卷二，页 123。

极难胜地，黄身，舒掌于腿上，持绿宝石。

——《究竟瑜伽鬘》，页 55

右手持金刚杵。其形象不见于汉地藏品之中。

7. 现前地

身色：黄色　　　　　　　　臂数：二臂
识具：般若经函

该系第七尊是现前地（Abhimukhī）。对其描述如下：

Abhimukhī hemavarṇā padmopari Prajñāpāramitāpustakadharā.

——NSP, p.55

现前地，身金黄，持载般若经函的莲花。

——《究竟瑜伽鬘》，页 55

右手持金刚杵。汉地有一件现前地造像[①]。

8. 远行地

身色：绿色　　　　　　　　臂数：二臂
识具：载交杵的双莲

十二地女尊中的第八尊是远行地（Dūraṅgamā），身形如下：

Dūraṅgamā gaganaśyāmā viśvapadmopari viśvavajradharā.

——NSP, p.55

远行地，身绿，如天空一般，左手持载交杵的双莲。

——《究竟瑜伽鬘》，页 55

① 克拉克：《两部藏传佛教众神谱》，卷二，页 121。

右手持金刚杵，汉地藏品中有一件远行地像[①]。

9. 不动地

身色：白色　　　　　　　　臂数：二臂
识具：载金刚杵莲花

十二地中的第九尊是不动地（Acalā），其形象描述如下：

Acalā śaraccandrābhā candrasthapañcasūcikavajrāṅkitapaṅkajasya nālaṁ sagarvaṁ vibhrati.

——NSP, p.52

不动地，身白如秋月，左手持莲花茎，上置月轮中的五股金刚杵。

——《究竟瑜伽鬘》，页52

右手持金刚杵。不动地像现于汉地[②]。

10. 善慧地

身色：白色　　　　　　　　臂数：二臂
识具：载剑的莲花

该系第十尊为善慧地（Sādhumatī），其形象有如下描述：

Sādhumatī sitā khaḍgāṅkitotpaladharā.

——NSP, p.55

善慧地，身白，左手持载剑的夜莲。

——《究竟瑜伽鬘》，页55

右手持金刚杵，汉地有一件善慧地像[③]。

---

① 克拉克：《两部藏传佛教众神谱》，卷二，页118。
② 克拉克：《两部藏传佛教众神谱》，卷二，页118。
③ 克拉克：《两部藏传佛教众神谱》，卷二，页118。

11. 法云地

身色：蓝色　　　　　　　　　　臂数：二臂
识具：般若经函

该系第十一尊为法云地（Dharmameghā），其形象如下：

> Dharmameghā dharmameghaparikalita-Prajñāpāramitāpustakadharā.
>
> ——NSP, p.55

> 法云地，左手持法云所造的般若经函。
>
> ——《究竟瑜伽鬘》，页55

汉地见一例法云地像[①]，如图223所示。

图223　法云地（北京）

① 克拉克：《两部藏传佛教众神谱》，卷二，页118。

12. 善光地

身色：红色　　　　　　　　臂数：二臂
识具：阿弥陀佛像

该系第十二尊为善光地（Samantaprabhā），其形象如下：

Samantaprabhā madhyāhnādityavarṇā padmopari samyaksambodhisūcaka-Amitābha-Buddhabimbadharā.

——NSP, p.56

善光地，红身，左手持象征圆满觉悟的阿弥陀佛之像。

——《究竟瑜伽鬘》，页 56

右手持金刚杵，汉地有一件善光地像[①]。

四、十二陀罗尼

法界语自在曼荼罗描述了另一组有趣的十二尊配置，即十二陀罗尼。"陀罗尼"是怛特罗佛教的一类文献，尼泊尔杜巴图书馆藏有一部《广陀罗尼集》（*Bṛhad-dhāraṇī-saṅgraha*）[②]的陀罗尼集成。陀罗尼是强调记忆的无实意字串，复诵以提升精神力量。陀罗尼或会揭示一些目前未知的语言的痕迹。《成就法鬘》中有许多陀罗尼[③]。《究竟瑜伽鬘》中的字母拼写有所不同，并意识到十二陀罗尼的配置。在神格化的过程中，诸陀罗尼经被赋予了具体身形、身色、象征物。诸尊皆属绿色不空成就佛之种姓。

陀罗尼尊一面二臂，右手持羯磨杵，左手持各自识具[④]。下面将依十二尊在《究竟瑜伽鬘》的法界语自在曼荼罗中的次序，述其身形、身色及特定识具。

---

① 克拉克：《两部藏传佛教众神谱》，卷二，页 118。
② 夏斯特里（H.P.Sāstri），《尼泊尔目录》（*Nepal Catalogue*），卷Ⅱ，页 251ff。
③《成就法鬘》中的第 21、23、41、118、147、150、216 篇成就法皆为陀罗尼经。
④ 相关文本"Dvadasadharinyo dvibhujah savyen visvavajram vibhrana vamena sagarvam svasvacihnabhrtali"。《究竟瑜伽鬘》，页 57。

1. 苏摩底

身色：黄色　　　　　　臂数：二臂
识具：稻穗

该系首尊为苏摩底（Sumatī），对其形象有如下描述：

Sumatī pita dhānyamañjarīdharā.

——NSP, p.57

苏摩底，身黄，左手持稻穗。

——《究竟瑜伽鬘》，页 57

右手持羯磨杵，这是该系女尊的共有持物。汉地藏品中未见其像。

2. 宝　炬

身色：红色　　　　　　臂数：二臂
识具：如意宝幢

陀罗尼系的第二尊是宝炬（Ratnolkā），其形象有如下描述：

Ratnolkā rakta Cintāmaṇidhvajradharā.

——NSP, p.57

宝炬，身红，左手持如意宝幢。

——《究竟瑜伽鬘》，页 57

右手持羯磨杵。若宝火（Ratnāgni）、宝光（Ratnārcis）等尊号汉译无误，此尊便未见于汉地藏品[①]。

① 克拉克：《两部藏传佛教众神谱》，卷二，页 245、246。

3. 顶髻尊胜

身色：白色　　臂数：二臂

识具：月石宝瓶

陀罗尼系的第三尊是流传甚广的顶髻尊胜（Uṣṇiṣavijayā），前章已述。作为陀罗尼母时，其身形如下：

Uṣṇiṣavijayā sitā cāndrakāntamaṇi-kalaśabastā.

——NSP, p.57

顶髻尊胜，白身，左手持月石宝瓶。

——《究竟瑜伽鬘》，页57

右手持交杵，其像见于汉地藏品[①]。

4. 摩　利

身色：红白　　臂数：二臂

识具：针与线

陀罗尼系的第四尊为摩利（Mārī），对其描述如下：

Mārī raktagauravarṇā sasūtrasūcīdharā.

——NSP, p.57

摩利，红白身，左手持针线。

——《究竟瑜伽鬘》，页57

右手持羯磨杵，汉地藏品中未见该像。

---

① 克拉克：《两部藏传佛教众神谱》，卷二，页286。

5. 叶衣母

身色：绿色　　　　臂数：二臂
识具：孔雀羽毛

《究竟瑜伽鬘》中的陀罗尼尊的第五位为叶衣母（Parṇaśabarī），形象如下：

Parṇaśabarī śyāmā mayūrapicchadharā.

——NSP, p.57

叶衣佛母，身绿，左手持孔雀羽毛。

——《究竟瑜伽鬘》，页57

右手持交杵。该尊广传于佛教国家，前文已述及该尊的多种六臂身形[①]。《成就法鬘》中有此尊的陀罗尼文本[②]。叶衣母尊像在藏地、汉地[③]有大量出现。

6. 消伏毒害母

身色：白色　　　　臂数：二臂
识具：花

此系的第六尊是著名的消伏毒害母（Jāṅguli），前文已述其身形。作为陀罗尼尊，该尊身形如下：

Jāṅguli śuklā viṣapuṣpamañjarīdharā.

——NSP, p.57

消伏毒害母，白身，左手持毒花蓓蕾。

——《究竟瑜伽鬘》，页57

① 见Supra。
② 第150部成就法，页308。
③ 藏式的六臂叶衣佛母像见戈登：《藏传佛教图像志》，页71；二臂叶衣佛母像见克拉克：《两部藏传佛教众神谱》，卷二，页287，仍在该书第二卷也有两例六臂之形，页207，287。亦见于盖蒂：《北传佛教神灵》，页134、135。译者注。

右手持交杵。汉地藏品中见此尊像，前文已述。《成就法鬘》收有消伏毒害母的陀罗尼文本[①]，据说此陀罗尼有驱抵蛇毒之功。

7. 无量门

身色：绿色　　　　臂数：二臂
识具：净瓶

该系第七尊是无量门（Anantamukhī），其身形如下：

Anantamukhī priyanguśyāmā raktābjasthākśaya-mahānidhikalaśahastā.

——NSP, p.57

无量门，身绿，如芥菜花，左手持载宝瓶的红莲。

——《究竟瑜伽鬘》，页57

右手持交杵，汉地藏品中未见其像。

8. 准提母

身色：白色　　　　臂数：二臂
识具：挂念珠的净瓶

十二陀罗尼中的第八尊是著名的准提母（Cundā），前章已详述其形象和渊源。作为陀罗尼佛母，其形象如下：

Cundā śuklā akṣasūtrāvalambitakamaṇḍaludharā.

——NSP, p.57

准提佛母，身白，手持挂念珠的净瓶。

——《究竟瑜伽鬘》，页57

① 第118部成就法，页247。

右手持羯磨杵。该尊像在汉地藏品中流行,多次出现,该尊亦流行于藏地[①]。

9. 增慧母

身色:白色　　　　　　　　臂数:二臂
识具:剑

十二陀罗尼中的第九尊为增慧母(Prajñāvardhanī),其形象如下:

> Prajñāvardhanī sitā nīlotpalakhaḍgadharā.
>
> ——NSP, p.57

> 增慧母,白身,左手持载剑的青莲。
>
> ——《究竟瑜伽鬘》,页57

右手持交杵,汉地藏品之中未见其像。

10. 除一切业障母

身色:绿色　　　　　　　　臂数:二臂
识具:金刚杵

十二陀罗尼中的第十尊是除一切业障母(Sarvakarmāvaraṇaviśodhanī),其形象如下:

> Sarvakarmāvaraṇaviśodhanī haritā trisūcikavajrāṅka-sitakamala-dharā.
>
> ——NSP, p.57

> 除一切业障母,绿身,左手持载三股金刚杵之莲花。
>
> ——《究竟瑜伽鬘》,页57

右手持交杵。其形象未见于汉地藏品。

① W.B.Whitney藏品中的准提佛母像见于克拉克:《两部藏传佛教众神谱》,卷二,页74。这是一例四臂准提佛母像。亦见于盖蒂:《北传佛教神灵》,页129、130。

11. 无尽智宝箧

身色：红色　　　　　　臂数：二臂

识具：篮子

陀罗尼母的第十一尊为无尽智宝箧（Akṣayajnānakaraṇḍā），其形象如下：

Akṣayajnānakaraṇḍā raktā ratnakaraṇḍadharā.

——NSP, p.57

无尽智宝箧母，红身，左手持盛宝的宝篮。

——《究竟瑜伽鬘》，页 57

右手持交杵，其形象未见于汉地藏品之中。

12. 一切佛法藏

身色：黄色　　　　　　臂数：二臂

识具：宝箱

十二陀罗尼的第十一尊为一切佛法藏（Sarvabuddhadharmakoṣavati），形象如下：

Sarvabuddhadharmakoṣavati pītā padmasthanānāratnapeṭakadharā.

——NSP, p.57

一切佛法藏，黄身，左手持莲并载满装诸宝之箱。

——《究竟瑜伽鬘》，页 57

右手持交杵。其形象未见于汉地藏品之中。

五、四无碍解

在佛教中，四无碍解是逻辑分析的四支，即法（Dharma）、利（Artha）、词（Nirukti）、辩（Pratibhāna）。这些抽象概念受到金刚乘信众的神格化，赋予身形、身色、武器、识具。《究竟瑜伽鬘》的法界语自在曼荼罗中述及了四无碍解所化尊形。下以四无碍解在该曼荼罗中的次序详述之。

1. 法无碍解

身色：白红　　　　臂数：二臂

识具：钩、羂索

四无碍解之首尊是法无碍解（Dharma-Pratisamvit），形象如下：

Purvadvāre Dharma-Pratisaṁvit sitaraktā vajrānkuśapāśabhṛdbhujadvayā.

——NSP, p.57

东门为红白身色的法无碍解，双手持金刚钩、金刚羂索。

——《究竟瑜伽鬘》，页 57

汉地藏品中见此意涵晦涩之尊的造像①。

2. 义无碍解

身色：绿色　　　　臂数：二臂

识具：羂索

四无碍解的第二尊是义无碍解（Artha-Pratisaṁvit），其形象如下：

① 克拉克：《两部藏传佛教众神谱》，卷二，页 134。

Dakṣiṇe Arthapratisaṁvit marakatavarṇā savyetarabhujābhyāṁ ratnapāśabhṛt.

——NSP, p.57

南方为义无碍解，绿身，双手持宝、羂索。

——《究竟瑜伽鬘》，页57

汉地藏品中见此意涵晦涩之尊的造像[①]。

3. 词无碍解

身色：红色　　　　臂数：二臂

识具：锁链

四无碍解中的第三尊是词无碍解（Nirukti-Pratisaṁvit），形象如下：

Paścime Nirukti-Pratisaṁvit raktā baddapadmāntaśṛṅkhalabhṛdbhujadvayā.

——NSP, p.58

西方是赤身的词无碍解，双手持悬于莲花上的锁链。

——《究竟瑜伽鬘》，页58

汉地藏品中见此意涵晦涩之尊的造像，见图224[②]。

4. 辩无碍解

身色：绿色　　　　臂数：二臂

识具：铃

四无碍解中的末尊是辩无碍解（Pratibhāna-Pratisaṁvit），法界语自在曼荼罗对其形象描述如下：

① 克拉克：《两部藏传佛教众神谱》，卷二，页134。
② 克拉克：《两部藏传佛教众神谱》，卷二，页134。

Uttare Pratibhanāpratisaṁvit marakataśyāmā trisūcikavajrānkitaghaṇṭā-vyagrakaradvayā.

——NSP, p.58

北方为辩无碍解，绿身，双手持饰三股金刚杵之铃。

——《究竟瑜伽鬘》，页58

汉地藏品中见此意涵晦涩之尊的造像，见图225[①]。

图224 词无碍解（北京）

图225 辩无碍解（北京）

① 克拉克：《两部藏传佛教众神谱》，卷二，页135。

第十三章　金刚乘中的印度教诸尊

佛教神系并非单由佛教尊构成，亦大量充斥印度教尊，如辩才天女（Sarasvatī）、毗那夜迦（Gaṇapati）等印度教尊皆是成就法中的主尊，具有独立尊形，另有大量印度教尊作为佛教主尊之眷属或乘骑，时或被佛教忿怒尊踩在脚下，受其征服。《究竟瑜伽鬘》中的法界语自在曼荼罗吸收了众多印度教尊，诸尊如何分类、分配其身色、方位及所属五佛种姓等问题，皆有重要研究意义。因此有必要简述此领域的图像志。在佛教氛围浓厚的中国，北京的汉地佛教藏品中出现的大量印度教尊，生动展现了印度教尊神转入佛教信仰的文化现象。尽管诸尊像制作于汉地，但其精神源头则在印度，尊相皆遵《究竟瑜伽鬘》或《成就法鬘》的描述。

佛教神系中有许多印度教尊的配置，下文基于相关引文展开介绍，其中三尊地位最胜：1. 以湿婆大天为原型（Śiva Mahādeva）的大黑天（Mahākāla），识具为三叉戟；2. 毗那夜迦；3. 辩才天女，智慧女尊，识具为琵琶。诸尊有各自独立的成就法及专属神龛，在北传佛教国家中尤为流行。

一、大黑天

《究竟瑜伽鬘》《成就法鬘》中对此威猛的印度教尊神大黑天的描述很多，数种身形，一面二臂、一面四臂或一面六臂，抑或八面十六臂。此尊作为佛教神系中的怖畏尊，饰蛇、龇牙、鼓腹、身着虎皮。下面描述下大黑天的诸种身形。

（1）二臂

身色：蓝色　　　　臂数：二臂

识具：钺刀和颅钵

《成就法鬘》中此类二臂大黑天的成就法至少有六篇。摘录其一如下：

Śrī-Mahākālabhaṭṭārakaṁ dvibhujaṁ ekamukhaṁ kṛṣṇavarṇaṁ trinayanaṁ mahājjvālaṁ kartrikapāladhāriṇaṁ dakṣiṇavāmabhujābhyāṁ muṇḍamālālaṅkṛtorddh-vapiṅgalakeśopari pañcakapāladharaṁ daṁṣṭrābhīmabhayānakaṁ bhūjaṅgabharaṇaya-jñopavitaṁ kharvarūpaṁ sravadrudhiramukhaṁ ātmānaṁ jhaṭiti niṣpādya...

——Sādhanamālā, p.585

行者需观己为圣甚大黑天，蓝身，一面二臂。现三怒目，左右手持钺刀和颅钵。棕发飘舞，上见五颗骷髅，身戴人头环。容貌怖畏，露獠牙，饰猛蛇，以蛇为圣线。矮身，口中外溢四滴鲜血。如是速速观想……

——《成就法鬘》，页585

有时大黑天右持三叉戟，而非钺刀。尼泊尔的大黑天尊像众多，大量出现在佛寺甚至街道等地。有时仅见头部。图226所示精美的大黑天像，是尼泊尔班智达金刚行者喜成就（Siddhiharṣa）的藏品。此像与成就法的描述相合，脚踩二尸体。右手威武持钺刀，左手持盛血颅钵。大黑天像广布于汉地[①]和藏地[②]。

图226　大黑天（尼泊尔）

（2）四臂

身色：蓝色　　臂数：四臂

识具：钺刀和颅钵；剑和天杖

四臂形与二臂形基本一致，仅臂数和持物有所不同。四臂大黑天的二主手持钺刀、颅钵，二次手持剑和天杖。

① 克拉克：《两部藏传佛教众神谱》，卷二，页101、299、301、375。
② 戈登：《藏传佛教图像志》，页90出现了四例大黑天像，亦见盖蒂：《北传佛教神灵》，图版XLIX。

（3）六臂

身色：蓝色　　臂数：六臂

识具：右：钺刀、念珠、手鼓

左：颅钵、矛、金刚羂索

六臂大黑天与二臂形相似，仅臂数及相应的六件持物不同。六臂分别现：右三手持钺刀、念珠和手鼓，左三手持颅钵、矛和金刚羂索。

（4）十六臂

身色：蓝色　　臂数：十六臂

面数：八面　　腿数：四腿

十六臂大黑天共八面，双身拥明妃，四腿，颇为奇特。成就法述其形象如下：

Ātmānaṁ Bhagavantaṁ ṣoḍaśabhuja-Mahākālaṁ bhāvayet; aṣṭavadanaṁ caturviṁśatinetraṁ catuṣcaraṇaṁ ṣoḍaśabhujaṁ;dakṣiṇakaraiḥ kartri-vajra-gajacarma-mudgara-triśūla-khaḍga-yamadaṇḍāḥ, vāmakaraiḥ raktapūrṇakapāla-gajacarma-ghaṇṭā-aṅkuśa-śvetacāmara-ḍamaru-naraśiro dadhānaṁ śeṣabhujābhyāṁ Prajñāliṅgitaṁ; kharvakṛṣṇaṁ hāhāhīhīhehepūritamukhaṁ mahāraudraṁ trikāyātmakaṁ pañca-Buddhamu-kuṭinaṁ naramuṇḍamālābharaṇaṁ bhayasyāpi bhayaṅkaraṁ.

——Sādhanamālā, p.598

行者需观己为八面二十四目、十六臂、四腿的大黑天。右诸手持钺刀、金刚杵、象皮、木橛、三叉戟、剑和阎摩杖，左诸手持盛血颅钵、象皮、铃、钩、白拂子、鼓和人头。余二手拥明妃。身矮，蓝身，放哈哈、兮兮、诃诃（hāhāhīhīhehe）之狂笑声，暴怒态。其乃三身之本性（trikāyātmakaṁ），头冠置五方佛像，严饰人头环，最上怖畏。

——《成就法鬘》，页 598

该成就法另称，大黑天由七女环绕，三尊据三方（第四尊是其明妃）、另四尊居四维。

东方是摩醯首罗天的明妃大幻（Mahāmāyā），右展姿立狮背上。四臂，左二手持颅钵、鼓，右二手持钺刀、木橛。身蓝，乱发，三目，龇牙。南方阎摩使女（Yamadūti），蓝身，四臂。右二手持莲茎、钺刀，左二手持血碗、拂尘。右展姿立水牛背上，头发散乱。西方黑天使女（Kāladūti），左二手持颅钵、牛头，右二手持木橛、三叉戟。施右展姿于马背，身红，头发散乱。

诸尊皆形貌畏怖，龇牙，饰蛇。

四维女尊如下。东南迦梨母（Kālikā），蓝身，二臂，持颅钵、钺刀，施右展姿于尸体。西南刹炽迦母（Carcikā），红身，双手持钺刀和颅钵，与迦梨母类似。西北炎盛忿怒母（Caṇḍeśvarī），黄身，双手持青草、鹿，右展姿于尸体上。东北雷电忿怒母（Kuliśeśvarī），白身，持金刚杵、杖，右展姿于尸体上。四尊皆裸身，怖畏异常，龇牙，三目，头发散乱。

应想由诸尊环绕的大黑天脚踩现尸形的怖畏金刚(Vajrabhairava)。

大黑天是威猛尊,常受拜于关涉死难(Māraṇa)的怛特罗仪轨中,以达击溃恶敌之目的。该尊亦被视为恶灵,可震慑不敬上师、无心三宝之信徒的内心,食罪人骨肉,几乎所有该尊成就法都有述及。常含如下偈句,以显其怖畏属性:

Ācāryye yaḥ sadā dveṣi kupito Ratnatrayepi yaḥ. I
Anekasattvavidhvamsi Mahākālena khādyate II
Cchedayet svāngamāmsāni pivedrudhiradhārayā. I
Śirasi viniveśyaiva tilamātrañca kārayet. II

——Sādhanamālā, p.56

他噬食憎恨上师、不敬三宝、屠戮生灵之人。碎其肉,饮其血,并入其颅,击之粉碎。

——《成就法鬘》,页586

二、毗那夜迦

身色:红色	臂数:十二臂
乘骑:鼠	身态:舞立姿

《成就法鬘》中仅一篇成就法描述毗那夜迦(Gaṇapati)的形象,一面十二臂,骑鼠。该禅定描述如下:

Bhagavantaṁ Gaṇapatiṁ raktavarṇaṁ jaṭāmukuṭakiriṭinaṁ sarvābharaṇa-bhūṣitaṁ dvādaśabhujaṁ lambodaraikavadanaṁ ardhaparyaṅkatāṇḍavaṁ trinetraṁ api ekadantaṁ savyabhujeṣu kuṭhara-śara-aṅkuśa-vajra-khaḍga-śulañca; vāmabhujeṣu mūṣala-cāpa-khaṭvāṅga asṛkkapālaphaṭkañca raktapadme mūṣikopari sthitaṁ iti.

——Sādhanamālā, pp.592–593

行者需观己为红色毗那夜迦,结髻冠,庄严俱足,十二臂,鼓腹,一面。舞立姿,三目,长牙。右诸手持斧(kūṭhāra)、箭、钩、金刚杵、剑、矛;左诸手持木橛、弓、天杖、盛血颅钵、盛干肉的颅钵、Phaṭka。骑鼠于红莲上。

——《成就法鬘》,页592—593

图227为印度的四臂毗那夜迦像,本章随后具体介绍。该像是孟买的蒙格(Dr.Mogher)博

士的私藏。图228的十二臂毗那夜迦像是巴罗达的摩诃菈妮·盖克瓦德（Dowager Maharani Chimanabai Gaekward）夫人的藏品。从特征上看，二者都是佛教造像。毗那夜迦亦见于汉地[①]以及藏地的彩幢之上。

图227 四臂毗那夜迦（蒙格博士私藏）

图228 十二臂毗那夜迦（摩诃菈妮·奇玛那拜）

三、心毗那夜迦

身态：舞立姿　　臂数：二臂

手印：无畏印和与愿印

心毗那夜迦（Gaṇapati-hṛdayā）与毗那夜迦很像，或是其明妃，不宜将其归于特定禅那佛。庆喜甘露（Amṛtānanda）的《法藏集》中对其形象有如下描述：

> Gaṇapatihṛdayā ekamukhā dvibhujā varadā abhayā nṛtyāsanā.
>
> ——Dharmakoṣasangraha, Fol.43

> 心毗那夜迦，一面二臂，双手现与愿印和无畏印，舞立姿。
>
> ——《法藏集》，卷43

图229为埃文斯·温特兹（W.Y.Evans-Wentz）博士私人藏品中的一幅插画。

① 克拉克：《两部藏传佛教众神谱》，卷二，页153。

图229 毗那夜迦(尼泊尔写经插图)

四、辩才天女

萨伐底(Sarasvatī)本是一条古老河流之名,今已被拉吉普塔纳(Rajputana)的风沙吞噬。吠陀雅利安人迁至印度后,最初即定居在此河岸,他们在此创作了许多赞美圣诗并献其供奉,此河后在古时(Paurāṇic age)被神化为知识女神。但特罗时期,佛教神系借入此印度教尊,彼时辩才天女即受印度教、佛教之尊崇,并现多种身形。佛教辩才天女现一面二臂或三面六臂。二臂类有四形。辩才天女与文殊、般若佛母类似,可予信众智慧、学识、智力、记忆。《成就法鬘》有多篇辩才天女成就法。

1. 大辩才天女

识具:右:与愿印　　　　身色:白色
左:莲花

大辩才天女(Mahāsarasvatī),白身,右手结与愿印,左手持白莲。该尊禅定对其形象描述如下：

Bhagavatīṁ Mahāsarasvatīṁ anuvicintayet śaradindukarākārāṁ sitakamalopari candramaṇḍalasthāṁ; dakṣiṇakareṇa varadāṁ, vāmena sanālasitasarojadharāṁ smeramukhīmatikaruṇāmayāṁ śvetacandranakusumavasnadharāṁ mukutāhāropaśo-bhitahṛdayāṁ nānāratnālaṅkāravatīṁ dvādaśavarṣākṛtiṁ muditakucamukuladanturora-staṭīṁ sphuradanantaga-bhastivyūhāvabhāsitalokatrayāṁ.

——Sādhanamālā, p.329

行者需观己为如深秋皓月般耀目的大辩才天女，安坐莲花上的月轮中，右手结与愿印，左手持白莲茎。面露微笑，极慈悲，衣饰白色檀香花。胸饰珍珠项链，庄严具足，十二岁形貌，乳房初育，如花蕾；身放无量光，明耀三界（lokatrayā）。

——《成就法鬘》，页329

此乃辩才天女的常形，若未说明，诸形皆为此态。大辩才天女的突出特征是，形似度母，右手结与愿印，左手持莲花（图230），有四尊与己形类似的女尊相伴。前般若女（Prajñā）、右聪睿女（Medhā）、左正念女（Smṛti）、西侧慧念女（Mati）。四尊亦胁侍其他形辩才天女。成就法中未述其身姿，故可现坐、立等姿。辩才天女流行于汉①藏②，表现广泛。

图230　大辩才天女（尼泊尔线描）

图231　金刚琵琶辩才天女（北京）

① 克拉克：《两部藏传佛教众神谱》，卷二，页173、181。
② 戈登：《藏传佛教图像志》，页72、88，盖蒂：《北传佛教神灵》，页127、128。

2. 金刚琵琶辩才天女

身色：白色　　　　识具：琵琶

金刚琵琶辩才天女（Vajravīṇā Sarasvatī）和大辩才天女类似，身白、温善、二臂，不同在二手持奏琵琶。与大辩才天女一致，此尊亦由上述四女环绕。图231为北京的金刚琵琶辩才天女造像。

3. 金刚沙罗达

识具：右手：莲花
左手：经书

据《成就法鬘》中的金刚沙罗达（Vajraśāradā）禅定可知，该尊坐白莲，头冠饰新月，三目二臂，左持经书，右手持莲。图232为尼泊尔艺术家所作尊像，但还应有胁侍般若女等四尊。成就法中未及该尊身姿，故可现任意态。图233源出那烂陀，被定为吉祥俱胝（Koṭiśrī），但应是此尊石像，金刚沙罗达在此施贤者坐（Bhadrāsana），胁侍亦见此身姿。配置中的诸尊皆残损，但仍可辨识其中一尊的左右二手之持物，分别为青莲（Utpala）和经书。

图232　金刚沙罗达（尼泊尔线描）

图233　金刚沙罗达（那烂陀博物馆）

4. 圣辩才天女

识具：莲花上的般若经函

此尊的另一形圣辩才天女（Ārya Sarasvatī）亦指金刚辩才天女（Vajrasarasvatī），似乎是与金刚乘中的辩才天女共名。该尊现十六岁形貌，年轻华盛，白身，左手持莲茎，上载般若经函。禅定未述其右手持物，故可持物亦或可空置，也未提其身态，故可现任何身姿。图234为尼泊尔式样的圣辩才天女像。

5. 金刚辩才天女

面数：三面　　臂数：六臂
身态：左展姿

冠名金刚辩才天女（Vajrasarasvatī）是为与其他四类不同名号之形区别开来。如前所述，辩才天女有三面六臂形，此形与大辩才天女基本一致，而不同点在于前者棕发飘举，施左展姿于红莲。《成就法鬘》中有三篇金刚辩才天女成就法，皆赤红身色，右左面蓝白。右三手持托般若经函的莲花、剑、钺刀，左三手持梵天头钵、宝、法轮，其中托经莲花和梵天头钵偶由莲花、颅钵替代。图235为尼泊尔风格的金刚辩才天女像（即上述的后者类型）。

图234　圣辩才天女（尼泊尔线描）

图235　金刚辩才天女（尼泊尔线描）

五、八护方神

《究竟瑜伽鬘》中的法界语自在曼荼罗等皆述及八护方尊(Dikpālas),即对四方四维的化现,与佛教的降阎魔尊等尊格配置类似。下面将依诸尊在法界语自在曼荼罗中的次序介绍尊形。诸尊形态多样,甚至涉及明妃,但此处只列诸尊典型身相。

1. 帝释天

身色：黄色　　臂数：二臂
乘骑：大象　　方位：东方

印度教八护方中的首尊是帝释天(Indra),掌东方。其形如下描述:

Airāvatāruḍhaḥ Indraḥ pīto vajraṁ stanaṁ ca dadhānaḥ.

——NSP, p.61

(东)帝释天骑象爱罗婆多(Airāvatā),黄身。双手持金刚杵和女子乳房。

——《究竟瑜伽鬘》,页61

汉地藏品中其冠名"帝释"(Śakra)[①]。图236为北京的帝释天像。

图236　帝释天(北京)

① 克拉克:《两部藏传佛教众神谱》,卷二,页89、178。

2. 阎 摩

身色：蓝色　　　　臂数：二臂
乘骑：水牛　　　　方位：南方

此处八护方的第二尊阎摩（Yama），其亦见于印度教文献。对阎摩有如下描述：

Yāmyāṁ Mahiṣe Yamaḥ kṛṣṇo yamadaṇḍaśūlabhṛt.

——NSP, p.61

南方阎摩骑水牛。蓝身，双手持阎魔杖和矛。

——《究竟瑜伽鬘》，页61

死神阎摩的形象在藏地十分流行[①]。

3. 伐楼那

身色：白色　　　　臂数：二臂
乘骑：磨羯鱼　　　方位：西方

八护方的第三尊为伐楼那（Varuṇa），文本对其形象描述如下：

Varuṇe makare Varuṇaḥ śvetaḥ saptaphano nāgapāśaśaṅkhabhṛt.

——NSP, p.61

西方伐楼那骑磨羯鱼，白身，七头蛇冠。双手持蛇羂索和法螺。

——《究竟瑜伽鬘》，页61

汉地藏品中其像冠名水天（Varunadeva）[②]。

① 戈登：《藏传佛教图像志》，页90；盖蒂：《北传佛教神灵》，PL.XLVLI, a和b。
② 克拉克：《两部藏传佛教众神谱》，卷二，页89、178。

4. 俱毗罗

身色：黄色　　臂数：二臂
乘骑：人　　方位：北方

此系第四尊为北方俱毗罗（Kubera），文中对其形象描述如下：

Kauberyām nare Kuberaḥ supītoṅkuśagadādharaḥ.

——NSP, p.61

北方俱毗罗，骑人。深黄色身，双手持钩和杖。

——《究竟瑜伽鬘》，页 61

俱毗罗多见于藏地[①]。

5. 伊舍那

身色：白色　　臂数：二臂
乘骑：公牛　　方位：东北

此系第五尊是掌东北方的伊舍那（Iśāna），其形如下：

Aiśānyāṁ Vṛṣabhārūḍhaḥ Iśānaḥ triśūlakapālapāṇiḥ jaṭārdhacandradharaḥ sarpayajñopavītī nīlakaṇṭhaḥ.

——NSP, p.61

东北伊舍那，骑牛，白身，双手持三叉戟、颅钵。发髻上现新月，身着蛇圣线，其喉部蓝色。

——《究竟瑜伽鬘》，页 61

汉地藏品中未见此尊像。

① 戈登：《藏传佛教图像志》，页 90；盖蒂：《北传佛教神灵》，图版 LII, b。

6. 阿耆尼

身色：红色　　　　臂数：二臂
乘骑：山羊　　　　方位：东南

八方神中的第六尊是掌东南的阿耆尼（Agni），其形如下：

Agneyyāṁ Cchāge'gniḥ raktaḥ śruvakamaṇḍaludharaḥ.

——NSP, p.61

东南阿耆尼骑羊，身红，双手持长柄勺（Śruva）和净瓶。

——《究竟瑜伽鬘》，页61

汉地藏品中见两例该尊像，冠名火天（Agnideva）[①]，图237为其中一例[②]。

7. 离实天[③]

身色：蓝色　　　　臂数：二臂
乘骑：死尸　　　　方位：西南

该系第七尊为掌西南的离实天（Nairṛti）。文本对其形象描述如下：

Nairṛtyāṁ Rākṣasadhipo Nairṛtih nīlah śave khaḍgakheṭakabhṛt.

——NSP, p.61

掌西南的离实天，身蓝，骑尸。双手持剑、盾。

——《究竟瑜伽鬘》，页61

汉地藏品中不见此尊。

---

① 详见《梵华楼藏宝——佛像上卷》，北京：故宫出版社，2013年，页226。译者注。
② 克拉克：《两部藏传佛教众神谱》，卷二，页65、87。
③ 此尊像亦见于梵华楼，"Nairṛtī"之像藏于梵华楼三室西壁佛格（无上阴体根本品，母续部）中供奉，其佛像底座下沿现其名号为"离实天"。参见《梵华楼藏宝》，北京：故宫出版社，2013年，页250。译者注。

8. 风　天

身色：蓝色	臂数：二臂
乘骑：鹿	方位：西北

八方中的末尊是掌西北的风天（Vāyu）。对其形象有如下描述：

Vāyavyāṁ mṛge Vāyurnīlo vātapuṭadharaḥ.

——NSP, p.61

西北风天，骑鹿，蓝身，双手持风袋（Vātapuṭa）。

——《究竟瑜伽鬘》，页61

汉地造像藏品中该尊冠名“风天”（Vayudeva）[①]，如图238所示。

图237　火天（北京）

图238　风天（北京）

① 克拉克：《两部藏传佛教众神谱》，卷二，页181。

六、印度教十大主尊

大梵天的尊神配置共十尊，诸尊在印度颇为流行，汉地藏品中亦见。他们在佛教体系中的形象与其在《往事书》(*Purāṇas*)和印度教怛特罗文献中所见几乎一致。下面依《究竟瑜伽鬘》的法界语自在曼荼罗中的次序介绍大梵天配置中的诸尊典型形象。

1. 大梵天

身色：黄色　　　　臂数：四臂
乘骑：鹅

该系首尊大梵天（Brahmā）形象如下：

Haṁse Brahmā pītaścaturbhujaḥ akṣasūtrābjabhṛt-savyetarābhyāṁ kṛtāñjalir-daṇḍa-kamaṇḍaludharaḥ.

——NSP, p.61

黄身四臂大梵天，骑鹅。二主手持念珠、莲花，结合掌印；二次手持杖、净瓶。

——《究竟瑜伽鬘》，页61

汉地藏品中有三件大梵天像[①]。图239为其中之一。

2. 遍入天

臂数：四臂　　　　乘骑：迦楼罗

该系第二尊是遍入天（Viṣṇu）。其形象如下：

Garuḍe Viṣṇus-caturbhujaḥ cakrasaṅkhabhṛtsavyavāmābhyāṁ mūrdhni kṛtāñjalir-gadāśārṅgadharaḥ.

——NSP, p.61

① 克拉克：《两部藏传佛教众神谱》，卷二，页100、156、179。

四臂遍入天，骑迦楼罗。二主手持轮、螺，并举头顶结和掌印（Añjali）。二次手持杖、弓。

——《究竟瑜伽鬘》，页61

汉地藏品中有两件遍入天像[①]。

3. 摩醯首罗天

身色：白色　　　　臂数：四臂

乘骑：牛

该系第三尊是摩醯首罗天（Maheśvara）。其形象如下：

Vṛṣabhe Maheśvaraḥ sitaḥ śaśikanakāṅkitajaṭāmukuṭaś-catur-bhujaḥ śirasi kṛtāñjalis-triśūlakapālabhṛt.

——NSP, p.62

摩醯首罗天，骑牛，白身，髻冠严饰明月。四臂，二主手于头顶结合掌印，二次手持三叉戟、颅钵。

——《究竟瑜伽鬘》，页62

汉地藏品中有一件摩醯首罗天像，见图240。

图239　大梵天（北京）

图240　摩醯首罗天（北京）

① 克拉克：《两部藏传佛教众神谱》，卷二，页98、156。

4. 六面天

身色：红色　　臂数：六臂
识具：母鸡　　乘骑：孔雀

此系第四尊是六面天（Kārttikeya），其形象如下描述：

Mayūre Kārttikeyo raktaḥ ṣaṇmukhaḥ sāvyābhyāṁ śaktiṁ vajraṁ ca vāmābhyāṁ kukkuṭaṁ ca dadhāno dvābhyāṁ kṛtāñjaliḥ.

——NSP, p.62

六面天，乘孔雀，红身，六面。右二手持矛、金刚杵，左二手持母鸡，余二手结合掌印。

——《究竟瑜伽鬘》，页62

汉地藏品中有一例六面天像[1]。

5. 猪面母

身色：蓝　　臂数：四臂
识具：鱼　　乘骑：猫头鹰

该系第五尊是女尊猪面母（Vārāhī）。其形如下描述：

Vārāhī kṛṣṇā pecakārūḍhā caturbhujā savyavāmābhyāṁ rohita matsyakapāladharā dvābhyāṁ kṛtāñjaliḥ.

——NSP, p.62

猪面女，蓝身。骑猫头鹰，四臂。二手右持鲮鱼（Rohita）和左持颅钵。另二手结合掌印。

——《究竟瑜伽鬘》，页62

汉地藏品中见两件此尊造像。

① 克拉克：《两部藏传佛教众神谱》，卷二，页157。

6. 匝门支天母[①]

身色：红色　　　　　　　　臂数：四臂
乘骑：尸体

此系第六尊是匝门支天母（Cāmuṇḍā），亦为女尊。对其形象有如下描述：

Pretopari Cāmuṇḍā raktā caturbhujā kartrikapālabhṛtsavyetara kṛtāñjali.

——NSP, p.62

匝门支天母，骑尸，身红，四臂。二主手右钺刀、左颅钵。次二手结合掌印。

——《究竟瑜伽鬘》，页62

汉地藏品中有一件此尊造像[②]。

7. 毕穆格天[③]

身色：蓝色　　　　　　　　臂数：四臂

该系第七尊是毕穆格天（Bhṛṅgī），法界语自在曼荼罗对其形象有如下描述：

Bhṛṅgī kṛṣṇāḥ kṛṣṇākṣasūtrakamaṇḍaludharaḥ kṛtāñjaliḥ.

——NSP, p.62

毕穆格哩底天，身蓝，第一对手持蓝色念珠、净瓶；第二对手结合掌印。

——《究竟瑜伽鬘》，页62

汉地藏品中未见此尊像。

---

① 此尊参见《梵华楼宝藏》，北京：故宫出版社，2013年，页431。
② 克拉克：《两部藏传佛教众神谱》，卷二，页176。
③ 梵华楼三室东壁佛格供奉一尊名为“毕穆格哩底天”（Bhṛṅgīiriti），当与此尊关系密切。故译法参照于此。见《梵华楼藏宝》，北京：故宫出版社，2013年，页259。译者注。

8. 毗那夜迦

身色：白色　　臂数：四臂

识具：象面　　乘骑：鼠

毗那夜迦（Gaṇapati）是佛教神系中流行尊神，《究竟瑜伽鬘》多次述及，前文已介绍《成就法鬘》中的一篇该尊成就法。法界语自在曼荼罗对其形象描述如下：

Mūṣake Gaṇapatiḥ sitaḥ karivaktraḥ sarpayajñopavītī caturbhujaḥ savyābhyāṁ triśūlalaḍḍukau vāmābhyāṁ paraśumūlake dadhānaḥ.

——NSP, p.62

毗那夜迦，骑鼠，身白。具象面，以蛇为圣线。四臂，右二手持三叉戟和捞都迦（Laḍḍuka）[①]，左二手持斧和穆拉迦（Mūlaka）[②]。

——《究竟瑜伽鬘》，页62

该尊在伏魔金刚手曼荼罗（Bhūtaḍāmara）中现四臂，右二手持穆拉迦和斧，左二手持三叉戟和颅钵[③]。汉地藏品中有一件该尊造像，如图241所示。

图241　毗那夜迦（北京）

① 据《梵和大词典》，Laḍḍuka译为团、喜团、饭丸子。其所指为一类混合酥油、糖、香料等的圆团形面点，藏传佛教中，常作为尊神施食之物。译者注。

② Mūlaka名词，本意为根，亦指以根茎为食的萝卜。译者注。

③《究竟瑜伽鬘》，页72。

9. 大黑天

身色：蓝色　　　　　　臂数：二臂
识具：三叉戟

纳入佛教的印度教尊之系列的第九尊是大黑天。在《成就法鬘》和《究竟瑜伽鬘》中十分常见。其形如下描述：

Mahākālaḥ kṛṣṇas-triśūla-kapālabhṛt.

——NSP, p.62

大黑天，蓝身，双手持三叉戟和颅钵。

——《究竟瑜伽鬘》，页 62

汉地藏品中有一件大黑天像[①]。《究竟瑜伽鬘》对其形象的描述更详尽。该尊不同身形在前章已作介绍。

10. 欢喜主

身色：蓝色　　　　　　臂数：二臂
识具：鼓　　　　　　　乘骑：手鼓

此印度教尊系统之末尊是欢喜主（Nandikeśvara）。法界语自在曼荼罗对其形象描述如下：

Nandikeśvaraḥ kṛṣṇaḥ Murajārūdho Murajavādanaparaḥ.

——NSP, p.62

欢喜主，身蓝，坐鼓上，双手打鼓。

——《究竟瑜伽鬘》，页 62

汉地藏品中见两例此尊造像，皆冠名欢喜天（Nandisvara），二名无异[②]。

① 克拉克：《两部藏传佛教众神谱》，卷二，页 101。
② 克拉克：《两部藏传佛教众神谱》，卷二，页 104、153。

七、九 曜

古印度先民认为诸星曜之力有善恶之别，这种观念流传至今，印度教、佛教、耆那教皆持信之，并将其神格化现以身形、武器及身色。比对三个宗教系统中的星曜形象是一项独立且重要的研究，但笔者意不在此，此处非全面探析诸星图像志，而仅提供简要说明。诸星在佛教中被神格化现，下面以诸星在《究竟瑜伽鬘》的法界语自在曼荼罗中的次序，描述诸尊形象。

1. 日 曜

身色：红色　　臂数：二臂
识具：日轮　　乘骑：七马战车

日曜（Āditya）为九曜之首，《究竟瑜伽鬘》对其描述如下：

Saptaturagarathe Ādityo rakto dakṣiṇahastena vāmena ca padmatha sūryamaṇḍaladharaḥ.

——NSP, p.62

日曜，骑七马战车，红身，左右二手持载日轮的莲花。

——《究竟瑜伽鬘》，页62

汉地藏品中有一件该尊造像，冠名日天（Surya）[①]。

2. 月 曜

身色：白色　　臂数：二臂
识具：月轮　　乘骑：鹅

该系第二尊为月曜（Candra）或称月神，文本对其有如下描述：

① 克拉克：《两部藏传佛教众神谱》，卷二，页178。

Haṁse Candraḥ śubhraḥ savyahastena vāmena ca kumudastha candra-maṇḍalabhṛt.

——NSP, p.62

月曜，骑鹅，白身，左右二手持载月的莲花。

——《究竟瑜伽鬘》，页 62

汉地藏品中，此尊名为月天（Candradeva），十分流行。

3. 火　曜

身色：红色　　臂数：二臂

识具：人头　　乘骑：山羊

九曜的第三曜是火曜（Maṅgala），战神之曜，其形象如下描述：

Chhāgala Maṅgalo raktaḥ savyena kaṭṭāraṁ vāmena Mānuṣa muṇḍam bhakṣaṇābhināyena dadhānaḥ.

——NSP, p.62

火曜，骑羊，红身。右手持切刀（kaṭṭāra），左手持人头并作吞噬态。

——《究竟瑜伽鬘》，页 62

汉地藏品中未见其像。

4. 水　曜

身色：黄色　　臂数：二臂

识具：弓、箭

九曜中的第四尊为水曜（Budha），其形象如下：

Padme Budhaḥ pitaḥ śaradhanurḍharaḥ.

——NSP, p.62

黄色水曜坐莲花上，双手持弓、箭。

——《究竟瑜伽鬘》，页62

水曜在汉地藏品中仅出现了一次①。

5. 木　曜

身色：白色　　臂数：二臂
识具：念珠、水瓶　　乘骑：蛙或骷髅

九曜中的第五尊是木曜（Bṛhaspati）。文本对其形象描述如下：

Bheke Kapāla vā Bṛhaspatir-gauro'kṣasūtrakamaṇḍaludharaḥ.

——NSP, p.62

白身木曜坐蛙或骷髅上，双手持念珠和水瓶。

——《究竟瑜伽鬘》，页62

汉地藏品中未见木曜像。

6. 金　曜

身色：白色　　臂数：二臂
识具：念珠和水瓶

九曜中的第六尊是金曜（Śukra），文中对其形象描述如下：

Śukraḥ suklaḥ kamalastho'kṣasūtra-kamaṇḍalubhṛt.

——NSP, p.62

金星，白身，坐莲花，双手持念珠和水瓶。

——《究竟瑜伽鬘》，页62

① 克拉克：《两部藏传佛教众神谱》，卷二，页83。

汉地藏品中未见金曜像。

7. 土　曜

身色：蓝色　　　　臂数：二臂
识具：杖　　　　乘骑：龟

九曜中的第七尊是土曜（Śani/Śanaiścara/saturn），其形象描述如下：

Kacchape Śanaiscaraḥ kṛṣṇo daṇḍadharaḥ.

——NSP, p.63

土曜，骑龟，身蓝，持杖。

——《究竟瑜伽鬘》，页 63

汉地藏品中未见土星像，将移动最慢的乌龟与运行最缓之星曜结合，此配置十分有趣。

8. 罗　睺

身色：红蓝　　　　臂数：二臂
识具：日、月

九曜中的第八尊是毁灭之神罗睺（Rāhū），其形象如下描述：

Rāhū raktakṛṣṇaḥ sūryacandrabhṛt-savyetarākaraḥ.

——NSP, p.63

罗睺，身色红蓝，双手持日、月。

——《究竟瑜伽鬘》，页 63

罗睺在汉地藏品中仅一例，冠名罗睺星天（Rahudeva），如图 242 所示[①]。

① 克拉克：《两部藏传佛教众神谱》，卷二，页 89。

9. 计　都

身色：蓝色　　　　臂数：二臂
识具：剑、蛇羂索

该系末尊是计都（Ketu）。法界语自在曼荼罗对其描述如下：

Ketuḥ kṛṣṇaḥ khaḍga-nāgapāśadharaḥ.

——NSP, p.63

计都，身蓝，双手持剑和蛇索。

——《究竟瑜伽鬘》，页63

该尊在汉地藏品中冠名计都星天（Ketugrahadeva），如图243所示。

图242　罗睺（北京）

图243　计都（北京）

八、力　贤

《究竟瑜伽鬘》的法界语自在曼荼罗中描述了四位印度教尊神组成的力贤配置，分别力贤（Balabhadra）、得胜（Jayakara）、执蜜（Madhukara）、春神（Vasanta），印度教中，诸尊皆是爱神迦摩天（Kāmadeva）的眷属。

1. 力　贤

身色：白色　　臂数：四臂
识具：犁　　乘骑：白象

该系首尊为力贤（Balabhadra），被视为黑天（Kṛṣṇa）的兄弟力乐（Balarāma）。二位印度教的田园尊广泛出现在农事和畜事之中。对力贤有如下描述：

Kuñjare Balabhadraḥ sitaḥ khaḍga-lāṅgaladharaḥ.

——NSP, p.63

力贤，骑白象，持剑和犁。

——《究竟瑜伽鬘》，页 63

汉地未见其像。

2. 得　胜

身色：（白）　　臂数：四臂
识具：花鬘　　乘骑：杜鹃车

该系第二尊是得胜（Jayakara），形象如下描述：

Kokilarathe Jayakaraś-caturbhujaḥ(sitaḥ) savyābhyāṁ puspamālāṁ bāṇam ca vāmābhyāṁ caṣaka-dhanuṣi dadhānaḥ.

——NSP, p.63

得胜乘杜鹃车;(身白)四臂。右二手持花鬘、箭,左二手持酒杯、弓。

——《究竟瑜伽鬘》,页63

汉地藏品中未见其像。

3. 执 蜜

身色:白色　　臂数:四臂

识具:摩羯幢　　乘骑:鹦鹉车

该印度教尊系中的第三尊是执蜜(Madhukara),形象如下描述:

Śukasyandane Madhukaro gauraś-caturbhujaḥ savyābhyāṁ makaradhvajaśare vāmābhyāṁ caṣakacāpau vibhṛti.

——NSP, p.63

执蜜乘鹦鹉车,白身。四臂,右二手持摩羯幢、箭。左二手持酒杯和弓。

——《究竟瑜伽鬘》,页63

4. 春 神

身色:白色　　臂数:四臂

识具:酒杯　　乘骑:猴

此尊格配置的末尊为春神。法界语自在曼荼罗对其形象描述如下:

Plavaṅge Vasantaḥ sitaś-caturbhujaḥ savyābhyāṁ bāna-kṛpāṇabhṛt-vāmābhyāṁ dhanuś-caṣakadharaḥ.

——NSP, p.63

春神,骑猴,身白。四臂,右二手持箭和剑。左二手持弓和酒杯。

——《究竟瑜伽鬘》,页63

汉地藏品中未见以上四尊像。

九、药叉主、紧那罗主、乾达婆主、持明主

法界语自在曼荼罗还简要描述了八药叉主,诸尊仅见于此,不逐一述其尊形。药叉是一类半神,掌财,受敬抚便可授人无量财富。俱毗罗(Kubera)是最胜夜叉,印度教称其住北方药叉部。毗邻喜马拉雅的冈仁波齐山(Kailāsa)的阿拉卡普瑞(Alakāpuri)是俱毗罗的都城。

1. 药叉主

八药叉主(Yakṣa)名号如下:

1. 满贤(Pūrṇabhadra)
2. 宝贤(Mānibhadra)
3. 施财(Dhanada)
4. 多闻子(Vaiśravaṇa)
5. 毗湿昆达梨(Civikuṇḍalī)
6. 嬉鬘(Kelimālī)
7. 苏根陀罗(Sukhendra)
8. 伽林陀罗(Calendra)

曼荼罗中对诸尊的描述仅简单一句:

Pūrṇabhadrādayo Yakṣādhipāḥ bījapūraphala-nakulabhṛt-savyetarakarāḥ.

——NSP, p.63

以满贤夜叉为首的众药叉主,左右手皆持香橼和鼬鼠。

——《究竟瑜伽鬘》,页 63

诸尊身色各异,满贤蓝身,宝贤黄身,施财红身,多闻子黄身,毗湿昆达梨红身,嬉鬘绿身,苏根陀罗黄身,伽林陀罗黄身。香橼、鼬鼠是佛教财神旃巴拉的象征物,可见其亦是药叉。除旃巴拉外,诸药叉主鲜有表现。汉地藏品中有两件,一件为夜叉天(Yakṣadeva),一件为满贤夜叉[①],二者都是此系尊格。另有一组造像,诸尊名“药叉大将”(Mahāyaksa-senādhipatis),持香橼和鼬鼠。

此外,和药叉关系密切的紧那罗(Kinnaras)、乾达婆(Gandharvas)、持明(Vidyādharas)亦是半神,敬抚之便可授人利好。《究竟瑜伽鬘》的法界语自在曼荼罗中提供了关于诸尊的信息,下面以此曼荼罗中的次序描述诸尊身相。

---

① 克拉克:《两部藏传佛教众神谱》,卷二,页 102、313。

2. 紧那罗主

此处未述紧那罗主（Kinnararāja）[①]之名，但形象有如下描述：

Kinnararājendro raktagauro vīṇāvādanaparaḥ.

——NSP, p.63

紧那罗主，身色红白，双手弹琵琶。

——《究竟瑜伽鬘》，页 63

3. 乾达婆主

乾达婆主（Gandharvarāja）[②]名为五髻者（Pañcaśikha），形象描述如下：

Pañcaśikha Gandharvarājendraḥ pīto vīṇām vādayati.

——NSP, p.63

五髻者，乾达婆之主，身黄，弹琵琶。

——《究竟瑜伽鬘》，页 63

4. 持明主

持明主（Vidyādhararāja）[③]名为一切成就（Sarvārthasiddha），尊形如下：

① 紧那罗（藏：mi'm ci，梵：kinnara），中译为人非人，梵音译作紧那罗，传说天龙八部化作人形在佛前听发，似人而非人，故得此名。译者注。

② 乾达婆（藏：dri za，梵：Gandharua），梵文音译为乾达婆，汉译为寻香，欲界中有或中阴身，各依因缘善恶，吸食种种香臭气味，故名"寻香"。译者注。

③ 持明主一切成就（藏：thams cad grub ba）被视为经堂之神。译者注。

Sarvārthasiddho Vidyādhararājendro gauraḥ kusumamālāhastaḥ.

——NSP, p.63

一切成就,持明主,身白,双手持花鬘。

——《究竟瑜伽鬘》,页63

十、二十八星宿

黄道可分二十七或二十八星(Naksattra)[1],即“星宿”,其对人和人事的影响巨大,会带来深远的正面或负面作用,蕴含极强能量。故佛教诸星宿也被神格化现以身色、容貌、手臂。《究竟瑜伽鬘》中的法界语自在曼荼罗完整描绘了二十八星宿之尊形。该曼荼罗中,诸星皆一面二臂,双手皆当胸结合掌印,但身色各异。诸星宿有相同的身形特征,如下:

Aśvinyādayo devyaśca ratnakañcukīparīdhānāḥ kṛtāñjalayaḥ.

——NSP, p.65

以娄宿为始的诸星宿,皆着宝衣,结合掌印。

——《究竟瑜伽鬘》,页65

诸星宿身色各异,下以法界语自在曼荼罗中的二十八星宿之次序逐一明示诸尊身色:

尊号(汉/梵)		身色	尊号(汉/梵)		身色
1. 娄宿	Aśvinī	白	9. 柳宿	Āśleṣā	白
2. 胃宿	Bharaṇī	绿	10. 星宿	Maghā	黄
3. 昴宿	Kṛttikā	绿	11. 张宿	Pūrvāphālgunī	绿
4. 毕宿	Rohiṇī	红白	12. 翼宿	Uttarāphālgunī	绿
5. 觜宿	Mṛgaśirā	蓝	13. 轸宿	Hastā	白
6. 参宿	Ārdrā	黄	14. 角宿	Citrā	绿
7. 井宿	Punarvasu	黄	15. 亢宿	Svātī	黄
8. 鬼宿	Puṣyā	绿	16. 氐宿	Viśākhā	蓝

① 二十八星宿中,牛宿和女宿可合为一宿,故成二十七宿。译者注。

续 表

尊号(汉/梵)		身色	尊号(汉/梵)		身色
17. 房宿	Anurādhā	绿	23. 虚宿	Dhaniṣṭhā	蓝
18. 心宿	Jyeṣṭhā	黄	24. 危宿	Śatabhiṣā	黄
19. 尾宿	Mūlā	黄	25. 室宿	Pūrvabhādrapadā	绿
20. 箕宿	Pūrvāṣāḍhā	蓝	26. 壁宿	Uttarābhādrapadā	黄
21. 斗宿	Uttarāṣāḍhā	白	27. 奎宿	Revatī	白
22. 女宿	Śravaṇā	白	28. 牛宿	Abhijit	绿

十一、时间尊

1. 月　份

时轮金刚曼荼罗描述了另一组有趣的印度教尊神，即印度时历中的十二个月份的主神。因鲜有显现，故此处从略。十二个月份对应十二尊，下以时轮金刚曼荼罗中的次序列出诸尊名号：

月份(汉/梵)		尊神(汉/梵)	
角月	Caitra	罗刹天	Nairṛti
氐月	Vaiśākha	风天	Vāyu
翼月	Phālguna	阎摩	Yama
心月	Jyaiṣṭha	阿耆尼	Agni
箕月	Āṣādha	六面天	Ṣaṇmukha
鬼月	Pausa	俱毗罗	Kubera
娄月	Āsvina	帝释天	Śakra
昴月	Kārttīka	大梵天	Brahmā
觜月	Mārgaśirṣa	鲁达罗	Rudra
女月	Śrāvaṇa	海天	Samudra
室月	Bhādrapada	毗那夜迦	Gaṇeśa
星月	Māgha	遍入天	Viṣṇu

此十二尊在前文大都述及。但时轮金刚曼荼罗中的形象有所不同,诸尊皆具明妃,多现四臂形,乘骑各异。

2. 吉　日

日月之间的吉日(Tithis)也被神化,若缺失一定图像信息,便无法准确识别。北京的汉地藏品中有一些吉日尊,如图244、图245所示的纳瓦母(Navamī)和达沙母(Daśamī)。

图244　纳瓦母(北京)

图245　达沙母(北京)

3. 十二黄道宫

此外另有黄道十二宫。印度教占星典籍称为白羊宫(Meṣa)、金牛宫(Vṛṣabha)、双子宫(Mithuna)、巨蟹宫(Kara)、狮子宫(Simha)、室女宫(Kanyā)、天秤宫(Tulā)、天蝎宫(Vṛścika)、人马宫(Dhanu)、摩羯宫(Makara)、宝瓶宫(Kumbha)、双鱼宫(Mīna)。

佛教怛特罗的梵文文献中未见有关黄道尊的禅定或描述其身形。印度传统中的"星聚"(Raśis)蕴含着殊胜伟力,故被神化并现身色、身形、武器等。为使其纳入佛教神系,诸尊皆被置于五方佛种姓体系中。只有公布更多此主题的文献,才能找到相关的描述文本。现在很庆幸的是,在中国发现了黄道宫尊神的精美塑像,克拉克教授将其收录在《两部藏传佛教众神谱》的第二卷中①。图246、247、248分别为天秤宫、宝瓶宫和双鱼宫。

① 克拉克:《两部藏传佛教众神谱》,卷二,kanya devi见页102;tula devi见页101;kumbha deva见页87;makara deva见页86。

图246　天秤宫（北京）

图247　宝瓶宫（北京）

图248　双鱼宫（北京）

4. 季　节

四季亦被神化，见身形、身色与武器，并附属至五方佛种姓之下。佛教怛特罗经典中不见关于季节尊神的描述，但藏地和汉地皆有相关绘像与造像。

第十四章　结　语

以上是基于怛特罗佛教的梵文文献而重建的佛教男女尊的图像志。本研究仅限于诸尊图像志，不包括佛教石刻与绘画中的其他流行题材，如佛传、本生、譬喻等广见于巴尔胡特、桑奇、阿玛拉瓦蒂、犍陀罗甚至是阿旃陀石窟寺中的题材。本书未及上述内容，也未检索梵文原典辨识以故事形式出现的石刻尊像。对需处理大量奇特面相、繁多武器、身态复杂的男女尊像的博物馆学者来说，本书确是部实用指南，指导如何利用梵文原典（书中引用随处可见）研究尊像，并正确辨识。图像仅是一种象征，图像学者的工作是探索图像如何创作、由谁创作，以及背后必要的哲学与文化渊源。本书对这些问题都有相应处理，并提供充分信息使我们能从不同视角理解一件佛教造像。本书范围有限，实非探索佛教石刻之谜题、疑点，而本书也在有限范围内为图像学者提供最具实用价值的信息，所收录的大量珍贵图片，如精美雕塑、铜像、尼泊尔线图原作等，足使本书价值陡增。

佛教神系的形成不早于公元300年左右，即著名怛特罗经典《秘密集会怛特罗》的成书期。其始现于色、受、想、行、识之五蕴化现的五禅那佛理论，并受五佛及其明妃的种姓论之激发而深化发展。五佛渐成种姓部尊，诸种姓尊数激增，卓越的艺术家们便依其超凡的宗教灵感，走上创造精美尊像的道路。佛教神系的吸引力渐盛，印度教、耆那教等宗教皆开始建立尊格系统，吸纳佛教尊神。与此同时，汉、藏、日本等佛教国家地区，亦深受佛教诸尊及颇具魅力的尊像影响，依托本民族的文化天赋构建己之神系。佛教信仰虽早已在印度绝迹，但创于源生地印度的佛教神系却已成为世界性的财富。

《秘密集会怛特罗》之教法以上师秘授弟子的方式隐匿传承300余年，公开流行后，神格化进程急速发展，不断新增尊神。每个形象都吸纳了文化的潮流与交流，作为鲜活的机体随时间与空间而不断更新。尊形在今天已颇为复杂，其分支也已错综宏大，成为高度专门的研究主题，要求研究者把握佛教男女尊像。此项研究极吸引人，随时间流转，研究兴趣会随原典写本的公布而愈发浓厚，如《金刚鬘》《所作集》；怛特罗经典如《时轮金刚续》《嘿噜迦续》《喜金刚续》《金刚瑜伽母续》《金刚亥母续》等，数量众多，篇幅浩瀚，期盼这些价值连城的原始写本能在印度得到保护，由专业图书馆收藏，并向世界人口三分之一的佛教信众公布。但目前来说，对解决佛教尊像谜题有重要价值的经典仅《成就法鬘》和《究竟瑜伽鬘》两部，皆在《盖克瓦德的东方系列》中首次出版。最早的写本《成就法鬘》中所见的纽瓦尔纪年相当于1165年，故该书或成于此时；《究竟瑜伽鬘》则是由著名的佛教祖师大班智达无畏生护所作，他与活跃在1084—1130年的波罗王朝国王罗摩波罗（Rāmapāla）同时。两部经典皆成于佛教被伊斯兰铁骑征服之前的灵修最盛的历史阶段，故二书忠实记录了12世纪佛教在精神探索上的最高成就。

《成就法鬘》中的成就法由中世纪的怛特罗祖师创作，其中的禅定记录了不同尊神的本质特征，为画师塑匠塑造尊像提供基本方向，也给塑匠留出足够空间发挥想象，故作品深受其所处时代的精神文化和所在地区的地理环境之影响。尊像的饰物、衣着以至表情都在极大程度上反映了当地传统，尊像所在的特定怛特罗仪式，也受到了调整影响。

本书多次强调，辨识尊像的关键依据是诸尊头冠上的禅那佛像。若未现法祖禅那佛时，则需另寻识具。即便具备禅那佛像，尊像辨识也并非易事。如，尊像背光中出现五佛，则头右侧之佛为法祖，加尔各答印度博物馆藏的除恶救难度母立像和毗诃罗普尔（Vikrampur）的叶衣佛母像皆是如此。二尊是不空成就佛的化身，佛像正见于尊像头右。成就法中并未见诸余四佛，且无益于辨识图像，故诸佛的出现只能解释为，所有礼拜中五方佛为最胜上首。但有时五禅那佛的出现仅出于艺术性考量，如达卡博物馆藏五字文殊。爪哇的五字文殊像环布四尊胁侍，身相之一致，但达卡博物馆的五字文殊另增四禅那佛，头光中心，即主尊头顶见一眷属。故在此处的诸禅那佛，与成就法规定无关，而仅作装饰。

最棘手的情况是，成就法规定的尊像头冠上的禅那佛由其他佛替代。如成就法描述秽积旃巴拉头冠应现阿閦佛或宝生佛，但萨尔纳特的尊像头冠上却现阿弥陀佛；成就法规定摩利支天头冠应现大日如来，而勒克瑙的尊像中却现阿弥陀佛；印度博物馆藏顶髻尊胜佛母像中的法祖佛为阿閦佛，但应是大日如来才对。

以我们当下的知识很难解释这些矛盾的起因，最合理的说法似乎是我们仍未能整体掌握原始文本。需知金刚乘并非仅有《成就法鬘》和《究竟瑜伽鬘》两部经典，当更多材料被公布时，或会出现一些新的成就法。然而，我们很难遇到一篇新的摩利支天或尊胜佛母成就法（将之归于阿閦佛或阿弥陀佛种姓），《成就法鬘》本身已有众多成就法，但没有任何一篇将之归于非大日如来的其他禅那佛，故发现将之归于其他禅那佛的新成就法的可能性很小。

另有观点认为，不同崇拜源自对本初佛的认定差异①。尼泊尔佛教徒至今仍分有多种流派，或尊阿弥陀佛为本初佛，或尊大日如来、阿閦佛为本初佛。尽管成就法已规定摩利支天、顶髻尊胜佛母的形象具有大日如来像，但尊阿弥陀佛为本初佛的信徒仍将其置于此佛名下。与之类似，前述萨尔纳特的秽积旃巴拉像亦被归于阿弥陀佛之化身，头冠上即见此佛，兹不赘例。在当前的知识水平下，这是能给出的唯一的合理解释。

辨识佛教图像时，图像志学人应分清主次，避免混淆主像与侍尊。一件成熟的佛教图像，会在首要之处表现主尊，头冠现法祖，光轮现禅那佛，还会表现眷属；礼拜者；神人（mythic figures）；三、七、十六宝等佛教圣物。金刚萨埵的形象或是艺术家偏爱的装饰母题，见于很多佛教图像，或与被视为佛教和佛教礼拜的大怙主（general guardian）有关。图像辨识中，主尊、冠顶法祖像、眷属尊是必不可少的要素。达卡博物馆藏的五字文殊像中，除四眷属外，另有大日如来、

① 本初佛的理论大约在公元10世纪初始创于那烂陀寺，最早由时轮乘（Kālācakrayāna）吸收，后来进入金刚乘（Vajrayāna）。详见乔玛：《本初佛理论的源起》（Csoma de Koros: *The Origin of the Theroy of Adi-Buddha*），《孟加拉亚洲学会会刊》（JASB），1833年，页57f。亦见巴达恰利亚：《佛教图像志》（Bhattacharya: *Buddhist Iconography*），《比哈尔与奥利萨研究学会会刊》（*Journal of the Bihar and Orissa Research Society*——JBORS），1923年。

阿閦佛、阿弥陀佛和宝生佛等四尊禅那佛，二神人托莲座，座最左侧有二礼拜人，诸像无益于辨识，缺失亦无伤大雅。但若混淆礼拜人与眷属尊，定使辨识偏误。例如成就法明确规定金刚座佛（Vajrāsana）的胁侍是弥勒、观音，但若将之定为礼拜者，整个图像辨识便出现巨大偏差。

尊神的真言圣字被神格化现于图像中时，亦会造成辨识困难。如由十女尊环绕的金刚度母，诸胁侍女生于真言Om Tāre Tuttāre Ture Svāhā的十音。如前文所及的五字文殊（Arapacana），其尊名中的五个音节化现出月光菩萨、日光菩萨、髻阇尼、尤婆髻阇尼（Upakeṣinī）和主尊文殊。达卡博物馆藏的除恶救难度母像（图249）是神格化现度母真言的重要实例，依成就法之规定，主尊左手持青莲，右手结与愿印，喜无忧树摩利支天和独髻母胁侍左右，但身光中却有与主尊形象一致的八女尊。这无疑是度母真言Om Tāre Tuttāre Ture的八音节化现，另两尊顶髻尊胜和颂婆，被略去。

图249 除恶救难度母（达卡博物馆）

一些佛教尊像中会现毗那夜迦，印度教尊其为“成就王”（Siddhidātā），即怛特罗仪式中可授圆满或胜利之尊。佛教徒使佛教尊神脚踏毗那夜迦，以展现对婆罗门教徒的抵触。印度博物馆藏的叶衣佛母像和无能胜母像，以及巴罗达博物馆藏的降障碍明王像中，毗那夜迦皆被踩于脚下。毗诃罗普尔的两件叶衣佛母像和达卡帕里萨特协会（Saḥitya Parisat）的大随求佛母像中，毗那夜迦仰卧在莲座下，受佛教尊踩踏。佛教徒以此表现对印度教尊神毗那夜迦的憎恶，并别称其为“障魔”（Vighna）。对印度教尊的厌恶还表现在成就法的以下特征中。佛教徒将大梵天、遍入天、湿婆、帝释天等印度教四主神定为四魔（Māras），许多佛教尊神都被描述脚踩四尊，如无垢佛母、金刚焰日明王（Vajrajjvalānalārka）、光焰怖畏母（Vidyujjvālākarāli）等成就法。降三世明王脚踩俯卧的湿婆和高哩母；那罗延天（Nārāyana）则是诃梨诃梨诃梨乘犼观音的乘骑之一。佛教徒对大梵天的处置最为严酷，梵天头是佛教尊神常见持物。据印度教传统，大梵天现灰白胡子的老者形，四头，佛教尊神以毛发串结其头并挥舞之，以此展现佛教尊神更崇胜于婆罗门教尊。但印度教徒绝不以此法羞辱其他信仰的尊神，相反还将佛陀归入遍入天的十个化身（Avatāras）。进而，在10世纪经典《时轮金刚续》中，我们看到佛教徒希望在时轮金刚的旗帜下联合印度教徒，对抗野蛮民族（Mlecchas）的文化入侵。但后来的历史证明，这种尝试是徒劳的。

现双身或单体的尊神的身色、武器和身姿都有着深刻意义，双身像的概念比单体更加复杂。

《成就法鬘》称，单体尊神的身色会根据特定怛特罗仪式而不同。如劝解法仪（Śāntikavidhi）中为黄色身；蛊惑法仪（Vaśyavidhi）和诱幻法仪（Akarṣaṇa）中，现黄、绿或红；摧灭法仪（Ucāṭana）和屠噬法仪（Māraṇa）中，尊神常现蓝身。在此要特别指出“Kṛṣṇa”一词在《成就法鬘》中意指蓝色，而非黑色。佛教尊神少有黑色，并非佛教徒对黑色没有认知，盖因在佛教绘画中,似乎对黑色存有偏见。需知蓝身尊,必现怖畏相,龇牙伸舌,戴人头环,饰蛇,身着虎皮等。

色彩方面,常为五色,对应五种宇宙元素。据权威经典可知,水白,地黄,火红,空绿,风蓝。其中,白黄(水、地)象征温善,红、绿、蓝则象征忿怒。水、地尊皆现善相,其他三者尊神则现怖畏。蓝或是最威猛者。

尊神身姿亦有精神意涵。金刚跏趺坐象征禅观与内省,半跏趺坐象征安详,右展姿为威猛,左展姿为摧毁和恶憎,舞立姿象征怖畏和忿怒。

此处稍述双身(Yab-yum)的表现。藏语中"yab"意父尊,"yum"意母尊。故Yab-yum即父尊母尊的结合。双身像有深刻的精神意涵,象征尊神——这一空性的圆满化身,证得慈悲并达究竟涅槃。

金刚乘的空性概念取形具体的男女尊格。空性化为嘿噜迦,即男尊;化为无我母,则是女尊。金刚乘中的空性取形为具体尊像并不奇怪,其中的诸多概念,如僧、法、般若波罗蜜多、十二波罗蜜、五蕴等都被神格化现。以男或女尊之形表现空性,与金刚乘之传统完美相合。菩提心证得涅槃,便溶于空性,永住极乐。当空性现为女尊,得涅槃后的永恒极乐是比较好理解的。象征空性的嘿噜迦拥抱象征空性的无我母,成为双身像的典范,以明确的概念和绝对的精神视野指引双身尊的发展。

金刚乘佛教徒视空性为绝对真实,包括禅那佛在内的所有尊神的本质即空性。金刚乘中难以数计的尊神都是空性的化现,而非真实存在,尊像亦然。可说真正的金刚乘教徒不会敬崇尊像或尊神,画像、图像及尊神本体并非真实自足,不过是无差别空性的各种显形而已。但不能否定的是,依禅定之规所现的图像无疑有助于行者观想化现诸尊,以求与尊格同身。正因其自性虚空,尊神必是通过行者诵念种子咒(Bijiamantra)、放耀目光芒而从未知的心性虚空中勾召现前。空性依种子音而成现尊形,这仅是将自己视为空性的形变的行者的一种正向意识。

空性丰沛时,必会对男女尊神的多样性发问,对此回应需考虑诸多事情。金刚乘者将空性等同慈悲,依对空性的不同功能诉求而呈现不同身相。例如若需治病,空性便取形狮吼观音;受蛇咬,则取形消伏毒害母(Jaṅgulī);摧邪抵恶,则化身大黑天;抗疾防疫,则化现为叶衣佛母;情爱之事,便化现作明佛母;情爱事中若需强力征服,则化为金刚无形(Vajrānaṅga),当行者最终欲求佛果,行者需自认己为嘿噜迦。综上,佛教尊神的概念皆是依据所需的不同功能而从空性中的涌现,对于佛教徒来说,空性是慈悲的象征。

第二,当空性化现为九种情感(Rasas)的不同形态时,尊神数量便会激增。例如空性会化为除恶救难度母或世尊以表现慈悲;化为摩利支天以表现英勇(Vīra);化为降障碍明王、嘿噜迦或大黑天以现怖畏(Bhaya);化为无能胜母以现忿怒(Raudra);若现厌恶情(Bībhatsa),则化为金刚涂母;若现祥和(Śānta),则化为般若佛母等。

第三,佛教尊神数量会随以下对象剧增。如三宝;或波罗蜜多、地、无碍解等哲学概念;亦或《般若波罗蜜多经》、《十地经论》、陀罗尼等文献经典;又或吃、喝、睡等;或东、西、南、北等方位;或长笛、提琴、鼓等乐器;以及其他难以数计的意识物象,都会呈现具体尊形加以崇拜。通过多样方式,佛教神系渐成惊人规模。

所有尊神皆以空性为中心,而武器也以菩提心为中心展开。武器的功能各异,菩提心亦化现自身以不同武器[①]。例如,若需驱散无知黑暗,菩提心则化为宝剑斩碎愚昧迷障,此剑也用来摧灭扰乱行者的魔障。当升起邪恶之心,菩提心便化为钩子将其刺穿;当众蕴魔显现,则化现为羂索,将其束缚;菩提心会变成针、线,缝合邪恶之目;变成钺刀,剥去恶灵之皮;化为飞镖(Bhiṇḍipāla)攻击远处魔障,若距离更远,则化为弓、箭。手印同样也是菩提心的表现形式。若需保护,则现无畏印;若需恩泽,现与愿印;若开示佛法,则现转法轮印,等等。

菩提心即是已具备融己于空性之可能的心灵状态。事实上,空性仅存于心,若没有菩提心的推助,定不可证得空性或涅槃。菩提心引导灵魂进入空性;灵魂消弭本体而与空性融合。

佛教尊神被视为手执菩提心,皆以空为本性。在此菩提心的辅助下,尊神可在怛特罗仪式中授行者究竟佛果或成就。双身尊神则更殊胜,嘿噜迦为空性的化现,手执菩提心所化武器,拥自性亦为空的无我母,其所持武器亦是空性,此为无穷与无尽的交合。错综中多终成一,此即最上无尽涅槃(Anupādhiśeṣa-Nirvāna)。

Kṛto vaḥ sarvasattvārthaḥ
    Siddhir-dattā yathānugā I
Gacchadhvaṁ Buddhaviṣayaṁ
    Punarāgamanāya Muh II

敬别胜尊!利益众生,施与成就。去往佛国,乘愿再来。Muḥ!

① 比较一下因陀罗菩提的《智慧成就》(*Jñānasiddhi*)中的描述,收录在《两部金刚乘经典》(*Two Vajrayāna Works*,《盖克瓦德的东方系列》)中,见页80、81:

Bodhicittam bhaved Vajram Prajñā Ghaṇṭā vidhīyate I
Cakram-ajñānacchedat ca Ratnantu durlabhādapi II
Bhavadoṣair-aliptatvāt jñānam tat Padam-ucyate I
Khaḍgah kleśārisamcchedāt Utpalam plavanāt tataḥ II

附　录

一百零八相观音

（Machhandar vahal尼泊尔加德满都）

1. 马头观音。以金刚跏趺坐于莲花上。四臂，二主手说法印。二次手，右持念珠，左持莲。侍六尊、一龙。
2. Mojaghāñjabala观音。莲花上施正立姿，右手无畏印，左手持羂索。
3. 诃拉诃拉观音。施游戏坐于莲花上，明妃坐其腿上。三面六臂。头顶之面应是法祖佛之面，该佛像应置头冠上。右三手现剑、念珠和与愿印；左三手持莲花、羂索和青莲。绕羂索之手拥明妃。明妃右手结与愿印，左手结无畏印。
4. 诃梨诃梨诃梨骑犼自在观音。底部为蛇，蛇上是狮子，狮上是迦楼罗，骑在迦楼罗上的是遍入天，观音则身骑遍入天。迦楼罗双手结合掌印。遍入天四臂，第一双手当胸结合掌印；二次手中右持法轮、左持杖。观音施金刚跏趺坐，六臂；右侧手现念珠、法轮与愿印，左手持三杖、羂索和青莲。
5. 幻网次第观音。五面十二臂。顶面为阿弥陀佛。观音施右展姿，身着虎皮，带人头环，但面部并非畏怖相。右六手持三杖、天杖、宝、剑、金刚杵和念珠，左六手持羂索、颅钵、青莲、水果、法轮和莲花。
6. 六字观音。施金刚跏趺坐。一面四臂。二主手合于胸前结合掌印。二次手右持念珠，左持莲花。
7. 庆喜观音。施正立姿，右手持莲茎，左手结与愿印。
8. 最胜调服观音。金刚跏趺坐，双手结三昧耶印、置碗。
9. 船足观音。金刚跏趺坐，四臂。二主手于胸前结合掌印，另外二手右持念珠，左持羂索。
10. 净瓶观音。施正立之姿，六臂。二主手撑开一张弓。余下四手，右持金刚杵和法轮，左持宝铃和净瓶。
11. 最胜赐主观音。一面六臂，立于莲花上。二主手于胸前结合掌印。右二手现念珠和与愿印，左二手现经函和手印（或作印）。
12. 宝髻观音。一面四臂，其顶部之首为阿弥陀佛之首。右侧二手现念珠和与愿印，左侧二手持莲花和水瓶。其现为立相。

13. 净土观音。一面六臂，以游戏之姿坐莲花上。第一对手结转法轮印，第二对手持念珠和经函，第三对手右侧现与愿印，左侧现水瓶。
14. 净恶鬼观音。一面六臂，立莲花上。右侧三手现念珠、宝和结与愿印，左侧三手持三叉戟、经书和结与愿印。
15. 幻网次第忿怒尊观音。五面皆现畏怖忿怒之相，长舌外伸，怒目圆睁。头发向上飘舞如蹿升火焰。左展姿，着虎皮。十二臂，右六手持剑、金刚杵、钩、羂索、三叉戟、箭，左六手持盾、法轮、宝、鹿皮、颅钵、结期克印并持羂索。
16. 见善趣观音。一面六臂，站莲花上。右手三手持念珠、现与愿印和无畏印。左三手持三杖、青莲和水瓶。
17. 青颈观音。一面二臂，施金刚跏趺坐于莲花上。双手结三昧耶印，上置有宝碗。
18. 世尊圣红观音。一面二臂，以游戏坐姿坐莲花上。右手与愿印，左手持莲茎。
19. 见三界寂静观音。一面二臂，金刚跏趺坐于莲花上。右手舒掌朝内置于胸前。另一手现作印，与最胜赐主观音左手所现姿态一致。
20. 狮主观音。一面四臂，施贤者坐于莲花上。右二手持剑和宝，左二手持经书和羂索。
21. 卡萨帕纳观音。一面二臂，施游戏坐于莲花上。右手与愿印，左手升起于胸前并持莲茎。
22. 宝莲观音。一面四臂，施金刚跏趺坐于莲花上。二主手当胸结合掌印，另二手，右持念珠，左持莲花。其形与上述的第六尊观音一致。
23. 金刚法观音。一面二臂，施金刚跏趺坐于莲花上。右手结无畏印，左手于腿上持青莲茎。
24. 布帕罗观音。一面四臂，施金刚跏趺坐于莲花上。右二手一持念珠，另一结无畏印。左二手，一持经函，另一结食指和小指皆外伸之作印。
25. 优罗那底观音。一面六臂，施贤者坐于升起的莲座上。右三手现念珠、金刚杵、无畏印，左三手持颅钵、羂索和净瓶。
26. 大力遍照观音。一面六臂，施游戏坐于莲花上。右三手现青莲、箭、与愿印，左手持经函、弓并结无畏印。
27. 梵杖观音。一面四臂，施游戏坐于莲花上，明妃坐其腿上。右二手持三杖、结与愿印，左二手持宝瓶、结印（伸食指和小指）。其明妃右手结与愿印，左手结无畏印。
28. 阿旃吒观音。一面六臂，施游戏坐于莲花上。右三手持剑、箭、结与愿印，左三手持钺刀、弓、结无畏印。
29. 大金刚萨埵观音。一面八臂，施金刚跏趺坐于莲花上。右四手现剑、念珠、法轮和无畏印，左四手持羂索、三杖、海螺和宝碗（置大腿上）。
30. 一切骑犼自在观音。一面六臂，施金刚跏趺坐于莲花上。右三手持剑、箭和法轮，左三手持羂索、弓和结无畏印。
31. 释迦佛观音。一面四臂，现立姿于莲花上。右二手持箭、天杖，左二手持弓、结期克印。
32. 寂静观音。一面六臂，立莲花上。二主手当胸相合，结转法轮印。另四手右二手持念珠和结与愿印，左二手持经函和结无畏印。
33. 阎摩杖观音。一面六臂，施游戏坐于莲花上。右三手持剑、莲花和金刚杵，而左三手持果实、宝碗、结作印。

34. 金刚顶观音。一面六臂，立于莲花上。其右三手现念珠、三杖、结无畏印，左三手现般若经函、羂索、结无畏印。
35. 金刚吽敌迦观音。一面十二臂，施舞立姿于莲花上。十二手皆持青莲。
36. 智性观音。一面八臂，立莲花上。双手当胸相合，结合掌印；另一对手结撒印。余四手中，右二手持念珠和三杖，左二手持经书和羂索。
37. 庄严宝观音。一面二臂，施金刚跏趺坐于莲花上。右手持金刚杵，左手当胸持经书。
38. 除盖障观音。一面二臂，施金刚跏趺坐于莲花上。右手持莲茎，莲花上托剑，左手于胸前持金刚杵。
39. 除一切忧冥观音。一面四臂，施金刚跏趺坐于莲花上。二主手皆当胸结无畏印，另二手，右持羂索，左持青莲。
40. 辩才观音。一面四臂，施金刚跏趺坐于莲花之上。右侧手当胸持羂索，左手持宝碗。
41. 甘露光观音。一面二臂，施金刚跏趺坐于莲花之上。右手置大腿上，手持双股金刚杵，左手持净瓶。
42. 日光观音。一面二臂，施金刚跏趺坐于莲花之上。右手持莲，其上托剑，左手当胸持莲茎。
43. 月光观音。一面二臂，施金刚跏趺坐于莲花之上。右手结寻印（Vitarka），左手当胸持莲茎。
44. 观见观音。一面二臂，施金刚跏趺坐于莲花之上。右手挥剑，左手当胸持莲茎。
45. 金刚藏观音。一面二臂。右手持金刚杵，左手持莲花茎蔓。
46. 海慧观音。一面二臂，施金刚跏趺坐于莲花之上。右手持双股金刚杵，左手于胸前持莲茎。
47. 宝手观音。一面二臂，施金刚跏趺坐于莲花之上。左手持剑，右手结与愿印。
48. 虚空库观音。一面二臂，施金刚跏趺坐于莲花之上。右手结寻伺印，左手持经书。
49. 虚空藏观音。一面二臂，施金刚跏趺坐于莲花上。右手结与愿印，左手持莲茎。
50. 地藏观音。一面二臂，施金刚跏趺坐于莲花上。右手持宝盒，左手结与愿印。
51. 无尽意观音。一面二臂，金刚跏趺坐于莲花上。右手持念珠，左手于胸前持净瓶。
52. 创爱观音。一面二臂，立莲花上。右手与愿印，左手空无，置于腹部。许多四臂尊皆缘起于该尊的身体各部，其头顶现阿弥陀佛。
53. 普贤菩萨。一面二臂，施金刚跏趺坐于莲花之上。右手结与愿印，左手于胸前持莲茎。
54. 大千手观音。除右手挥剑，左手结与愿印外，其他皆与普贤菩萨一致。
55. 大宝称观音。三面六臂，立于莲花之上。右三手持水果、青莲和海螺，左三手持弓、鞭、结礼敬印。
56. 大螺主观音。三面六臂，立莲花之上。右三手现礼佛印，持两个金刚杵，左手持羂索、箭、宝铃。
57. 大千曜日观音。十一面八臂，立于莲花之上。二主手当胸结无畏印。余手中，右现念珠、法轮、与愿印，左三手持青莲、弓、箭和净瓶。该形观音在藏地颇流行。
58. 大宝族观音。三面六臂，立于莲花之上。头顶现阿弥陀佛。右三手持剑、青莲、念珠，左三手持经书、莲花和青莲。

59. 大地观音。三面六臂，立于莲花之上。右三手持金刚杵、羯磨金刚杵、青莲，左三手持宝幢、宝铃和净瓶。
60. 大妙赐菩萨。三面六臂，立莲花上。右三手持铃、宝剑、宝枝，左三手持金刚杵、宝铃和青莲。
61. 大月轮菩萨。三面六臂，立于莲花之上。右侧三手持箭、青莲和水果，左侧三手持弓、金刚杵和法轮。头顶现阿弥陀佛。
62. 大日轮菩萨。三面六臂，立于莲花之上。右侧三手现二金刚杵、法轮。左侧三手现二青莲、宝碗。
63. 大施无畏观音。三面六臂，立于莲花之上。右三手持金刚杵、宝剑、青莲，左三手持二宝铃、经书。
64. 大作无畏观音。三面六臂，立于莲花之上。两主手当胸持经函，余下右二手持金刚杵和念珠，左二手持宝铃和三杖。
65. 大妙真实观音。三面六臂，立于莲花之上。右三手持宝剑、金刚杵和水瓶，左三手持念珠、青莲和宝铃。
66. 大一切清净观音。四面八臂，立于莲花之上。右侧四手分别持宝剑、幡、金刚杵、钩，左侧四手分别持宝铃、海螺、青莲和莲花。
67. 大金刚界观音。四面八臂，立于莲花之上。右四手持金刚杵、弓、三叉戟、宝剑，左四手持宝铃、箭、水瓶、羂索。
68. 大金刚威持观音。四面八臂，立于莲花之上。右四手持剑、金刚杵、弓和钩，左四手持青莲、宝铃、箭和羂索。
69. 大金刚手观音。四面八臂，立于莲花之上。右四手持宝剑、钩、杖，左四手持以法轮、羂索、青莲、经书。
70. 大金刚怙主观音。三面八臂，立于莲花上。右四手现念珠、羂索、无畏印、与愿印。左侧四手现经书、三杖、莲花，第四手空置于腹。
71. 不空羂索观音。四面八臂，立于莲花之上。右四手持金刚杵、剑、钩、弓，左四手持铃、三杖、羂索、箭。
72. 天神观音。四面八臂，立于莲花之上。右四手持金刚杵、弓、三叉戟、剑，左四手持宝铃、箭、宝(？)和羂索。
73. 钵盂观音。一面二臂，立于莲花之上。双手托钵盂于腹部。
74. 百乘观音。一面二臂，立于莲花之上。右手与愿印，左手持钵。
75. 宝叶观音。一面二臂，立于莲花之上。右手结与愿印，左手空置，触左肩。
76. 遍手观音。一面二臂，立于莲花之上。右手持三叉戟，左手持莲花蕾。
77. 莲月观音。一面二臂，立于莲花之上，二手结寻印。
78. 摧破金刚观音。一面二臂，立于莲花之上，右手持莲花蕾，左手当胸持经书。
79. 不动幢观音。一面二臂，立于莲花之上，右手结无畏印，左手持钵。其右肩处置拂子。
80. 希利奢罗观音。一面二臂，立于莲花之上，右手挥舞宝剑，左手持羂索。

81. 法轮观音。一面二臂，立于莲花之上，右手持金刚杵，左手持斧。
82. 诃梨骑狁自在观音。一面二臂，立于莲花之上，右手持水瓶，左手持拂尘。
83. 莲生观音。一面二臂，立于莲花之上，右手持三叉戟，左手持莲花。
84. 诃梨诃罗观音。一面二臂，立于莲花之上，双手于胸前结说法印。
85. 狮吼观音。一面二臂，立于莲花之上，右手持拂子于肩前，左手空置于腹部处。
86. 一切金刚观音。一面二臂，立于莲花之上，右手结与愿印，左手持蛇。
87. 无量光观音。一面二臂，立于莲花之上，右手持拂子，左手持法轮。
88. 金刚萨埵界观音。一面二臂，立于莲花之上，右手持法轮，左手持海螺。
89. 一切具实观音。一面二臂，立于莲花之上，右手持念珠，左手持莲花。
90. 法界观音。一面二臂，立于莲花之上，双手于腹部处托持净瓶。
91. 金刚界观音。一面二臂，立于莲花之上，右手结与愿印，左手持莲花。
92. 释迦佛观音。一面二臂，立莲花上，右手持金刚杵，左手空置于腹部处。
93. 心界观音。一面二臂，立莲花上，右手持其法祖佛像（应为阿弥陀佛），左手结无畏印。
94. 如意宝观音。一面二臂，立莲花上，右手持支提，左手置腹处。
95. 寂慧观音。一面二臂，立莲花上，右手与愿印，左手持树枝。
96. 妙主观音。一面二臂，立莲花上，右手持念珠，左手当胸持经书。
97. 遍轮观音。一面二臂，立莲花上，右手持法轮，左手持杖。
98. 合掌观音。一面二臂，立莲花上，二手当胸结合掌印。
99. 遍爱观音。一面二臂，立莲花上，右手结与愿印，左手当胸持经书。
100. 金刚造观音。一面二臂，立莲花上，右手持拂子，左手持莲花。
101. 螺主观音。一面二臂，立莲花上，右手当胸持海螺，左手持莲花。
102. 明主观音。一面二臂，立莲花上，右手空置胸前，左手持莲。右肩处挂拂尘。
103. 永怙观音。一面二臂，立莲花上，右手持念珠，左手持经书。
104. 莲花手观音。一面二臂，立莲花上，右手结与愿印，左手持莲花茎蔓。
105. 金刚手观音。一面二臂，施舞立姿于莲花上，右手于头顶持金刚杵，左手空置腹处。
106. 大力成就观音。与莲花手观音的形象相同。
107. 金刚怙主观音。一面二臂，施舞立姿于莲花上，右手于头顶持金刚杵，左手持莲花。
108. 吉祥圣尊观音。一面二臂，立莲花上。右手当胸持金刚杵，左手于腹部处持莲茎。

一百零八相观音汉梵名词对照表

1. 马头观音	Hayagrīva lokiteśvara
2. Mojaghāñjabala观音	Mojaghāñjabala lokiteśvara
3. 诃拉诃拉观音	Hālāhala lokiteśvara
4. 诃梨诃梨诃梨骑犼自在观音	Harihariharivāhana lokiteśvara
5. 幻网次第观音	Māyājālakrama lokiteśvara
6. 六字观音	Ṣaḍakṣari lokiteśvara
7. 庆喜观音	Ānandādi lokiteśvara
8. 最胜调服观音	Vaśyādhikāra lokiteśvara
9. 船足观音	Potapāda lokiteśvara
10. 净瓶观音	Kamaṇḍalu lokiteśvara
11. 最胜赐主观音	Varadāyaka lokiteśvara
12. 宝髻观音	Jaṭāmukuṭa lokiteśvara
13. 净土观音	Sukhāvatī lokiteśvara
14. 净恶鬼观音	Pretasantarpaṇa lokiteśvara
15. 幻网次第忿怒尊观音	Māyājālakramakrodha lokiteśvara
16. 见善趣观音	Sugarisandarśana lokiteśvara
17. 青颈观音	Nīlakaṇṭha lokiteśvara
18. 世尊圣红观音	Lokanātha Raktāryyā valokiteśvara
19. 见三界寂静观音	Trilokasandarśana lokiteśvara
20. 狮主观音	Simhanātha lokiteśvara
21. 卡萨帕纳观音	Khasarpaṇa lokiteśvara
22. 宝莲观音	Maṇipadma lokiteśvara
23. 金刚法观音	Vajradharma lokiteśvara
24. 布帕罗观音	Pupala lokiteśvara
25. 优罗那底观音	Urnauti lokiteśvara
26. 大力遍照观音	Vṛṣṇācana lokiteśvara

续 表

27. 梵杖观音	Brahmadaṇḍa lokiteśvara
28. 阿旃吒观音	Acāta lokiteśvara
29. 大金刚萨埵观音	Mahāvajrasattva lokiteśvara
30. 一切骑犽自在观音	Viśvahana lokiteśvara
31. 释迦佛观音	Sākyabuddha lokiteśvara
32. 寂静观音	Śantāsi lokiteśvara
33. 阎摩杖观音	Yamadaṇḍa lokiteśvara
34. 金刚顶观音	Vajroṣṇīṣa lokiteśvara
35. 金刚吽敌迦观音	Vajrahuntika lokiteśvara
36. 智性观音	Jñānadhātu lokiteśvara
37. 庄严宝观音	Kāraṇḍavyūha lokiteśvara
38. 除盖障观音	Sarvanivaraṇaviṣkambhi lokiteśvara
39. 除一切忧冥观音	Sarvaśokatamonirghāta lokiteśvara
40. 辩才观音	Pratibhānakakūṭa lokiteśvara
41. 甘露光观音	Amṛtaprabha lokiteśvara
42. 日光观音	Jālinīprabha lokiteśvara
43. 月光观音	Candraprabha lokiteśvara
44. 观见观音	Avalokita lokiteśvara
45. 金刚藏观音	Vajragarbha lokiteśvara
46. 海慧观音	Sāgaramati lokiteśvara
47. 宝手观音	Ratnapāṇi lokiteśvara
48. 虚空库观音	Gaganagañja lokiteśvara
49. 虚空藏观音	Ākāśagarbha lokiteśvara
50. 地藏观音	Kṣitigarbha lokiteśvara
51. 无尽意观音	Akṣayamati lokiteśvara
52. 创爱观音	Sṛṣṭikāntā lokiteśvara
53. 普贤观音	Samantabhadra lokiteśvara

续 表

54. 大千手观音	Mahāsahasrabhuja lokiteśvara
55. 大宝称观音	Mahāratnakīrti lokiteśvara
56. 大螺主观音	Mahāśaṅkhānatha lokiteśvara
57. 大千曜日观音	Mahāsahasrasūryya lokiteśvara
58. 大宝族观音	Māhāratnakula lokiteśvara
59. 大地观音	Mahāpātāla lokiteśvara
60. 大妙赐观音	Mahāmañjudatta lokiteśvara
61. 大月轮观音	Mahācandrabimba lokiteśvara
62. 大日轮观音	Mahāsūryyabimba lokiteśvara
63. 大施无畏观音	MahāAbhayaphalada lokiteśvara
64. 大作无畏观音	MahāAbhayakarī lokiteśvara
65. 大妙真实观音	Mahāmañjubhūta lokiteśvara
66. 大一切清净观音	Mahāvajradhṛk lokiteśvara
67. 大金刚界观音	Mahāvajradhātu lokiteśvara
68. 大金刚威持观音	Mahāviśvaśuddha lokiteśvara
69. 大金刚手观音	Mahāvajrapāṅi lokiteśvara
70. 大金刚怙主观音	Mahāvajranātha lokiteśvara
71. 不空羂索观音	Amoghapāśa lokiteśvara
72. 天神观音	Devadevatā lokiteśvara
73. 钵盂观音	Piṇḍapātra lokiteśvara
74. 百乘观音	Sāthavāha lokiteśvara
75. 宝叶观音	Ratnadala lokiteśvara
76. 遍手观音	Viṣṇupāṇi lokiteśvara
77. 莲月观音	Kamalacandra lokiteśvara
78. 摧破金刚观音	Vajrakhaṇḍa lokiteśvara
79. 不动幢观音	Acalaketu lokiteśvara
80. 希利奢罗观音	Śiriṣarā lokiteśvara

续 表

81. 法轮观音	Dharamacakra lokiteśvara
82. 诃梨骑狁自在观音	Harivahana lokiteśvara
83. 莲生观音	Sarasiri lokiteśvara
84. 诃梨诃罗观音	Harihara lokiteśvara
85. 狮吼观音	Simhanāda lokiteśvara
86. 一切金刚观音	Viśvavajra lokiteśvara
87. 无量光观音	Amitābha lokiteśvara
88. 金刚萨埵界观音	Vajrasattvadhātu lokiteśvara
89. 一切具实观音	Viśvabhūta lokiteśvara
90. 法界观音	Dharmadhātu lokiteśvara
91. 金刚界观音	Vajradātu lokiteśvara
92. 释迦佛观音	Śakyabuhddha lokiteśvara
93. 心界观音	Cittadhātu lokiteśvara
94. 如意宝观音	Cintāmaṇi lokiteśvara
95. 寂慧观音	Śāntamati lokiteśvara
96. 妙主观音	Mañjunātha lokiteśvara
97. 遍轮观音	Viṣṇucakra lokiteśvara
98. 合掌观音	Kṛtāñjali lokiteśvara
99. 遍爱观音	Viṣṇukāntā lokiteśvara
100. 金刚造观音	Vajrasṛṣṭa lokiteśvara
101. 螺主观音	Śaṅkhanātha lokiteśvara
102. 明主观音	Vidyāpati lokiteśvara
103. 永怙观音	Nityanātha lokiteśvara
104. 莲花手观音	Padmapāṇi lokiteśvara
105. 金刚手观音	Vajrapāṇi lokiteśvara
106. 大力成就观音	Mahāsthāmaprāpta lokiteśvara
107. 金刚怙主观音	Vajranātha lokiteśvara
108. 吉祥圣尊观音	Śrimadāryāva lokiteśvara

一百零八相观音线描示意图

附图1　马头观音

附图2　Mojaghāñjabala观音

附图3　诃拉诃拉观音

附图4　诃梨诃梨诃梨骑犼自在观音

附图5　幻网次第观音

附图6　六字观音

附图7　庆喜观音

附图8　最胜调服观音

附图9 船足观音

附图10 净瓶观音

附图11 最胜赐主观音

附图12 宝髻观音

附图13　净土观音

附图14　净恶鬼观音

附图15　幻网次第忿怒尊观音

附图16　见善趣观音

附图17　青颈观音

附图18　世尊圣红观音

附图19　见三界寂静观音

附图20　狮主观音

附图21 卡萨帕纳观音

附图22 宝莲观音

附图23 金刚法观音

附图24 布帕罗观音

附图25 优罗那底观音

附图26 大力遍照观音

附图27 梵杖观音

附图28 阿旃吒观音

附图29　大金刚萨埵观音

附图30　一切骑犼自在观音

附图31　释迦佛观音

附图32　寂静观音

附图33 阎摩杖观音

附图34 金刚顶观音

附图35 金刚吽敌迦观音

附图36 智性观音

附图 37　庄严宝观音

附图 38　除盖障观音

附图 39　除一切忧冥观音

附图 40　辩才观音

附图41 甘露光观音

附图42 日光观音

附图43 月光观音

附图44 观见观音

附图 45 金刚藏观音

附图 46 海慧观音

附图 47 宝手观音

附图 48 虚空库观音

附图 49　虚空藏观音

附图 50　地藏观音

附图 51　无尽意观音

附图 52　创爱观音

附图53　普贤观音

附图54　大千手观音

附图55　大宝称观音

附图56　大螺主观音

附图57 大千曜日观音

附图58 大宝族观音

附图59 大地观音

附图60 大妙赐观音

附图61 大月轮观音

附图62 大日轮观音

附图63 大施无畏观音

附图64 大作无畏观音

附图65 大妙真实观音

附图66 大一切清净观音

附图67 大金刚界观音

附图68 大金刚威持观音

附图69 大金刚手观音

附图70 大金刚怙主观音

附图71 不空羂索观音

附图72 天神观音

附图 73　钵盂观音

附图 74　百乘观音

附图 75　宝叶观音

附图 76　遍手观音

附图77　莲月观音

附图78　摧破金刚观音

附图79　不动幢观音

附图80　希利奢罗观音

附图81 法轮观音

附图82 诃梨骑犼自在观音

附图83 莲生观音

附图84 诃梨诃罗观音

附图85　狮吼观音

附图86　一切金刚观音

附图87　无量光观音

附图88　金刚萨埵界观音

附图89　一切具实观音

附图90　法界观音

附图91　金刚界观音

附图92　释迦佛观音

附图93　心界观音

附图94　如意宝观音

附图95　寂慧观音

附图96　妙主观音

附图97 遍轮观音

附图98 合掌观音

附图99 遍爱观音

附图100 金刚造观音

附图 101　螺主观音

附图 102　明主观音

附图 103　永怙观音

附图 104　莲花手观音

附图105　金刚手观音

附图106　大力成就观音

附图107　金刚怙主观音

附图108　吉祥圣尊观音

专名词汇表

1. [Abhaya mūdrā] 无畏印。手微举，曲掌朝外，手指朝上。应区别该印和与愿印，与愿印是手掌朝下；亦要区别该印和击掌印（Capetadāna），右手威猛向上展开，如作掌掴。
2. [Akṣamālā/Mālā] 念珠。用绳子串结的珠串，与天主教神父所持类似。念珠由干果构成，即梵文 Rudrākṣa，也有水晶等其他材质。
3. [Ālīḍha] 右展姿。此特殊身姿，类似张弓射箭之态。伸右腿，微曲左腿。应区别该身姿与左展姿，后者伸左腿，而微曲右腿。
4. [Añjali] 合掌印，亦称 Sarvarājendra 或 Samputāñjali。二手当胸合掌，二手皆舒掌朝上，手指挺立或微曲。六字观音、真实名（Nāmasañgīti）即结此印。
5. [Aṅkuśa] 象钩。叶衣佛母形象中见此器。顶饰金刚杵时，即为金刚钩。
6. [Anuvyañjanas] 见 Lakṣaṇas。
7. [Ardhaparyaṅka] 半跏趺坐，亦称王者坐（Mahārājalilā），一种特定坐姿。二腿置同一基座上；抬起一个膝盖，另一膝盖弯曲，如佛陀所现常态。要区别该坐姿和游戏坐（Lalitāsana），游戏坐中，一腿自然下垂，另一腿弯曲如佛陀态。二腿都下垂之姿为贤者坐（Bhadrāsaṇa）。
8. [Āsana] 身姿。此梵词意为座位或下肢展现的一类座/坐姿。如 Padmāsana 为莲花座，Simhāsana 为狮子座。Sukhāsana 为任意闲适坐姿，也能是跏趺坐（Paryaṇkāsana）、游戏坐（Lalitāsana）或半跏趺坐（Ardhaparyaṅkāsana）。《成就法鬘》中，闲适坐（Sukhāsana）一词非技术性，而用于技术性语义时则有多类姿态，如跏趺坐、金刚跏趺坐、游戏坐、半跏趺坐、贤者坐、右展姿、左展姿或舞立姿（Naṭyāsana）。
9. [Aśoka] 无忧。该词常指开出红花的树种。此树在印度的神格属性由来已久。通常认为贞洁女子脚踢此树，便会开花。
10. [Baṇa] 见 Śara。
11. [Bhūmiṣparśa] 触地印/降魔印。右手舒掌朝内，指尖触地。要区别其与与愿印，后者指尖不触地、手掌朝外。若尊神见此印，必然施金刚跏趺坐。
12. [Bhūtas] 恶鬼。一类邪灵，常会伤人。
13. [Bīja] 种子。怛特罗经典中，意指种子字，观想中现形为尊神。
14. [Bījapura] 香橼。旃巴拉的特有识具。
15. [Brahmakapāla] 梵天头，是被砍断的梵天头颅，有四张长着灰色胡须的脸，皆具髻冠。佛教尊手持被砍断的梵天头颅，以展现对印度教的厌恶，并彰显佛教神灵较外道神灵更为尊崇。

16. [Brahmamukha]梵天面，有四张脸的梵天面。此梵天面被置于最胜马的头顶。
17. [Brahmaśiraḥ]见 Brahmakapāla。
18. [Caitya/Stūpa]支提/佛塔。作为佛教圣龛，象征佛教宇宙，或方或圆，塔刹上有相轮。每阶相轮象征一重天，最高层为须弥神山之巅，菩提心与空性在此合一。支提四面见禅那佛，或现大日如来。四角现佛母或其象征符号。四方现多闻天王、广目天王、增长天王和持国天王等四大天王（Caturmahārājikas）。
19. [Cakra]轮。印度教神灵遍入天的识具。
20. [Cāmara]拂子，牦牛尾制成。
21. [Cāpa/Dhanus]弓。常左手持，摩利支天以弓、箭击溃魔障。
22. [Caṣaka]酒杯。
23. [Caturmūdrā]见 Ṣaṇmūdrā。
24. [Chintāmaṇi]如意宝。此宝或现小球形，或现火焰形。
25. [Ḍākinī]空行母，与 Śakti 同义。
26. [Ḍamaru]小鼓，印度教尊湿婆的持物。
27. [Daṇḍa]杖，马头明王持物。不能译作魔杖（Magic wand），与天杖（Khaṭvāṇga）不同。顶现金刚杵时，即称金刚杖（Vajradaṇḍa）。
28. [Dhārani 或 Dhārini]陀罗尼；无实义的音组，间或包含一二个实词，祷告用。尼泊尔图书馆藏的陀罗尼集（Sangrahas）中收录众多尊神陀罗尼经，见 *Nepal Catalogue*, Volume. II, App. p.225，et sqq.
29. [Dharmacakra]转法轮印或说法印（Vyākhyāna mūdrā）。此为佛在萨尔纳特初转法轮所结手印。该手印的表现颇多，其中最精确、最精美的转法轮印见爪哇的般若佛母像。见盖蒂《北传佛教神灵》，页 187。
30. [Dhanus]见 Cāpa。
31. [Dhūpa]焚香；烧而散香。
32. [Dhyāna]禅定；常指成就法中专述尊形的部分，助行者观己增成特定本尊。
33. [Dhyāna mūdrā]禅定印/三昧耶印。观想所结手印，舒展手掌朝上，置大腿上，是阿弥陀佛的特定手印。
34. [Dhyānāsana]禅定坐/金刚跏趺坐（Vajraparyaṅkāsana）/金刚坐（Vajrāsana）。观想坐，脚掌向上，牢固双腿，五方禅那佛的典型坐姿。有时尊神座前现小金刚杵，以示此姿。要区别禅定坐和跏趺坐（Paryaṅkā），在跏趺坐中，二腿交叠，不见脚掌。
35. [Dīpa]酥油供养之圣灯。
36. [Gadā]权杖。
37. [Garuḍa]迦楼罗；可灭毒蛇的神鸟。在印度教，是遍入天的乘骑。现人身、双翼、尖喙的巨鸟，双手常当胸合抱。
38. [Ghaṇṭā]铃；当铃之上现金刚杵之形时，其被称为金刚铃（vajraghaṇṭā），这是金刚萨埵的典型特征。

39. [Jaṭāmukuṭa]髻冠。结发于头顶,模仿头冠。
40. [Kalaśa]普通的金属制或陶制水瓶。与净瓶(Kamaṇḍalu、Kuṇḍikā)不同,尺寸较小,瓶身有凸出的洒水瓶嘴。
41. [Kamaṇḍalu]见 Kalaśa。
42. [Kapāla]有三种意思：a. 人头；b. 颅钵；c. 碗。颅钵有二型；盛血者为 Asṛkkāpala；盛人肉者为 Māmsakapāla。尊神食用杯中的血肉。
43. [Karaṇa mūdrā]作印。竖伸食指、小指,拇指按中指和无名指于掌心。
44. [Karppara]与 Kapāla 同义,见 Kapāla。
45. [Kartri/Karttari]钺刀。有时刀刃不平犹如锯条。顶置金刚杵,即称金刚钺刀。
46. [Khaḍga]剑。文殊所持宝剑称般若剑,放射耀目光芒,驱除无知黑暗。
47. [Khaṭvāṅga]天杖；杖顶常现金刚杵、颅钵、三叉戟或宝幢等法器。颅骨是天杖的必备器,也是核心识具。
48. [Kṣepaṇa]撒印,真实名(Nāmasaṅgīti)所施手姿。二手合掌伸展,指尖朝下伸入甘露瓶。
49. [Kuṇḍikā]与 Kamaṇḍalu 同义,见 Kalaśa。
50. [Lakṣaṇas]吉相。龙树的《妙法集》(*Dharmasaṇgraha*)列出佛三十二相。盖蒂《北传佛教神灵》亦列举三十二相(页 190)。另一类次要相形,被称八十随好(Anuvyañjanas),《妙法集》中亦有收录。
51. [Mālā]与 Akṣamālā 同义。见 Akṣamālā。
52. [Maṇḍala]曼荼罗。包含尊像、图形以及曼荼罗诸尊。《究竟瑜伽鬘》、《所作集》(*Kriyāsamuccaya*)、《金刚鬘曼荼罗仪轨经》(*Vajrāvalī-Nāma-Maṇḍalopāyikā*)描述众多曼荼罗尊神。
53. [Maṇi]与 Cintāmaṇi 同义。
54. [Mantra]真言；其中包含一些实词,但比陀罗尼短。真言是对陀罗尼的提炼,众生可复诵真言而获解脱。很多真言中都有尊号,若成就法尾记中未有足够信息,真言便对判断尊名有最重要的价值。
55. [Mayūra]孔雀；Mayūrapiccha 为孔雀羽毛。
56. [Mūdrā]手印,单、双手之姿。单手印如与愿印、无畏印、礼佛印(Namaskāra)等；双手印如合掌印、转法轮印等。《成就法鬘》中述及许多手印。手印的深意还需僧侣开释。
57. [Mūṣala]木橛。
58. [Nāgas]龙王。属水灵(Water-spirits),居泉、湖、水罐,具降雨神力。若发怒,便会从山顶掷巨石,摧毁城市。《成就法鬘》中有尊神饰身八龙王。
59. [Nakulī]鼬鼠。旃巴拉特有的动物,诸宝盛器。被财神摁压便吐宝。
60. [Namaskāra]礼佛印。菩萨礼佛所结手印；亦或眷属尊礼拜主尊所结手印。手掌向上微曲,手指伸展。
61. [Nūpura]脚镯。小铃铛结成的饰品,腿动便有声响。
62. [Padma]莲。可现诸多颜色,除青色,因青莲有专词为 Utpala 或 Nilotpala。但特罗经典中,Padma 是日莲,Utpala 为夜莲。所有印度人皆视莲花为神圣象征。见盖蒂《北传佛教神灵》,

页192。莲瓣仰覆双向者，称双莲（Viśvapadma）。

63. [Paraśu]斧子。

64. [Paryaṅka]见Dhyānāsana。

65. [Pāśa]羂索。当羂索末端附金刚杵，即称金刚羂索。羂索可捆缚众魔主及其他恶灵。

66. [Pātra]钵盂。五方佛和释迦牟尼佛尊像中常见。有时颅钵在《成就法鬘》中被视为钵。盖蒂记录了一个佛教故事，介绍钵盂如何成为佛陀之物。详见盖蒂《北传佛教神灵》，页193。

67. [Prajñā]见Śakti。

68. [Preta/Mṛtaka/Śava]在印度佛教图像中常指尸体。

69. [Pustaka]即写本《般若波罗蜜多经》。该经据说是龙树菩萨从龙界取得。该经出现众多尊神，如般若佛母、文殊、辩才天女和准提佛母。

70. [Ratna]宝。Triratna一词意指佛、法、僧三宝。与此类似，另有很多其他的配置，如七宝、十六宝。盖蒂《北传佛教神灵》（页192）有对七宝的详举。

71. [Sādhana]成就法。召现佛教尊神的礼拜程序，而非班德尔（C. Bendall）所译的“魅”（charm）。《成就法鬘》是部收录了312篇成就法的集成。

72. [Śakti/Prajñā/Vidyā/Svābhā/Svābhā-Vidyā]明妃；菩萨的女伴。所有佛教女尊皆为菩萨的女性伴侣。明妃可现单体，也可由主尊拥抱现双身态。此类女伴被称Svābhā（即自体，即主尊自生），有时持与主尊相同的持物。

73. [Samādhi]三昧耶。观想的甚深形式。三昧耶印见禅定印（Dhyāna mūdrā）。

74. [Saṅkha]海螺；象征尊神，通过海螺广播圣音。古印度战事中常用海螺。

75. [Ṣaṇmūdrā]六吉饰；其含义与象征神力的手姿不同，常被译为吉祥饰物。《成就法鬘》以偈诗述此六饰：

> Kaṇṭhikā rucakam ratnamekhalam bhasmasūtrakam I
> Ṣaṭ vai pāramitā eta mudrārūpeṇa yojitāh II

> 缨络、手镯、宝珠、腰带、灰烬、圣线乃现饰物形之尊神，象征六波罗蜜。

诸饰物皆由人骨制成，圣线为天杖。缺一为五吉饰（Pañcamūdrā），缺二为四吉饰（Caturmūdrā）。

76. [Śara/Bāṇa]箭；常右手持箭，相应的左手持弓（dhanus）。

77. [Siddhas/Siddhapuruṣas]大成就者。即在怛特罗仪式中证得圆满、取得超自然力量的圣人。一般有两组大成就者，一组是九大成就者，另一组是八十四大成就者。以其神力和惊异行为而闻名中世纪，大多数来自东方。

78. [Siṁha]狮子；Siṁhasana意为狮座，但与金刚坐、半跏趺坐等坐姿不同，并非是特殊的坐姿。见Āsana。

79. [Śṛṅkhalā]锁链；顶端置金刚杵，即金刚锁链（Vajraśṛṅkhalā），是门护尊金刚锁的识具。

80. [Stūpa]见Caitya。

81. [Sūcī] 针印；舞立姿中常结此印，其他情况中亦见。所有手指伸展，指尖结合，形似针。
82. [Śūnya] 空，此为合适且具表现性的译法。指涅槃后的心灵境界，非实、非空、非空实融合，亦非二者否定。金刚乘中空性与慈悲结合，转现尊形——空之自性，以为功德福泽。金刚乘中，空性是所有表象之根源。
83. [Sūryya] 日。摩利支天的持物之一，众多佛教尊神背依日轮。罗睺（Rāhu）被认为摧毁日、月。
84. [Svābhā prajñā] 见 Śakti。
85. [Tarjnī mūdrā] 期克印。以威猛姿伸食指，余指握拳。若羂索绕食指，则称羂索期克印。金刚期克印（Vajratarjanī）即拳持金刚杵，以威猛姿伸食指。
86. [Tarjanipāśa] 见 Tarjanī。
87. [Tarpaṇa mūdrā] 礼佛印。礼拜各部法祖之印，真实名（Nāmasaṅgīti）结此印。结印之臂弯曲高举，与肩成一线。手掌朝内，手指微曲，朝向肩膀。
88. [Tathāgatas] 如来，即证得究竟圆满境界的佛。《成就法鬘》中描述五方佛会使用该词，但并不指金刚菩埵或金刚总持。佛的数量众多，其中有等地差异，如辟支佛、声闻佛、正遍知佛、胜者、阿罗汉、如来等。
89. [Trailokya] 三界；天界、人界、地狱。
90. [Triśūla] 三叉戟。印度教尊神湿婆的持物，极常见于怛特罗经典中的象征持物，盖因多数怛特罗经典皆是湿婆和帕瓦蒂（Pārvatī）的对话形式。
91. [Utpala] 见 Padma。
92. [Vāhana] 乘骑，尊神的骑物。可是任何动物，也包括人、鬼、尸体。有时敌对信仰的尊神亦作为乘骑。
93. [Vajra] 金刚杵。二金刚杵交叉称作羯磨杵或双杵。佛教怛特罗中，该词常指空性，无坚不摧，可灭诸恶。
94. [Vajradaṇḍa] 见 Daṇḍa。
95. [Vajraghaṇṭā] 见 Ghaṇṭā。
96. [Vajrahūṅkāra mūdrā] 金刚吽印。手腕当胸交叉、二手向内持金刚杵和铃。若持物和手皆朝外，则为降三世印（Trailokyavijaya）。
97. [Vajrakartri] 金刚钺刀，见 Kartri。
98. [Vajrāṅkuśa] 金刚钩，见 Aṅkuśa。
99. [Vajraparyaṅka] 金刚跏趺坐，见 Dhyānāsana。
100. [Vajraśṛṅkhalā] 金刚锁链，见 Śṛṅkhalā。
101. [Vajratarjani] 金刚期克印，见 Tarjani。
102. [Varada mudra] 与愿印；该印象征尊神的恩赐。手掌朝外，手指外伸，若手中持宝，为宝聚与愿印（Ratnasamyukta-Varada）。莫霍巴（mahoba）的除恶救难度母便是该印的典型呈现。
103. [Viśvapadma] 双莲，见 Padma。
104. [Viśvavajra] 羯磨金刚杵，见 Vajra。

105. [Vitarka mudra]寻印;《成就法鬘》中不见,或后期形成。该印见于本书附录中的众多观音像,都不同程度受藏地艺术与图像之影响。该印右臂弯曲,食指、无名指与拇指触合,成圆环状,其他手指直伸。手前伸、手掌向外。

106. [Vyākhyāna mudra]说法印,见 Dharmacakra。

107. [Yab-yum]双身。此为藏词,由 Yab 和 Yum 组成。Yab 意为父尊,Yum 意为母尊。二者的合成词意为母侍随父,或父受母拥。双身的精神内涵见结语。

108. [Yakṣas]药叉。药叉为体型圆矮的侏儒,护卫北方圣山之宝,其主为财神俱毗罗,性情暴戾,或偶食人肉。在佛法的慈悲感召下,终摒弃残忍本性。

译者附表

附表1 《不二金刚集》《五相》(Pañcākāra)章所说五方佛种姓

部　尊	大日如来	阿閦佛	宝生佛	阿弥陀佛	不空成就佛	金刚萨埵
身　色	白	蓝	黄	红	绿	白
五　蕴	色	识	受	想	行	
五　大	空	地	水	火	风	
五　智	法界体性智	大圆镜智	平等性智	妙观察智	成所作智	
季　节	冬	冬(Hemanta)	春	夏	雨季	秋
味　道	甘	辛	咸	酸	苦	涩
圣　音	喉音	上颚音	齿音	卷舌音	唇音	半元音
时　分	早晨和夜晚	正午	日的第三部分和夜的第四部分	前半夜	午夜	午夜至破晓
官　能	眼	耳	鼻	舌	身	
族　姓	佛部	金刚部	宝部	莲花部	羯磨部	
所转烦恼	痴	嗔	慢	贪	疑	
明　妃	色金刚 Rūpavajrī śakti	触金刚 Sparśavajrī śakti	声金刚 Śabdavajrī śakti	香金刚 Gandhavajrī śakti	味金刚 Rasavajrī śakti	
佛　母	佛眼佛母	摩摩枳佛母	金刚界自在母	白衣佛母	度母	
部主菩萨	普贤菩萨	金刚手菩萨	宝手菩萨	莲花手菩萨	羯磨手菩萨	

附表 2　八大龙王梵汉藏名词对照表(白作明佛母)

尊号(汉)	梵	藏	身色
无边	Ananta	Mtha' yas	青色
广财	Vāsukī	Nor rgyas	乳白
安止	Takṣaka	'jog po	红色
力行	Karkkoṭaka	Stobs rgyu	绿色
莲花	Padma	Pad ma	白色
大莲	Mahāpadama	Pad chen	青色
护贝	Saṇkhapāla	Dung skyong	黄色
具种	Kulika	Rigs ldan	烟色

附表 3　文殊金刚曼荼罗(**Mañjuvajra Maṇḍala**)之十护方尊

	尊　号(汉/梵)			身色	持　物	面　色
方位	文殊金刚曼荼罗	金刚吽伽罗曼荼罗	法界语自在曼荼罗		十护方六臂,二主手拥各自明妃,余四手持物	十护方皆主、左、右三面
	Mañjuvajra Maṇḍala	Vajrahūṅkāra Maṇḍala	Dharmadhātuvagīśvara Maṇḍala			
东	降阎摩尊	金刚杖	降阎摩尊	蓝	锤子、宝剑、宝珠和莲花	蓝　白　红
	Yamāntaka	Vajradaṇḍa	Yamāntaka			
南	降智慧尊	金刚军荼利	降智慧尊	白	白杖、宝剑、宝珠和莲花	白　蓝　红
	Prajnāntaka	Vajrakuṇḍalī	Prajnāntaka			
西	降莲花尊	金刚顶	降莲花尊	红	红莲、宝剑、宝珠和法轮	红　蓝　白
	Padmāntaka	Vajroṣṇīṣa	Padmāntaka			
北	降障碍明王	焰日明王	降障碍明王	绿	畏怖金刚杵、宝剑、宝和莲花	绿　白　红
	Vighnāntaka	Analārka	Vighnāntaka			
东南	欲王	金刚夜叉	金刚猛焰轮明王	蓝	蓝杖、宝剑、宝珠和莲花	蓝　白　红
	Takkirāja	Vajrayakṣa	Vajrajvālānalārka			
西南	青杖明王	金刚闇	嘿噜迦金刚	蓝	杖、宝剑、宝珠和莲花	蓝　白　红
	niladanda	Vajrakāla	Herukavajra			
西北	大力明王	大黑天	最胜马	蓝	三叉戟、宝剑、宝珠和莲花	蓝　白　红
	Mahābala	Mahākāla	Paramāśva			

续 表

	尊 号(汉/梵)			身色	持 物	面 色
东北	不动明王	金刚怖畏	降三世明王	蓝	宝剑、金刚杵、宝珠和莲花	蓝 白 红
	Acala	Vajrabhīṣaṇa	Trailokyavijaya			
上	顶髻尊		顶髻转轮忿怒明王	黄	黄色法轮、宝剑、宝珠和莲花	黄 蓝 红
	Uṣṇīṣa		Uṣṇīṣacakravartī			
下	妙言王	金刚地下	妙言王	蓝色	金刚杵、宝剑、宝珠和莲花	蓝 白 红
	Sumbharāja	Vajrapātāla	Sumbharāja			

附表4 《究竟瑜伽鬘》所说五护佛母

尊号(汉/梵)	身形	身色	面 色	持 物	
				右	左
大随求佛母 Mahāpratisarā	四面 十二臂	黄	黄、白、蓝、红	1. 宝珠 2. 法轮 3. 金刚杵 4. 箭 5. 剑 6. 与愿印	1. 金刚杵 2. 羂索 3. 三叉戟 4. 弓 5. 斧 6. 海螺
大千摧碎佛母 Mahāsāhasrapramardani	十面 四臂	白	白、蓝、黄、绿	1. 莲花上载八辐轮 2. 与愿印 3. 铁索 4. 箭 5. 剑	1. 金刚杵 2. 期克印 3. 羂索 4. 弓 5. 羂索
大密咒随持佛母 Mahāmantrānusāriṇi	三面 十二臂	蓝	蓝、白、红	1. 转法轮印 2. 禅定印 3. 金刚杵 4. 箭 5. 与愿印 6. 无畏印	1. 转法轮印 2. 禅定印 3. 羂索期克印 4. 弓 5. 宝 6. 莲花的净瓶
大寒林佛母 Mahāśitavati	三面 八臂	红	红、白、蓝	1. 持莲花并结无畏印 2. 箭 3. 金刚杵 4. 宝剑	1. 羂索期克印 2. 弓 3. 宝旗 4. 于胸前持经书
大孔雀佛母 Mahāmāyūri	三面 八臂	绿	绿、白、蓝	1. 宝 2. 箭 3. 与愿印 4. 剑	1. 钵盂 2. 弓 3. 持宝瓶于大腿处 4. 饰交杵和宝珠的旗

附表5 法界语自在曼荼罗(Dharmadhātuvagīśvara Maṇḍala)之八佛顶

尊号(汉/梵)		方 位	身 色	象征(手印/物)
金刚顶	Vajroṣṇīṣa	东	蓝	触地印
宝顶	Ratnoṣṇīṣa	南	黄	与愿印
莲花顶	Padmoṣṇīṣa	西	红	禅定印
羯磨顶	Viśvoṣṇīṣa	北	绿	无畏印
威光顶	Tejoṣṇīṣa	东南	红白	日轮

续 表

尊号(汉/梵)		方 位	身 色	象征(手印/物)
宝幢顶	Dhvajoṣṇīṣa	西南	红蓝	如意宝幢
利佛顶	Tīkṣṇoṣṇīṣa	西北	天蓝	宝剑、经书
白伞盖顶	Chhatroṣṇīṣa	东北	白	伞盖

附表6 金刚度母曼荼罗(Vajratārā)之六方女尊

尊号(汉/梵)		方 位	身 色	持 物
金刚钩	Vajrāṅkuśī	东	蓝	钩
金刚索	Vajrapāśi	南	黄	羂索
金刚锁	Vajrasphotā	西	红	铁链
金刚铃	Vajraghaṇṭā	北	绿	铃
顶髻尊胜	Uṣṇiṣavijayā	上	白	法轮
颂婆	Sumbhā	下	蓝	蛇索

附表7 五护佛母曼荼罗(Pañcaḍāka Maṇḍala)

四舞女				
尊号(汉/梵)		身 色	象 征	身 形
嬉女	Lāsyā	红	舞蹈	一面二臂
鬘女	Mālā	红	宝鬘	
歌女	Gītā	红白	印度锣	
舞女	Nṛtyā	杂	舞蹈并持金刚杵	
八高哩女				
尊号(汉/梵)		身 色	持物(右)	持物(左)
初贞女	Gauri	白	钩	当胸结期克印
盗篡女	Cauri	黄	羂索	
起尸女	Vetāli	红	铁链	
饕腹女	Ghasmari	绿	金刚铃	
猎师女	Pukkasi	蓝	碗	
蛮行女	Śabari	白	须弥山	
屠种女	Caṇḍali	蓝	火罐	
梨园女	Ḍombi	杂	旗	

续 表

四门女				
尊号（汉/梵）		身　色	持　物	身　形
锁女	Tālikā	白	锁	周身赤裸，施左展舞姿，现忿怒相
钥匙女	Kunci	黄	钥匙	
门扉女	Kapāṭā	红	门扉	
持帘女	Patadhāriṇi	蓝	门帘	
四乐器女				
尊号（汉/梵）		身　色	持　物	身　形
笛女	Vaṁśā	红	长笛	一面二臂
琵琶女	Vīṇāi	黄	琵琶	
圆鼓女	Mukundā	白	圆鼓	
杖鼓女	Murajā	烟	杖鼓	
四光女				
尊号（汉/梵）		身　色	持　物	身　形
持日女	Sūryahastā	白	日轮	形貌忿怒，二臂，周身赤裸，施左展姿于尸体之上，饰人头璎珞
灯女	Dīpā	蓝	光柱	
宝炬女	Rātnolkā	黄	宝	
持电女	Taḍitkarā	绿	闪电	

附表8　时轮金刚曼荼罗（**Kālacakra Maṇḍala**）之八兽面女

尊号（汉/梵）		方　位	身　色	持　物	身　形
马面女	Hayāsyā	东	白蓝	右持钺刀；左持颅钵	裸身，一面二臂
猪面女	Śūkarāsyā	南	黄蓝		
狗面女	Śvānāsyā	西	红蓝		
狮面女	Simhāsyā	北	红蓝		
鸦面女	Kākāsyā	东南			
鹫面女	Gṛdhrāsyā	西南			
鹏面女	Garuḍāsyā	西北			
枭面女	Ulūkāsyā	东北			

附表9　无我母曼荼罗（**Nairātmā Maṇḍala**）之四兽面女

尊号（汉/梵）		方　位	身　色	持　物	身　形
马面女	Hayāsyā	东	白蓝	右持钺刀；左持颅钵	裸身，一面二臂
猪面女	Śūkarāsyā	南	黄蓝		
狗面女	Śvānāsyā	西	红蓝		
狮面女	Simhāsyā	北	红蓝		

附表10　喜金刚曼荼罗（**Hevajra Maṇḍala**）之四兽面女

尊号（汉/梵）		方　位	身　色	身　形
马面女	Hayāsyā	东	蓝	四面四臂
猪面女	Śūkarāsyā	南	黄	
狗面女	Śvānāsyā	西	红	
狮面女	Simhāsyā	北	绿	

附表11　法界语自在曼荼罗

十二波罗蜜				
尊号（汉/梵）		身色	持物（左）	持物（右）
宝波罗蜜	Ratnapāramitā	红	托月莲花	如意宝幢
布施波罗蜜	Dānapāramitā	白红	稻穗	
持戒波罗蜜	Śilapāramitā	白	花轮	
忍辱波罗蜜	Kṣāntipāramitā	白	白莲	
精进波罗蜜	Viryapāramitā	绿	青莲	
禅定波罗蜜	Dhyānapāramitā	蓝	白莲	
般若波罗蜜	Prajnāpāramitā	黄	托般若经函之莲	
方便波罗蜜	Upāyapāramitā	绿	托金刚杵之莲	
愿波罗蜜	Praṇidhānapāramitā	蓝	托剑莲花	
力波罗蜜	Balapāramitā	红	般若经函	
智波罗蜜	Jñanapāramitā	白	菩提树	
金刚业波罗蜜	Vajrakarmapāramitā	杂	羯磨金刚杵	

续　表

<table>
<tr><th colspan="5">十二自在</th></tr>
<tr><th colspan="2">尊号（汉/梵）</th><th>身色</th><th>持物（左）</th><th>持物（右）</th></tr>
<tr><td>命自在</td><td>Āyurvaśitā</td><td>红白</td><td>佛像</td><td rowspan="10">莲花</td></tr>
<tr><td>心自在</td><td>Cittavaśitā</td><td>白</td><td>金刚杵</td></tr>
<tr><td>财自在</td><td>Pariṣkāravaśitā</td><td>黄</td><td>如意宝幢</td></tr>
<tr><td>业自在</td><td>Karmavaśitā</td><td>绿</td><td>羯磨金刚杵</td></tr>
<tr><td>生自在</td><td>Upapattivaśitā</td><td>杂</td><td>藤蔓</td></tr>
<tr><td>神通自在</td><td>Rddhivaśitā</td><td>绿</td><td>托日月之莲</td></tr>
<tr><td>胜解自在</td><td>Adhimuktivaśitā</td><td>白</td><td>芥菜花</td></tr>
<tr><td>愿自在</td><td>Praṇidhānavaśitā</td><td>黄</td><td>青莲</td></tr>
<tr><td>智自在</td><td>Jnanavaśitā</td><td>蓝白</td><td>托剑莲花</td></tr>
<tr><td>法自在</td><td>Dharmavaśitā</td><td>红</td><td>载净瓶莲花</td></tr>
<tr><td>如是自在</td><td>Tathatavaśitā</td><td>白</td><td>宝珠串</td><td>白莲</td></tr>
<tr><td>佛菩提光自在</td><td>Buddhabodhiprabhā</td><td>黄</td><td>如意宝幢</td><td>黄莲</td></tr>
<tr><th colspan="5">十二地</th></tr>
<tr><th colspan="2">尊号（汉/梵）</th><th>身色</th><th>持物（左）</th><th>持物（右）</th></tr>
<tr><td>信解行地</td><td>Adhimukticaryā</td><td>红</td><td>红莲</td><td rowspan="12">金刚杵</td></tr>
<tr><td>欢喜地</td><td>Pramuditā</td><td>红</td><td>宝珠</td></tr>
<tr><td>离垢地</td><td>Vimalā</td><td>白</td><td>白莲</td></tr>
<tr><td>发光地</td><td>Prabhākari</td><td>红</td><td>载日轮之莲</td></tr>
<tr><td>焰慧地</td><td>Arciṣmati</td><td>绿</td><td>青莲</td></tr>
<tr><td>极难胜地</td><td>Sudurjayā</td><td>黄</td><td>绿宝石</td></tr>
<tr><td>现前地</td><td>Abhimukhi</td><td>黄</td><td>般若经函</td></tr>
<tr><td>远行地</td><td>Dūraṅgamā</td><td>绿</td><td>托交杵金刚莲花</td></tr>
<tr><td>不动地</td><td>Acalā</td><td>蓝</td><td>托金刚杵莲花</td></tr>
<tr><td>善慧地</td><td>Sādhumatī</td><td>白</td><td>托剑莲花</td></tr>
<tr><td>法云地</td><td>Dharmameghā</td><td>蓝</td><td>般若经函</td></tr>
<tr><td>善光地</td><td>Samantaprabhā</td><td>红</td><td>阿弥陀佛像</td></tr>
</table>

续 表

<table>
<tr><th colspan="5">十二陀罗尼母</th></tr>
<tr><th colspan="2">尊号（汉/梵）</th><th>身色</th><th>持物（左）</th><th>持物（右）</th></tr>
<tr><td>苏摩底</td><td>Sumati</td><td>黄</td><td>稻穗</td><td rowspan="12">羯磨杵</td></tr>
<tr><td>宝炬</td><td>Ratnolkā</td><td>红</td><td>如意宝幢</td></tr>
<tr><td>顶髻尊胜</td><td>Uṣṇiṣavijayā</td><td>白</td><td>月石宝瓶</td></tr>
<tr><td>摩利</td><td>Mārī</td><td>红白</td><td>针线</td></tr>
<tr><td>叶衣母</td><td>Parṇaśabarī</td><td>绿</td><td>孔雀羽毛</td></tr>
<tr><td>消伏毒害母</td><td>Jāṅguli</td><td>白</td><td>鲜花</td></tr>
<tr><td>无量门</td><td>Anantamukhi</td><td>绿</td><td>净瓶</td></tr>
<tr><td>准提母</td><td>Cundā</td><td>白</td><td>挂念珠的净瓶</td></tr>
<tr><td>增慧母</td><td>Prajñāvardhanī</td><td>白</td><td>宝剑</td></tr>
<tr><td>除一切业障母</td><td>Sarvakarmāvaraṇaviśodhanī</td><td>绿</td><td>金刚杵</td></tr>
<tr><td>无尽智宝箧</td><td>Akṣayajnānakaraṇḍā</td><td>红</td><td>宝篮</td></tr>
<tr><td>一切佛法藏</td><td>Sarvabuddhadharma-koṣavati</td><td>黄</td><td>宝箱</td></tr>
<tr><th colspan="5">四无碍解</th></tr>
<tr><th colspan="2">尊号（汉/梵）</th><th>身色</th><th colspan="2">持 物</th></tr>
<tr><td>法无碍解</td><td>Dharma pratisamvit</td><td>红白</td><td colspan="2">双手持钩与羂索</td></tr>
<tr><td>义无碍解</td><td>Artha pratisamvit</td><td>绿</td><td colspan="2">双手持宝珠与羂索</td></tr>
<tr><td>词无碍解</td><td>Nirukti Pratisamvit</td><td>红</td><td colspan="2">双手持锁链</td></tr>
<tr><td>辩无碍解</td><td>Pratibhana Pratisamvits</td><td>绿</td><td colspan="2">双手持三股金刚杵</td></tr>
</table>

译者后记

2012年9月，我进入首都师范大学汉藏佛教美术研究所，跟随谢继胜教授学习西藏艺术史。入学前，我没有任何藏学或佛教知识背景。入学后，谢老师建议我将主要精力放在藏梵语言的学习上。与语言配套，尊像辨识是佛教美术研究的基本功，谢师遂命我翻译印度学者巴达恰利亚的名著《梵像志》，作为专业知识的入门。硕士三年，我的主要精力便投入这两个部分。但因个人能力所限，梵文学习未能坚持下来。所幸该书以英文著就，其中涉及的梵文内容，或查阅辞典，或问请先进，总体也还能勉强应付。

从缘起来看，这本译作是我早应呈交谢老师的一份作业。与此同时，也是见证我入门藏传佛教美术研究的一段深刻记忆。

译书之初，因其中涉及大量梵藏专词、佛教知识、修习仪轨及生僻经名、人名、地名，我的阅读体验是极为痛苦的。不仅翻译速度缓慢，且时常闹出令人发指的笑话。但回头来看，也正是通过对一个又一个晦涩的尊神名号、密教经典、陌生的人名地望等概念的注解细究与深入探察，我才得以进入这个相对冷门的研究领域。

《梵像志》对于佛教艺术史的研究，意义重大，但其并非一部佛教艺术专著。该书与风格学、图像学等艺术史通常涉及的阐释性研究路径并无过多交涉，而是以传统的佛教文献学为根基，基于丰富的梵文密教仪轨文献汇编而成的一部密教尊神的图像志手册。正因此故，尽管书中呈现的与文本描述相呼应的部分图档，若以今日标准来看，质量并不理想，但未减其作为文献类工具书的重要参考价值。

回过头来看，此译作之于我，远非一般意义的知识学习。透过此次翻译，我在入门伊始便从宗教学的角度，足够深入地触摸到了义理思想、禅观修习与美术实践等研究领域中的核心议题以及各领域之间的学理关联。这段翻译经历，在相当长的一段时间内，塑造了我的基本研究关切和学术视野。

2015年硕士毕业时，译稿已基本完成。读博期间，主要精力已转向他处。此时谢老师一面为我积极争取出版机会，另一面不时告诫，原著乃经典大作，译本一定要多作打磨。谢老师的耳提面命，念兹在兹，撰写博士论文期间，我仍会不时检视此译本，诚惶诚恐，最终以此面貌示人。借此机会，向授业恩师谢继胜教授拜以最上恩谢。在翻译过程中，我曾向中国社会科学院人类学与民族学研究所廖旸研究员、北京大学外国语学院萨尔吉副教授等师长问请，并得到了无私回应，特致谢忱。

此部译著中的内容，本人已作全面审读，其中由作者造成的个别错误，我已作出标注。除此之外的其他内容，文责全部在我。因个人学养浅薄，尤其梵学方面，可谓标准的门外汉，故谬误实为难免，更遑论兼顾信、达、雅，但仍不揣浅陋公开此项工作内容，确实源自该书之于佛教艺术及相关议题之研究的重要性。若能为读者提供些许便利，我的目标便以达成。敬请方家批评。

需要指出的是，原版中的英文词汇索引已删除。附于文末的诸曼荼罗尊神身相的配置表，原书未见，这是我在翻译过程中，为便于个人学习制作的。考虑再三，仍做保留，希望能对读者有所助益。

王传播

2023年10月

图书在版编目(CIP)数据

梵像志：基于成就法鬘等仪轨文献的佛教图像志/(印)贝诺托什·巴达恰亚著；王传播译.—上海：上海古籍出版社,2024.5（2025.5 重印）
ISBN 978-7-5732-0881-1

Ⅰ.①梵… Ⅱ.①贝… ②王… Ⅲ.①佛像–图集 Ⅳ.①B94-64

中国国家版本馆CIP数据核字(2023)第199360号

梵像志：基于《成就法鬘》等仪轨文献的佛教图像志
贝诺伊托什·巴达恰利亚 著
王传播 译
上海古籍出版社出版发行
（上海市闵行区号景路 159 弄 1-5 号 A 座 5F 邮政编码 201101）
（1）网址：www.guji.com.cn
（2）E-mail：guji1@guji.com.cn
（3）易文网网址：www.ewen.co
苏州市越洋印刷有限公司印刷
开本 787×1092 1/16 印张 26.5 插页 2 字数 626,000
2024 年 5 月第 1 版 2025 年 5 月第 2 次印刷
ISBN 978-7-5732-0881-1
B·1347 定价：118.00 元
如有质量问题，请与承印公司联系